U0610442

中国社会科学学科文摘系列

2016　总第1卷（Vol. 01）

中国法学文摘

Chinese Legal Digest

《法学研究》编辑部　选编
张广兴　主编

中国社会科学出版社

图书在版编目（CIP）数据

中国法学文摘. 2016：总第1卷 /《法学研究》编辑部选编；张广兴主编. — 北京：中国社会科学出版社，2018.9

ISBN 978-7-5203-3211-8

Ⅰ.①中…　Ⅱ.①法…　②张…　Ⅲ.①法学－中国－文集　Ⅳ.①D920.0-53

中国版本图书馆CIP数据核字（2018）第220528号

出 版 人　赵剑英
责任编辑　张靖晗
责任校对　邓晓春
责任印制　郝美娜

出　　版　中国社会科学出版社
社　　址　北京鼓楼西大街甲 158 号
邮　　编　100720
网　　址　http://www.csspw.cn
发 行 部　010-84083685
门 市 部　010-84029450
经　　销　新华书店及其他书店

印刷装订　北京君升印刷有限公司
版　　次　2018 年 9 月第 1 版
印　　次　2018 年 9 月第 1 次印刷

开　　本　710×1000　1/16
印　　张　31.5
字　　数　514 千字
定　　价　98.00 元

凡购买中国社会科学出版社图书，如有质量问题请与本社营销中心联系调换
电话：010-84083683

编辑说明

一、《中国法学文摘》由中国社会科学院法学研究所《法学研究》编辑部摘选编辑，由中国社会科学出版社出版发行。2016年卷为《中国法学文摘》首卷。

二、《中国法学文摘》旨在从摘选者的角度，尝试对特定时间段内的法学论文成果进行学术价值的再发现。

三、《中国法学文摘2016》所摘论文的来源期刊，主要为“中文社会科学引文索引”所收录的21种法学类学术期刊和1种综合性社会科学期刊（《中国社会科学》）。

四、《中国法学文摘2016》设“本卷推荐”“精要摘编”和“论文提要”三个栏目。

“本卷推荐”摘选论文8篇，单篇文摘字数约10000字。

“精要摘编”“论文提要”参照二级学科发文占比大致确定论文摘选篇数。

法理学、法史学、宪法学、行政法学、民法学、商法经济法学、民事诉讼法学、刑法学、刑事诉讼法学和国际法学在“精要摘编”栏目的篇数分别为6、4、5、8、12、5、4、8、8、5篇；在“论文提要”栏目的篇数分别为12、8、10、14、18、10、9、16、14、12篇。

“精要摘编”单篇文摘字数约3000字，“论文提要”单篇文摘字数约300字。

五、绝大多数文摘是对原发论文的缩写或整理，少数文摘是摘取原发文章中的特定部分。

六、《中国法学文摘》首卷正式出版后，《法学研究》编辑部、中国社会科学出版社将组织会议专门研讨论文来源期刊范围和论文采选标准。

《法学研究》编辑部

2018年3月

目　录

本卷推荐

精要摘编

法理学精要摘编

法史学精要摘编

宪法学精要摘编

行政法学精要摘编

民法学精要摘编

商法经济法学精要摘编

民事诉讼法学精要摘编

刑法学精要摘编

刑事诉讼法学精要摘编

国际法学精要摘编

论文提要

本卷推荐

顾培东：《当代中国司法生态及其改善》（《法学研究》2016年第2期）

韩大元：《论1954年宪法上的审判独立原则》（《中国法学》2016年第5期）

朱芒：《规范性文件的合法性要件》（《法学》2016年第11期）

孙宪忠：《推进农地三权分置经营模式的立法研究》（《中国社会科学》2016年第7期）

崔国斌：《认真对待游戏著作权》（《知识产权》2016年第2期）

周光权：《转型时期刑法立法的思路与方法》（《中国社会科学》2016年第3期）

刘艳红：《中国反腐败立法的战略转型及其体系化构建》（《中国法学》2016年第4期）

魏晓娜：《完善认罪认罚从宽制度：中国语境下的关键词展开》（《法学研究》2016年第4期）

当代中国司法生态及其改善

顾培东（四川大学法学院教授）

本文原载《法学研究》2016年第2期，第23—41页

一、引言

2015年夏秋季，一系列以法院或法官为攻击（抨击）对象的极端性个案在这一时段中相继发生或被披露，并在“互联网＋”效应下，迅速衍化成具有不同社会影响的公共事件。

由一些极端性事件所引发的对当代中国司法生态的观测与思考，其视野必将超出这些事件本身；对相关问题的讨论也势必超越社会层面，而进一步延伸至政治层面和法律职业层面，也就是说，需要全景化地观测和分析司法生存及运行的外部要素。因此，该文更具实质性的意旨在于，提供一种认识当代中国司法的一些基本问题、探讨中国特色司法制度建构与完善的不同角度与思路，在全面推进依法治国、深化司法改革的大背景下，寄望引发社会各方面在提出“中国需要、应当有什么样的司法”的同时，真切地关注和思考“中国司法需要、应当有怎样的外部环境与条件”，进而在双向思维和双向努力中逐步探索并建构出当代中国司法与外部要素相融相济、互益共存的路径与基础。

二、司法生态及其结构

司法生态是指司法生存与运作所处的外部环境、条件及氛围；而对司法生态的理论研究，就是把与司法具有直接联系的各种外部要素视为

一种因变量，从司法与这些要素之间的相互关系中分析其对司法的实际影响。作为一种社会实践或社会存在，司法与相关外部要素之间的关系自始至终都存在，但传统法治或司法理论对此并未给予太多的关注，其原因在很大程度上是出于对司法独立原则的坚守与自信。在某些司法独立理论的意蕴中，司法是一种自闭、自洽的活动或过程，任何外部因素都不应或不能构成对司法及其运作的实际影响，自然也不会太多地涉及司法生态问题。而20世纪20年代以来，司法生态之所以成为实践中的问题，一方面是因为现实中的司法独立并没有传统法治理论或司法理论所描述的那样纯洁，更重要的原因在于，司法所面对的现代社会关系日益复杂，由此而产生的法与外部社会力量的互动也日益频繁并不断加剧。从司法自身看，现代社会关系的复杂性增加了社会对司法功能的复杂需求；从司法外部看，现代社会关系的复杂性本身就意味着司法生存环境的变化，而司法对社会生活的深度介入又势必引发各种势力对司法施以种种影响，从而使司法环境越发变得复杂，司法生态问题随之凸显。

在一般意义上研究司法生态，首先需要了解司法生态的结构。所谓司法生态的结构，是指构成司法生态的基本要素及其相互关系。概略地说，司法生态由政治生态、社会生态以及司法职业生态三个方面构成。

（一）政治生态

司法与政治的关系从来都是法学理论中的重要论题，尽管各种理论学说对此持有不同见解与主张，但都无法否认两个基本事实或基本结论：一是司法是政治的创造物，是一种政治装置。特定社会中的司法，只有在符合该社会政治结构的总体设计以及主导政治力量实现社会统治和社会治理的基本要求的前提下，才有其存在的价值与空间。二是司法一旦形成即具有一定的独立性，在具体的政治实践或司法实践中保持其相对中立和独立的立场与姿态，并且对政治权力的具体操作与实施具有不同程度的制约能力和制约作用，因而司法权与政治权力之间客观上存在着一定的张力和博弈。由司法与政治关系的这两个方面所决定，司法的政治生态体现或决定于以下四个方面。

第一，司法在政治结构中的定位。在不同的政体或不同的政治制度中，司法的定位并不完全相同，不仅司法与其他政治权力关系的内容不

尽相同，主导政治力量赋予司法的功能也会有一定的差异。相对来说，民主制国家中司法的地位通常高于集权制国家，司法对其他政治权力的制约和影响力也大于后者。

第二，政治权力对司法独立性的尊重。尽管司法独立的原理部分地根源于政治统治的设计，但在政治问题司法化或司法案件涉及政治因素的情形下，政治权力往往具有僭越其权力边界而影响司法的本能和趋向，这就使司法的独立性常常处于政治权力侵蚀的威胁之下。因此，政治权力是否保持对司法独立性的尊重，成为测度司法政治生态的重要依据。

第三，司法所必要的资源的供给。无论在何种体制下，司法的人才及物质资源通常都是由政治权力机构所提供的。不仅司法员额的增减以及相应人员的任免通常决定于相关政治权力，司法机构的设施、司法运作费用以及司法人员薪酬等所有物质性资源也都来源于政治权力机构的供给。由于这种供需关系并不处于绝对的恒定状态，并且政治权力在这种供需关系中处于主导地位，因此，这种资源的供给关系，往往能够成为政治力量控制和影响司法的一种手段。

第四，对司法权威的倡导和维护。主导政治力量对司法权威的倡导和维护对司法生态也具有决定性影响。司法权威不会自动树立和生成，特定社会中司法权威的形成以及司法公信力的取得，一方面需要司法自身的公正行为以及司法人员的良好道德修为的逐步累积；另一方面，主导政治力量对司法权威的倡导和维护也是不可或缺的手段与途径。主导政治力量除了以其自觉遵从司法决定的姿态为社会垂范外，还可向社会推崇和倡导尊重司法、服从司法决定的社会风尚，使对司法权威的认同成为普遍的社会共识和社会成员的基本生活观念。

（二）社会生态

司法的社会生态主要指社会成员对待司法机关及其成员、司法行为和司法决定的基本态度以及体现这种态度的相应行为。这进一步体现在以下四个主要方面。

第一，对司法的认知与理解。社会成员对司法的认知与理解是司法与社会成员之间建立社会共识的重要基础。这种认知和理解的内容不仅包括有关司法的一般性知识，还包括对特定时期国家司法状况的认识评价。

第二，对司法的期待与要求。社会成员对司法的期待与要求，是社会成员基本社会诉求及社会理想的一部分。由于现代社会中司法被普遍赋予公平正义的属性，公平正义作为支撑司法、维系司法权威的意识形态依据，通常会顺理成章地转化为社会成员对司法的现实期待与要求，并且成为评价和判断具体司法行为的基准和理由，因此，社会成员对司法的期待与要求往往都不可避免地超越特定社会中司法的实际水平与能力。不仅如此，社会成员朴素的公平正义观与司法自身对公平正义尺度的把握又存在着一定的专业及技术性差异，因而，在任何社会的任何阶段中，社会成员对司法的期待和要求与司法现实之间总会存在不同程度的落差。

第三，对司法的服从与配合。社会成员对司法的服从与配合是司法社会生态的基础性要素。对司法服从与配合的状态或程度既决定于全社会法治、尤其是守法的水平，也是全社会法治状况的基本表征。

第四，对司法的尊重与支持。司法的实际运行不仅需要当事人及利害关系人的服从与配合，还需要社会成员广泛的尊重与支持。这种尊重和支持，一方面体现于社会公众在舆论上或在情感倾向上对司法的配合与支持；另一方面也体现于社会成员对司法机关必要的敬畏，以及对司法职业特殊社会地位的认同与接受，营造和形成保持司法威严的社会氛围。

（三）法律职业生态

法律职业生态是指司法以外的其他法律职业对待司法的态度以及司法机关之间彼此为他方所提供的处境。一般来说，司法在法律职业中处于主导地位且具有相对较高的位势，但律师、法学家以及警察等非司法性法律职业对司法及其运作同样可以产生不同程度的影响，并且各司法职业之间也交互产生影响，这两方面共同成为司法生态的一个要素。首先，法律职业生态决定于制度层面上对各法律职业职能的设置。其次，司法的法律职业生态与非司法性法律职业，如律师、法学家等职业的发展和发达状况也直接相关。这不仅指这些职业的规模或社会影响大小以及与此相关的职业位势的高低，也指律师、法学家等职业发展的成熟状态。再次，司法的法律职业生态还决定于特定国家中法律职业共同体的形成和影响。法律职业共同体理念及文化，能够为各种不同的法律职业

提供相同的价值观念和功利追求，由此创造或生成合理制约、消除歧见、彼此相容、荣辱与共的氛围与机制。

在现实生活中，司法生态结构的前述三个方面相互之间都有一定影响。政治生态对社会生态和法律职业生态的影响较大。由于主导政治力量对司法的态度通常能够成为社会公众认知和评价司法的参照基准和依据，因而政治生态对社会生态的形成与变化具有引导作用。从另一方面看，社会生态和法律职业生态对政治生态也并非毫无影响。现代国家民主政治都保持着不同程度的开放性，社会成员及相关法律职业群体对待司法的认识与态度，在政治生态的形成与变化中也会产生一定的制约或影响作用。正因为这种相互作用的存在，在一个正常的社会中，司法生态的这三个方面具有趋向上的一致性，某一方面的改善或恶化，则意味着其他方面也会改善或恶化。

三、我国司法生态现状分析

总体上说，我国司法生态的基本面是积极、良好的，有充分理由对我国司法生态的基本面持肯定性结论。然而，我国司法生态中所显现出的某些困窘亦不应被漠视或避讳。

（一）现实中司法生态的困窘

从政治生态看，司法在地方政治权力关系的具体实践中，常常处于依制度所不应有的弱势状态。这主要体现在四个方面：其一，尽管“一府两院”是我国制度建构的基本内容之一，但“两院”在现实中却很难达及政府所具有的地位。这使得一些司法机关在处理与其他政治权力机构的关系时，不得不放低姿态，谨小慎微，甚至如履薄冰。其二，在某些与党政组织发生交集的案件的处理过程中，司法往往缺少充分的自主性和足够的话语权。其三，一些基层党政组织基于地方发展或治理的要求，给司法机关分派并要求其完成司法职能以外的任务，或要求司法机关将司法职能不恰当地用于某些地方发展事务。其四，少数党政领导干部受利益或人情等私利驱使，以批转材料、“打招呼”等多种方式干涉司法案件，甚至对案件处理结果提出明确要求。

从社会生态看，司法始终处于以人脉关系为基础的情缘诱导以及以自媒体为主要手段的舆论围逼的双重影响之中。一方面，司法生存于浓密的人脉网结之中。我国是十分注重人脉关系的“熟人社会”，“找关系”“依靠关系”办事，已经固化为人们在社会活动中的思维定式和基本的行为方式。存在于这样一种社会氛围中的司法，也难免受其影响。与司法人员相联系的各种人脉往往会成为影响司法过程及结果的情感甚至利益传递通道，由此对司法人员形成种种诱导，并可能使司法过程或结果出现变形或产生偏差。另一方面，司法又时常面临网络舆论的围逼。一些网民，尤其是一些“大V”或网络推手，往往以某些特异性个案或涉及司法的极端性事件的发生为契机，将其推演为公众关注的热点，引致更多网民的围观，并引发大量网民通过自媒体介入，从而对司法形成舆论围逼的态势。这些评价与意见不仅使司法面临着有形或无形的压力，在某些情况下，还可能产生扭曲司法行为的实际后果。

从法律职业生态看，司法与其他法律职业之间呈一定程度的间离状态，彼此缺乏必要的合作与配合精神和态度，法律共同体的意识更为淡薄。律师与司法的关系一直是近些年理论与实践中关注较多的话题，话题的重心主要是如何改善律师在司法中的处境。但从本文语境及立意出发，律师对待司法的态度和作为也并非不值得反省和审视。总体上说，律师与司法之间的“合作性博弈”关系尚未全面形成。法学人对待司法的态度则多少有些冷漠甚而轻薄。一方面，法学理论与司法实践之间长期存在着一定的隔膜，法学理论研究很难把充足的兴趣与热情用于关注司法实践中出现和存在的问题；另一方面，在面对司法及司法实践时，不少法学人则往往以“布道者”的口吻和俯视的眼光，对之作出简单化的批评，而缺少建设性、可操作性的意见与建议，从而降低了这些批评的可接受度，也减弱了司法对法学理论的信任。此外，法、检及公安机关之间，无论是配合抑或制约，都存在着一定的缺失，其中既有配合不畅，甚而相互掣肘的问题，亦不乏制约缺位或滥用制约权力的现象。

（二）司法生态困窘的主要原因

第一，社会各方面对司法地位的认知存在一定的偏差。司法受执政党的领导以及受立法机关的监督，这是我国司法工作的基本原则和基本制度，也是我国政治制度和政治运作架构的重要内容。从理论上说，或者从制度设计的应有之意看，司法机关“受领导”“被监督”与司法在

具体司法事务上的自主性和自决权之间并不矛盾，“领导”与“监督”有其特定的内容和方式，在任何情况下，都不应影响司法对具体司法事务依法自主地作出决断。然而在现实中，司法这种“被领导”“受监督”的地位往往被人们泛化地理解为在具体司法事务中司法自主性和自决权的不确定性。

第二，在突出司法责任的同时，忽略或淡化了对司法尊严的重视和强调。基于“人民司法”的属性以及“司法为民”的司法理念，我国司法的政治和社会责任不断被突出强调。司法自身也反复强调其服务功能和“亲民近民”的形象或举措，向社会各方面作出各种高标准的责任承诺。在我国现实条件下，任何特定社会身份的主体或社会群体都可以从主流意识形态或政治取向中，找到其应受特别保护的理由和依据，从而为司法敷设某种政治或社会责任，借以提高或强化其在面对司法时的相对位势。在司法的责任面相被突出的同时，司法尊严的面相却或多或少受到忽略或被淡化。事实上，司法尊严是司法这一现象或实践的重要特性，亦是司法赖以存在的基础。在法治社会中，司法尊严本应作为一种社会信念、作为一种抽象存在而得到全社会的认同和维护；认同司法的存在，就必须认同和维护司法的尊严。这种认同和维护甚至不以司法的具体状况为前提，亦即不以司法水平的高下、司法能力及其大小等为前提。司法终局性解决原则的确立以及各种司法礼仪与程式的设置，都是基于对司法尊严的维护。

第三，提交司法处置的案件超出了司法的实际解决能力，司法承受着不能承受之重。近几十年来，我国各种社会矛盾纠纷大量出现，体现在司法层面上则是各类司法案件不断上升。表面上看，司法机关在案件受理量上具有很大的弹性，被动性受案的制度性特征使司法机关在案件受理量方面呈现出具有无限可能的假象，但实际上，司法对案件的容量是有确定限度的。司法机关的人力、物力、财力只能保证相应数量案件的处置，无限制地被动受案以及受案量大幅度上升与有限的司法资源以及司法资源的实际短缺之间，便成为我国司法长期所面临的基本矛盾。作为司法案件与司法资源、司法能力不够匹配甚而严重失衡所带来的后果之一，自然是社会各方面对司法不同程度的抱怨，以及对司法正面肯定性评价的减弱和负面性批评的增加，而当这些弥漫为具有一定普遍性的社会情绪时，司法则难免会陷于某种困窘之中。

第四，司法的功能、特征等客观本相并未被社会所充分认知，社会对司法的期待和要求过度地高于司法的实际能力。在任何社会中，社会公众对司法的期待和要求通常都会高于司法的实际能力，但这种差异在我国现实中则因为某些特殊因素被进一放大。首先，我国法治知识的普及与教育仍然处于起步阶段，不少社会成员尚未完成法治知识的启蒙，对司法的了解既不充分，亦不全面，由此对社会公众认知和了解司法产生了一定的误导，不适当地吊高了人们对司法的期望值。其次，由于我国具有“政审合一”的历史传统，新政权建立后，尽管政、审机构及功能已经明确分开，但“人民政府”与“人民司法”中的“人民”共同属性，又在一定程度上模糊了两者之间在认知上的界线。在相当一部分社会公众看来，无论是人民政府还是人民法院或人民检察院，都体现或代表着社会管理者，因此，一切以社会管理者为对象的诉求都可向司法机关提出和表达，而司法则有责任、也有能力解决社会管理者所应解决的一切问题，甚至应当承担社会管理者所应承担的一切责任。这样的期待已然超出了司法所可能的作为。

四、我国司法生态改善的三个基础性问题

影响我国司法生态的因素很多，亦很复杂，因而改善我国司法生态所涉及的面也很宽，需要解决的问题也会很多，但下述三方面问题是基础性的，必须成为认识和实践上的着眼点。

（一）主导政治力量如何切实保障司法权依法独立行使

从我国现实看，司法生态的改善首先需要解决的问题，是司法权依法独立行使能够得到保障，而保障司法权依法独立行使的关键，又在于主导政治力量对待司法的态度。在我国法学理论语境乃至在一些社会认知中，司法权依法独立行使与司法独立常常是裹杂在一起的。虽然司法独立是西方法治所奉行一项基本原则，并且是由西方国家所主导的各种国际组织所推崇的法治的“标准性要素”，但基于国情和传统等因素，我国在制度上和主流意识形态中，既不认同司法独立，也不采用“司法独立”这样的表达。因此，司法独立在非官方话语中的强调与其在官方话语中的禁忌，使得“司法独立”与“司法权依法独立行使”这两者之

间的关系并未得到透彻的讨论和阐释。事实上，“司法独立”的语意或内涵是复杂的，仅就司法与外部的关系看，也具有多个层次，因而不应因讳忌“司法独立”概念而回避或淡漠对独立性的强调。

从最直接的意义上说，司法权独立行使的机理建诸三个基本方面：其一，它是一种政治技术。通过司法权独立行使，让司法独立地面对和解决各种社会矛盾，从而在一定程度上切割社会矛盾与主导政治力量之间的联系，避免社会矛盾中所潜含或蓄积的冲突和对抗直接指向主导政治力量，进而形成对政权或执政者的不满和抱怨。其二，它是司法本身的客观和必然要求。司法要取得广泛的社会信任，要具有权威性，并且要保证其公正性，必须有一定的独立性。社会对司法部门的尊重是涉及司法部门的独立性的主要理由之一。司法权如果不能独立地行使，无疑会沦为一种“拉偏架”的纠纷解决方式。其三，它也是一种政治秩序。司法权与其他各种政治权力的联系很紧密，有多方面的交集；而且，由于司法权具有一定的派生性和从属性，相比之下，其他政治权力往往具有更高的实际位势，如果司法权行使的独立性得不到高度重视和强调，势必会受到其他政治权力的侵蚀或干涉。总之，承认并保障司法在特定意义上的独立性，不仅不会损伤政治权力，还有利于政治权力的巩固和提升。

在实践层面上，保障司法权依法独立行使似应着力解决这样几个问题：第一，进一步明确和规范党对司法领导与人大对司法监督的内容以及途径与方式。第二，进一步划清司法权与其他政治权力之间的边界。其总体原则是，依法属于司法主管的事务，完全交由司法机关依照司法程序解决；不属于司法职能的事务，不应要求司法机关承担。第三，充分保障司法在司法事务中的自主性和自决权。在我国现实条件下，对于极少数具有重大社会影响的案件，党委政法委参与意见的情况事实上仍不可避免，但无论如何，都应尊重司法机关的主导地位，保证和保持司法机关在实体或程序问题处理上的自主性和自决能力。

（二）全社会应当形成和确立怎样的司法观

改善司法生态也迫切需要从司法的真实本相出发，适度调校人们对司法的基本认知，在全社会形成并确立正确的司法观。

确立正确的司法观，首要方面自然是倡导全社会尊重司法、信赖司法，认同司法的权威，但当下更为重要或更为现实的问题是，引导全社会对司法这一社会实践的特异性、客观局限性形成恰当的认识，并在下述几个方面建立明确的共识：第一，并不是所有的社会矛盾和社会纠纷都能通过司法手段加以解决。第二，司法有其特定的解决矛盾和纠纷的程序和方式。首先，司法需要把矛盾和纠纷通过证据等方式转换成司法认知与判断的模式。因此，在司法中认定的法律事实与矛盾和纠纷原初的自然事实很可能不一致。通常所谓的“实事求是”，在司法中实际上是不可能绝对做到的。其次，司法程序有它的终局性，在经历了所有法定程序后，即便矛盾和纠纷仍未得到恰当处置，亦只能就此终结。因此，严格来说，“有错必纠”也不完全适合于对司法的要求。再次，司法始终只能根据既有的利益范围在当事人之间分配资源，而不能为当事人提供新的资源；对于需要增加资源才能消弭的矛盾和纠纷，司法也只能抱憾以对。第三，司法对公平正义的理解和把握有其确定的标准，与非专业人士的社会认知也有一定差异。司法永远无法迁就部分社会成员在朴素情感上所形成而与这些制度或原则明显背离的“公平正义”观念。第四，司法始终受制于立法资源的限制。一方面，对于立法尚没有作出规定的新型社会关系和社会生活中的新领域、新问题，司法难以接纳其中所滋生的矛盾和纠纷；另一方面，由于立法具有一定的滞后性，因而立法中某些条款随着情势的变化而可能丧失其合理性或公正性，对此，司法亦很难超越现行立法的规定而调整这种偏差。第五，司法是一种成本较高甚至昂贵的矛盾和纠纷解决方式。鼓励一切纠纷都通过司法途径解决，既是对司法功能的一种误解，也是对“法治观念”或“法治意识”的一种片面认识。第六，司法不可能保证或做到不出现错案，甚至冤案或假案。受人的认知能力的局限和有限理性的制约，加之前面所提到的一些因素，司法如同其他社会活动一样，其产品在概率上始终会有不同程度的缺陷。任何社会中，再完善的司法也会产生冤假错案。

（三）司法如何体认和履践自己的政治和社会角色

概括地说，司法体认并履践自己的政治和社会角色，应参照或依据下述三个基点：

第一，主导政治力量对司法政治功能的要求与期待。这也是司法为自己建立政治正当性以及找准自己政治定位的基本参照和依据。从这一

基点出发，一是把司法职能有机融入到主导政治力量国家治理和社会发展的政治功能之中，特别是通过最高司法机构把主导政治力量的路线、方针和政策适时地转化为阶段性司法工作的重点、司法政策及司法取向，在司法过程中体现这些路线、方针和政策的要求，二是妥善处理和解决社会变革过程中出现的各种社会矛盾和纠纷；三是在社会全面转型的背景下，通过司法建构和形塑主导政治力量所希望的社会结构和社会关系，倡导和维系主导政治力量所希望的社会秩序，推动社会变迁和社会转型。

第二，对司法权依法独立行使的维护以及对司法自主地位的珍重。在司法权依法独立行使方面，司法往往处于弱势地位，且具有一定的被动性。但是，现实中这方面所存在的问题，与部分司法机关领导思想意识不健康、政绩观不正，为谋取利己评价、“搞好关系”而放弃原则甚而曲意逢迎亦不无联系。司法在体认和履践自身政治和社会角色时，必须建立明确的维护司法权依法独立行使的意识，保持必要的自尊和自重。

第三，保持司法与社会生活恰当融合，这也是司法体认和履践政治和社会角色必须考量的另一个基点。维护司法权依法独立行使决不意味着司法机关僵化、机械地适用法律，闭门司法。改善司法生态既需要社会各方面正确认知司法，也需要司法全面了解社会，贴近于社会生活，根植于社会实践。现代司法发展的一个重要趋势就是司法逐步放弃其自闭、自洽、矜持的特性，而更加富有开放性和包容性。在国情因素较为特殊、社会分层所引起的社会同质化程度较低，以及社会转型过程中社会生活复杂多变的当代中国，司法更应顺应这样的趋势。

五、建构以司法权威为核心的社会权威体系

当代中国司法生态的改善，最终归结到一个实质性问题就是：当代中国社会要不要、能否以及怎样构建以司法权威为核心的社会权威体系。在认识和实践层面上，这个问题的关键又在于如何看待并处理好主导政治力量的政治权威与司法权威之间的关系。在此方面，必须看到的是，主导政治力量的政治权威是一种“元权威”，而司法权威是一种“委派权威”或“授予权威”，是处于主导政治力量政治权威表层的权

威。因此，无论司法权威被提升至何种境地，在司法与政治事务的边界清晰的前提下，司法权威都不会构成对主导政治力量政治权威的威胁或损伤。以此为据，主导政治力量不仅不应通过贬抑甚至压制司法权威而显示和提升自己的权威，而且应通过树立、维护和尊重司法权威以显示其执政理性，从而获得更大或更有效的政治权威。随着我国社会成员日常社会生活的政治化色彩逐步淡漠，社会主体与体制之间的联系日益松弛，主导政治力量政治权威的直接辐射面也会有所收窄，辐射力亦会有所衰减，在此背景下，维系社会秩序、主持社会正义、引导社会发展的常规任务在很大程度上则需要司法直接承担。由司法而不是党政组织直接面对社会矛盾和纠纷，并通过司法程序化、技术化、中立化、理性化地处置矛盾和纠纷，在很大程度上可以避免和消解不同社会群体与主导政治力量之间的对抗，从而更有利于执政社会基础的巩固。

明确了主导政治力量政治权威的“元权威”属性和司法权威作为一种委派权威或授出权威的属性以及恰当界定两者之间的关系后，构建以司法为核心的社会权威体系便有了确定的前提和较好的基础。当然，在实际建构这一体系的过程中，还存在着司法如何恰当运用国家强制力维护司法权威，特别是如何审慎地平衡维护司法权威与保障其他主体正当权益之间的关系等问题。同时，在当下我国权威要素日益多元化的现实中，亦需要不断探索并逐步明确司法权威与其他社会权威之间的关系，发挥司法权威对其他社会权威的主导或引导作用，共同营造出一种合理的权威格局和权威秩序。总之，维护司法权威，建构以司法权威为核心的社会权威体系，应当成为改善我国司法生态的基本取向和根本路径。只有在司法的社会权威普遍形成之时，司法才可能获得其必要的生存环境与条件。

论 1954 年宪法上的审判独立原则

韩大元（中国人民大学法学院教授）

本文原载《中国法学》2016 年第 5 期，第 5—24 页

1954 年宪法第 78 条规定："人民法院独立进行审判，只服从法律。"在新中国司法制度发展史上，这是第一次以国家根本法的形式规定了人民法院的审判独立原则，为人民法院独立行使审判权提供了明确的宪法基础。根据宪法制定的《人民法院组织法》也将审判独立确定为人民法院审判工作的基本原则。六十多年来，审判独立作为中国宪法的基本原则与司法制度的核心价值，在维护司法权的国家性与权威性、推动司法体制改革、实施宪法方面发挥了重要作用。

从宪法规定看，人民法院审判独立原则的内涵是清楚的，其规范的有效性是无可置疑的，但在现实生活中这一原则经常成为争议的焦点，甚至有时成为敏感的话题。司法改革的总体目标是维护司法正义，让法官成为裁判者，使司法的判断回归审判权的独立行使。

面对审判独立原则的当代课题，我们需要追溯历史，从历史的事实中寻找其正当性的基础，赋予现实制度以历史的元素，力求在历史与现实的互动中寻找具有解释力的分析路径，克服法学研究中存在的历史虚无主义。

一、1954 年宪法第 78 条的形成背景

中国共产党是审判独立原则的提出者、追求者与实践者。早在新民主主义革命时期，审判独立原则在革命根据地工农民主政权的司法制度

中开始确立。1949 年颁布的《共同纲领》第 17 条规定：“废除国民党反动政府一切压迫人民的法律、法令和司法制度，制定保护人民的法律、法令，建立人民司法制度。”这一条实际上肯定了废除“六法全书”的正当性，要求以“人民的司法制度代替反动政府的司法制度”，确立了新政权的司法基础。可以说，新民主主义革命时期司法制度中的审判独立原则，特别是《共同纲领》的“司法制度”的规定为 1954 年宪法明确审判独立原则奠定了统一的基础。

1950 年 7 月 26 日召开的第一届全国司法工作会议在新中国司法制度发展史上产生了重要影响，会议的中心工作是根据《共同纲领》第 17 条的规定，就建立统一的全国人民司法制度进行讨论，明确人民司法的重要任务和基本路线。

从 1952 年 6 月到 1953 年 2 月开展的新中国首次司法改革运动为建立新型的司法制度提供了重要基础。当时，执政党认为审判独立的一个前提是行使审判权的队伍要纯洁，如队伍不纯洁，审判权的独立行使是有风险的。这次运动的主要目标是解决“新中国成立初期各项变革运动，特别是‘三反’、‘五反’运动中司法机关暴露出来的严重的政治不纯、组织不纯、思想不纯的问题”。

基于新旧法律秩序的转型，对旧法时代的司法工作者的思想进行清理是必要的，但单纯以“运动”的形式割裂新旧司法传统之间存在的客观历史事实是不妥当的，由此形成的“政法合一、非职业化与群众路线”的司法传统实际上对司法制度的正常运行产生了负面的影响，其影响一直留存在当代的司法制度之中，有些甚至成为当前司法改革中仍有争议的问题。如司法改革运动后建立了“司法机关向党委请示案件的报告制度”，客观上损害了审判独立原则的落实。又如，由于大量清除旧司法人员，新补充的司法人员缺乏法律基础与专业能力，片面地把政治放在首位，忽略了司法应有的专业性，导致两种现象：一是错捕错押、刑讯逼供和错判错杀；二是案件大量积压，如 1953 年全国积案达 35 万件。在司法领域进行的“政治司法化”在一定程度上动摇了司法的专业性与职业性，为宪法的政治解释埋下了伏笔。

二、1954 年宪法第 78 条的形成过程

1954 年 3 月 23 日中国共产党中央委员会提出的 1954 年宪法草案（初稿）第 71 条规定："各级人民法院独立行使职权，只服从法律。"这是 1954 年宪法有关审判独立原则的最初表述。1954 年 6 月 3 日中华人民共和国宪法起草委员会将"宪法草案"（初稿）的意见中的第 71 条调整为第 83 条，即"各级人民法院独立进行审判，可服从法律"。这里把"只服从法律"调整为"可服从法律"，不仅是语义上的变化，直接涉及审判独立原则属性的判断。"可"实际上降低了"审判独立"的意义，没有上升为宪法原则。为了解决"可服从法律"的表述可能带来的不确定性，1954 年 6 月 14 日中央人民政府委员会第 30 次会议通过的宪法草案（初稿）将第 71 条"各级人民法院独立行使职权，只服从法律"改为第 77 条，重新将"可服从"改为"只服从"，其内容是"各级人民法院独立进行审判，只服从法律"。在讨论第 71 条草案（初稿）时，曾有四种修改建议：各级人民法院依照法律，独立行使职权；地方各级人民法院，依照（或按照）法律，独立行使职权；各级人民法院根据法律独立行使职权；各级人民法院独立行使职权，只服从法律及有法律效力的条例或其他命令。在比较各种规范表述后，1954 年 9 月 21 日第一届全国人民代表大会第一次会议通过的宪法中，第 78 条最终采用"人民法院独立进行审判，只服从法律"的表述，删除草案中的"各级"，使之成为正式的宪法条文。

从上述条文的变化看，在整个起草过程中审判独立条款没有实质性变化，凝聚了制宪者、人民代表与民众的基本共识，成为国家实行独立审判原则的宪法基础。但在条文的形成过程中，围绕具体内容的规定以及规范的表述，曾产生争论。

三、1954 年宪法第 78 条的规范内涵

（一）政治性解释与规范性解释的张力

如何解释宪法第 78 条的规范内涵，特别是"独立"和"只服从法律"所包含的内涵？这是理解审判独立原则的核心问题，也是宪法解释

的基础性问题。其实，从 1954 年宪法制定和实施过程看，审判独立原则始终伴随着不同的解读与争论，甚至这一条被卷入“反右”“文化大革命”“资产阶级自由化”等政治漩涡之中，形成了“规范的解释”与“政治的解释”二元体系，使规范与政治现实之间形成不确定性与冲突，削弱了审判独立原则的规范价值。在 20 世纪 50 年代特定的历史背景下，宪法规范与政治现实之间的冲突是不可避免的，但即使在政治需求占主导地位的背景下，也不能牺牲最低限度的规范价值。

总体上看，从 1954 年宪法颁布到 1957 年“反右”运动之前，审判独立原则的规范性解释占主导地位，但 1957 年以后到 1982 年宪法修改之前政治性解释占主导地位，所谓的“审判独立”被妖魔化为“资产阶级的法治原则”。

（二）审判独立原则的规范解释

1. 审判权专属于人民法院

“人民法院独立进行审判，只服从法律”的前提是人民法院拥有专属的国家审判权。1954 年宪法第 73 条规定：“中华人民共和国最高人民法院、地方各级人民法院和专门人民法院行使审判权。”这就意味着，国家审判权的行使主体是人民法院。

值得注意的是，这里的“审判权”不同于“司法权”。1954 年初中国共产党中央委员会提出的宪法草案的初稿曾使用“司法权”，而没有用“审判权”。其第 66 条规定：“中华人民共和国的司法权由最高人民法院、地方各级人民法院和依法设立的专门法院行使。最高人民法院和地方各级人民法院的组织由法律规定。”对此，在全国政协组织的“宪草”座谈会上讨论时，一些委员和专家提出建议，将“司法”改为“审判”，将“司法权”改为“审判权”。

在政协“宪草”讨论会上讨论第 66 条时，李维汉提出：有人主张把“司法”改为“审判”，说过去用“司法”是我们没有搞清楚。张志让表示同意把“司法”改为“审判”，主张用“审判机关”。周鲠生则主张可以用“司法”，认为法院做的事情不只是审判，还有别的事情，用“司法”比较容易表达内外的事情。同时认为，是否用“审判”并不是原则性问题，而是一个名词问题。屈武认为，可以把“司法”改为“审判”，但不同意把法院写成“审判机关”。钱端升认为，用审判方式执

行法律是司法。当时，宪法起草委员会法律小组提出的建议是，不必将“司法”改为“审判”。主要理由是：（1）俄文里“司法”和“审判”是两个字，苏联宪法也用了“司法”。“司法”二字范围比较广，包括法院的一切业务和活动，而“审判”则含义太窄。审判为法院的主要业务，但中国的法院除审判外还要处理各种非诉讼事件，这类业务无法涵盖在“审判”语义范围之内。（2）“司法”一词习用已久，一般人都了解，不必更改。（3）苏联宪法相应条文应翻译为“司法”，而不是“审判”。

2. 审判只服从法律

人民法院的审判只服从法律，意味着人民法院行使审判权，仅仅根据其所认定的事实，依照法律进行判决，不受任何机关、团体或个人的干涉。如果法院不能独立行使权力，处处受行政机关的干涉，法院的作用就没有多大意义了，法律也没有多大意义了。所以，必须独立行使审判权，这样法院的权力就大了，责任也就大了。按照宪法和《人民法院组织法》的要求，任何机关都不能指示或者命令人民法院对某一具体案件如何判决。

那么，这一条文是否包含着审判员独立？对此学界存在着不同的解读。有学者认为这一条文主要学习了苏联宪法第 112 条，并认为，苏联强调的是审判员独立，强调审判员的自由确信，而我们则强调法院的独立性，注意发挥法院工作人员的集体作用。在宪法草案第 76 条的讨论中，也有意见认为，应明确审判员独立行使职权，法院对审判员的判决不能改变、推翻，判决宣布后也不能撤销。作者认为，这种意见是合理的，在规范体系中明确审判员独立，有助于准确把握规范的整体性。但当时，多数意见还是把“审判独立”理解为“机关的独立”，为政治性解释留下过多的空间，没有严格遵循宪法条文的“规范解释”规则。从“移植”这一条文的过程以及第 78 条的目的论解释看，如不承认审判员独立，就无法全面解释第 78 条的规范体系与内涵，无法落实审判独立原则的价值。

3. 审判活动要接受必要的监督

在讨论 1954 年宪法第 78 条时，有一个普遍的担心是，如果法院独立行使审判权，是否出乱子？从 1954 年宪法确立的规范体系来看，人民法院独立进行审判并不意味着其可以完全脱离监督，成为一个“独立王国”，这种“独立”具有相对性。

第一，人民法院独立审判，受国家权力机关的监督。1954年宪法第80条规定："最高人民法院对全国人民代表大会负责并报告工作；在全国人民代表大会闭会期间，对全国人民代表大会常务委员会负责并报告工作。地方各级人民法院对本级人民代表大会负责并报告工作。"基于法院与权力机关的关系，"人民法院独立进行审判，只服从法律"是根据民主集中制、集体领导与个人负责相结合的组织原则所确定的组织制度，从制度上不宜成为院长和法官脱离权力机关的机制，其审判行为受权力机关的制度性约束。特别是，法院向权力机关"负责并报告工作"的机制建立了区别于三权分立的体制。

第二，人民法院独立审判，受上级人民法院的监督。1954年宪法第79条第2款规定："最高人民法院监督地方各级人民法院和专门人民法院的审判工作，上级人民法院监督下级人民法院的审判工作。"

第三，人民法院独立审判，受检察机关的监督。1954年宪法第81条第1款规定："中华人民共和国最高人民检察院对于国务院所属各部门、地方各级国家机关、国家机关工作人员和公民是否遵守法律，行使检察权。地方各级人民检察院和专门人民检察院，依照法律规定的范围行使检察权。"这是在审判权制约方面的重要特点，体现了人民代表大会制度下的权力监督体制，旨在防止审判权滥用可能导致的权利侵害与国家法律秩序的破坏。

第四，人民法院独立审判，受人民群众的监督。1954年宪法第17条规定："一切国家机关必须依靠人民群众，经常保持同群众的密切联系，倾听群众的意见，接受群众的监督。"

4. 党的领导与独立审判原则

围绕1954年宪法第78条始终存在着一种规范性解释与政治性解释的冲突，特别是党的领导如何体现在法院独立审判活动之中。对于新生的国家来说，如何处理执政党与审判独立原则的关系是制宪者们高度关注的政治与法律问题。

当时对第78条的规定虽有基本共识，但也有一些担心，主要是法院独立审判是否导致脱离党的领导，改变审判权的人民性。从1954年宪法的序言与确立的政治体制看，党对国家机关的领导是无可置疑的，所有的国家机关都接受党的领导，但对司法机关而言，党的领导是政治、思想的领导，并不是直接干预法院的办案，更不能干预法院的审判活动。

“只服从法律”的规范含义是，法院在审判活动中只对法律负责，不受其他任何因素的影响，包括党、行政机关的干预，不能就案件本身向党组织请示，也不能以政策代替法律。

四、1954 年宪法第 78 条的实施机制

（一）1954 年到 1956 年

1954 年宪法颁布后，根据宪法建立了国家政权体系，这一时期宪法权威受到尊重，审判独立（司法独立）原则得到了良好的实施。为进一步落实和保障宪法上人民法院的独立审判权，第一届全国人民代表大会第一次会议通过了《人民法院组织法》，其第 4 条重申了人民法院的独立审判原则，规定“人民法院独立进行审判，只服从法律”。从宪法的实际运作过程看，这一时期宪法实施取得了良好的社会效果。

到了 1956 年，法院审判工作如何坚持审判独立原则成为比较敏感的话题，但国家领导人还是强调了审判独立原则的意义。如董必武认为，遇有经党委确定要杀的案子，法院发现确有不可杀的事实根据时，应向党委提出意见；党委确定要杀时，仍可保留意见向上级党委反映，这是对党负责，不是闹独立性。这种判断在当时的历史条件下，对维护宪法规定的审判独立原则起到了积极作用。

（二）1957 年到 1965 年

1954 年宪法的颁行推动了新中国成立初期国家的民主和法制建设，但从 20 世纪 50 年代后期开始，由于党在指导思想上的“左”倾错误越来越严重，连续开展了“反右”斗争、“大跃进”、人民公社化运动，人民法院的宪法地位和宪法确立的审判独立原则遭到破坏。到了 60 年代初，政法机关完成了大规模的精简，中央层面的司法机关体系以“调整”的名义进行所谓“合署办公”，实际上改变了 1954 年宪法规定的国家机构体系。

（三）1966 年到 1975 年

1966 年中国爆发了“文化大革命”，1954 年宪法被废弃，人民法院独立审判原则失去了宪法基础，学界不再研究和讨论这一宪法原则，统

一实行党委审批案件的制度。“文革”期间，在地方国家政权体系中，权力机关、行政机关、审判机关、检察机关全部被革命委员会取代。1975 年宪法和 1978 年宪法取消了 1954 年宪法规定的人民法院独立审判的原则。1978 年宪法虽然恢复了人民检察院的建制，但没有恢复人民法院和人民检察院依照法律独立行使职权的宪法原则。其主要理由是，审判独立是资产阶级的观点，我们是社会主义国家，不能搞什么审判独立。1978 年党的十一届三中全会开启思想解放，审判独立成为人们反思“文革”、恢复法治秩序的前提问题之一。学界就有人提出，“要结束党委对司法的干预，确保司法独立”。

1979 年 9 月 9 日，中共中央发布《关于坚决保证刑法、刑事诉讼法切实实施的指示》，首次宣布“中央决定取消各级党委审批案件的制度”，明确提出：“党委与司法机关各有专责，不能互相代替，不能互相混淆。今后，加强党对司法工作的领导，最重要的一条，就是切实保证法律的实施，充分发挥司法机关的作用，保证法院、检察院独立行使职权，不受其他行政机关、团体和个人的干涉。国家法律是党领导制定的，司法机关是党领导建立的，任何人不尊重法律和司法机关的职权，这首先就是损害党的领导和党的威信。”文件起草小组认为，应在宪法和法律中恢复 1954 年宪法关于“人民法院独立审判，只服从法律”的规定，其规定立意科学，措辞严谨，排除了外界可能对司法案件干预的一切口号。时隔二十多年后审判独立原则第一次出现在党的文件之中，这使党的领导与司法关系回到了 1954 年宪法的正确轨道上，成为实现社会正义的重要基础。时任最高人民法院院长江华评价：“我认为这个文件是建国以来，甚至是建党以来，关于政法工作的第一个、最重要的、最深刻的、最好的文件，是我国社会主义法制建设新阶段的重要标志。”到 1982 年全面修改宪法时，审判独立原则的价值得到了充分肯定，重新规定在宪法文本之中。

五、1954 年宪法第 78 条的规范价值

1978 年 12 月，党的十一届三中全会拨乱反正，法制建设被重新提上国家的议事日程。全会《公报》重新提出“检察机关和司法机关保持应有的独立性”，充分肯定了审判独立的宪法原则。

1979 年五届全国人大五次会议通过的《人民法院组织法》恢复了独立审判原则，第 4 条直接延续了 1954 年宪法第 78 条，规定：“人民法院独立进行审判，只服从法律。”1982 年宪法是 1954 年宪法的继承与发展，1982 年宪法第 126 条继承了 1954 年宪法第 78 条的精神，将其修改为“人民法院依照法律独立行使审判权，不受行政机关、社会团体和个人的干涉”。1982 年宪法加强了宪法实施的法律保障性规定，确立了宪法的最高法律效力，规定：“一切违反宪法和法律的行为，必须予以追究。”这些规定不仅为宪法实施，同时也为人民法院能够依法独立行使审判权提供了有力保证。

（一）审判独立原则的规范表述

在 1982 年宪法草案的讨论中，有学者提出 1954 年宪法的用语不够确切。主要理由是：首先，各级人民法院必须接受同级人民代表大会和它的常委会的监督和领导。各级人民法院是由同级人民代表大会产生的，它对同级人民代表大会负责并报告工作。同级人民代表大会和它的常委会虽然不干涉人民法院对具体案件的审判，但它还是要监督人民法院的工作的。因此，像 1954 年宪法那样规定人民法院只服从法律，是不确切的，有点绝对化。其次，各级人民法院必须接受中国共产党的领导，党的领导是我国宪法所确认的四项基本原则之一。党是人民利益的忠实代表，它对整个国家实行领导，作为国家机关之一的司法机关当然也要受它领导。当然，党的领导主要是从思想政治上进行领导，帮助法院选拔干部，执行党的路线和政策，教育审判人员严格依法办事等，而不是直接干预人民法院的日常审判工作。也有学者指出，独立行使审判权，必须接受党的领导和法律的监督。人民法院独立行使审判权，并非不受任何制约。独立不等于随意，更不是专断，除了必须依照法律规定外，还必须坚持党的领导，接受国家权力机关、法律监督机关、上级审判机关和人民群众的监督。这是人民法院正确行使审判权的又一个重要保证——党委和审判机关各有其责，不能互相替代、互相混淆。

可见，在审判独立与党的领导关系上，始终存在着一种认识上的误区，担心强调审判独立就会否定党的领导。针对这种认识问题，许崇德教授从法院审判活动的性质出发解释两者的关系，认为：“我国法律是无产阶级意志的表现，它代表着全体人民的根本利益，独立审判原则正是为了服从并遵守在党的领导下所制定的法律，也正是体现了党对司法工作的领导。所以法院依照法律规定独立行使审判权，不受行政机关、团体和个人的干涉，这和加强党的领导的精神相一致。法院审判以事实为根据、以法律为准绳。如果在工作过程中，行政机关、社会团体和个人对它施加影响，甚至横加干涉，使之不能严格地依法判案，那就要发生冤案，这不符合人民利益。”

（二）明确人民法院审判活动不受哪些机关干涉

1982 年宪法规定人民法院依照法律独立行使审判权，就是说审判权只能由人民法院依法行使，别的任何机关都不能行使审判权。而且又特别规定：“不受行政机关、社会团体和个人的干涉。”这就说明宪法明确了哪些单位和个人不能干涉法院依法行使审判权，以保证审判工作能正确地和顺利地进行。

1982 宪法第 126 条在 1954 年宪法第 78 条的基础上调整了表述，划清了一些界限。但这种修改是否合理，是否“表述更为确切”？只排除特定的主体，是否意味着其他主体可以干预？对没有明确列举权力机关与检察机关，当时的解释是权力机关与检察机关依照法律规定，可以监督审判活动，可以理解为有权进行“合理”干预。如张友渔教授认为，“不能把不受干涉理解为人民代表大会及其常委会也管不着司法机关”。多数学者认为，1954 年宪法第 78 条的规定是科学的，从正面直接规定审判权独立行使，没有列举所谓干预的对象，在规范体系上更加清楚。

在 1982 年宪法的修改过程中对此也有争论。有些学者主张直接引入 1954 年宪法第 78 条的规定，建议不列举干预的具体主体。但权衡宪法规范的实效性以及总结“文革”的教训后，宪法修改委员会认为，“特别说明哪些单位和个人不能干涉法院依法行使审判权，以保证审判工作能正确和顺利地进行。”从解释学的角度看，没有列举在第 126 条的其他主体也负有不得干预法院独立审判的宪法义务，如果干预就构成违宪。这里涉及的一个问题是，人民法院向同级人大报告工作制度是否会影响审判独立原则？

1982 年宪法第 128 条只规定人民法院对产生它的国家权力机关负责，没有规定各级人民法院向同级人大报告工作。但《人民法院组织法》规定，人民法院向同级人大及其常委会报告工作。《全国人大议事

规则》规定，全国人大会议对最高法院的工作报告，可以做出相应决议。对 1982 年宪法 128 条的修改背景，张友渔教授曾经解释为："国务院是国家最高权力机关的执行机关，它是具体执行人大、人大常委会原则上决定的东西，所以执行情况必须报告。法院、检察院的工作、性质不同，可以作工作报告，也可以不作工作报告，根据实际需要决定。不宜硬性规定必须作工作报告，但也不能硬性规定不作工作报告。"从 1982 年宪法第 128 条的原意看，修宪者充分考虑到第 126 条的价值与功能，严格区分了行政机关与审判机关的性质，没有直接规定"报告"制度，试图从制度层面为"独立审判原则"的落实提供合理空间。《全国人大议事规则》体现了宪法精神，把报告制度规定为选择性制度，必要时作报告，不必要时不作报告，对作出的报告"必要时"作出决议。而《人民法院组织法》第 17 条把宪法第 126 条具体化过程中超越其规范界限，把选择性的报告制度规定为"必须做""必须作出决议"，在一定程度上背离了 1982 年宪法关于"审判独立"的初心，需要从宪法视角进行重新考量与制度设计。

1982 年宪法第 126 条规定了审判独立的宪法原则，但其内涵的解释上也有不同的看法。有学者对于审判独立与法官独立的关系进行了阐释，指出："人民法院独立进行审判，当然包括审判员在内，但并不是审判员个人说了算，而是要依法经过合议庭作出判决，由院长、庭长审批，或者审判委员会作出决定，并由院长签发生效。所以独立审判是指人民法院依照法律审判，不受行政机关、社会团体和个人的非法干预。"有学者对"依法"进行了阐释，指出，人民法院依法独立行使审判权，其中的"依法"，不仅要依实体法，而且还要依程序法，二者缺一不可。没有程序法为实体法的实现作保证，无论刑事案件还是民事案件、经济案件，就不能得到准确、及时、有效的审理，就保证不了办案质量。因此，轻视、忽视程序法的执行，在审判实践中是非常有害的。也有学者指出，独立行使审判权，是人民法院依法办事，准确审理案件的基本前提和重要保证。保障人民法院在审判活动中应有的独立性，是由它本身的特殊职能决定的。其含义一是国家的审判权统一由人民法院独立行使，无论是刑事案件，还是民事案件、经济案件，只有人民法院才能进行审判，其他任何机关或个人都没有这个权力；二是人民法院审理案件必须以事实为根据，以法律为准绳；三是人民法院独立行使审判权，不受任何行政机关、社会团体和个人的干涉。确保人民法院独立行使审判权，是宪法和法律得以实施，案件得以准确审理，公民的权利得以切实保障的重要条件。作者认为，从审判独立原则的规范体系看，法官独立是第126条的应有之义，否则无法形成这一基本原则的价值体系，也不符合我国正在进行的司法改革的方向。“在我国法律体系内，司法独立主要体现为法官检察官有权独立行使审判权、检察权，也就是说，司法独立不仅是法院、检察院的独立，更关键的是法官检察官有权独立。”树立法律的权威，司法机关严格依照宪法行使职权是实现人民意志的最高表现。

结论

自1954年宪法规定审判独立的宪法原则以来，人民法院作为审判机关履行着代表国家行使审判权的宪法职责。我国宪法上的审判独立原则与“资产阶级司法原则”有着本质的区别，不能人为地贴上“敏感”的标签。通过对1954年宪法第78条与1982年宪法第126条的形成与修改过程的分析，我们可以寻求一个基本共识，即审判独立是我国宪法的基本原则，也是中国共产党法治观的重要组成部分。法院独立进行审判所依据的法律，是党中央原则批准，由最高国家权力机关制定的……法院服从法律，就是服从党的领导，服从全国人民……所以法院依法独立行使审判权与服从党的领导是不矛盾的，不存在什么“以法抗党”“向党闹独立性”的问题。

自1997年党的十五大提出“推进司法改革，从制度上保证司法机关依法独立公正地行使审判权和检察权”以来，沉寂十多年的“审判独立”“司法独立”等字眼开始成为学术话语。党的十八届三中全会提出“完善主审法官、合议庭办案责任制，让审理者裁判、由裁判者负责”。十八届四中全会提出司法体制改革的具体目标，进一步提出“完善主审法官、合议庭、主任检察官、主办侦查员办案责任制，落实谁办案谁负责”。这些“让审理者裁判、让裁判者负责”的理念与改革措施实际上是宪法精神的落实与具体化。在这种背景下，我们无须在审判独立（司法独立）问题上徘徊，更没有必要把它推向“姓社姓资”的无谓的争论之中。

随着社会的变迁，宪法文本上的概念、词语等也会发生相应的变化，使宪法规范与社会现实之间保持协调。自党的十八大以来，司法、司法机关、司法体制、司法改革等概念写进党的文件，宪法文本上的“审判”可以解释为“司法”。不同国家的宪法体制、社会结构与文化传统孕育着不同的司法体制或者司法体系，也决定着不同国家实现审判独立（司法独立）方式与途径的多样性。我们需要从中国实际出发，以科学的态度，借鉴西方国家司法制度的合理经验，了解当代司法制度发展的新变化，树立中国司法制度在世界法治体系中的良好形象，扩大司法领域的学术话语权。

目前社会各界都关注司法改革的进展，对已取得的成绩要积极肯定，但对存在的问题也不能回避。客观地讲，二十多年的司法改革中，我们没有充分挖掘宪法明确规定的“审判独立”原则的资源，仍然对宪法原则缺乏应有的自信，在一些基本常识问题上没有形成共识，直接影响了司法改革的正常发展。我们要客观评估司法改革各项措施取得的成效，要明确改革的目标与具体步骤。按照“五大发展新理念”，遵循审判独立的宪法原则，切实加强审判独立的配套制度建设，强化司法改革的合宪性，将党的领导与审判独立原则有机统一起来，完善党对司法工作的领导方式，在党与司法关系上，不能“党政不分”“以党代政”，要认真反思审判独立问题上的经验与教训，以宪法凝聚共识，不断完善中国特色社会主义司法制度。

规范性文件的合法性要件

——首例附带性司法审查判决书评析

朱　芒（上海交通大学凯原法学院教授）

本文原载《法学》2016 年第 11 期，第 151—160 页

2014 年 11 月 1 日修订的《行政诉讼法》增加了对规范性文件附带审查的条款，该制度具体如何运用和发展，如何应对各种复杂的法律问题，基本上必须依靠在诉讼实践中一个个判例的经验积累，形成具体的可适用的制度内容。2015 年 12 月 8 日，北京知识产权法院作出了适用此制度的第一例判决，即（2015）京知行初字第 177 号行政判决书（以下简称《判决书》）。作为第一例的《判决书》，尽管只是一审判决书，或许当事人会提出上诉，或许二审判决会与此相异，但无论如何，在无先例的情况下，法官在审判过程中如何理解和适用《行政诉讼法》的相关条款，无疑值得关注。

一、案件事实概要和判决主要内容

（一）事实概要

世界知识产权组织尼斯联盟专家委员会将“医用…… 的零售或批发服务”写入《商标注册用商品和服务国际分类表》，生效日期为 2013 年 1 月 1 日。国家工商行政管理总局商标局（被告，以下简称商标局或被告）于 2012 年 12 月 14 日发布《关于申请注册新增零售或批发服务商标有关事项的通知》（被审查的规范性文件，以下简称《新增服务商标的通知》），其第 4 条设定了“一个月视为同一天”的内容：“设立注册申

请过渡期，期限为2013年1月1日至1月31日。在该期间内，在相同或类似新增服务项目上提出的注册申请，视为同一天申请。”同时该条第3项规定：“一般按以下原则确定商标专用权：同日申请的，初步审定使用在先的；同日使用或者均未使用的，由当事人协商解决；在规定期限内不愿协商或协商不成的，以抽签方式确权。”

安徽华源医药股份有限公司（原告，以下简称原告）于2013年1月4日向商标局提出商标注册申请。同年1月1日和1月28日，有另外两家公司也分别提出“国际分类”同类，“类似群组”相同的商标注册申请。同年10月23日，商标局作出《同日申请协商通知书》（被诉行政行为），认为原告与另外两家公司于同一天申请注册商标近似且均未使用，因此根据《商标法实施条例》第19条、《新增服务商标的通知》第4条，要求原告等公司按照“自行协商”和“抽签方式确定”申请人。原告以缺乏事实依据和法律依据为理由提起行政诉讼请求撤销《同日申请协商通知书》。在审理过程中，因涉及作为《通知书》依据的《新增服务商标的通知》第4条上述“一个月视为同一天”申请的规定是否违反《商标法》第31条的问题，遂一并被审查。

（二）判决要旨

《新增服务商标的通知》系针对不特定的公民、法人或者其他组织作出的，可在其第四条规定的过渡期内反复适用并具有普遍的约束力。鉴于商标局的主体地位、法定权限、《新增服务商标的通知》的制定形式及制定程序等因素，应当认定《新增服务商标的通知》在性质上属于《行政诉讼法》第53条第1款规定的规范性文件。对于《新增服务商标的通知》第4条关于过渡期的规定是否合法，应当着重从主体、法定权限、内容和程序四个方面进行审查。由于原告明确表示对《新增服务商标的通知》制定程序的合法性不持异议，因此审查重点在前3项。（1）判断规范性文件的制定主体是否合法，关键在于审查该规范性文件所针对的事项是否属于该制定主体的主管范围。（2）判断规范性文件的制定主体是否超越法定权限，关键在于审查其是否行使了应当由其他主管部门、上级部门或者立法部门等行使的法定权限，是否超越了其法定的职权范围。（3）规范性文件的内容是否合法，应当主要从其具体规定是否符合上位法、制定目的是否正当、是否符合法律的基本原则、是否有事实依据等角度进行审查。

二、司法审查对象的确定与规范性文件的范围

（一）条款内容的整理

按照《行政诉讼法》第 53 条第 1 款的规定，被审查的是规范性文件，更具体地说，是作为被诉行政行为依据的规范性文件。与此相关，第 64 条判决的对象也与此一致。作为行政行为依据的自然是具有特定名称的规范性文件，即规范性文件整体。但是，所谓作为行政行为的“依据”是特指该规范性文件直接对行政行为产生规范效力的部分。这样，就“依据”而言，对应的规范性文件就存在着整体与其中特定部分这两个表现形式。第 53 条第 1 款规定的“行政行为所依据的……规范性文件”因此具有了两个方面的属性：（1）表现为“依据”形式的规范性文件；（2）起着“依据”规范效力作用的规范性文件。

由于第 53 条第 1 款所设定的司法审查应限于与被诉行政行为相关联的范围之内，所以，严格而言，这里的“行政行为所依据的……规范性文件”只能是规范性文件的特定内容（实质属性）的部分，而非该规范性文件整体。具体而言，受个案诉讼约束的以及最终能被司法认定为不合法的“规范性文件”，只能限于表现相应部分内容及其对应的形式，即因该特定内容经司法审查被认定为不合法，所以不能作为相应被诉行政行为的依据。换而言之，是该部分具体的内容对行政行为不具有规范效力。

（二）审查对象的范围

回到《判决书》的内容来看，《判决书》在“本院认为”部分对被审查的“规范性文件”概念进行了整理。首先，《判决书》认定《新增服务商标的通知》“系指不特定的公民、法人或者其他组织作出的，可在其第四条规定的过渡期内反复适用并具有普遍的约束力。鉴于商标局的主体地位、法定权限、《新增服务商标的通知》的制定形式及制定程序等因素，应当认定《新增服务商标的通知》在性质上属于《行政诉讼法》第五十三条第一款规定的规范性文件”。这里，《判决书》确定的是作为整体的规范性文件的通知。

但是，原告诉讼的请求，以及司法审查具体针对的，并非是该规范性文件的整体，而是集中在“《新增服务商标的通知》第四条关于过渡期的规定是否合法”这一具体内容。进一步而言，《通知书》对原告等当事人设定的“自行协议”和“抽签方式确定”申请人的义务，是基于将该条规定在过渡期内（2013 年 1 月 1 日至 1 月 31 日）提出的注册申请“视为同一天申请”，因此，原告一并请求对《新增服务商标的通知》进行审查。

与此相对应，法院对规范性文件进行审查的是“《新增服务商标的通知》第四条关于过渡期的规定……是否合法”事项，其最终裁判认定的也是这个部分的内容（《判决书》第 19 、28 页）。具体对照《判决书》的相应部分内容可见，司法实质性审查的是该条“我局……设立注册申请过渡期，期限为 2013 年 1 月 1 日至 1 月 31 日。在该期限内……提出的注册申请，视为同一天申请”的规定。概括而言，《判决书》在确定司法审查规范性文件的范围方面，具有以下两个特点：（1）《判决书》从“依据”发挥的实质作用来界定司法审查权所能涉及的规范性文件的范围，由此在《新增服务商标的通知》这一规范性文件整体中，划定了最小范围（或严格范围）的规范性文件概念。（2）从整个诉讼的过程看，对此范围的规范性文件的审查，是首先应原告的“一并请求”。这样，司法审查范围的确定，也需要在诉讼结构中理解，其应该对应原告的“一并请求”的范围，以诉讼结构“不告不理”为基础。

（三）审查对象的确定方式与一般性规范的雏形

针对被一并请求审查的规范性文件，法院究竟应该如何审查？对此，《行政诉讼法》第 53 条第 1 款以及第 64 条没有明文规定。从《判决书》的内容看，法院对《新增服务商标的通知》进行合法性审查时，是从规范性文件的制定主体、权限、内容和程序这四个方面展开的（《判决书》第 20 页）。由此可以看出，《判决书》确定的审查前提是，一个规范性文件的合法性是由该四项要件构成的。同时，《判决书》指出，由于原告对第四项制定程序要件不持异议，因此审查重点在于前三项要件。

从《判决书》认定的审查内容构成和实际审查这两个层面的关系看，可以认为，法院首先建立了一个一般性规范，即：（1）规范性文件的合法构成要件在客观上由主体、权限、内容和程序四项构成。（2）是否对该四项要件都进行审查，需要对应原告的审查请求来考虑；对于没有合法性争议的要件，司法不予介入。因此，《判决书》建立的对规范性文件的审查制度，是一种以“不告不理”为基础，符合诉讼属性的规范；其仅仅针对存在合法性争议的要件进行审查，而不是针对规范性文件整体的全面审查。

概括而言，从上述内容中可以看出，《行政诉讼法》第 53 条第 1 款规定的被司法审查的“行政行为所依据……的规范性文件”，是指受案件争议范围的拘束、由相关内容限定的形式部分。相应的司法审查受案件的争议范围限制，只对规范性文件具有争议的部分进行审查。而对争议部分的审查由两部分构成：（1）只对涉及作为被诉行为根据的部分进行审查；（2）只对该部分在合法性构成要件方面具有争议的部分进行审查。

三、司法审查基准与规范性文件合法性构成要件的内容

在合法性要件确定之后，就面临司法权如何判断这些要件是否成立的问题。具体而言，这就涉及依什么标准，从哪些角度来判断各个要件是否成立，即对规范性文件司法审查的审查基准。

（一）主体

从判决要旨（1）的内容看，《判决书》确定规范性文件的制定主体是否合法的判断方式是确定“规范性文件所针对的事项是否属于该指定主体的主管范围”。我们可将其简化为“由事项推断主体”（事项－主体）的判断方式（《判决书》第 21—22 页）。从《判决书》内容可以看出，其具体的审查框架表现如下：（1）《商标法》规定了商标注册和管理工作的主体及其主管事项，国务院工商行政管理部门商标局是商标注册和管理工作的主体；（2）依据《全国人民代表大会常务委员会关于加强法律解释工作的决议》第 3 条的规定，法律法令的应用解释属于国务院及主管部门，这可以理解为以规范性文件的方式对主管事项的解释也属于其本身的主管事项；（3）《新增服务商标的通知》设置的目的和规定的事项属于上述法定的主管部门，因此，被告属于制定《新增服务商标的通知》第 4 条关于过渡期的规定的形式上的合法主体。这里可以抽

象出的推论框架大致是：（1）明确规范性文件的针对事项；（2）这些事项属于对法律法规的解释；（3）确定这些事项的法律规定的主体。这里需要注意到两点事项：

其一，形式范围内的定性。对规范性文件的制定主体是否合法的判断，是属于形式层面的合法性判断。而如需确定实质意义上的主体，则需要从另外的要件，从法定行政权限的范围进行推断。

其二，法律形式上的定性。《判决书》对主体是否合法的判断依据是1981年《全国人民代表大会常务委员会关于加强法律解释工作的决议》第3条规定的“主管部门”应当根据法律的规定。由于《商标法》规定了国务院工商行政管理部门商标局具有主管的权限，因此法院才判断被告属于合法的制定主体。由此可以推断，《判决书》认为，规范性文件的制定主体必须是法律明文规定的。这里的“法律”是被严格定义在全国人大及其常委会的范围之内。如果将此扩大解释为具有法规范属性的规范性文件，那么，可以将此广泛对应于法规、规章的规定，或者可以对应于现代行政中必然需要的涉及不确定法律概念要件裁量的规范性文件。

（二）权限

判决要旨（2）指出，判断“规范性文件的制定主体是否超越法定权限，关键在于审查其是否行使了应当由其他主管部门、上级部门或者立法部门等行使的法定权限，是否超越了其法定的职权范围”。这里，《判决书》所表现出的判断方式，是通过划分相关各个部门的职权边界，即行政机关彼此的边界和行政权与立法权的边界来明确规范性文件制定主体的权限。

《判决书》在这方面是从实质性判断的角度展开的。由于案件本身没有涉及商标局与其他行政机关之间的权限划分，因此，《判决书》直接触及的是所谓的“解释”与行政权，以及与立法权之间的边界。对此，《判决书》直接针对的，已经不是规范性文件这一形式，而是该文件中有关如何理解“同一日”的具体内容。《判决书》将此定位为“解释”，这也与司法审查的范围对应。从《判决书》第22—25页的内容来看，在这部分的判决内容中，司法权首先划分出的是“解释”方面的行政权与立法权的边界，认为彼此之间具有本质性区别。依据《立法法》第45条的规定，对于“法律的规定需要进一步明确具体含义”的事项，以及“法律制定之后出现新的情况，需要明确适用法律依据”的事项，此法律解释权属于全国人民代表大会常务委员会。相对于此立法权管辖的“法律解释”领域，行政权对法律的“解释”必须在此范围之外，行政主体对法律如何具体应用的解释不属于《立法法》规定的立法行为。

但是，属于立法行为属性的“明确具体含义”，明确法律依据以对应新情况，以及其与“法律如何具体应用”之间并不是能够清晰判断的事项。《判决》书指出，“从本质上而言，行政主体对法律如何具体应用的解释属于对法律的应用、执行行为，其权限仅在于如何将依法设定的权利义务及其实施方式等进行具体化，而不得‘设定’新的权利义务”。这里可以看出，《判决书》确立了反向推断的判断方法，如“解释”设定了新的权利义务，就具有了立法属性，就不能归入对法律如何具体应用的属性范围了。在此基础上，或者可以进一步理解为，只要没有设定新的权利义务的“解释”，就不属于立法属性的行为，就可归入行政权属性的“行政主体对法律如何具体应用的解释”。

（三）内容

判决要旨（3）认为规范性文件的内容是否合法，应从其与上位法、制定目的、基本原则和事实依据等方面进行审查。

值得关注的是，《判决书》尽管提出了并无明确外延边界的“内容”的概念，但并没有在案件中对此进行逐项全面审查。而是在诉讼的结构框架下，针对原告的主张展开自身的主张及其判断方式。

从《判决书》记载的原告主张看，原告针对“内容”提出的，是《新增服务商标的通知》中“一个月视为同一天”的规定“使本来不同的法律后果变成了相同的法律后果，产生了法律拟制的效果，这本身属于改变法律的立法行为，与《商标法》第三十一条的规定相抵触，是不合法的”（《判决书》第 6 页）。

对于“内容”的合法性要件，《判决书》在表述中直接针对原告的主张予以判断。在判断过程中，法院针对原告提出的规范性文件的设定是否属于“改变法律的立法行为”，提出了应从相关法律所确定的法律原则进行判断的主张。法院指出，直接决定规范性文件是否具有合法性的要件，应该是该规范性文件对法律作出解释之后，其结果是否与被解释的法律的原则相背离。《判决书》认为《商标法》第 31 条确立的法律原

则是“申请在先”，而《新增服务商标的通知》第 4 条的内容则改变了此原则，因此构成违法。

从上述《判决书》的结构可以看到，就“内容”的合法性而言，审查对象限定在原告诉请的范围之内。但是，这究竟是司法审查权的界限，还是司法自我制约而成的裁量范围，对此，《判决书》本身没有做出说明，因此，现阶段难以做确切的定位。

就法律上的“内容”而言，最基本的是权利义务及其构成。《判决书》在“权限”这个要件的论述中，已经触及了权利义务的内容构成。如上文所述，《判决书》从规范性文件解释的结果入手设置了权限是否合法的司法判断标准，主要是以规范性文件是否“‘设定’新的权利义务”为基准。但是，在“权限”部分，《判决书》只提出了一项判断基准，而没有指出案件所涉及的规范性文件究竟给原告设定了怎样新的具体的权利义务。

当然，这里还可以进一步深入地追问，何谓“‘设定’新的权利义务”的基准。由于规范性文件是针对被诉行政行为而进行的附带审查，因此，其与原告主观权利肯定存在密切的关联。然而，规范性文件直接涉及的是客观的法律秩序，而《判决书》从是否改变了相应法律条款的法律原则出发进行判断，司法审查的着重点在于法律秩序本身的内容是否被改变，强调的是规范性文件如同法规范那样的一般属性。

因此，如果从这个方面将“权限”要件与“内容”要件关联起来考察的话，可以将这两者理解为同一事项的两个方面。正是因为作为行政权解释属性的规范性文件无权“设定”公民等的权利义务，所以，如果产生了改变相应法条规定的权利义务内容的结果，就构成了这两项合法性要件的缺失。

除了是否改变了法律原则的内容之外，《判决书》在分析“内容”部分还涉及其他几个方面，如制定《新增服务商标的通知》过程中曾征求过多个组织和专家的意见，设置过渡期取得了良好的社会效果等。对此，《判决书》认为这些都不能使该规范性文件产生合法性效果。与规范性文件是否合法不存在直接联系的事项，不构成论证司法审查结论的理由。

四、合法性要件的可适用的范围："具体应用"解释的行政权属性

个案的司法审查只能在案件所涉及的实施关系范围之内讨论法律适用的事项，因此，就判例的作用而言，应尽可能从上述部分的内容之中，即法官对《行政诉讼法》第53条和第64条的认识中，归纳出可以适用于其他同类案件审查的规范性内容。

（一）《判决书》所指的"具体应用"解释

从上面《判决书》的内容可知，司法权在审查《新增服务商标的通知》这项规范性文件时，首先或者始终坚持的一项基本标准是将规范性文件定性为对法律进行的解释活动。这从《判决书》关于"主体"和"权限"两项要件的审查内容中可以看到。在有关这两项要件的审查中，《判决书》始终将1981年全国人大常委会作出的《关于加强法律解释工作的决议》，以及《立法法》第2章第4节关于法律解释的规定作为司法审查的基本判断标准。该决议将行政权可以施行的法律解释限定在"具体应用"的范围之内。

如前所述，《判决书》在"权限"和"内容"这两个要件的部分，判断被诉的《新增服务商标的通知》是否合法时，从两个方面对规范性文件的解释做出了判断。一是注重规范性文件所解释的法律的文意判断，也可说是在形式方面的判断；二是从权利义务的变化方面，即实质的方面进行判断。细细划分《判决书》在这方面的判断，会发现其中有两个不同的着眼点。在"权限"要件方面，《判决书》关注的是是否"'设定'新的权利义务"，而在"内容"要件上则在意是否符合法律的原则。尽管这两项要件的内容存在差异，但其共同点在于判断权利义务内容是否发生变化。在"权限"要件中，《判决书》尽管提出了是否"'设定'新的权利义务"的判断标准，但没有指出如何判断的方法，因此，与第3项要件"内容"的判断相结合，或许可以从实质判断方面予以认定。如果规范性文件改变了相关法律所设定的基本原则，其结果也就"'设定'新的权利义务"。

就上述形式判断与实质判断的关系而言，《判决书》的着重点应该在实质判断。因为在针对第2项要件"权限"审查时，《判决书》更加在

意的是《新增服务商标的通知》对“天”的重新解释，即这种解释是否导致了“‘设定’新的权利义务”的结果（《判决书》第24页）。而且，在对第3项要件“内容”进行判断时，也表现出了使用相同的方法，其关注的是该规范性文件的解释是否改变了相应法律的原则，即是否改变了《商标法》第31条的“申请在先”原则。

由于《新增服务商标的通知》所解释的只是“天”，尽管在对应各种制度需要时，法律用语的“天”仍然有着可以做各种扩展解释的空间，但一般情况下，只要没有其他的需要，对“天”的理解应受常识的约束。因此，《判决书》在此展现的法理为，通常在常识中可以确定内容的法律概念，如解释则不允许违背该法律规定的基本原则，设定新的权利义务。这就是规范性文件在对这类概念进行解释时所应遵循的“具体运用”界限。如果法律解释需要改变既有法律原则，或者设定新的权利义务，则该解释就归入立法权范围。

因此，这里特别需要强调的是，《判决书》所表现出的规范在今后的同类案件中适用时，适用对象仅仅是可以直接依据常识进行认定的法律概念，而不能扩展到所有对法律概念的解释。这应该是《判决书》所展现的规范的边界所在。

（二）《判决书》对“具体应用”解释的局限

然而，作为行政解释的“具体应用”，应该不会仅仅限于《判决书》所触及的这种范围。或者可以说，《判决书》所涉及的这种以常识即可明确法律用语文意的解释，是最为简单的种类。但即使如此，这类解释也并不是不能与常识判断不同。需要认识到，至少以下两个类型在《判决书》所指范围之外，但现代行政法中的这些解释未必就不属于“具体应用”。

1. 对常识性认识的扩张解释。此类型与《判决书》内容紧密关联。严格而言，对于能够通过常识性判断就可确定概念内容的法律用语，这已经意味着基本上排除了需要另行通过规范性文件进行其他明文解释的必要性。《判决书》的基本立足点或许就在此处。反之，如基于特殊原因需作出与文意不同的解释时，才需要另行规定通过诸如规范性文件等方式明文设置与此不同的内容。《判决书》案情所反映的，《新增商标服务的通知》对“天”的解释不同于常识判断的文意时，才需要如《判决书》所指的那样"另行定义"。也就是说，当"天"常识性地被认为是"自然日"时，则无须另行明确此文意。而此案被告也就这种"另行定义"提出了理由（《判决书》第7—8页），只是这些理由未被法院承认而已。而如上部分所述，案件中最为关键的是，法院认为"具体应用"解释不能改变法律原则，创设新的权利义务。正是这些实质因素，阻却了对"天"的"另行定义"。因此，反向而言，如不存在这些实质性因素，则将"2013年1月1日至1月31日"解释为"视为同一天"并不会当然构成违法。也正因为如此，《判决书》对"具体应用"解释的界限划定，仅仅是针对法律用语的"另行定义"会产生法律原则变化或创设新的权利义务这些具有实质性因素的情况，而并不包括不涉及这些实质因素的"具体应用"解释。

2. 对不确定法律概念的要件设定。此类型与《判决书》内容并不直接相关，但这一要件设定类型的存在，意味着"具体应用"行政解释的范围，要远远大于《判决书》通过要件设定的范围。《判决书》所涉及到的行政解释事项应该只是行政解释范围中的一小部分，并不是"具体应用"解释的全部。

在成文法的文本上，作为解释对象的法律用语，并不限于只要依靠常识即可做出通常的认识。在法律适用中，尤其是在行政裁量领域，通常会涉及更为复杂的解释事项。例如，在不确定法律概念的要件设定方面，就会遇到与《判决书》不同的解释，即要件裁量事项。毫无疑问，要件裁量方面的解释依然属于行政领域的法律适用事项而非立法事项，即仍然是"具体应用"解释。从以下事例的说明中可知，在确定"具体应用"的界限方面，《判决书》中的方法和判断规范并不涉及不确定法律概念方面的解释。

这类概念最为典型的表现如《个人独资企业法》第8条第4项规定的"必要的生产经营条件"概念。该项规定："设立个人独资企业应当具备下列条件：……（四）有固定的生产经营场所和必要的生产经营条件。""必要的生产经营条件"，属于需要在具体应用过程中予以解释的不确定法律概念。上海市商业委员会和上海市工商行政管理局发布的《关于加强美容美发、沐浴业开业条件审核工作的通知》（沪商委〔2001〕63号）的附件2《上海市浴池业开业标准和技术要求（试行）》第4.1.1条规定："浴池（浴室、洗浴中心）经营服务场地面积不小于1000平方

米。”这里可以看到，“必要的生产经营条件”，其中的面积要件是由一个规范性文件的附件设定的。如果从《判决书》对《商标法》第31条规定的“天”的认定方式理解，这种数值的具体设定，似乎可以理解为设定了新的权利义务。下述案件当事人正因为申请面积未达到规范性文件设定的数值标准而被驳回。

在“顾荣双诉上海市工商行政管理局普陀分局”案的二审判决中，法院针对“必要的生产经营条件”解释的规范性文件设定了三个合法性要件，即属于该行政机关职权（管辖范围要件）、与法律不抵触（法律优位要件）和公布（形式上外部化程序要件）。该判决书承认规范性文件在满足这三个要件的前提下，行政机关具有通过规范性文件设置许可的具体审查基准。显然，判决书所指的这种成文法规定的不确定法律概念，如果没有规范性文件对其内容的设定，则基本无法付诸“具体应用”。而且，这类对不确定法律概念内容的设定，因适用领域和地域的差异以及对具体技术性的依赖，往往只能由行政机关，甚至往往是地方行使具体职权的行政机关设置相应的内容。这样，这里所展现的作为行政解释的“具体应用”，显然有别于《判决书》所指出的“具体应用”范围。换而言之，在今后的司法审查活动中，法院不会，且也不应仅仅拘束在《判决书》涉及的“具体应用”范围之内。

就上述这种情况而言，判断是否属于“具体应用”解释以及是否设定了新的权利义务时，除了使用如《判决书》的方法和范围之外，同时还需要从被解释的法律用语是否包含这些权利义务的角度进行分析，从而确定可解释的空间。否则，仅仅机械地单纯依靠立法权（这里且不论立法权本身的有效性），法律在日常的适用层面上将无法应对复杂现象，以及社会的发展变化。当然，在中国目前的法律环境中，有很多规范性文件实际上完全属于立法权对象的解释，这应该属于另外的讨论范围。

推进农地三权分置经营模式的立法研究

孙宪忠（中国社会科学院法学研究所研究员）
本文原载《中国社会科学》2016 年第 7 期，第 145—163 页

中共十八届三中全会决议指出，要在我国农业经营体制中建立“三权分置”（即土地所有权、承包权、经营权分置）的模式，十八届四中全会再次提出这一要求。要发展现代化农业，在中国《宪法》仍然坚持集体所有权的大前提下，在农民家庭或者个人已经获得稳固的农业土地承包经营权的情形下，“三权分置”确实是一条依法发展现代化农业的光明之路。但是，我们同时也发现了一些问题：

（一）当前在我国决策层、管理层之中，对于如何贯彻中央提出的“稳定土地承包关系长久不变”的精神还缺乏共识，对于“三权分置”的基础 —— 土地承包经营权的存续期限存在争议。显然，如果土地承包经营权不能做到“长久不变”，那么即将引入的土地经营权也不会持续和稳定。

（二）因为法律对涉及土地经营权的规定模糊不清，一些土地经营者不知道自己到底享有什么权利，以及如何得到法律承认和保障。对现实中出现的土地承包户和土地经营者之间的法律争执，地方部门对于如何处理无从把握。其中的原因，首先是“三权分置”中的经营权在我国现行法律中还没有清晰明确的规定，而且中央提出“可转让、可抵押”的那种经营权，甚至还没有得到法律的承认。

（三）相关部门虽然已经提出了修改相应法律比如《农村土地承包法》的方案，而且这些方案也有不少积极的设想，但是整体而言，这些修法方案有比较大的法理缺陷和制度缺陷。比如：（1）修改法律的方案

对“三权分置”中三种权利，没有清晰地确定它们的法律含义，因此无法让人准确区别它们，尤其是不能准确地区分法律上已经明确肯定的土地承包经营权和正在立法建设之中的土地“经营权”。（2）法律上尚无“土地经营权”依法产生的规则和进入交易机制的规则，因此中央提出的该权利可转让、可抵押的要求事实上无法落实。（3）农民家庭或者个人普遍担心新设土地经营权有可能对他们的土地经营权构成妨害，但是现行的修法方案没有建立相应的保障措施。（4）没有反映实践中提出的将权利物权化的强烈要求。（5）对中央提出的“长久不变”不能准确理解，对于农户承包经营权存在和发展的长期性理解不足，对于该权利长久存在心存疑虑。农户承包经营权无法做到长期性，那么建立在这一权利基础上的经营权，事实上也难以长久。

一、“三权分置”中的三种权利

（一）集体所有权

在推行“三权分置”体制时，我们不可避免地要面临农村集体经济组织形态及其所有权客观背景的变化，以及由此变化而带来主体和权利内容变化的法律问题。依据现实调研我们想在这里对相关部门提出善意的警告：现实的“农民集体”和立法上的“农民集体”已经有重大的不同，立法上的农村土地集体所有权也和现实的集体土地所有权有重大的差异，因此不论是推行“三权分置”还是其他政策，这一点都应该引起足够的注意。

在“农民集体”以及成员权问题上，立法和现实的最大差异在于，不论是《宪法》还是《物权法》等法律，“农民集体”都是以自然村落划定的，“集体成员”以自然居住为基础、以出生和婚姻等因素加以确定；而现实中的“农民集体”已经无法用自然村落划定，集体之中的成员资格已经“固化”或者“相对固化”，不会因为居住地的改变而自然变更。立法上以自然居住村落划分“农民集体”及其成员的做法，来源于 1962 年“公社六十条”的规定。这种情形，事实上是根据城乡二元化结构的大政策稳定下来的。但是改革开放之后，城乡二元化结构逐渐失去限制农民的作用，农民个人可以离开他原来所属的集体而到外面去工作，从而获得了新的生存和发展的机会。现在农民个人不但可以进城经商或者工作，也可以到其他农村地区打工。这些为数众多的离开原来“农民集体”所在地而居住在异乡的农民，因为“二轮承包”稳定土地承包关系的政策，都还保留着在原集体之中的成员资格以及土地权利。另外，在长江三角洲地带、珠江三角洲地带、大中城市郊区甚至小城镇郊区，原来的乡镇企业都非常多，集体经济力量比较大，这些“农民集体”之中的成员权，都基本上通过农民股份的方式“固化”了。所以，现在“农民集体”的实际形态，集体之中农民的权利形态，都呈现出向民法法人的组成结构发展的趋势，农民不会因为自然居住甚至户籍的改变而改变其集体成员的资格。

（二）土地承包经营权

2008年中央十七届三中全会做出农民享有的承包关系“长久不变”的决定，把这一权利体现的法思想在政策层面予以确认。“长久不变”是中共中央确定的我国解决农民土地权利问题的基本指导思想。在我国相关法律制定在先、“长久不变”的精神提出在后的情况下，相关法律制度的具体实施尤其是关于农民土地权利的任何制度和具体措施的制定和实施，都要贯彻这一指导思想。“三权分置”当然也要贯彻这一指导思想。

1. 对土地承包经营权法思想的重新认识

第一，关于农民家庭或者个人土地权利产生的伦理基础。

关于农民集体所有权和土地承包经营权的历史发展，大家都知道，集体所有权并不是从来就存在的权利，它是按照当时我们理解的社会主义的法思想“建立”起来的。它是20世纪50年代农民以自己的所有权入社之后才产生的。农民家庭或者个人的所有权产生在先，农民加入合作社之后才有集体，才有了集体所有权。而当时农民的所有权，是通过农民跟随我党闹革命、参加土地革命而获得的。在西柏坡革命历史博物馆里，一系列文献清晰地表明，农民家庭和个人取得土地使用权有着坚实的道德依据和法律依据。那些简单地把农民的家庭或者个人的土地所有权，理解为中国共产党给人民的赋权或者授权、农民完全是无代价地从国家手里取得土地所有权的观点，不但是违背历史的，而且是违背政治道德的。而现在那些提出农民的土地承包经营权的政治定位也必须低于集体所有权的观点，也是不能得到支持的。因此，不是农民家庭或者

个人的权利来源于集体，恰恰相反，是集体的权利来源于农民家庭或者个人。

第二，关于农民家庭或者个人权利的历史经验和教训。

我国现行法律中的农村土地承包经营权，是总结人民公社以来的历史经验教训而确立的农民基本权利。这个权利的建立，既有我国现有的产业发展背景因素，也有确保农民作为弱势群体应该享有的生存权和发展权这些因素的根据。

第三，依据传统民法中的用益物权理论解释农民土地承包经营权似是而非，从法律政策角度看可以说是完全错误的。

当前在我国，依据传统民法中的用益物权理论来解释农民土地承包经营权的观点，不但是司法解释的观点，而且也是学术界多数人的观点。这种观点认为，传统民法中的用益物权，都是从所有权中派生出来的，其基本内容尤其是存在的期限必须受到所有权人的限制；现在我国的农户土地承包经营权就是一种用益物权，它的内容和期限就应该受到所有权人的限制。这种观点似是而非。原因在于，传统民法中所有权和用益物权的关系，是两个完全不相干的权利人之间的关系（比如地主和佃户之间的关系）；但是在现时我国农村，农民和集体之间的关系是这样的关系吗？前文提到，从历史发展过程看，农民入社才有了集体，而不是先有集体所有权，然后才从集体中派生出农民家庭或者个人的地权。而且更为重要的是，现在的农村集体，恰恰是具体的农民成员组成的集体，农民享有成员权。农民的土地承包经营权，恰恰是根据自己在集体中的成员权取得的地权。这跟传统民法中的用益物权完全不一样。实际上我们应该承认农民集体是一个个具体的单一农民共同的资格形成的，农民本身享有最终所有权。农民的土地承包经营权，恰恰是他们行使自己的权利的一种方式。所以农民家庭或者个人对于土地的权利，本质上是一种“自物权”。如果用传统民法中“用益物权派生于所有权”理论来理解我国农户土地承包经营权和集体土地所有权的法律关系，就是把农民家庭和个人排斥在集体之外。因此，这种观点从法律政策上看是错误的。

第四，把现在我国法律规定的以自然村落形成的集体，以及集体土地所有权，理解为社会主义土地公有制的法律形式，至少这是很狭隘的观念。仔细阅读土地革命时期和新中国成立初期的文献，我们就会知道

20世纪50年代，建立农民个人所有权、股权为基础的合作社，才是我国建立社会主义的农业土地法权思想的初衷。

2. 土地承包经营权的法律特征

第一，主体特定性，权利人必须是农村集体经济组织的成员，他对集体——而且只能就是他所在集体——的土地享有承包的权利。目前该权利多数被确定在农民家庭之中，但也有一些确定在农民个人身上。也就是因为这样的制度构造，现实中产生了进城就业之后“农民工”的特殊地权问题。这个问题事实上也和“三权分置”有关，需要从制度上解决。

第二，权利客体的特定性，该权利之上的土地只能是耕作性土地，而不是建设性土地。在我国，农民宅基地使用权、农村文教办公用地的建设用地使用权等指向的建设用地，与承包土地无关，也与土地承包经营权无关。我国实行严格的耕地保护制度，耕作土地不可以随意转化为建设用地。当然，耕地在这里包括一般的农耕地，也包括纳入到耕地范围的水面、林地、果园，等等。“三权分置”情形下的经营权的设置，因此也必须保持耕作土地的基本物理属性。

第三，内容的特定性。《物权法》规定，该权利属于用益物权，权利的内容包括农民家庭或者个人独立自主经营指定土地并获得收益等。但是正如上文所述，农民的土地承包经营权是通过农民跟随中国共产党闹革命、参加土地革命而获得的生存权和发展权等宪法性权利，因此，不能简单地把农民的地权理解为派生于集体土地所有权的传统民法中的用益物权。根据中共中央确定的土地承包关系长久不变的指导思想，这种权利已经和传统民法中的用益物权有显著区分，对此我们应该有清晰的理解。更为重要的是，只有在土地承包关系长久不变，也就是土地承包经营权长久不变的情况下，为推行“三权分置”而新设的“土地经营权”也才会长久不变，才能够有安全稳定的法律基础。

（三）农地“经营权”

“三权分置”的模式，核心是在农民的土地承包经营权之上建立另外一个“经营权”，该权利将以农耕地作为客体，在农民集体的土地所有权、农民家庭或者个人的土地承包经营权之外，形成针对农村耕作地的第三个权利。因为它建立在我国现有的农村耕作地的土地权利制度之

上，因此，它的产生首先必须受到现有农耕地法律制度的限制。此外，从民事权利的角度看，该权利还应该具有如下的特征：

第一，从主体方面来说，该权利的享有者，必须是现有农村土地承包经营权享有者之外的另一个民事主体。从现实调研的情况看，该主体可以是本集体经济组织之内的其他成员，他们作为种粮大户、养殖大户或者其他经营能手，取得其他承包户的土地，将这些土地归并在一起进行规模化经营。该主体也可以是本集体经济组织之外的另外一个民事主体，比如农村普遍建立的合作社，他们也可以取得农民承包地，包括合作社成员的承包地，开展规模化经营。此外，该主体还可以是与本集体没有任何关联的其他人，甚至是城市“下乡”的农业企业或者外资农业企业。

第二，“经营权”受到约定的期限限制，它有合法的存续期间。据调查，该期限的长短相当不同，多数的情形是依据我国《合同法》第 214 条关于租赁权不得超过 20 年期限的规定处理，也有些地方当事人约定超过 20 年期限的，但是暂时无法得到法律承认。据调查，很多地方政府官员和土地经营人，希望能够把这种权利发展成为物权，但是目前法律还没有这样的制度。

第三，“经营权”的内容仅限于农业型的耕作，即使是在土地上实施建筑和建设的，这些建筑物也仅仅只能是为了农业耕作的需要。变相地把耕作地变为建设用地的行为，相关当事人要承担相应的法律责任。

（四）三权与分置

简要地说，所谓三权，就是农村耕作地之上的所有权、土地承包经营权、经营权这三种权利。所谓分置，其实就是这三种权利由不同的民事主体享有。在这里，我国法律尚未明确的是第三种权利也就是土地经营权的制度。而且中央文件提出的这种权利应该可以转让、可以抵押的政策要求，也还没有落实在法律上。显然，如何认识这一权利是落实中央文件要求的重点。

二、实践中的“土地经营权”

（一）租赁权类型

这种类型的经营权，都是按照我国《合同法》第 13 章“租赁合同”

的规定，由经营权人和集体经济组织或者农民个人订立租赁合同，经营权人因此依法获得我国法律承认的租赁权。在此应该注意的是，除我国《合同法》对于租赁双方当事人的权利义务有指导性的规定之外，另外还有一些强制性的规定，比如租赁期限不得超过20年的规定，以及6个月以上的租赁应该订立书面合同，否则被视为不定期租赁，即当事人随时可以解除租赁合同的规定等。

依据法律原理，租赁权属于民法上的债权。依据我国《合同法》，这种权利的内容依据租赁合同确定，其优点是权利产生的方式比较简要，一般情况下不需要不动产登记，甚至不需要公证，民众容易理解其含义。其缺点是，这种权利的法律流通性不足，获得法律保护的刚性不足。所谓法律流通性，就是作为一种民事权利可以独立进入市场机制的特征。因为是债权，它转让的安全性是不足够的，受让人取得的权利或者利益只能依据合同证明，无法针对第三人。比如，如果将这种权利转让，那就是转租。而据调查，现实中农民会在合同中约定不许可转租。另外用这种权利来设置担保的安全性也是不足够的，因为它没有纳入不动产登记，用它来设置抵押就是不合法的，对抵押权人也是十分不安全的。另外，这种权利也无法保障权利人独立的起诉和应诉的资格，这对于以长期经营为目的的经营权人而言是不利的。

（二）入股形成的经营权

调研发现，一些地方的农户利用自己的土地承包经营权入股，组建合作社或者其他组织，走出土地条块小型化的困境，建立规模化的经营体制。这种情形下，合作社或者合伙组织取得了土地的经营权。这种经营模式是我国近十年来一直鼓励和促进的，这种“经营权”依赖的法律基础问题已经解决，我国《农业法》《农村土地承包法》《合作社法》等法律都规定了相应的条文。

从土地经营权的角度看，现在需要解决的问题是，依据立法原来的设想，合作社入股者，一般仅仅限于同一个集体经济组织的成员，但是现实生活中，常见并非同一个集体经济组织的成员所组成的合作社。在合作社跨越集体经济组织建立时，这一问题就需要创新型的土地权制度设计。除了在合作社中建立清晰的财务制度，建立类似于法人治理结构那样的内在法人机关之外，最重要的，还是上面提到的，必须保障农户

的土地承包经营权“长久不变”，保证农民入股组建的合作社的股权长久不变，只有在这种条件下，合作社的上述法律问题才会迎刃而解。

（三）物权性质的经营权

在“三权分置”的法律实践中，现在特别需要的，是将中央文件提到的经营权这一权利依法确定为物权。

经营权设计成物权之后，它和债权性质的租赁权会产生很大的区别。其最大的区别是，该权利的存续期间可以跨越《合同法》规定的20年的最高期限，满足权利人长期的生产经营的需要。另外，把“经营权”依法确定为一种物权，也强化了这种权利进入市场的能力。因为这种权利作为一种不动产物权，在实践中可以纳入不动产登记。在纳入不动产登记之后，该权利不论是转让还是设置抵押，法律上的操作都很方便。最后，如果将这一权利依法确定为物权，该权利的保护就会更加强化。因为权利人从此获得了以自己的名义独立起诉、应诉的权利。而这些权利，一般情况下债权性质的权利人是无法享有的。

三、土地经营合同的订立

（一）修法方案必须明确订立合同的制度

无论采取什么方式取得耕作地的经营权，当事人之间都要订立合同。这种合同，在法律上我们可以称之为“土地经营合同”。当事人之间的权利和义务，尤其是经营权的内容，将主要由土地经营合同加以确定。订立土地经营合同的法律规则在这里具有核心的制度意义，相关的法律修订或者制定，必须依法对土地经营合同的订立设立明确的制度。目前的修法或者立法方案对此并不明确，这是应该注意的。

（二）直接与农户订立合同的情形

据我们调查，土地经营者直接与农户订立合同的情形，在中西部地区比较常见。在山西、陕西、河北等地调查发现，在这些地区开始的土地经营权实验中，如果进行规模化种植，而种植大户（包括农业企业）需要使用农民家庭或者个人土地的，基本上都是经营者和享有土地承包经营权的农户逐一签订合同。如果他们需要的土地比较多，牵涉农户比较多时，也会由村民委员会介入协助。事实上，土地经营者进入农村、和农户个人订立合同之前，都会和当地农村的村民委员会协商，村民委员会开会讨论做出共同的决策，出面组织相关农民和土地经营者订立合同。但是，合同上的当事人双方，还是土地承包经营权人和土地经营者。在这些地区，经常出现的情形是，一个农民集体之内一部分农民的土地进入了规模化经营，一部分没有进入。所以在这种情形下，土地经营者和涉及土地的农户逐一订立合同的做法，也是稳妥可行的。

（三）与“集体经济组织”订立合同

现实中，土地经营者和农村的集体经济组织之间订立合同的也非常多。我们调查中发现的情形有：

1. 由实体的集体经济组织出面订立合同

我国一些地区大约在20世纪末就认识到单一农户家庭占有使用小块土地耕作经营效益非常低下的问题，于是由政府协助，想办法将单一农户的土地合并，组建类似于农场那样的规模化经营实体，提高农业的经营效益。其中普遍采取的方法，首先是在本集体经济组织内部寻找善于耕作者组建家庭农场；也有一些是吸收城市企业甚至是外资企业经营特种农业，增加耕作农业的收入。法律上的操作步骤是，由集体经济组织出面，先与土地承包户订立一个租赁性质的合同，集体给承包户支付标准统一的租金；然后集体又和引入的土地经营权人订立合同，将归并在一起的土地交给他占有耕作。所以，这种合同关系被称为“反租倒包”。集体和现实土地承包经营权的农户之间订立的合同常常被称为租赁合同，和引入的土地经营者之间订立的合同也常常使用“承包合同”的名义，以体现集体和农民之间、集体与土地经营者之间的利益分配关系。这些合同不论采取什么名义，都是按照我国《合同法》规定的租赁合同的规则订立的。集体经济组织在这种经营模式中发挥着核心作用，它既和单一的承包户直接订立合同，也和土地经营者直接订立合同，但是承包户和土地经营者之间却没有直接的合同关系。这种做法实际上已经开展多年，我国福建、广东、安徽、上海等地是这种改革实验的成功地区。这些地方，因为改革开放之前就已经兴办了比较多的乡镇企业，这些企业一直到现在还很活跃，集体经济力量一直比较强大，因此，农村中的“三驾马车”——党组织、村委会、农民集体经济组织一直在共同

发挥作用，因此，集体经济组织可以出面以自己的名义订立合同。

在这种土地“三权分置”的模式中，单一农户家庭或者个人的土地承包经营权在法律上得到了尊重。这些地区普遍的做法是，为农民的土地承包经营权建立明确的“台账”，一些地方由政府出面，将这些台账统一交由乡镇政府保管，为这种权利建立切实的保障。

2. 由村委会代行集体权利订立合同的情形

在我国农村集体经济不发达的广大地区，如果要组建家庭农场，或者引入外来资金组建农业企业，需要集体经济组织出面订立合同的，一般情况下都是由农村中的村民委员会来承担这一方面的责任。

据调查，村民委员会在这种情形下代行集体经济组织职权，农民一般也认可接受。农民交给土地经营者的土地，事实上也是折合成租金，按年度计算。而集体经济组织中的财会人员，刚好在此环节可以帮助单一农户处理财务。虽然从理论上看，村委会和集体经济组织有所区别，但是实践中村委会代行职权的情形，在农村人口不太流动的地区，也就是经济不发达的地区多数并未造成不良后果。容易造成问题的是经济比较发达的城市郊区，农民流动比较普遍，在一个村里，户籍上的农民和原来集体经济组织的成员并不一致。在这种情况下，农民们也会自然而然地采取某些措施，将非本集体的成员甄别出去。这样，就必须建立和恢复原来的集体经济组织，而且农民的身份需要相对固化，否则肯定引起农民之间的争执。据调查，实际上各城市郊区甚至乡镇小城的郊区，农民身份的固化已经成为普遍现象，那种依据自然居住、依据居住户籍来确定农村集体成员的做法已经被普遍放弃。问题是《宪法》《物权法》中规定的农民集体还没有反映这些现实状况。

四、土地经营权物权化的法律问题

将经营权物权化，需要在法理和立法上思考如下问题。

（一）合法性

在集体所有权之上设置一个新的用益物权，在法理上没有什么问题。但是在土地承包经营权的基础之上再设置一个用益物权，其合法性需要探讨。如何理解土地承包经营权之上设置另一个用益物权的问题，存在着争议。批评者认为，土地承包经营权本身就是用益物权，在此基础上再设置用益物权很难理解。但是，这些批评者没有看到，这一点在法律上是没有问题的。比如，我国《物权法》第136条就规定了在用益物权基础上再设置用益物权的可能性和合法性的规则。还有学者认为，《物权法》第5条规定物权法定原则，通过新的立法创设新的物权类型不合适。这个看法也不准确。因为《物权法》第5条规定的物权法定原则，指的是物权的种类及其内容由法律规定而不得由当事人任意创设。这里说的由法律规定，并不是说只能由“本法”规定，而其他的法律不能规定。《农村土地承包法》是我国最高立法机构制定的法律，它规定新的用益物权类型也是可以的。

（二）法理上的可行性

用益物权之上再设置用益物权，在物权法的科学原理方面也是可行的。在我国，因为农民的土地承包经营权是长久不变的权利，期限应该相当长，所以在其上设置一个新的用益物权并不存在制度障碍。同时，因为我国现在已经建立了土地登记制度，土地经营者取得的物权也可以纳入登记，从而获得制度保障。

（三）新设物权不得妨害土地承包经营权

在推行“三权分置”时，立法必须坚持不得妨害现有农民的土地承包经营权的原则。这一点中央文件里面也有明确的要求。必须认真贯彻中央提出的要保持农民土地承包关系长久不变这个原则的指导思想，坚持将稳定农民的承包经营权作为基本制度，不要轻易改变它。

另外，必须考虑到，目前需要采用“三权分置”的农村和农民毕竟还只是少数，而绝大多数农村还是单一农户直接依据土地承包经营权来耕作的。如果把这些多数农民享有的土地承包经营权改称为“土地承包权”，这一点从全国的角度看，也有因小失大的弊端。

作者认为，中央决定要求的“三权分置”，含义包括坚持集体所有权、稳定农民承包权、搞活经营权三个方面，如果农民的土地承包经营权不稳定，那就违背了政策的初衷。因此在新政策和新法律方案中，一定不要改变土地承包经营权这个概念，以免出现政策性的混乱。

（四）“经营权”的法律命名

贯彻中央文件必须首先贯彻其精神，不能拘束于个别词句。中央文件只是指明了改革的方向，但是法律上的操作措施必须稳妥可靠，必须考虑到现行法律制度本身的和谐统一等方面的规则。也是基于这个原因，我们希望另外确定经营权的法律名称。中央文件中所说的土地经营权，如果在立法上确定为物权，则可以命名为“耕作权”或者“耕作经营权”。

（五）制度的细化

在确定赋予经营权物权效力时，必须在法律规则上将该相关制度进一步细化，使其真正成为物权。在这一方面，立法要建立更加细致的细化的制度：

1. 关于权利人的制度。现行立法对土地承包经营权的权利人有严格的限制，不但只限于农民，而且只限于本集体成员个人。为适应改革的需要，经营权的权利人范围应该予以扩大，包括承认和保护非本集体成员、城市资本成立的农业公司等。

2. 权利取得的方式。包括订立合同的制度、地权发证和不动产登记制度等。

3. 权利内容必须明确规定。包括许可权利人将其权利转让、抵押等。对于权利人依据其权利的入股、合伙等，也都应该加以明确规定。当然，对于权利的转让和抵押，必须明确肯定的物权制度，仅仅在立法上规定一个原则性的条文是远远不够的。

4. 权利期限的明确规定。土地承包经营权是长久不变，可是土地经营的权利必须要有期限。

5. 权利的限制、行使权利的条件以及权利的收回，等等。

6. 考虑到这些基本要求，作者建议，修改《农村土地承包法》时，尽可能地保持该法的基本结构和内容不变，而且该法第二章第五节规定“土地承包经营权的流转”之后增加第六节，详细规定“耕作经营权”一节，规定这个新设立的经营权。

认真对待游戏著作权

崔国斌（清华大学法学院教授）

本文原载《知识产权》2016年第2期，第3—18页

网络游戏作品很特别，对现有著作权法的作品分类、“表达形式”范围的界定、独创性的认定、合理使用分析等基本规则提出了挑战。

一、游戏作品的归类

明确区分游戏作品本身直接固定的内容和游戏过程中临时呈现的内容，是处理游戏作品归类保护的理想思路。

（一）游戏作品直接固定的内容

电子游戏作品的核心内容可以分成两部分，游戏引擎和游戏资源库。游戏引擎是由指令序列组成的单纯的计算机程序。它是“运行某一类游戏的机器设计的能够被机器识别的代码（指令）集合”，“像一个发动机，控制着游戏的运行”。显然，游戏引擎属于《著作权法》第3条意义上的“计算机软件”，更确切地说，是其中的“计算机程序”。

游戏资源库是指计算机游戏软件中各种素材片段组成的资源库，含有各种音频、视频、图片、文字等文件。在游戏运行过程中，游戏引擎系统自动或应用户的请求，随时调用资源库的素材并呈现在用户面前。这些素材可能分别落入著作权法上文字、美术、音乐、电影、摄影甚至图形作品等目录中，分门别类地获得保护。资源库本身作为一个整体，也可能被视为汇编作品。

（二）游戏运行时临时呈现的内容

在游戏作品中，游戏开发者除了直接固定计算机程序（游戏引擎）以及游戏资源库中的各种作品外，还会在游戏运行过程中呈现一些并未被预先设定（固定）的用户界面或影音内容。这些内容作为一个整体，是游戏引擎程序调用游戏资源库的素材内容或根据用户设定临时对外呈现的。从提升用户体验或游戏商业价值的角度看，游戏过程中临时呈现的内容的重要性甚至超过游戏资源库本身，因为用户关注的焦点不是游戏资源库中凌乱存在的素材，而是基于这些素材的整体游戏画面。游戏画面的保护对于游戏开发者而言同样重要。

游戏过程中临时呈现的内容并非游戏资源库中素材的简单再现，而是这些素材动态组合后生成的新作品。它同样形态各异，可以被视为文字、美术、音乐或电影类作品等，具体取决于画面内容的细节。游戏画面虽然只是在程序运行过程中临时呈现，但是依然能够获得著作权法的保护。

现代游戏日益复杂，游戏运行时所临时呈现的内容中通常含有游戏设计者创作的复杂的人物形象、故事情节等，这使得游戏临时呈现的画面更接近普通意义上的视听作品（电影作品）。如果游戏作品一开始就含有独立创作的人物形象和故事情节，那么这些人物形象和故事情节自然也应获得著作权法保护。此类人物形象或情节相对游戏所呈现的视听作品而言，类似人物形象或故事情节之于剧本或电影作品。

现代游戏的另一特征是互动性日益增强，游戏过程中临时呈现的内容中越来越多地含有游戏用户添加的内容。用户选择或添加的内容与游戏程序自动选择的内容组合在一起，最终成为用户端临时呈现的内容。法院在确定这些临时呈现的作品的著作权归属时，需要额外考虑用户参与的因素。

（三）游戏作品统一归类的必要性

在游戏作品所涉及的各种内容均有作品类别与之对应的情况下，再创设一种新的单独的作品类别，没有太大意义。除了从形式上宣告游戏作品可以获得著作权保护之外，对于解决游戏行业实际问题没有实质性的帮助。

首先，游戏作品本身充满多样性，内部差别巨大。有的游戏作品文件主体就是程序代码，游戏资源库的内容非常有限，它与单纯的计算机程序作品的差别很小。另外一些强调视觉效果的游戏，则可能刚好相反——游戏资源库在整个游戏文件中所占比重很大，游戏含有大量的人物角色和丰富的故事情节，屏幕呈现效果与视听作品很接近。将游戏作品视为统一的作品类型，显然无法顾及它本身的巨大差异性。

其次，游戏作品通常由单个游戏公司的雇员组成长期稳定的团队持续开发，必要时从第三方获得作品使用许可，不需要著作权法提供特殊的产权规则以避免纠纷。游戏公司长期稳定运作，通过职务作品或合同机制就能有效地消除产权的不确定性，因此对类似电影作品的产权规则的需求不是十分明显。

最后，游戏作品的实际著作权纠纷也没有表明游戏行业存在将游戏作品独立归类的迫切需求。

二、游戏用户行为的定性

游戏用户在玩游戏的过程中，是否对电脑临时呈现的内容作出独创性贡献，并不能一概而论。在不同的游戏中，游戏用户的行为差异很大，大致在“单纯玩玩没有内容贡献”和“重新定义游戏内容”这两极之间连续分布。

如果游戏用户出于单纯竞技目的玩游戏，则游戏过程中作出独创性表达的可能性较低。如果游戏用户的操作主要出于效率或实用性考虑，则最终产生的游戏画面中没有游戏用户的独创性贡献。虽然该游戏画面体现了玩家的个人独特的技艺，但并非著作权法意义上的表达。玩家电脑自动而机械地记录的游戏画面（通常如此），记录过程也没有类似摄影师摄影之类的个性选择的空间。因此，电脑自动记录的游戏画面与原始的游戏素材相比，并没有体现用户的独创性贡献。

在游戏过程中，即便用户在游戏开发者预设的空间中，基于实用或技术目的的考虑有无数种选择，每一种选择依然不是著作权法意义上的个性表达。否认这一点，实际上等于否定著作权法现有客体仅仅限于艺术表达而不延伸到实用领域的合理性。

对于一些在表达意义上给予用户定义自由的竞技类游戏而言，上述

分析结论要作适当修正。在此类竞技游戏中，游戏用户可能从多个方面自由定义游戏的表达特征，比如，个性化定制富有美感的游戏地图（背景）、游戏化身的图像、富有美感的游戏道具或物品、自由决定游戏中的人物对话内容，等等。此类玩家的自由定义导致游戏画面有明显的个性表达成分。另外，有些玩家对外直播或传播游戏画面时，还会在游戏画面中植入与游戏本身无关的个性化内容（比如，玩家间互动、主播解说游戏或观众点评等）。这些新增的个性化内容与游戏本身画面结合在一起形成的最终对外传播的游戏画面，很可能体现了游戏用户的独创性贡献，因而成为著作权法意义上的演绎作品。

最后，在一些完全不以竞技为目的的游戏中，用户的游戏行为可能并非出于实用目的，而是出于明显的美学考虑。这样，当游戏过程以游戏画面的形式被记录下来后，用户的独创性表达也因此被固定。这时，用户的“玩”实际上就是著作权法意义上的“创作”行为。在没有相反约定的情况下，玩家应该对游戏画面享有著作权。

在一些特殊情形下，判断独创性要关注创作的过程，而不能仅仅看最终的结果。面对用户通过操作电脑键盘或其他设备的方式产生的游戏画面，在判断游戏用户是否出于表达目的而作出操作选择时，必须关注游戏过程。如果是游戏用户基于实用或效率原因而作出操作选择，则不应该确认该选择的结果会产生著作权法意义上的表达。

从立法政策的角度看，关注作者创作的过程能够帮助我们理解“创作行为”的性质，从而能够帮助我们进行政策性的权衡。单纯竞技游戏的用户主观上只是在寻求竞技比赛的胜利，而不是在努力创作什么演绎作品。没有著作权保护，他们照样会玩游戏。因此，立法者没有必要为游戏玩家提供额外的著作权法激励机制。

游戏画面在我国著作权法下不太可能被视为合作作品，最为合理的选择也是演绎作品。这里忽略用户将游戏作品当作单纯的创作工具（比如画笔）的情形。在这一情形下，用户的行为不是演绎而是独立创作，对最终的创作成果享有独立的著作权。

用户除了可能对游戏画面内容作出独创性贡献外，在录制游戏临时呈现的画面方面，也有自己的贡献。不过，这一录制行为只是利用游戏程序或第三方程序自动记录游戏画面的功能，没有用户个人的独创性贡献。因此，游戏用户只能依据所谓的“录像制品”录制者的身份主张对自己录制的游戏画面享有一定的控制权。

三、游戏画面的公开传播

（一）游戏画面传播行为的定性

游戏用户或第三方公开传播游戏画面的行为，主要是指在公开场合展示游戏画面（通常是通过各类游戏比赛）或者通过网络传播游戏画面。在各种公开的电子游戏竞赛中，展示或播放游戏画面，使得公众得以了解游戏作品的内容，这一行为最有可能落入著作权人的表演权或放映权的控制范围。通过信息网络传播游戏画面，则大致落入了信息网络传播权的控制范围。对游戏画面的信息网络传播或直播行为的定性没有什么争议，而比较容易引发争议的是游戏作品的表演（机械表演）或放映问题。

游戏用户在公开场合展示游戏过程或游戏画面，是否算是“现场表演”游戏作品或其部分内容，存在疑问。虽然游戏含有文字或音乐作品内容，但是游戏用户并不是自己通过语言、动作、表情、乐器等现场再现作品，与一般意义上的“现场表演”有较大差距。法院应该尊重“表演”一词的通常含义，避免将它解释为覆盖游戏用户玩游戏的行为。

用户公开展示游戏作品中音乐或文字作品录音等作品片段，应该属于著作权法意义上的“利用各种手段公开播送作品的表演”。因为该音乐录音或文字录音本质上属于所谓的“作品的表演”。此外，游戏画面本身或它所包含的局部视听内容还含有美术作品和电影作品，用户公开播放画面的行为也落入了放映权的控制范围。

（二）合理使用分析

玩家或第三方传播游戏画面的行为落入游戏开发者的著作权控制范围后，是否真正构成侵权，还要进一步看是否存在合理使用抗辩。这里以用户通过信息网络传播游戏画面为例，分析它构成合理使用的可能性。

1. 使用作品行为的目的与性质

普通用户的游戏技能不会受到太多粉丝的追捧，因此传播游戏视频几乎没有商业目的。对于第三方网络平台而言，传播普通游戏用户的游

戏视频也没有现实的商业价值。对于极少数高级用户（游戏主播）而言，则另当别论。他们的游戏技能高超，粉丝成千上万。他们直播游戏时，常常有数万人同时在线，能够为第三方直播平台带来一定的商业利益。直播平台也会让此类游戏用户从中分一杯羹。从著作权法合理使用分析的角度看，这类游戏用户传播游戏画面的行为，具有明确的商业目的。现实中，游戏开发者关心的也正是这一类高级用户的商业性传播行为。依据合理使用判断的一般规则，商业性目的对于认定合理使用有负面影响，但不是决定性的。在具体个案中，法院还应关注游戏用户对游戏画面的商业价值作出巨大贡献这一事实。毕竟，此类商业价值主要源于高级游戏用户个人的吸引力而非游戏本身。

就作品的使用性质而言，游戏用户传播的游戏画面相对游戏作品本身具有一定的转换性。游戏的设计者虽然对于用户在玩游戏过程中所实时呈现的游戏画面内容有一定的预期，但是，用户最终呈现的游戏画面与游戏开发者事先存储在游戏中的资源（素材）差别很大。前者是动态的持续视频，记录了一个完整的比赛过程或“比赛故事”；后者不过是视频中所呈现的碎片化的文字、图片、音频文件等，不具备游戏视频本身直观的表达意义。不仅如此，绝大多数用户在游戏过程中还添加了大量的表达性的内容，比如个人图像画面、个人言语、粉丝点评等，这使得游戏画面以全新的组合方式实现了新的目的，而不是以某种方式替代原作，因而具有转换性质。结合前面提到的大多数用户使用作品没有商业目的这一因素，“作品的目的与使用性质”这一因素的权衡对于认定合理使用有利。

2. 版权作品的性质

游戏画面所体现的游戏资源素材（包括文字、图片、音乐或视频等）处于版权法保护客体的核心地带，也是游戏开发者当初用心创作以吸引用户的着力点所在。这一因素的权衡结果对于认定传播游戏画面的行为构成合理使用相对不利。

3. 使用部分占版权作品的数量和实质程度

游戏资源在游戏作品中的比重、游戏画面调用的素材在整个游戏资源中所占比重，与合理使用的认定应该有反向的对应关系。游戏资源占游戏作品比重越低，游戏画面所采用的素材比例越低，对于认定合理使用越有利；反之，则不利。通过网络传播的游戏画面的时长也是一个重要的权衡指标。如果传播的只是有限时长的游戏画面，比如精彩片段等，对于游戏作品中素材的利用可能没有达到实质性的程度，有利于认定合理使用。相反，如果游戏画面很长，则会是不利的因素。

4. 使用行为对作品市场或价值的影响

一般认为，转换性使用的程度越高，对于作品市场价值的影响就越小。在分析这一因素时，法院关注的并非仅仅是负面影响的有无，更是负面影响的大小。

分析用户传播游戏画面行为对著作权人现有市场的影响时，应当考虑游戏作品的具体类型。对于那些单纯竞技类游戏而言，网络传播游戏画面对现有市场的负面影响有限。视频游戏的吸引力在于它们的互动性能，玩家着迷于直接参与和控制游戏过程，而不是对被动地看视听作品感兴趣。观看游戏视频的公众通常已经是该游戏的玩家，观看游戏画面是被他人高超的游戏技巧所吸引，而不是对游戏可能的美学表达感兴趣。他们观看他人的游戏画面后，很可能更有兴趣玩该款游戏。因此，单纯竞技类游戏画面的传播通常会对游戏的推广起到正面促进作用。这也是很多游戏开发者鼓励、默许或容忍他人直播的原因所在。

对于部分并非竞技类的游戏而言，网络传播游戏画面对游戏作品本身构成替代的可能性要更大一些，从而损害游戏现有市场价值。不过，需要强调的是，如果此类非竞技类的游戏具有很强的社交属性或互动属性，则游戏画面直播也未必会损害用户玩游戏的积极性。对很多用户而言，游戏过程中的自我创造和互动参与是游戏的核心价值所在。在大多数情况下，似乎没有理由相信观看非竞技类游戏的直播画面一定能够实质性替代用户直接玩互动游戏所带来的体验。

在进行合理使用分析时，不仅要考虑使用行为对著作权人现有市场的影响，还要考虑对于潜在市场的实质性影响，即用户的游戏画面的网络传播是否应该被视为游戏作品权利人的潜在市场。法院确定游戏画面传播是否为合理的潜在市场的过程，实际上是在游戏开发者与游戏玩家之间对传播可能带来的商业利益进行分配。游戏开发者提供了足够吸引眼球的游戏素材，着力推广该游戏，成功地培养游戏用户基础；在此基础上，高级玩家以自己的技能或个性特质征服粉丝，使得游戏画面的传

播具有更高的价值。游戏画面的传播也会进一步增强游戏的号召力，提升其市场价值。如果法院拒绝承认用户对游戏画面的传播为合理使用，则游戏开发者（基于游戏版权或游戏服务的实际控制）和用户（基于演绎作品版权或游戏过程实际控制）互相阻止对方对画面的后续利用，他们最终将通过谈判分割利益。如果法院宣布该行为为合理使用，则用户将处在相对有利的位置上。

上述四要素的综合分析表明，游戏用户传播游戏画面是否构成合理使用，需要在个案中进行综合权衡。不同的游戏类型，不同的使用方式，可能导致不同的判断结果。对于单纯的竞技类游戏作品，用户完成的游戏画面具有一定的转换性。在该游戏画面的传播对该游戏作品市场损害不明显时，法院有认定该传播行为为合理使用的自由裁量空间。

（三）许可合同限制的效力

在具体的个案中，法院是否会认定一项游戏画面传播行为构成合理使用，有一定的不确定性。如果游戏开发者担心法院认定该行为为合理使用从而损害自己的利益，它会选择利用游戏作品许可合同约束游戏用户，阻止用户公开传播游戏画面。

游戏开发者控制着游戏软件许可条款的设置和修改，比分散的游戏用户更能有效地应对法院可能的不利裁判结果。在不十分清楚游戏画面传播行为是否应该构成合理使用的情况下，如果法院认定该传播行为构成合理使用，游戏开发者纠正此类错误的成本较小。相反，如果法院否定合理使用，而该决定事后证明是错误的，则会导致成千上万的网民被迫通过一一谈判的方式获得传播游戏画面的版权许可。对于单个用户而言，该合理使用的价值有限，要求他们为网络传播而寻求版权人的许可，他们很有可能会因为这一交易成本而选择放弃。可以想象，最终只有极少数高级玩家才会选择和服务商谈判以获得直播画面许可。对于大多数游戏玩家而言，法院错误的赋权判决很难通过谈判弥补，会造成社会福利损失。

在合理使用价值不是十分突出的情况下，法院承认游戏许可合同的效力，是合理的选择。从公共政策的角度看，为游戏用户在游戏过程中的表达自由提供严格保护的迫切性不是很明显，因此，著作权法没有必要将用户对游戏画面的自由传播视为一种不可放弃的基本权利。在传播画面行为具有商业价值时，游戏开发者和用户有理由在平等协商后选择合作。因此，即便该传播游戏画面的行为有可能构成合理使用，法院也应当许可用户在合同中放弃该侵权抗辩。只要游戏著作权人向游戏用户合理提示上述许可条款，法院没有理由否认该条款的约束力。

转型时期刑法立法的思路与方法

周光权（清华大学法学院教授）

本文原载《中国社会科学》2016年第3期，第123—146页

我国自1997年对刑法典进行大规模修订之后，最近20年来，全国人大常委会先后通过了一个单行刑法《关于惩治骗购外汇、逃汇和非法买卖外汇犯罪的决定》（1998年）和九个《刑法修正案》，立法活动不可谓不频繁。立法活跃的大背景是什么，会带来哪些难题，学界关于刑法过度干预的担心是否有道理，如何从顶层设计未来刑法立法的思路和方法，都需要认真梳理。

一、晚近刑法立法的特色与变貌

（一）刑法立法的特色

晚近刑法立法的突出特点表现在：

1. 拓宽新领域

《刑法修正案》扩大处罚范围的方式，突出表现为三种：（1）增设与有组织犯罪、集团犯罪有关的犯罪，成倍地扩大处罚范围。我国近年来的多个刑法修正案分别就有组织的恐怖主义、极端主义犯罪，组织出卖人体器官犯罪，有组织的经济犯罪（如走私犯罪、组织传销活动罪、强迫交易罪等），有组织的妨害社会管理秩序罪（如网络犯罪、环境犯罪）等进行犯罪化，增设行为类型，降低定罪门槛。（2）将某些预备行为、帮助行为规定为实行行为。例如，《刑法修正案（三）》增设资助恐怖活动罪；《刑法修正案（五）》规定妨害信用卡管理罪，将信用卡诈骗

罪，伪造、变造金融票证罪的预备行为规定为实行行为；《刑法修正案（九）》更是增设了多个"拟制实行犯"的规定。（3）增设大量法定刑较低，涉及社会面管控的轻罪；将许多原来以劳动教养处理的行为轻罪化（例如，将扒窃、入户盗窃、携带凶器盗窃、非法扰乱国家机关秩序等行为作为刑罚处罚对象），部分填补2013年12月28日十二届全国人大六次会议《关于废止有关劳动教养法律规定的决定》通过之后所留下的处罚空档。

2. 转变法益观

刑法从消极的法益保护——有法益受到侵害时，刑罚权才能启动，转变为积极的法益保护——立法上积极评估未来可能出现的法益侵害并及时跟进，确立相对较低的行为"入刑"标准。例如，《刑法修正案（九）》增设的准备实施恐怖活动罪、煽动实施恐怖活动罪、使用虚假身份证件罪等，都表明了刑法积极保护法益的态度。法益保护不再仅仅是限制司法权启动的阀门，也成为向立法者提出要求的标尺。法益保护原则从过去的"处罚禁止"转化为立法驱动。按照哈塞默尔（W.Hassemer）的说法，立法者"从各种既被普遍地又被模糊地表述的法益中寻找出路"，依靠这种方式，立法者巧妙地减少了外界对于构成要件扩大化所作的批评。法益使一种刑罚威吓变得正当，但是，现在所有可能的东西都能够变成法益。刑法的不法就变得不清楚了，丧失了其规范的轮廓。

3. 增加新手段

晚近刑法立法可谓刚柔相济。"刚"表现为处罚严厉化：（1）对死缓犯的减刑幅度缩小。《刑法》第50条规定，判处死刑缓期执行的，在死刑缓期执行期间，如果确有重大立功表现，2年期满以后，减为15年以上20年以下有期徒刑。《刑法修正案（八）》第4条规定，对其只能减为25年有期徒刑。（2）《刑法修正案（八）》第4条增设了限制减刑制度，同时在第15条配套规定，被限制减刑的犯罪分子，其实际执行的刑期大幅度延长。（3）扩大特殊累犯的范围。刑法第66条只规定了危害国家安全犯罪的特别累犯，《刑法修正案（八）》第7条增加了恐怖活动犯罪、黑社会性质的组织犯罪的犯罪分子构成特别累犯的内容。（4）提高了数罪并罚时有期徒刑的最高限。（5）缩小缓刑适用范围。刑法第74条规定，对于累犯不适用缓刑。《刑法修正案（八）》第12条增加了对犯罪集团的首要分子不适用缓刑的规定。（6）增设禁止令措施。《刑法修正案（八）》第2条、第11条分别规定，被判处管制或宣告缓刑的，可以根据犯罪情况，同时禁止犯罪分子在管制或缓刑期间从事特定活动，进入特定区域、场所，接触特定的人。（7）提高了分则中部分犯罪（如操纵证券、期货市场罪，组织、领导、参加恐怖组织罪，组织、领导、参加黑社会性质组织罪，寻衅滋事罪，敲诈勒索罪，抢夺罪）的法定刑。（8）《刑法修正案（九）》第44条增设对贪污贿赂罪犯“终身监禁”的规定。

“柔”表现为：一方面，降低某些犯罪的处罚标准。例如，刑法第239条规定绑架罪的起刑点为10年，《刑法修正案（七）》第6条将其降至5年，这是晚近刑法立法上开始“做减法”的开始。同时，鉴于该条还有对某些绑架行为判处绝对死刑的规定，《刑法修正案（九）》第14条将该罪的死刑适用条件进行分解，赋予法官刑罚适用的裁量权。另一方面，大幅度缩小某些犯罪的适用范围，进行实质的非犯罪化。例如，《刑法修正案（七）》第3条对逃税行为客观处罚条件的规定，使得该罪在实务中几无适用余地。

4. 赋予新机能

频繁的刑法立法活动表明，刑法的自由保障机能开始逐步转向全面介入社会管控的刑法保护机能，刑法的干预性、工具性特征更加突出。（1）按照市场经济条件下降低政府管控，减少行政审批的要求，通过全国人大制定立法解释的方式，对涉及注册资本的犯罪仅保留个别追究的可能，进行实质上的非犯罪化。（2）对收买被拐卖的妇女儿童罪、行贿罪从严处罚，几乎将立法上的“加法”做到了极致，这些规定都及时回应了社会上关于严惩行贿、收买被拐卖妇女儿童的呼吁。（3）立法上有意淡化刑法的附属性。刑法通过增设新罪将部分原本具有民事性质的“欠债不还”行为犯罪化（如增设拒不支付劳动报酬罪等）来参与社会管理，解决社会突出矛盾，其不再是对那些“严重”侵害生活利益的行为的反应，刑法与民法、行政法的界限越来越模糊。

5. 面临新难题

具体表现在不法的直观性、可感性降低。犯罪应当是指某种客观上造成相当程度的社会危害的行为，但是，增设新罪时设立的抽象危险犯或某些侵害公共法益的犯罪，其危害性并不是具体的，不是法益实害意义上的损害，公众不能从行为中直接感知某种针对法益的危害性，犯罪的危害难以凭经验、靠感觉加以认知，被害人的形象变得很稀薄。

（二）刑法立法活跃的背景：社会高速转型

中国刑法立法出现上述特点，甚至在某些方面具有根本性转向，其原因是多重的，但总体上是由当下中国高速的社会转型所决定的。回顾过去20多年来我国所发生的大规模社会变迁，可以更真切地看到转型过程包含了极为复杂和独特的内容，社会转型与经济和社会发展构成了错综复杂的关系，其对刑法立法的活跃产生了全方位的影响。（1）经济转型。转型时期中国经济朝着社会主义市场经济的方向大幅度迈进，交易空前活跃，但有关的市场交易规则、管控机制并不健全，经济犯罪大量增加，刑法立法就必须及时填补处罚空白。一方面，国家要为经济主体参与市场交易提供公平环境，使所有的市场主体都能够“轻装上阵”，且处于平等竞争的地位。为此，立法上先后对税收犯罪、发票犯罪、强迫交易罪进行修改。另一方面，国家不能容忍在经济转型过程中钻制度漏洞、巧取豪夺的行为——《刑法修正案（二）》中九成以上的内容都在规范证券、期货交易中的不法行为就充分体现了这一点；国家对破坏市场经济交易规则，又造成其他法益侵害的行为，更持严惩不贷的态度——对危害食品安全犯罪客观构成要件的修改，扩大金融犯罪、走私犯罪的处罚范围，就展示了立法的这一意图。（2）社会治理方式转型。近年来，各种社会不稳定因素加剧，社会不平等有增无减，城乡差别、地区差异所带来的社会矛盾凸显，群体性事件、网络犯罪、环境犯罪、毒品犯罪、黑社会性质组织罪等妨害社会管理秩序的犯罪出现很多新类型，腐败犯罪激起公愤，治安形势一直处于严峻态势。为回应转型时期社会治理方式的变化，我国刑法立法及时增加、调整规定。最近通过的三个《刑法修正案》，其核心考虑就是要着力解决社会转型时期所出现的突出问题、群体性问题。《刑法修正案（九）》增设部分新罪来填补废除劳动教养所带来的处罚空白，也与社会治理方式的转变紧密关联。（3）价值观（文化观）转型。转型期相关财富分配、社会保障制度不健全，贫富悬殊加大，部分人的被剥夺感增加，暴力取财犯罪、暴力侵犯人身犯罪呈现上升趋势，扩大盗窃、诈骗、抢夺等罪的犯罪圈，提高某些犯罪的刑罚，是为了提倡通过诚实劳动获取报酬的价值观、文化

观；《刑法修正案（九）》增设虚假诉讼，组织考试作弊，使用伪造、变造的身份证件等方面的罪名，固然有保护司法秩序或社会管理秩序的侧面，更有防止道德滑坡、提倡诚信的社会主义价值观的立法考虑。（4）生态目标转型。近年来，我国部分地方以牺牲环境为代价，盲目追求地方经济利益。立法上对此予以高度关注，《刑法修正案（二）》的唯一内容为修改非法占用农用地罪，《刑法修正案（八）》第46条降低污染环境罪的入罪标准，就充分展示了立法者在这方面的良苦用心。（5）政治治理方式的转型。恐怖主义、极端主义犯罪危害政权和国家安全，对恐怖主义、极端主义所可能造成的危害，立法上不能视而不见。2001年9月11日，美国世贸中心和五角大楼遭受恐怖主义袭击之后，中国通过制定《刑法修正案（二）》及时作出反应，有效震慑了恐怖分子。近年来，和境外恐怖主义、极端主义犯罪陡增这一现实相呼应，在中国境内发生的恐怖犯罪也有增无减。此时，仅靠《刑法修正案（二）》势必在处罚手段上偏“软”，因此，《刑法修正案（九）》用三个条文及时增设了大量与恐怖主义、极端主义有关联的犯罪。

二、未来刑法立法的总体思路

未来的刑法立法，从总体上看，应当建立能动、理性、多元的总体立法方略。

（一）能动立法

能动立法，意味着要根据社会情势的变化，及时增设相当规模的新罪。

1. 能动立法的观念基础

（1）刑法规制的行为必须具有立法者不可容忍的性质，而无须达到传统上的严重程度

目前，我国刑法立法更应该考虑的是：为维持社会生活的基本秩序，立足于宪法上的价值保护指向，哪些行为是刑法上不可忽视、不能容忍的，进而有必要针对类似行为设置罪刑规范，使之成为国民的行动指南，而无须刻意强调传统意义上犯罪的“严重”社会危害性。例如，对于盗窃、抢夺、敲诈勒索等罪，中国刑法历来规定数额较大的才追究刑

事责任。但是，德国《刑法典》第248条a规定，盗窃或者侵占价值很小的财物，如果被害人提出请求或者行为损害公共利益的，也可以追究刑事责任。两相对照，德国的思路更符合宪法要求和法益保护理念，更为合理、务实。也正是考虑到无法固守传统犯罪观，中国近年来才将数额并未达到较大程度的扒窃、携带凶器盗窃、多次盗窃或抢夺等侵害财产的行为规定为犯罪。

（2）能动立法与刑法谦抑性的当代解读

有学者认为，综观历次刑法修正案新增的数十个罪名，无不以扩大国家刑罚权力、缩小或限制公民之自由为内容。这体现了我国刑事立法仍然在工具主义的轨道上前行，因此，我国应该停止以犯罪化为内容的刑事立法。但这种观点明显值得商榷。限定处罚范围不是刑法谦抑性（刑法的辅助性、最后手段性、片断性）的必然内容，立法上进行一定程度的犯罪化未必违背刑罚谦抑性。没有人会否认，只有在其他法律难以预防和惩治某一违法行为时，刑法才能介入。但是，犯罪化的边界究竟在哪里，只能从一个国家的实际情况和惩罚需要引申出来，不同历史时期人们对违法行为的容忍程度大不相同，没有一个固定的模式能够说明对哪一种行为只能以民事或行政方式处理。刑法谦抑性的具体内容会随着时代的发展而变化，刑罚处罚范围也并非越窄越好。如果特定时代的多元价值观造成非正式的社会统制力减弱，不可避免地产生通过扩大刑罚处罚范围以保护法益的倾向；刑法应当由“限定的处罚”转向“妥当的处罚”。谦抑性（辅助性）对立法者来说具有指导作用，但其不能成为限制立法权的工具。对于应当把何种行为看成足够严重以至于必须动用刑罚手段，是立法者自己判断的。当不能确定某种轻微的手段（例如单纯的民事惩罚）是否足以充分防止侵害的时候，立法者享有对此自行评价的特权。辅助性原则就更属于一种政策意义上的准则，而不是一种强制性规定。这是一种社会政策性的决定。因此，刑法谦抑性不意味着只要不动用刑罚就是好的，其并不反对与社会发展相匹配的、必要的犯罪化。

2. 未来必须加大犯罪化力度的理由

从转型时期社会发展的现实来看，在未来相当长时期内，立法者消减现有罪名的非犯罪化任务并不紧迫，相反要进行相当规模的犯罪化，保持刑法立法的活跃姿态。

首先，这是建设法治国家的要求。在废除劳动教养制度之后，对某些违法行为不可能放任自流，某些限制人身自由的措施还要适用，在出现处罚空档时，为防止对某些危害行为的处理机制在现行刑法和治安管理处罚法之外运转，就必须增设新罪，这既是依法治国的要求，也是社会成熟的表现。对此，井田良教授持相同的观点，他在评论日本近来的刑法立法动向时认为，刑事立法的活跃化倾向，在某种程度上是第二次世界大战之后日本社会“走向成熟”的佐证。日本立法上的犯罪化和重刑化的趋势，不是一时的心血来潮，在今后一段时期内还会持续下去。因此，对相对轻微的行为犯罪化和法治立场之间并不抵触。在实践中，立法者为轻微违法行为规定相应轻微刑罚的做法，长期以来就一直没有被认为是违反了宪法。我国刑事法学者显然不能一方面呼吁废除劳动教养，一方面又反对增设新罪。

其次，媒体的发达、传播的迅捷使得公众的处罚呼吁可以充分表达出来并被放大；社会成员的价值观分化，不同群体对违法行为的感受不同，对犯罪化的不同要求也都被提出来。我国不少刑法立法就是回应社会需求的结果。就此而言，未来的立法也不会改变。

再次，随着科学技术的发展和社会转型，社会生活的危险性、复杂性，社会成员之间的陌生程度、对经济利益的追求都在增加，个人的不安感强烈，要求刑法介入社会生活的要求也在增加，处罚早期化、处罚范围扩大化在所难免。

最后，犯罪化与国外的刑法立法趋势相呼应。20 世纪 50 年代之后，犯罪化是国外刑法立法的潮流。自 20 世纪 70 年代以来，英国开展了大规模的增设新罪活动，目前英国制定法上的罪名已经达到 1 万多个。1997 年至 2007 年，英国议会制定了 382 项法案，其中，29 项刑事司法法案新设的刑事罪名超过 3000 个。原本“像金字塔一样沉默”的日本立法机关从 20 世纪 80 年代末开始，为应对犯罪国际化、有组织化以及现代社会的危险无处不在、无时不在的特点，积极回应保护被害人的要求，回应严惩暴力犯罪的呼声，频繁修改刑法典与相关法律，实行大量的犯罪化，出现了“立法活性化”现象，例如，在《规制纠缠等行为的法律》中，将表达爱恋或好感没有得到回应而纠缠对方的行为犯罪化。在日本，刑法典、单行刑法与行政刑法所规定的犯罪难计其数，即使在我们看来相对轻微的危害行为，也可能被规定为犯罪，其刑罚处罚范围比中国要广泛得多。

3. 能动立法的内容

需要新增一些不太受时代变迁影响的危害行为。如应考虑增加强制罪、暴行罪、胁迫罪、泄露私人秘密罪、公然猥亵罪、背信罪、侵夺不动产罪、伪造私文书罪等，还可以考虑借鉴德国《刑法典》第323条c的规定增设见危不救罪，将社会成员在危急情况下对他人的救助义务用法律方式确定下来。此外，对涉及人类生存的犯罪必须大量规定。例如，对破坏环境的犯罪，我国只笼统规定了一个污染环境罪，而德国分别针对水域、土壤、大气、噪声等领域的污染设置独立罪名，并对行为类型进行详尽描述，从而全面保护法益。日本《刑法典》自第142条起针对饮用水安全保护，用6个条文专门规定了与此有关的多个罪名，包括污染净水罪、污染水道罪、将毒物等混入净水罪、污染净水等致死伤罪、将毒物等混入水道和将毒物混入水道致死罪、损坏和堵塞水道罪等，上述立法模式颇值得我国立法借鉴。

（二）理性立法

刑法不是治理社会的最佳良方，其作为控制社会高度专业化的手段，只有针对特定目的时才有效用，超越该目的的不当使用不仅无效，而且会导致更大危害。

1. 对公众的处罚呼吁必须进行过滤

为了能够理性地防止立法权滥用，必须对实际上是否有必要规定刑事制裁进行评估，确实在其他措施不足以有效地预防和处罚某种行为时，才允许设定罪刑规范。例如，在侵犯公众安宁权的行为中，是否需要增设新罪，就要考虑民事赔偿和行政上的规制能否取得更为充分的效果，是否更有助于社会关系的恢复。又如，保留死刑的所谓“民意”是否可靠，也需要立法时仔细甄别和审慎对待。在对死刑的“众声喧哗”中，公众容易把死刑和极端事件联系起来，进而得出罪犯应该被处死的“痛快”结论，对“不杀不足以平民愤”自然也就高度认同，但其中的理性化程度较为有限。

2. 理性立法必须反对重刑化

在很多国家，立法上的犯罪化和重刑化是并驾齐驱的。德国1998年的刑法修改，为了实现一般预防就朝着加重刑罚的方向迈进。日本自20

世纪 90 年代中期以降，刑法的重刑化趋势明显，提高有期徒刑的最高期限；加重了性犯罪、杀人罪、伤害罪的法定刑。

但是，国外将犯罪化和重刑化捆绑在一起的做法未必值得我们效仿。理由在于：（1）我国刑法规定的法定刑原本就较高，带死刑、无期徒刑、3 年以上有期徒刑的条文无论是绝对数还是占全部罪刑条文的比例均高于其他国家，我们的刑罚不仅重于经济比我们发达的国家，也远远高于经济发展水平和我国相当或低于我国的国家；不仅重于那些所谓的民主自由国家，也远重于那些所谓的专制国家或威权体制国家。同时，实务上一般也都倾向于在法定刑幅度内选择较重的刑罚。如果未来立法在此基础上再"加码"，就会导致重刑主义。（2）经验证明，重刑化的做法并不能有效遏制犯罪，罪犯在犯罪之前都不会去看刑法典，不关心刑罚轻重，费尔巴哈的心理强制说并没有实证支撑；一味重刑化会让国民的法感情迟钝化，且导致犯罪的法益侵害之间没有区分。（3）日本刑法对相同犯罪所规定的法定刑轻于我国刑法规定。即便晚近的日本立法实行重刑化，其刑罚仍然轻于我国。因此，在当下中国，通过犯罪化"立规矩"远比实行严厉处罚要重要得多，当务之急是扩大犯罪圈以严密刑事法网，但在处罚上尽可能轻缓、灵活，重刑化不是立法指向，刑法立法的政策思想应当定位于储槐植教授一直倡导的"严而不厉"。

（三）多元立法

多元立法，是在犯罪分类的多元化的基础上，采用刑法典和其他立法形式分工协调的方式，对犯罪和刑罚加以规范。因此，犯罪分层和分散立法是多元立法的核心内容。

1. 犯罪分层

立法多元的一个表现是对犯罪进行分层，并根据不同的犯罪类型设置配套法律制度。这要求立法者不能笼统地使用"犯罪"这一概念，而应恰当评估犯罪的轻重。犯罪性质的轻重是一个客观存在的事实，根据犯罪轻重区别对待，是各国刑法的通例。在所有实行犯罪分层的立法中，法国和德国的做法各具代表性。法国将犯罪分为重罪、轻罪和违警罪三类；德国 1975 年《刑法典》则把犯罪区分为重罪和轻罪。无论是德国还是法国的做法都意义重大：犯罪层级不同，主观要件、未遂犯的成立范围、刑法适用范围、时效制度、保安处分措施的适用、审理程序、审判机构的等级诸方面都大不相同。未来中国刑法立法是应该采用重罪、轻罪的区分，还是借鉴法国“罪分三类”的做法，很值得研究。

2. 立法分散

多元立法要求刑法立法形式的分散而非集中。这意味着不能将所有罪刑规范都归拢到刑法典中，不能仅靠一部刑法典“包打天下”。社会千变万化，虽颁布法典，但新生事物层出不穷，自然就要颁布新法典，如今拥有法典的诸国，在颁布法典之后，依然颁布无数的单行法也是众所周知的。我国刑法立法原本走的就是这个路子，在1979年《刑法典》颁布之后，立法机关又制定了若干单行刑法，行政法、经济法等法律中也有较多的附属刑法规范。

但在1997年修改刑法时，走的则是制定统一刑法典的路子。之后，凡是需要增加犯罪类型与修改法定刑的，一律以修正案的方式对刑法典进行修改。但这种将所有犯罪都往刑法典里装的做法未必是最佳方案，用“大而全”的刑法典来包罗所有犯罪的立法模式，从长远看并不现实。如果能够形成刑法典、单行刑法、附属刑法的“三足鼎立”，则是最佳立法模式。尤其是附属刑法在相关行政、经济法律中规定犯罪和刑罚（例如，将侵犯知识产权犯罪分别规定在著作权法、商标法、专利法中，不再保持统一的刑法典），其好处颇多：（1）不需要大量制定刑法修正案，不至于使刑法分则过于臃肿庞杂；（2）确保刑罚与行政法、经济法上的处罚能够很好衔接，没有处罚缝隙；（3）刑罚不会过重，能够防止统一刑法典中轻罪刑罚向重罪看齐的“刑罚攀比”现象；（4）在行政、经济法律中规定罪刑关系，有利于明确违法内容，易于认定犯罪，相关主体在了解行政违法的同时知晓刑法态度，有利于实现一般预防。

但是，如果考虑立法技术的有限性、一般预防的需要和司法实务便利等因素，在未来中国，未必非得采用分别制定刑法典、单行刑法、附属刑法的做法，该模式也存在一定弊端。因此，既要缓解刑法典的压力，又要尽可能保持刑法的统一性，在刑法典之外，制定统一的轻犯罪法典，但不再制定单行刑法和附属刑法的思路，对于未来中国而言似乎更为可取。

三、未来刑法立法的具体方法

（一）轻犯罪法制定的若干问题

中国可以考虑将3年有期徒刑作为区分轻罪和重罪的标准，这既考虑了目前我国刑法分则罪刑设置的总体情况，也考虑了刑法总则关于缓刑的规定，对轻罪大多可以判处缓刑，而重罪原则上要予以监禁。重罪必须以故意为构成要件，轻罪则包括故意和过失。因此，与重罪相比，轻罪的处罚范围应当要广得多，轻犯罪法的条文总数、罪名总数远超刑法典是完全正常的。

轻犯罪法的制定要和治安处罚法的修订一体考虑，今后最严厉的治安管理处罚措施不能高于罚款，所有剥夺人身自由的行政处罚措施全部纳入刑法调控范围，通过快速的司法程序进行裁判，从而大幅度压缩治安管理处罚法的适用空间。这些措施的适用要通过司法裁决，而不能让有关执法机关既当运动员又当裁判员而自己做出决定。当然，这样做会增加一定的司法成本，但这是法治的底线要求。

制定轻犯罪法，要增强刑罚手段的灵活性，尽可能实现轻刑化，要扩大缓刑适用的比例，改变我国缓刑适用率远低于世界平均水平的局面；在轻犯罪法中，建立刑罚和保安处分的二元体系，对强制医疗、收容教养等做出详细规定，增设剥夺公权、剥夺从事一定职业或活动的权利的资格刑，整合现有公务员法、律师法、商业银行法、公司法、食品安全法等所规定的行政资格罚或保安处分措施，赋予其刑罚特质，从而形成治安管理处罚法、轻犯罪法、刑法的递进式无缝衔接制裁体系。

制定轻犯罪法，其他配套的一系列涉及犯罪附加后果的法律制度也需要建立，以降低刑罚的负面效果。既然轻犯罪法要将部分违法行为犯罪化，与此相关的制度配套就必须跟上：（1）今后应当考虑修改公务员处分方面的法律法规，对公务员触犯轻犯罪法的，可以不开除公职，以降低触犯轻罪对其未来生活的影响；（2）对于数量庞大的轻罪行为人，可以不做前科记录；（3）对已满16周岁不满18周岁触犯轻罪的人，原则上不起诉、判处缓刑或免予刑事处罚。

（二）关于刑法典的制定和修改

在未来制定轻犯罪法典的同时，应当选择合适的时机及时对目前的刑法典进行大幅度整合、修改，使之内部科学、合理，且与轻犯罪法相互协调。

1. 确保立法逻辑上无矛盾

例如，在《刑法修正案（九）》制定过程中，曾经对于修改行贿罪的处罚规定有一些争论，尤其是对视情况对行贿人可以免除处罚这一内容，有很多人反对，认为一旦有这样的内容，行贿者就会拿这条做挡箭牌，从而导致处罚不力，最终不能切断受贿者的“经济来源”。这种观点简单地看有道理，但未必符合立法理性化的要求。因为从实务上尤其从刑事政策上考虑，重判行贿者会使其陷入无论如何都会“牢底坐穿”的困境，最终逼迫其鱼死网破，“死不开口”。而受贿案是典型的证据一对一案件，如果缺乏行贿人的证言或供述，要破获相关案件难度极大，惩治腐败官员的目的就难以达到。因此，在对行贿人尽可能网开一面和严惩受贿人之间，只能两害相权取其轻，从而在立法上为犯罪人留有余地，以确保司法权得以实现。立法上如果对行贿罪、收买被拐卖的妇女儿童罪重罚，就和对绑架罪处刑规定进行修改的理念（为保护被害人，从 1997 年的重罚到通过两个刑法修正案实现轻刑化）是相悖的。

2. 防止罪刑失衡

在未来为新罪配置法定刑时，要防止刑罚一味趋重，刑法轻缓化是首先要考虑的目标。在反对重刑化的同时，也要防止罪刑失衡，尤其是对危害达到相当程度的共犯（教唆、帮助）行为，尽量不在分则中对其单独规定罪名，使罪犯无端“捡便宜”。以此为标准，未来取消介绍贿赂罪，将其以受贿罪共犯论处就是极其必要的。

3. 修改刑法典要善于做好“加减法”

每一条刑法规定都对应特定的时代，对应具体的社会生活状况。在当前社会转型期，应当通过惩罚来确立行为规范，提示行为对错的标准；如果今后社会生活平稳下来，在刑法立法上适当做一些“减法”删除少数犯罪（如《刑法》第 196 条第 2 款规定的恶意透支所构成的信用卡诈骗罪），也是可以考虑的。今后，需要大量做“加法”的是反腐败国家立法。除了要完善现有刑事法律中的贪污、贿赂犯罪的规定，加大

对行贿犯罪的处罚力度，扩大贿赂的范围，取消受贿罪中“为他人谋取利益”的构成要件规定，删除渎职犯罪中徇私的要求，降低许多犯罪的定罪门槛之外，要特别考虑改变受贿罪的单一罪名模式，设计出系列化的贿赂犯罪群，对单纯受贿、加重型受贿、事前受贿、事后受贿、斡旋受贿等行为类型增设独立的罪名，解决收受礼金、收受干股型受贿、理财型受贿、吃空饷型受贿、收受不动产等认定上的难题，从而加快推进反腐败国家立法，为推进制度反腐提供明确的实体法支撑。

中国反腐败立法的战略转型及其体系化构建

刘艳红（东南大学法学院教授）

本文原载《中国法学》2016 年第 4 期，第 218—244 页

20 世纪最后 30 年的改革开放，是中国第三次现代转型的开始。这场以政府全面、加速推进为主导的现代化转型，史无前例、备受世界瞩目，在带给中国“两个盛世”的同时，也使中国陷入严重的“现代腐败困局”之中。与现代化如影随形的腐败，以“中国速度”加速繁殖与蔓延，直到酿成严重的“体制性腐败”问题。当下中国对腐败及其治理问题的关注，赫列诸多社会现实问题之首。中国的反腐已进入历史的转折点，以强力推进“治标”为“治本”节省下来的时间应投向何方？如何从国际腐败经验中汲取养分，并加速其向本土资源的转化？反腐立法基点与重点应如何前移，法治化导向的“不敢腐”“不能腐”“不愿腐”立法体系应如何设计？权力衍生腐败的历史宿命如何在法治的目标下得以破解？面对腐败治理的难题，有效汲取传统腐败治理的有益经验，建构与现代化发展相同步的反腐立法战略，是中国腐败治理转型期需要着力解决的重大问题。

一、现代化进程中“中国式”腐败治理的五大困局

传统中国，腐败曾是社会发展中难以攻克的痼疾，强力治疴、严刑峻罚，是腐败治理策略的首选之策，尽管腐败治理为历代王朝所重视，但始终未能走出“一部王朝更迭史，就是一部腐败治理史”的宿命。面对 20 世纪 80 年代以后腐败的蔓延，中国不断调整腐败的治理策略，坚

持从严治理、加大治理力度，国家资源投入急剧增加，然而，腐败的治理却未能取得决定性胜利，“中国式”腐败治理的困局表现为：

（一）反腐资源投入与治理成效不彰的困局

囿于传统腐败治理经验的影响，中国在转型之初的腐败治理中奉行的是“教育为先、刑罚置后”的理念，刑罚几成腐败治理最重要的资源形式。然而，在持续加大反腐资源投入的同时，腐败蔓延的趋势却并未得以遏止，腐败犯罪自 1998 年以来仍呈明显上升的趋势。2007 年 11 月至 2012 年 6 月，全国纪检监察机关共立案 643759 件，结案 639068 件，给予党纪政纪处分 668429 人，涉嫌犯罪被移送司法机关 24584 人。年均查办违纪违法案件 12 万余件。十八大以来两年多的时间内涉嫌腐败犯罪被查处的省部级以上高官达到 130 人，截至 2015 年 11 月 19 日，全国 31 个省份均有省部级官员落马。近期腐败治理取得显著成效的同时，也必须清醒地注意到，正是以往治理能力的不足而导致腐败长期潜伏。国家投入的反腐资源、频繁发动的大规模反腐攻势，仍未完全将腐败置于有效遏制的境地，反腐资源投入与腐败治理成效之间存在的“悖反”现象值得深刻反思。

（二）“制度大爆炸”与反腐机制不畅的困局

腐败治理需要国家大量的资源投入，需要政策、制度、立法及反腐机构的专门化，然而，静态反腐资源的投入并不能形成积极的治理成效，一方面，反腐资源如果缺乏统一的理念与战略指导，相关的政策、制度及立法之间就会出现无序化、局部化、冲突化的严重问题，制度之间的对立，足以扼杀本应具有的腐败治理能力，造成总体资源效益“零”收益的结果。另一方面，反腐资源协同能力不足，也严重阻碍反腐资源效益的提高。在规范体系上，中国目前运用的是国家规范与政党规范“二元法”的反腐体系，但是，作为腐败治理基础规范的“财产公开法”却始终缺位，加之某些规范缺乏强制执行力，存在严重的“口号化”问题。在执行机构上，作为党内机构的纪委与作为行政机构的监察部门是“一套人马，两块牌子”，党内监察与公共监察高度重合，无法形成“层阶化”的预防体系。国家预防腐败局对其他腐败预防机构的监督与制约不足，难以形成体系化、预警化的预防机制。

（三）腐败“粘性”与反腐惯性的困局

腐败具有“粘性”，腐败一旦发展到特定程度，便会形成均衡，难以再打破。对于中下层官员而言，当每个人都认为自己清廉与否无法改变腐败大局之时，每个人便都成为腐败的共谋者；而对于高层官员而言，通常是腐败制度的最大获益者，反腐存在潜在的政治风险。腐败“粘性”使得“腐败与反腐呈胶着状态”，摆脱腐败“粘性”的方式在于通过创新反腐理念与制度，涤清腐败环境，重塑清廉政治人文环境。

面对腐败高发态势及转型社会的“维稳”需求，腐败治理往往又会产生路径依赖，习惯性地落入传统反腐理念与模式之中，不仅无法摆脱腐败“粘性”，甚至出现与反腐政策相背离的结果。20 世纪 80 年代以来，受以“教育为主、惩罚为辅、教育多数、惩罚少数”的刑事政策影响，中国刑法形成了“厉而不严”的腐败犯罪惩治模式。从 1988 年至今，经过 27 年的发展，腐败类型早已发生巨大变化，“系统性腐败”“族群式腐败”“小官巨腐”等新型腐败类型的出现，表明腐败侵蚀已经从社会局部扩大到整体环境系统，腐败治理不再是简单的个案处理问题，而是净化、再造社会环境问题。然而，反腐刑事立法并未因此而发生变化，依然维持着原有的犯罪评价标准，较高的入罪条件，加之预防机制与刑事侦查手段滞后，进一步引发了腐败犯罪选择性治理问题。

（四）硬性反腐过剩与软性反腐不足的困局

基于集权治理之传统，“中国式”反腐更多地采用硬性手段，以政治高压为动力，“党委统一领导、党政齐抓共管、纪委组织协调、部门各负其责”，刑法是腐败惩治的主要手段，刑事惩治数量是民众评价腐败治理的主要标准。尽管硬性反腐有其强制性、威慑性之优势，但却存在着反腐动力逐层递进的弊端。据相关数据统计，从十八大到 2014 年底，中央查办副部级以上高官 58 人（不含军队），现职副部级以上干部的人数与每个省副厅级以上干部大致相近，都在 3000 名左右，但同期 31 个省份共查处副厅级官员 533 人，每省平均不足 17.2 人；地市一级干部人数的基数是厅局级干部的十数倍乃至数十倍，但被查办的县处级干部人数，却只有百余人。“苍蝇”被查出的比例远远低于“老虎”，并不是说明基层比高层更为廉洁，只能推定为，在“苍蝇”“老虎”一起打的反

腐政策之下，基层腐败现象未能得到充分揭露。

解决硬性反腐弊端的途径在于拓展腐败治理的主体范围，在政治体制之外将“公民社会”作为推动反腐的重要力量，构建权力反腐与权利反腐的双重螺旋体系。然而，中国市民社会发展尚未成熟，权利反腐意识尚未开启，体制外反腐存在动力不足、保障缺乏等诸多问题。现行腐败治理体制呈现“体制内”和“体制外”的结构断裂，硬性反腐过剩与软性反腐不足并存，是影响腐败治理可持续性的负面因素。

（五）反腐厉度极端化与腐败烈度居高不下的困局

中国历来有“从严治吏”的法律传统，加强腐败治理，避免重蹈封建帝国腐败亡国的覆辙，是中国共产党在即将向世界宣告新中国成立之前就已经明确的基本方针，也是新中国成立后实施国家治理的一项重要内容。尽管刑法对腐败犯罪设置了最为严厉的惩治措施，但腐败烈度仍然居高不下。所谓腐败烈度，是关于犯罪严重程度的指标，通常包括腐败犯罪的大案率、要案数和犯罪人的位阶性等三项具体指标。根据统计，1990—2009年，全国检察机关办理贪污贿赂犯罪的大案率、要案数（人）总体上呈现波段性上升的特点，特别是在2000年之后，贿赂犯罪的大、要案数均明显持续上升。此外，十八大以来腐败官员的级别也在不断提高，在中、高级别官员中出现了“塌方式腐败”，甚至是国家领导人级的“寡头腐败”。腐败数额也急剧上升，赃款数额几千万元已经成为常态，数额上亿元也不罕见。这些均表明现有立法的死刑规定对腐败犯罪人缺乏有效的威慑效果，提升反腐厉度与有效降低腐败烈度之间缺乏因果关系。

二、加快推进中国反腐败立法之宏观战略选择

中国已经进入现代化转型阶段，腐败治理中“得”“失”并存，反思既往治理积弊，巩固、深化既有成果，更新反腐立法理念，明确立法体系、模式与发展阶段，是中国反腐败立法发展之重要战略选择。

（一）反腐败国家立法战略考察

反腐立法战略是国家在一定时期内对反腐立法的发展方向、立法体

系、立法质量与立法治理能力的选择、规划及方略，具有方向性、全局性和宏观性特征，以及指导立法制定、修正的重要功能。根据各国腐败立法治理之经验，可归纳出两种类型的反腐立法战略，具体体现为：

1. 以英美国家为代表的“预防型”立法战略

面对腐败，英美一改其悠久的普通法传统，毅然选择了制定法模式，逐步形成了“预防型”的立法战略，其特点体现为：

“回应型”的立法定位。根据法与社会的关系，可将法分为三种类型：“压制型法”“自治型法”和作为改革方向的“回应型法”（Responsive Law）。“回应型”立法注重由目的来引导和变革法律制度，法律更多地回应社会需要，而不是拘泥于形式主义，从而使法制具有了开放性和弹性，因此它既是一种社会变革的法律模式，又是一种法律变革的政策模式。以腐败形式及衍生原理的变化，作为立法回应的标准，是“回应型”立法的重要特性。英国是普通法的发源地，英国人深刻认识到，仅仅依靠末端的治理根本无法遏制腐败，必须转变腐败治理理念，将治理重点从惩治转向预防，由此产生了预防型立法的早期萌芽。英国于 1832 年和 1867 年先后两次改革选举制度，并于 1870 年 6 月颁布法令，规定文官公开考试制度，为从根源上治理腐败奠定了最为重要的基础。当时制度设计的根本出发点在于涤除旧弊，将不符合条件的议员和官员排除在外，排除易于腐败之人。而随着后期政党竞选、议会制度、官员选拔与评价等制度的不断完善，新增立法逐步形成了明显的预防腐败功能，进而构建了完善的腐败预防大厦。

“人性恶”为指导的立法理念。美国 19 世纪从农业国到工业国的转型过程中，同样也出现了政党分赃、卖官鬻爵等各种腐败现象。为遏制腐败，美国效仿英国进行了文官制度改革，1883 年通过《彭尔顿法》（Pendleton Act），确立了文官选拔与奖惩机制，建立了现代公共道德管理体系，打开了对公共权力进行法律治理的大门。不仅如此，美国更进一步探寻腐败衍生的人性原因，以“人性恶”为指导，确立了利益冲突制度，构建了美国腐败预防体系的基础。从 1950 年代杜鲁门总统时期，美国就开始讨论如何围绕利益冲突构建政府道德准则。1978 年《政府道德法》（the Ethics in Government Act）再次扩大了“利益冲突”中离职禁止的范围，建立了私营、政府部门双向转化的“旋转门”规则，确立了高级官员的财产申报义务，而且还通过规定将违反利益冲突的行为犯罪

化。由此，“利益冲突”兼具腐败预防和惩治功能，惩治功能反过来又进一步加强了预防功能，形成了一体化的反腐制度模式。

“严而从厉”的立法体系。英美国家反腐立法注重前端预防，预防立法发达，形成了严密的“不能腐”立法体系。在公共权力生成阶段，以现代文官制度、选举竞选制度确保公职人员职业能力和道德水准；在公共权力分配阶段，以宪法为后盾，确立了权力制衡与监督体制；在公共权力运行阶段，以“权力透明”“权力问责”为基础，以《阳光政府法》《财产登记法》《审计法》《预算法》《政府道德法》《信息公开法》等立法为代表，确立了从公共财政权、公共行政权到公职人员个人行为规范，融体系内监督和体系外监督为一体的、开放式的监督体系。严密的腐败预防体系，使腐败行为在衍生过程中就能够得到有效控制，而无须再使用刑事资源。因此，在“预防型”立法战略下，刑事惩治立法并不活跃。当然，这也并非意味着刑事法的驻足不前，相反，当腐败犯罪的频度与比例明显提高时，刑事立法也会基于回应性要求而增加刑罚的供给量，保持一定的刑罚厉度。

2. 以中俄等国家为代表的“惩治型”立法战略

较之英美等国“内生型”的现代化，以中俄为代表的另一类国家的现代化启动来自于外部压力，具有“应激性”特征。具体表现为：

“压制型”的立法定位。“压制型”立法是传统集权社会的立法特征，法律过于柔顺，仅仅作为一种工具服从于权力，而无力实现法律调整的基本功能。其基本特征在于：一是政策导向性，二是暴力性，三是滞后性。

“直接打击”的立法理念。“惩治型”立法战略坚持“直接打击”理念，将目光停留于违反刑事规范的事实，以一次性剥夺行为人再犯可能性为手段，试图实现对腐败行为的彻底消灭。直接打击以刑事法为核心，构建“不敢腐”的立法体系，以严厉刑罚回应已然的犯罪。然而，贪贿犯罪属于贪利型犯罪，以重刑克之，效果有限。

“厉而不严”的立法体系。“惩治型”立法战略以严厉打击腐败犯罪为主导，重视刑法构建，形成了“重惩治、轻预防”的立法体系。改革开放以来，中国腐败刑法规制范围持续扩大，刑事惩治严厉，但反腐效果不彰。尽管从十四大开始，中国宣布进行制度反腐，经过二十多年的建设，形成了一批反腐制度规范，但是，这些规范要么属于党内规范，其规制范围窄且效果弱；要么仅从形式上弥补转型时期的制度匮乏，未将预防公权僭越的可能性及其后果作为立法重点，实质预防功能有限。

（二）中国反腐败立法之宏观战略选择及确立

2014年10月，十八届四中全会《中共中央关于全面推进依法治国若干重大问题的决定》（以下简称《决定》），首次正式提出“加快推进反腐败国家立法，完善惩治和预防腐败体系，形成不敢腐、不能腐、不想腐的有效机制，坚决遏制和预防腐败现象”。加快反腐败国家立法并不意味着简单地提升立法速度，而是要以提升立法质量为前提。为此，首先需要从宏观战略角度，明确反腐立法的立法理念、体系与模式，确立更为合理的立法阶段与步骤，以确保立法质量并有效提升国家反腐治理能力。

1. 中国反腐败立法理念选择

目前中国腐败犯罪治理已经出现了立法治理能力难以提升的瓶颈问题，对此应当及时转变立法理念，确立以根源性治理为目标的积极治理主义理念。积极治理主义源自英美等“内生型”现代化国家腐败治理的经验，是指“以腐败所赖以生存的本原性要素、内生性环境改造为治理重点，降低社会对腐败的容忍限度，增加权力滥用障碍，意在构建提高腐败追究可能与预防机会的机制，以多元化法律体系构建为制度框架，针对腐败犯罪形成更具主动性、进攻性、策略性的治理理念与机制”。其核心主旨在于，立基于权力的生成与运行过程，围绕权力限制、透明与滥用惩治，积极建构全面、系统的腐败治理体系，实现由“惩治法”向“预惩协同型”立法的转型。

2. 中国反腐败立法体系选择

十八届四中全会《决定》所提出的全面推进依法治国五大体系的要求，包括：完备的法律规范体系、高效的法治实施体系、严密的法治监督体系、有力的法治的保障体系、完善的党内法规体系。法治中国的五大体系包含了“国家法”与“政党法”两个子系统。在国家法、政党法的“二元法”体系设计中，应当明确区分国家法、党内法规的功能差异，建立“国家法”与“政党法”二元体制下对腐败容忍的限度原则和梯度原则，充分发挥执政党队伍建设在推进中国清廉社会构建中的引领作用，“全面从严治党”，“纪法分开”，“去除现行党纪处分条例中与刑法等法律重复的内容”，降低党内法规对腐败的容忍标准，构建以“零

容忍”为特征的党法预防机制。

3. 中国反腐败立法模式选择

立法模式是关于立法权的归属、界分，立法形式及立法事项等问题所形成的体制结构。从世界范围看，反腐立法模式主要可以分为两种基本类型：一是集中化模式；二是分散化模式。受法典化传统的影响及提升立法治理能力之迫切需求，当下中国反腐立法模式宜采取集中化模式，即制定一部专门的《反腐败法》，形成以《反腐败法》为核心，其他法律相配合，多层次、综合化的反腐立法体系。

4. 中国反腐败立法阶段、步骤选择

（1）中国反腐败立法的阶段选择。中国腐败治理大致可以分为三个阶段：一是治标阶段；二是强治标—弱治本阶段；三是强治本—弱治标阶段。目前中国反腐正处于强治标—弱治本阶段。与“治标阶段”仅注重单个腐败打击所不同的是，强治标—弱治本阶段以群体化、运动化的方式对腐败进行集中式打击，“用最坚决的态度减少腐败存量，用最果断的措施遏制腐败增量”，目的在于通过“换血机制”为治本创造条件和赢得时间。当然，在此阶段，治本也必须成为腐败治理所重点关注的问题，国家必须加大对治本性立法的资源供给力度，以实现中国腐败治理向强治本—弱治标阶段的平稳过渡。

（2）中国反腐败立法步骤选择。在强治标—弱治本阶段，反腐立法首先必须对治标性立法进行整合与修正，解决其反腐能力不足的问题，有效促进“不敢腐”局面的稳固。同时，加快推进治本性立法的建构与发展，尤其是核心性预防立法建设，真正实现“不能腐”的治理局面。具体立法步骤设计如下：

第一，“不敢腐”立法之加速完善。强化反腐立法对腐败的发现与惩治机能，最大限度地提高腐败成本，是“不敢腐”立法的主要目的。“不敢腐”对于“不能腐”“不愿腐”的实现具有重要的保障作用。

第二，“不能腐”立法之逐步构建。消除腐败机会与条件，实施源头性治理，是“不能腐”立法的核心主旨，也是《联合国反腐败公约》的基本要求。“不能腐”立法关注权力的生成及其运行过程，通过构建以消除腐败机会为目标的预防性立法，真正地“将权力关进笼子”。

第三，“不愿腐”立法之择机构建。通过保障并适度扩大公职人员的合理权益及其范围，提升公职人员的职业道德素养，加强对公职人员行为的正向激励，使其自觉、自愿、自律地抵制腐败，是“不愿腐”立法的具体体现。

三、加快推进中国反腐败立法之微观制度构建

在确定中国反腐败立法宏观战略的基础上，将具有不同反腐功能的立法在总体上做出“不能腐”“不敢腐”与“不愿腐”的类型划分，具体设计出三类不同腐败治理功能的立法体系，根据立法的基本原则，提出构成中国反腐立法体系的法律清单，明确不同法律之间的功能界分与重点立法选择，根据反腐败立法阶段、步骤，提出具体的立法改革完善方案。

（一）中国反腐败立法原则

1. 有效性原则

法的有效性分为法的形式有效性和实质有效性。法的形式有效性是指法的制定主体及其权限、制定程序、颁布和生效的程序等的合法性；法的实质有效性主要是指法的内容的有效性。为确保反腐立法的有效性，应当坚持立法的可操作性标准。不具有可操作性的立法仅是一种象征性立法，即是作为一种“规范声明”，规范的目的只是期待国家与大众形成一定的合法与不法意识，实质上并不意图影响任何个人行为。

2. 协调性原则

协调性原则，是指基于腐败治理体系的内部和谐对提高反腐整体实力与功效的重要作用，来保持及加强反腐制度之间的配合的一种立法原则。尽管国家反腐规范数量较多，但较为分散，属于局域性的治理，缺乏整体性和体系性，降低了反腐立法的整体规制能力。对此，应当强调立法的协调性原则：一是协调惩治法与预防法的关系；二是协调具体立法之间的关系。

3. 经济性原则

加快推进反腐败立法，意味着国家需要增加更多的立法资源投入，但均等的资源投入在腐败治理的各项环节所产生的治理效益并不相同，在资源总量有限的情况下，必须以资源消耗最小或治理收益最大作为反腐制度建设的基本导向。经济性原则对反腐立法的要求主要体现为：一

是强调立法的迫切性。腐败预防制度是中国腐败治理体系中最为薄弱的部分，加快推进反腐预防法是重中之重。二是避免立法的重复性。对于有较为明确规定且已经体系化的反腐规范，不应再重复规定或将其纳入新法而破坏原有立法体系。

4. 渐进性原则

渐进性原则是指，根据客观需要，分阶段地逐步构建反腐败立法。立法是一门科学，是一个跨越社会、政治和法律思想的研究计划，其目标在于找出财产、舆论、生活风格和司法等不同社会因素之间的关联并推导出一般性的结论。在综合考虑立法的有效性、协调性、经济性的基础上，立法应当遵循渐进性原则，有计划、有步骤地推进立法活动。对此，应当制定科学的反腐立法规划，对一定时间内需要完成的反腐立法项目做出统一、具体的部署和安排。

（二）中国反腐败立法规划与立法清单

1. 反腐立法规划

中国立法活动是先有规划，后有立法。立法规划是对五年内国家重点审议、初次审议、准备审议以及继续研究的立法草案进行的秩序安排的预测活动。在十八届四中全会“加快推进反腐败国家立法”的基本政策指导下，2015 年 3 月第十二届全国人大通过的《全国人大常委会工作报告》明确指出“今年将加强重点领域立法，推进反腐败国家立法”。然而，根据 2015 年 5 月 25 日全国人大常委会《2015 年立法工作计划》的规定，涉及反腐败立法的数量较少，范围较窄，除了已经通过的《刑法修正案（九）》之外，还包括：一是初次审议《选举法》《地方组织法》《行政复议法》的修正；二是预备修正《行政监察法》。2015 年 12 月 26 日全国人大常委会《2016 年立法工作计划》，则在此基础上再次强调了预备修正《行政复议法》和《行政监察法》。这四部法律因涉及公权力的生成、分配、监督以及公职人员的遴选，立法本身具有腐败预防的重要功能，但是，修正能否将明确的权力制约程序置入立法之中，以突出其腐败治理的前置化作用，尚不明确。

2. 立法清单

（1）“不敢腐”立法清单。“不敢腐”立法的作用在于，通过构建严密的惩治体系，提高腐败成本，加强惩罚的威慑效果。基于这一基本功能定位，“不敢腐”立法包括：一是腐败后果惩治立法，重点涉及《刑法》《公职人员问责与处罚法》；二是腐败后果追诉性立法，涉及《反腐败法》《犯罪收益追缴法》《举报法》《反洗钱法》；三是反腐败组织法，涉及《反腐败法》《行政监察法》。

（2）“不能腐”立法清单。“不能腐”立法包括：一是监督公共财政权的立法，涉及《预算法》《审计法》《政府采购法》《招投标法》等；二是监督公共行政权的立法，涉及《政务公开法》《公共听证法》《各级人民代表大会常务委员会监督法》等；三是监督公共权力行使者的立法，涉及《公务员法》《选举法》《公职人员财产申报法》《防止利益冲突法》等。

（3）“不愿腐”立法清单。“不愿腐”立法的作用在于通过道德教育或必要的经济与社会保障，提高公职人员自觉抵制腐败的能力。基于这样的基本功能定位，“不敢腐”立法包括：《公务员法》《公共职务保障法》《社会公共道德教育法》等。

（三）“不敢腐”立法之加快完善

根据反腐立法战略，“不敢腐”立法重在通过治标以推进治本，应将以往惩治法中存在的积弊问题集中予以处理。具体包括：

1. 完善刑法立法

刑法立法修正的重点不在于再简单地增加罪名或大面积提升刑罚厉度，而是在于对目前腐败治理刑事法体系中的薄弱环节进行精准性打击。尽管《刑法修正案（九）》对贪贿犯罪的数额要素、罚金刑、行贿人自首等问题进行了修正，甚至增设了惟腐败犯罪人专用的“终身监禁”处刑制度，但由于在根本上并未触及腐败犯罪立法积弊之根本，也无助于彻底解决目前腐败犯罪刑法立法规制方向失准、能力不足的问题，因此，建议对相关刑法条文进一步修正，包括：（1）构建贿赂犯罪的“对称性”治理结构，（2）创设具有腐败预防功能的新罪名，等等。

2. 制定《公职人员问责与处罚法》

问责制体现的是责任政府的原则。问责的目的在于追究权力滥用之个人责任，因此，问责制也应当被包括在行为惩治法之中，属于该法的重要组成部分。从西方国家关于问责制的责任定义角度，可将责任分为两种：其一是政治责任；其二是行政责任。因此，有必要统一立法，及

时颁布《公职人员问责与处罚法》。

3. 制定《反腐败法》

从世界范围看，《反腐败法》主要可以分为两种模式：一是刑事法模式，该模式集刑事实体法、刑事程序法、组织法于一体；二是预防法模式，该模式主要围绕腐败预防机制进行立法构建。《反腐败法》作为国家腐败治理的基本法，应当集中体现出国家腐败治理的基本理念、原则、政策和框架性制度，以此方能集中统领、指导更为具体的立法。《反腐败法》作为腐败治理的基本法，应强调其优先性原则，在具体模式上应采取以预防法为主，兼顾刑事法的折中模式。

（四）"不能腐"立法之重点选择与完善

根据反腐立法战略，"不能腐"立法采取逐步制定方式，优先选择核心、重点制度进行立法。具体包括：

1. 制定《公职人员财产申报法》

通过对公职人员财产的有效监督，使其难以从腐败行为中获利，从而能有效预防贪利型的腐败犯罪。《财产申报法》涉及的内容包括：申报原则、申报主体范围、申报内容、申报时间、申报受理机构、申报程序、申报公开、违反申报的法律后果、宽恕时效问题等。

2. 制定《防止利益冲突法》

明确个人利益与公共利益之间的界限，防止两者发生冲突，对于预防腐败具有重要意义。在中国反腐实践中，已经注意到了利益冲突问题，制定了一定数量的防止利益冲突的政策规范。然而，目前防止利益冲突的规定，基本属于党内法规范畴，规制效力不足，适用范围狭小，缺乏公开监督和责任追究；制度之间缺乏协调，尚未形成完整的体系，在适用及其效果上具有局限性。

3. 制定《政务公开法》

第二次世界大战以后，世界各国掀起了"政务公开"的法治化浪潮，将"政务公开"直接写入宪法，成为宪法重要原则，并制定《政务公开法》或《政府信息公开法》，完善了腐败预防体系。2007年国务院颁布了《政府信息公开条例》，规定了政府信息公开方式、程序、公开监督和保障等内容，构建了政务公开的基本规则。从条例颁布至今，政府主动公开信息的数量不断增加，但从公开渠道的反馈情况看，公众获取政府信息的难度依然很大，对于信息公开制度仍需进一步完善。

4. 制定《公共听证法》

中国没有统一的《公共听证法》，关于公共听证的法律法规散见于宪法、法律、法规、规章和其他规范性文件之中，尚未形成统一的法典。这种分散式立法使公共听证难以成为一个严格有序的程序制度，使公共听证的法律精神难以统一。此外，目前在价格制定、土地规划等方面已经形成的相关听证制度仍存在诸多问题，直接削弱了对公共权力的制约效果。对此，应当考虑制定统一的《公共听证法》，具体规定公共听证的基本原则、公共听证的适用范围及其例外、公共听证的程序规定、听证报告的公开及理由说明、听证违法的法律责任及其法律后果等。

5. 党内法规的完善

对于数量众多的党内法规，应当继续进行系统性清理与整合，明确党法的社会法（软法）属性，建立党内法规与国家法的“二元法”体系，利益冲突、财产申报等核心预防制度从党法中剥离并上升为国家法；明确党内“腐败”概念和党内“零容忍”的反腐政策，构建更为宽泛的腐败预防体系；实现党务公开，建立党内问责，强化党纪的威慑作用，充分激活党内法规在整个腐败治理体系中的预防功能。

结语

中国目前正处于腐败治理的强治标—弱治本阶段，倡导以预防为导向的积极治理理念，确立“国家法”与“党内法规”的“二元法”反腐体系，发挥不同立法体系的治理功能，加快完善“不敢腐”立法，择优完善“不能腐”立法，择机完善“不愿腐”立法，制定科学的立法步骤和规划，形成以《反腐败法》为核心，以《财产申报法》《防止利益冲突法》等核心预防法为支撑，以刑事法为保障，其他法律相配合，多层次、综合化的反腐立法体系，是加快推进中国反腐败立法的重要战略方向与路径选择。

完善认罪认罚从宽制度：中国语境下的关键词展开

魏晓娜（中国人民大学法学院教授）

本文原载《法学研究》2016年第4期，第79—98页

一、引言：刑法修正对司法系统的冲击

随着社会结构变迁，中国进入社会转型期，同时随着全球性风险社会的到来，中国的刑事立法观日益转向积极，重视通过刑法规范引导个体行为、参与社会管理、解决社会突出矛盾。劳动教养制度废除后，许多原来由劳动教养处理的行为进入刑法调整的视野，犯罪门槛进一步降低。其结果是，刑事处罚的端口前移，刑法干预社会生活的范围大幅度扩张。

由此造成的后果是刑事案件数量的持续增加。从1995年到2013年，公安机关刑事案件立案数在不到20年的时间里翻了将近两番。法院刑事一审收案数也持续上扬。从1995年到2015年，法院刑事一审案件收案数增加了约127.29%。同期法官人数增幅仅为约18.6%，远远跟不上收案数的增幅。

十八届四中全会《决定》提出“推进以审判为中心的诉讼制度改革”。依据学界共识，除理顺侦查、审查起诉和审判三者关系外，“以审判为中心”将会落脚于庭审实质化，强化庭审的质证、辩论，最终的着力点是推动证人、鉴定人出庭作证。这一改革，对于缓解人案矛盾，却并非利好消息，如果没有相应的制度举措，无异于雪上加霜。

在推进“以审判为中心”的大背景下，普通程序的简化几无正面推进的余地。在“繁者更繁”已成定局的前提下，“简者更简”是否是一

条更为现实的出路？近20年来刑事案件结构的变化为这一思路提供了实证依据。据公安部门统计，近年来严重暴力犯罪的发案数是下降的，收案的增量基本是轻罪案件，轻罪在发案数中所占比重越来越高。1995年，判处五年以上有期徒刑、无期徒刑、死刑（包括死缓）的重刑犯有63.19%，到了2013年只有10%多一点。相反，量刑为三年有期徒刑以下刑罚的案件所占的比例到2013年已超过80%。

相对于案件结构的变化，刑事诉讼自1996年以后形成的“普通程序—简易程序”二级“递简”格局却并无优势可言，其突出表现是“繁者不繁”“简者不简”。一方面，对疑难、复杂案件，被告人不认罪的案件，普通程序的精细化、正当化程度还不够，庭审快速走过场。另一方面，简易程序适用跨度大，程序相对单一，量刑三年以上和三年以下的案件，除对审判组织和审理期限有不同要求外，简化程度没有明显区别，繁简分流、区别对待的精神未能充分体现。

全国人民代表大会常务委员会于2014年6月27日颁布了《关于授权最高人民法院、最高人民检察院在部分地区开展刑事案件速裁程序试点工作的决定》，授权最高人民法院、最高人民检察院（以下简称“两高”）在北京、天津、上海等18个城市开展刑事案件速裁程序试点工作。随后，十八届四中全会《决定》提出“完善刑事诉讼中认罪认罚从宽制度”。速裁程序试点已经启动，我国刑事诉讼中业已形成“普通程序—简易程序—速裁程序”的三级递简格局。此时为何又提出“完善认罪认罚从宽制度”？它与现有的三级程序“递简”格局关系如何？如何完善符合中国国情的“认罪认罚从宽”制度？这些恐怕都是迫切需要回答的现实问题。

二、认罪认罚从宽制度的逻辑与价值

（一）认罪认罚从宽制度的内在逻辑

认罪认罚从宽制度下的“从宽”可以是三种行为的结果：认罪、认罚，以及积极退赃退赔。“认罪”，一般是指被追诉人对指控犯罪事实的全部或部分承认。在不同诉讼制度、不同程序环节中，被告人的“认罪”被赋予了不同的法律意义，因而对认罪的内容也有不同的要求。在我国语境下，“认罪”是提供犯罪细节的“供述”，不能仅是形式化的宣

布“认罪”，因为供述比形式性的认罪宣告更容易反映出犯罪人主观上的悔过态度。“认罪”，意味着对被指控的犯罪事实的承认和叙述，并不当然包含对罪名的认同，因为罪名的认定归根结底属于法律适用问题。所以，如果供认了犯罪事实，但对认定的罪名不认同的，仍可构成“认罪”。“认罚”，是指被追诉人对司法机关提出的处罚方案的接受。这里的处罚，不应局限于刑事处罚，还应该包括其他性质的处罚措施。“积极退赃退赔”的关键在于，通过主动的、自愿的退赃退赔，可以对犯罪后果进行一定程度的修补，挽回被害人的损失，降低犯罪行为的社会危害性，使遭到破坏的社会关系得以修复。

“从宽”，应该理解为兼具实体性和程序性，不仅包括实体处理上的从宽，也包括程序适用上的从宽。对“认罪”“认罚”和“积极退赃退赔”的被追诉人予以从宽处理，在理论上主要有两方面的根据。一是客观上，行为人通过事后的行为，挽回犯罪后果，降低了社会危害性；二是主观上，犯罪人事后的认罪、自愿接受处罚，或者积极退赃退赔的态度和行为，表明行为人已有悔罪表现，人身危险性不大，再犯可能性较小，不再有通过严厉的刑罚实现矫正效果之必要。

“认罪认罚从宽”与“公诉案件当事人和解”两种制度之间有重叠，但旨趣不同。认罪认罚从宽制度旨在以“从宽”为条件，鼓励犯罪嫌疑人、被告人放弃抵抗，与公权力机关合作；当事人和解制度则是在恢复性司法理念支配之下，促进犯罪嫌疑人、被告人与被害人和解，进而在一定程度上影响刑事案件的处理。当事人和解以被害人同意为必要前提，而认罪认罚从宽制度不以被害人同意为条件。

（二）认罪认罚从宽的制度边界

“认罪认罚从宽”有两种不同的制度形式，一种是以贯彻“宽严相济”刑事政策为脉络的实体法上的对“自首”“认罪”“坦白”“确有悔改表现”等的从宽处理制度，是国家根据行为人犯罪后的表现单方面提供给罪犯的相对固定的量刑上的利益。在这种关系中，国家是主导者，被告人是相对消极的利益接受者，提供利益的根据在于罪犯的“认罪”“认罚”和“积极退赃退赔”中体现出的社会危害性和人身危险性的降低。作为“宽严相济”刑事政策的体现，这种意义上的认罪认罚从宽制度，在我国刑法中早已存在。

另一种是与现有的“宽严相济”刑事政策着眼点不同的类似于“辩诉交易”的协商程序。与上述“宽严相济”的制度形式中国家以居高临下的姿态“恩惠”式地给予认罪认罚的被告人某种量刑上的利益不同，在这里，国家开始以相对平等的姿态坐下来与被告人协商，以某种特定的实体上或程序上的利益来换取被告人的认罪。在这一种制度形式中，官方与被告人的关系趋于平等化，“从宽”是协商的结果。然而，这种“权力—权利”关系的变化势必强烈冲击传统司法观，并伴随诸多问题和风险，因此这种形式的认罪认罚从宽制度，其适用的案件范围不能漫无限制。

（三）认罪认罚从宽制度的外在价值

我国刑事诉讼中已初步形成“普通程序—简易程序—速裁程序”的三级“递简”格局。决定具体程序适用的，有一“明”一“暗”两条线索。“明线”是案件的严重程度，从普通程序、简易程序到速裁程序，适用案件的严重程度分别从“可能判处无期徒刑以上刑罚的案件”递简至“25 年有期徒刑以下刑罚”“一年有期徒刑以下刑罚”的案件。在案件严重程度相近的前提下，“被告人认罪”则成为区分简易程序、速裁程序与普通程序的“暗线”，即简易程序、速裁程序的适用，均以被告人“认罪”为前提，并以被告人对简易程序、速裁程序的自主选择为条件。

究其原因，国家通过立法设计出一系列简化程序解决成本、效率问题，但这种努力必须要有来自当事人方面的最低限度的“配合”。这种配合，包括实体方面的“认罪”，也包括程序方面对简化程序的自主选择适用。然而，无论是实体上的“认罪”，还是程序方面的自主选择，对被追诉人而言都是一种“利益自损”行为。若从“理性经济人”的假设出发，非有额外的利益作为驱动力，难以期待犯罪嫌疑人、被告人在上述两个方面主动配合。如此则需要引入实体或程序上的“从宽”处理来作为动力机制，驱使理性的犯罪嫌疑人、被告人在追求个人利益的过程中，“主动”配合立法者的设计，在实践层面完成降低成本、加速程序进程的立法目标。因此，如果说简化程序需要被追诉人实体方面的“认罪”来提供“正当化”机制，那么被追诉人的“认罪”则需要实体或程序上的“从宽”处理来提供动力机制。就这一点而言，认罪认罚从宽制度服务于纾解案件压力的目标，这是它所具有的外在的、“辅助性”

价值。

然而，“认罪认罚从宽”的价值不止于此。传统司法程序中的判决是强加给被告人的，判决的执行依赖的是外部的强制力，对被告人而言，这是一种“他律”的判决。如果被告人能够通过自主“认罪”、选择简化程序，并因而获得实体处理或程序上的优待，就等于在一定程度上自主地设定自己和他人、自己和社会未来的关系。那么，被告人未来更可能放弃抵抗行动，接受和服从自己参与确定的判决内容。这样，对判决的服从就从“他律”的外在强制转化为“自律”的内在服从。这在实践效果上，应该更有利于犯罪人改过自新，回归社会。

“认罪认罚从宽”对侦查取证也有特殊的意义。在现有的侦查技术条件下，口供仍然是刑事诉讼中最重要的证据形式之一，如何合法取得口供成为反腐工作顺利推进必须要解决的问题。然而，随着我国《刑事诉讼法》对侦查取证规范的严密化，以身体或心理强制为手段获取口供的方式已经遭到立法者明确否定。在这种情况下，有必要适当转换侦查思路，从过去的以身体或心理强制为手段的取供，转向“认罪认罚从宽”鼓励下的自愿供述。例如，《刑法》第 67 条第 3 款将可以从轻、减轻的“坦白”主体限定为“犯罪嫌疑人”，显得意味深长，明显有鼓励、督促犯罪嫌疑人在侦查阶段放弃抵抗、如实供述的立法意图。

三、完善认罪认罚从宽制度：关键词展开

完善认罪认罚从宽制度，涉及实体法和程序法两个面向。在实体刑法方面，有关认罪认罚从宽的规定需要系统化、总则化。就程序法面向而言，完善认罪认罚从宽制度应当遵循两个原则：一是不能脱离我国现有的程序环境；二是必须着眼于认罪认罚从宽制度所承载的价值和应发挥的功能，检视现有制度之不足，并完善之。目前我国刑事诉讼领域体现认罪认罚从宽精神的主要是简易程序和速裁程序，加上普通程序，形成“普通程序—简易程序—速裁程序”三级“递简”格局。然而，毋庸讳言，一旦进入实践层面，尤其立足于认罪认罚从宽制度应当具有的纾解案件压力等功能，就会发现目前的制度存在若干不足：

首先，着眼于简化审判程序的改革思路无法有效地控制进入审判程序的案件总量。目前的程序分流主要局限于审判程序的繁简分流（普通

程序—简易程序—速裁程序），这对于调控案件流量、减轻法院系统办案压力难以发挥作用。但是，对进入审判环节的案件总量进行有效调控还有待于审前分流机制的完善。

其次，程序的繁简分化程度不足。目前审判阶段的三级分化格局最主要的问题是“繁者不繁，简者不简”，普通程序、简易程序和速裁程序三种程序之间分化不充分。就普通审判程序而言，由于目前直接言词原则尚未确立，证人普遍不出庭，被告人的对质权得不到有效保障，所以普通审判程序发育并不充分，此即“繁者不繁”。就速裁程序而言，仍需开庭审理，仍需被告人到庭，其“简化”特性相对于简易程序并不显著，此为“简者不简”。就简易程序而言，适用范围跨度极大，程序设计相对单一，量刑三年以上和三年以下的案件，除对审判组织和审理期限有不同要求外，简化程度没有明显区别，层次化不够，是一种过于粗糙的处理方式。

再次，在进入法院的案件中，简易程序和速裁程序适用率整体上不够理想。许多省份反映，刑诉法修改后，简易程序的适用率并无明显上升，有的地方适用比例反而有所下降。截至2015年8月20日，183个试点基层法院、检察院适用速裁程序审结刑事案件数占试点法院同期判处一年有期徒刑以下刑罚案件的30.70%，仅占同期全部刑事案件的12.82%。简易程序和速裁程序适用率偏低，说明现有的简易程序和速裁程序的激励机制存在问题。尤其是，对选择简易程序、速裁程序没有相应的程序激励机制，实体激励与程序激励不通约。

作为应对，完善认罪认罚从宽制度应着力实现三个方面的转变：第一，立法重心应从审判程序简化延伸至审前分流机制的构建，以实现对进入审判程序的案件总量的控制。第二，进一步分化审判程序，拉开各程序之间的繁简差距，提高程序的针对性；第三，改进激励机制，从单一的“量刑减让”到发展出并行不悖的“程序激励”机制。由此形成完善认罪认罚从宽制度的三个关键词：繁简分化、审前分流和程序激励。

（一）关键词之一：审前分流

审前分流的主要目标是控制进入审判程序的案件总量。从世界范围来看，这一功能的发挥主要依赖两个程序节点：一是审查起诉环节；二是提起公诉后、开始审判前。英、美实行对抗式审判，其理论前提是当

事人之间存在直接的冲突与对抗，如果这种对立不复存在，既不必要也不能够再进行对抗式审判。为了保证进入审判程序的案件具备这一条件，正式审判之前设有专门的传讯程序（arraignment）进行分流。被告人在这一程序中做出的认罪答辩具有规避审判的程序法功能，案件会直接进入量刑程序，不再进行审判。

在上述两种程序中，传讯程序是为当事人主义诉讼量身定制，此程序环节中做出的认罪答辩，具有终结诉讼的功能。相反，在我国，认罪陈述仅是一种法定证据，其法律意义是受到限制的，并不具有将案件从审判程序中分流出去的功能。因而可资利用的只有检察机关审查起诉环节。

我国1996年《刑事诉讼法》修正后，取消了免予起诉制度，增设了酌定不起诉。2012年《刑事诉讼法》修正，又在未成年人刑事案件中引入了附条件不起诉制度。在审查起诉阶段实现程序分流的两种制度雏形我国皆已具备。然而，目前两种制度在不同的层面上存在问题，影响着程序分流效果的实际发挥。

例如，出于对滥用不起诉的警惕，检察机关内部对于拟作不起诉决定的案件规定全部都要上报检察委员会讨论，且严格控制不起诉的数量或比例。对于承办案件的检察官而言，这往往意味着更繁琐的程序和更复杂的手续，影响着检察官的实际行为选择。目前的内部行政控制方式，一是损害了承办检察官的自主性，不符合当下司法改革的大趋势；二是不透明、不公开，难以杜绝不当干预。未来要发挥检察机关对进入审判程序的案件总量的调控功能，可将检察机关的不起诉裁量权扩大到“可能判处一年有期徒刑以下刑罚”的案件。同时，为了防范起诉裁量权滥用，目前的内部行政控制可以转向外部制约，通过法院、人民监督员或者被害人防范不起诉权滥用。

附条件不起诉制度目前难以发挥程序分流功能的主要原因在于：一是适用主体过窄，限于未成年人犯罪嫌疑人；二是条件设置不合理。附条件不起诉的特点在于所附条件的负担性，即把原本应由法院判决的部分财产性或劳务性负担放手给检察机关提前做出决定，以惩罚犯罪人，安抚和赔偿被害人，修复被犯罪破坏了的社会关系。而目前所附条件纯粹是监督考察式的，无法承载该制度原本应当具有的功能。三是附条件不起诉的考验期内，由人民检察院负责对被附条件不起诉的未成年犯罪嫌疑人进行监督考察。对检察机关来说，做出附条件不起诉决定，反而意味着额外的负担，这也在一定程度上增加了检察机关适用附条件不起诉的顾虑。

未来的改革，应针对以上问题对附条件不起诉制度进行调整。首先，适用主体可以考虑从目前的未成年人推广到认罪的成年人刑事案件。其次，所附条件应尽量合理化，体现附条件不起诉制度应有的功能。这方面可参考德国的暂缓起诉和英国的附条件警告制度，所附条件可以是犯罪嫌疑人向慈善机构或者国家缴纳一定数额金钱、为社区提供一定的社会服务，以体现其惩罚功能，还可以是赔礼道歉、向被害人支付一定数额的赔偿金，以实现对社会关系的修复。最后，对被附条件不起诉的犯罪嫌疑人的监督考察，既具有“执行”属性，又具有“监督”属性，应交给司法行政机关主导的社会服务或者社区矫正机构负责，考察期限届满，向检察机关提交报告，以使后者做出最终的决定。

（二）关键词之二：繁简分化

如前所述，我国目前程序法领域已形成“普通程序—简易程序—速裁程序”的三级“递简”格局。这种“递简”格局本身没有问题，但一端的普通程序“繁者不繁”，另一端的速裁程序“简者不简”，中间的简易程序适用跨度过大，程序没有分化。对简易程序和速裁程序，应当区别情况进行调整。对简易程序，可以将其中可能判处三年有期徒刑以下刑罚的案件分化出来，另外设立“协商程序”；对速裁程序则应彻底简易化，改造成原则上不开庭的快速处理程序，最终形成“普通审判程序—简易审判程序—协商程序—速裁程序”的四级“递简”格局。

1.引入协商程序

协商程序是在刑事案件的处理上，为当事人之间的“协商”或者“合意”留有一定空间的案件处理方式，这一点与传统的国家单方面地施与犯罪嫌疑人、被告人刑罚的“强加型司法”形成鲜明对比。

（1）案件范围

考虑到协商程序与我国刑事诉讼基本原则可能发生的抵牾，也为了减少协商程序可能引发的负面效应，对协商程序的适用范围应当加以限制，而且协商程序试行之初，范围不宜过宽，宜从严把握。我国量刑在三年有期徒刑以下的案件所占的比例到2013年已超过80%。协

商程序的适用范围暂定为可能判处“三年有期徒刑以下刑罚”为宜，但中级人民法院管辖的第一审刑事案件，鉴于其性质或严重程度不同于普通刑事案件，应当排除在协商程序适用范围之外。另外，为鼓励被告人选择适用协商程序，应明确给选择协商程序的被告人提供1/3的量刑减扣。

（2）程序环节

协商程序一般包括三个程序环节：被告人认罪、检察机关提出量刑建议、法院审核。

被告人认罪。协商程序启动的前提是“被告人承认自己所犯罪行，对指控的犯罪事实没有异议”。所谓“承认自己所犯罪行”必须是提供犯罪细节的“供述”，不能是笼统的形式化的“认罪”。为避免被告人的认罪沦为形式化的认罪宣告，并保证认罪的自愿性，我国未来在构建协商程序时应保证被告人认罪时有律师在场，并有充分的证据支持认罪。

检察机关提出量刑建议。对于可能判处三年有期徒刑以下刑罚的案件，被告人自愿认罪的，检察机关可以依据《人民法院量刑指导意见》，与辩护方就相关事宜进行协商。至于可以协商的事项，根据《刑法》总则第三章的规定，可以就以下事项进行协商：1. 被告人可被判处的“刑罚”；2.《刑法》第37条和第37条之一规定的非刑罚性处置措施和《刑法修正案（九）》增设的从业禁止措施；3.《刑法》第36条规定的由犯罪行为导致的经济损失的民事赔偿责任；4. 特定的诉讼行为，例如变更强制措施。经协商达成一致意见的，检察机关应当按照协商结果提起公诉并附具明确的量刑建议。

法院审核。控辩双方通过协商达成的量刑协议，可以由法官独任审核。法官应着重审核以下三个方面：一是犯罪事实的真实性；二是检察官所提议的刑罚的适当性，即所提议之刑罚是否与犯罪情节、被告人的人身危险性相适应；三是程序的运作是否合乎程序要求，例如，律师是否在场、检察官是否履行了告知义务，以及被告人认罪是否明确、自愿、非出于外在压力，等等。为了保证程序的公正性，法院应当在受理案件后的10日以内讯问被告人。讯问时，应告知被告人享有的法定权利以及因适用协商程序而丧失的权利。如果法官确认被告人自愿认罪、放弃诉讼权利，而且认定犯罪事实有充分的证据支持，协商的刑罚适当，程序合法，则可以在控辩双方协商的范围内做出判决。否则，应恢复普通程序或者简易程序进行审理。

（3）协商判决的救济

被告人在程序终结前，可以撤销对协商内容的“同意”，要求恢复普通程序或者简易程序。被告人撤销“同意”的，在后续的审判程序中，被告人在先前协商程序中所做的“同意”，以及在协商过程中的相关陈述，均不得作为证据使用。然而，协商程序终结后，原则上不得提起上诉，但被告人的认罪、协商行为不具有自愿性，或者案件不属于协商程序适用范围的除外。

2. 改进速裁程序

“两高”于2015年11月向全国人大常委会提交的《关于刑事案件速裁程序试点情况的中期报告》显示，速裁程序的适用率偏低。程序不够简化，尤其是审前程序仍没有纳入快速通道，以及对被告人缺乏足够的吸引力无疑是主要原因。而且，目前速裁程序的设计，没有与简易程序拉开应有的差距，没有照顾到审判程序的整体繁简格局。

针对上述问题，建议对速裁程序作如下调整：

（1）适用范围。目前的速裁程序适用于危险驾驶等11种高发、可能判处一年有期徒刑以下刑罚的案件。这个范围的确定，基本上是比较谨慎的。但是，由于采用速裁程序仍可能判处有期徒刑实刑，鉴于程序公正的要求，限制了速裁程序简化的程度。该文认为可以将速裁程序的案件适用范围和量刑范围适当分开，即适用范围可以保持目前的格局不变，但适用速裁程序的量刑范围应作进一步限制，即原则上只能判处有期徒刑实刑以外的有期徒刑缓刑、拘役、管制，或者单处罚金，且判处的刑罚不得超出当处刑罚的2/3。

（2）程序设计。建议对现行犯和非现行犯设计不同的程序。在非现行犯的场合，建议对《速裁程序试点工作办法》进行两点改革：一是将速裁程序的适用意向告知提前到侦查讯问阶段，以发挥第一轮的认罪激励效应；二是法院审核书面化，不再要求被告人本人必须出庭。具体说来，公安机关在讯问犯罪嫌疑人过程中，犯罪嫌疑人认罪并选择适用速裁程序的，即可签署知情同意书。公安机关向检察机关移送起诉意见书，应当一并移送犯罪嫌疑人知情同意书。检察机关接到起诉意见书和知情同意书后，应当讯问犯罪嫌疑人，核实相关证据，认为符合速裁程序适用条件的，提出书面的包含量刑建议的处罚意见，连同案卷和证据

一并移送法院审查决定。法院经阅卷，认为犯罪事实清楚，证据确实充分，罪名认定准确，建议的量刑适当的，即可按照处罚意见签署判决，并在判决中告知被告人可以提出异议。

在现行犯的场合，可以建立“侦一审”快速通道。公安机关拘留行为人之后可以在现场讯问，经告知权利，犯罪嫌疑人认罪并签署知情意见书之后，可以直接带至法院，法官经讯问并审核后可以当场做出判决。

（3）救济和正当化机制。适用速裁程序的被告人不享有上诉权，但收到速裁判决 10 日以内，可以向法院提出异议，然后根据不同情况案件可以转为前述协商程序、简易程序或普通程序审理。

（三）关键词之三：程序激励

鼓励犯罪嫌疑人或被告人认罪，提高速裁程序、协商程序和简易程序的适用率，需要建立科学的激励机制。目前以“坦白（认罪）—量刑减扣”为主要逻辑形式的激励机制主要存在两个方面的问题：一是这种激励机制将目标仅锁定于鼓励坦白（认罪），被告人是否选择适用速裁、简易程序则完全不加考虑，其后果是形成了目前司法实践中“高认罪率”与速裁程序、简易程序“低适用率”并存的奇特局面；二是这种激励机制在可能判处长期自由刑的案件中具有较为显著的效果，但在司法实践中大量存在的、可能判处短期监禁刑以下刑罚的案件中，很难产生相应的激励效果。

为解决激励机制存在的上述问题，必须转换立法思路，引入程序激励机制。这种程序激励机制可以包括两个方面：一是对选择速裁程序、协商程序和简易程序的被告人，就其程序选择本身提供一定的量刑上的优惠。二是对于在较早诉讼阶段“坦白”的犯罪嫌疑人，在程序上予以从宽处理，即将犯罪嫌疑人尽早的“坦白”作为社会危险性较低的一个重要因素，优先适用非羁押性强制措施。

四、制度风险及其防范

刑事诉讼制度改革往往牵一发而动全身，推进认罪认罚从宽制度，不仅会冲击证据制度，甚至会改变法院、检察院、公安机关现有的力量对比，波及司法体制。对于上述连带效应，如果没有足够的理论和制度准备，难保认罪认罚从宽制度不会误入歧途。

例如，对案件真相的执着追求是我国刑事诉讼的基本特征之一。从本质上说，“真相”是排斥任何形式的“妥协”“协商”和“交易”的。协商程序的引入，会不会有损于这一刑事诉讼基本特征？更具体地说，协商程序中是否意味着必须容忍一个更低的证明标准？该文的立场是，尽量不牵动基本原则层面的价值碰撞。协商的目的是得到被告人的“供述”，法官仍然要致力于查明真相，在综合审查全部证据的基础上作出决定。在证明标准问题上，协商程序中证明标准不应降低，只不过对被告人有罪的证明从严格证明转变为自由证明，不再恪守普通程序中的程序规则，尤其是直接言词原则，法庭在讯问被告人的基础上，结合案卷、其他证据做出判决。

又如，为了纠正实务中过于偏重口供的倾向，现行刑事诉讼立法对口供持贬抑态度。然而，随着认罪认罚从宽制度的推进，势必无形中抬高口供的地位，如果没有相应的制度性规范措施，实践中偏重口供的侦查陋习势必大幅度反弹。而且，口供的“自愿性”是认罪认罚从宽制度的生命线，如果自愿性无从保证，认罪认罚从宽制度则从根本上丧失了正当性。为此，我国应进一步完善侦查讯问程序，赋予犯罪嫌疑人沉默权，确立侦查讯问时辩护律师在场权，以程序规范确保口供的“自愿性”。

再如，推进认罪认罚从宽制度的几乎每一个举措，都会涉及检察机关，而且几乎无一例外会导致检察机关权力的扩张，检察机关成为整个司法系统的中枢，刑事司法的重心发生了位移。权力的扩张必须有相应的规范和制约同步跟进，否则难以杜绝权力的滥用。

需要特别指出的是，虽然现代刑事司法在案件压力之下已经很难抵制形形色色的“交易”司法、“协商”程序的渗透，但是，协商程序远非完美。完善认罪认罚从宽制度，一个基本的前提是对上述问题保持清醒的认识并有针对性地构建起制度防火墙，如此才能保证认罪认罚从宽制度健康发展。

精要摘编

法治中国建设的“共建共享”路径与策略

马长山（华东政法大学教授）

本文原载《中国法学》2016年第6期，第5—23页

从“国家构建”走向“共建共享”，将是法治中国建设路径的最优选择。它是化解转型风险的迫切需要、社会主义国家性质的客观要求、传统文化与本土国情的最优选择、共享经济时代的必然反映、世界变革趋势的重要体现。

一、国家与社会层面的共建共享

在国家与社会层面上以共建共享来推进法治中国建设，其核心乃是基于公共利益和私人利益（阶层、群体和个人）、公权与私权、公域与私域的制度安排、决策议程及其法治化治理机制的运行，形成国家与社会双向构建、多元包容、共建共享的治理秩序，进而实现国家治理体系和治理能力现代化。

首先，“法治政党”是共建共享的前提和保障。“法治政党”就是我们党按照法治思维、法治原则、法治方式、法治机制和法治目标，来依法依宪进行治国理政，只有这样，才能确保在法治框架下实现党内民主与共建共享。也才能确保党在公共利益和私人利益、公权与私权、公域与私域的制度安排、决策议程及其法治化治理机制的运行中，按照民主精神和法治原则来公平有序地平衡、保障各方权益诉求，从而有效实施和推进共建共享，加速法治中国建设。

其次，民主立法下的制度安排是共建共享的根本。一是健全完善

《立法法》和相关配套法律法规，优化拓展全国人大及其常委会、地方人大及其常委会的组成界别并强化其代表的议事能力，充分发挥其立法职能和审议监督职责，夯实各类各级立法的民意基础。二是创新公众参与立法的方式和机制，拓宽公民有序参与立法的途径，增强立法的开放性与民主性。三是建立切实有效的立法协商制度，倾听不同群体呼声、反映民众多元诉求、广泛凝聚社会共识。四是按照法治精神与原则，科学厘定公权力与私权利、私权利与私权利、权利与义务的界限与范围，实现各地区、各阶层、各群体和个人基本权益的合理平衡与公平保障，并有效防止部门利益、行业利益、权贵利益和地方保护主义的法律化。只有从制度安排这一根本环节上做到共建共享，才能建立起公平正义的制度体系和合法性机制。

再次，协商民主的决策议程是共建共享的关键。官方和民间“两个舆论场”表明，民主协商仍然不够、吸收民意仍然不足、共建共享仍然不到位，进而会对公共政策的合法性带来严重影响，制约治理法治化的进程。面对这些共建共享不充分的状况，要切实推进民主化改革，凡是涉及经济社会发展的重大决策和涉及群众切身利益的实际问题，都要吸收民众广泛参与，在决策之前和决策实施之中都应开展广泛协商。

最后，公众参与的法治化治理机制是共建共享的基础。一是要让权力在阳光下运行，更好地促进民众参与和切实发挥监督作用，形成“一切权力属于人民”的实在感、拥有感。二是落实税收法定原则、建立严格的税收法定制度，扼制汲取性思维、权力任性和腐败，从而形成公众监督、共建共享的税收制度机制。三是建立健全负面清单、责任清单和权力清单制度，使民间组织能够代表不同利益群体的利益和诉求，更好地发挥行业管理、市场自律和社会自治功能，促进共建共享秩序的形成。四是要推进基层治理法治化，建立和拓展吸纳民众参与的治理场域、平台、机制和途径并予以制度化，让民众形成应有的在场感、共建感。五是要保障公众能够参与司法，从而更好地参与到推进法治中国建设的战略任务中来。

二、中央与地方层面的共建共享

在中央与地方层面上以共建共享来推进法治中国建设，其核心是一

种国家普遍利益与地方特殊利益之间的协调平衡和互动互惠。

首先是央地分权。央地分权乃是全国各方力量进行共建共享的重要条件和形式之一。一是在确定中央下放权力、强化地方自主自治的基本框架时，要以保障国家发展战略实施和国家秩序统一为底线，杜绝可能的"碎片化"风险，这是央地关系法治化和共建共享的前提与基础。二是根据央地权力各自的特征、功能和作用，通过立法确定各自的职责权限，以便使地方政府能够因地制宜地为当地民众创造更有利的共建共享机会与空间。三是国家也要建立相关督查制度和约束机制，以防止地方自主自治非但没有变成民众共建共享的机制和平台，反而为地方精英构筑汲取性制度与机制、滋生腐败提供机会。四是建立央地权限的争端解决制度与机制，司法途径也不失为一个重要的选项。

其次是地方立法。一是应以宪法为权威依据，建立体现民族精神、市场经济规律和保障人权的普遍性制度框架与一致性社会原则，同时维护司法的国家化，任何地方都需纳入这个框架和原则之内，进而使全国的统一秩序尺度和底线得以形成。二是要在上述尺度和底线基础上，赋予并保障不同地方、不同地区的自主立法和自治管理权，形成中央与地方、普遍与特殊之间的互动衔接、包容整合的均衡秩序，进而实现共建共享。三是应制定《民族区域自治法》《中央地方关系法》等，进而在国家纵向法治理念上实现由"大一统"向"多样化"的转变。需要防范的是，赋予地方立法权不仅没有形成中央与地方的良性平衡和所期待的地方自主秩序，反而成为地方力图"再普遍化"和权力扩张合法化的手段与渠道，这就难免事与愿违了。

再次，是司法改革。我们不应简单去进行司法"去地方化"操作，而应重在转换观念和机制，也即从简单的司法"去地方化"目标转换到"共建共享"观念上来。一是通过修改现有法律或采取立法的形式，立足省级人大这一民主议事机构和权力机关来建立司法的"省级统管"机制，以避免司法系统内部"统管"的条块分割、自我行政化和"再地方化"，确保司法独立性与参与性。二是应明确地方党委政府协助司法的责任，并列入其依法执政、法治政府的考核指标，以实现对司法公信的共建参与和秩序共享。三是需要加大对省级以下党委政府的监督责任，以抑制地方党委政府的"地方保护主义"和"部门主义"，维护司法权威和法制的统一，促进司法改革顺利进行。

三、多元社会层面的共建共享

在多元社会层面上以共建共享来推进法治中国建设，其核心是基于当今社会多元化、破碎化、风险化而形成的不同阶层、群体和个人利益和诉求，实现社会多元力量在生活权利、话语表达、利益诉求、公平机会、安全保障、秩序机制等方面的共进、包容、平衡与分享，进而塑造国家与社会双向构建、多元包容、共建共享的治理秩序。

首先，基层党委政府的协调引导角色。尽管基层党委依然具有统揽全局的领导地位、政府依然发挥主导作用，但在具体实施治理法治化的进程中，则应从过去那种简单的命令控制和凌驾在社会之上的行政管理，转变为居于社会之中的协调、平衡和引导上来，以促进社会协同、公众参与和法治保障。只有实现了基层党委和政府的角色与职能的这一转变，才能保障多元利益主体的话语权、参与权和自治权，协调引导社会各方在民主自治、协商对话中达致共识包容、合理平衡、尊重互谅，从而化解分歧和矛盾，形成共建共享的治理秩序。

其次，基层自治中的共建共享。一是健全完善居民自治法律法规，减少党委和政府的行政干预，增强居委会的自治功能、服务功能和激励居民民主参与，推进城市基层社区的自主自治和共建共享。二是健全完善村民自治立法，确立乡村党支部对村民自治管理的“不干预”原则，使其立足服务和保障村民自治，为村民自治提供政策方向和政治保障。三是建立综合治理法治化体系，推进乡村治理的共同参与、共同发展、共建共享。四是通过区域协调发展立法、地方自治立法，加强对少数民族的民生和权利保障，提升民族自治的能力和水平，真正让民族自治地区的民众和全国人民一道，来参与国家和社会建设，分享改革开放和经济发展的实际成果，凝聚各民族力量来促进基层治理法治化。

再次，多层次多领域治理中的共建共享。一是加快民间组织立法和管理体制改革，赋予民间组织在区域治理、社区治理、乡镇治理、乡村治理中的民主参与权，使他们都能代表不同利益群体和社会诉求来积极参与治理过程，主张各自的话语权，表达各自的利益关切并进行程式化、制度化的对话协商。二是通过立法和制度建设，赋予民间组织在行业治理、网络治理、环境治理中的广泛自治权，使其在各自所属领域和

行业发挥其应有的自律规制、权益维护和服务引导功能。三是建立基层协商制度和机制，在发生不同群体、不同利益的博弈冲突时，使民间组织能够代表所属群体和利益进行理性化、机制化的对话与协商，促成最大公约数的社会共识和化解社会矛盾冲突，进而形成真正的贯彻共同建设、共同享有理念与原则的多层次多领域民间治理机制。

最后，“软法之治”中的共建共享。互联网时代的到来，催生了各种民间交易规则、自律规范和交易习惯等“软法”的迅速崛起。一是民间“软法”在国家法尚未有所反映的自由“飞地”中发挥着更主动、更积极的建构性作用；二是民间“软法”呈现爆发性发展；三是民间“软法”加速了民间秩序构建重心从国家向民间的位移；四是民间“软法”不再是简单的经验和习惯的规则性提炼，而是立足新业态、新商业模式而不断进行创新性“立法”；五是民间“软法”注重加入（用户注册）、认同（点击“同意”）和协商解决争端。它们成为“互联网＋”时代交易秩序和各方权益的日常维护者、自觉保障者，形成了共同参与、共同建设、共同享有的秩序构建机制。因此，监管部门就应遵循科学发展规律和包容性发展的理念，在“无害原则”下允许、默认民间的“软法之治”，从而更好地推进法治中国建设。

法律规范冲突的逻辑性质

雷　磊（中国政法大学法学院教授）

本文原载《法律科学》2016 年第 6 期，第 3—18 页

法律规范之间的冲突是不是逻辑矛盾的问题是法律逻辑的前提性难题之一。凯尔森对这一问题的观点经过两次转变，最终采纳了否定说。作为否定说主要支柱的效力论据认为，“法律规范的冲突是不是逻辑矛盾”的问题就等同于“法律规范的冲突是不是效力冲突”的问题。凯尔森将规范的效力视为规范的存在方式，有效即存在，无效即不存在。效力概念与另一个概念，即“意志”有着紧密关联。在凯尔森看来，每一个规范都基于一个意志行为之上，因为规范通过某个规范创设者的意志行为得以“产生”。规范就是意志行为的（客观）意义，没有意志行为就没有规范。这意味着规范产生于某个创制性行动，而非通过思维就可以“自然地”产生。产生出规定要求做特定行为之规范的意志行为，与产生出规定不得做这一行为之规范的意志行为是两个独立的行为。这两个独立产生的规范彼此独立，它们之间不具有逻辑关系。一个或两个立法主体可以同时通过两个意志行为颁布两个内容上相抵触的法律规范，但只要它们都得到了上位法的授权，它们就同时是有效的。所以，法律规范的冲突并不是效力冲突，这也就意味着这种冲突并不具有逻辑的性质。

彻底的解决方案在于将“效力”的概念脱离于法律规范的概念之外，尝试去证明“脱离效力的规范”与逻辑之间的可能关联。这里要区分“语义学观念”的规范与“实体论观念”的规范。作为实体（制度性事实），规范存在于特定的时间之中。至于它存在于什么时间段之中完全是件偶然的事。在此意义上它是现实的实体，并被作为与心理领域相

关之意志的客体。相反，作为语义（语句意义），规范不能被附加时间的要素。在此意义上它是某种理想或理念，就如某种客观意义上的特定思想。与命题相比，作为语句意义的规范的唯一特点在于它所表达的理念是一种特殊的理念，即行动理念，因为它指向的是某种行为模式。很明显，逻辑只可能与语义学观念的规范相关，而与实体论观念的规范无关。因为追问规定性语句是否受制于逻辑是一回事，而追问某个实体的存在（效力）是另一回事。逻辑是否适用于规定性语句的问题是个逻辑问题，而一个实体的存在与任何其他实体的存在之关系则不是个逻辑问题，而属于本体论的问题。但凯尔森显然是在用逻辑问题指涉实在的或有效的规范，即实体论观念的规范。但只有语义才是逻辑的可能客体。规范的语义学观念假定，一个规范的效力（存在）可以不包含在这个规范的概念之中。这使得我们有可能在区分规范效力（存在）的不同方式的同时，不影响对其意义内容的理解，也就是使得我们有可能脱离开效力来理解规范。一言以蔽之，逻辑法则是一种内在的认识论法则（思维法则），而不是一种外在的行为规定。它直接针对的是思想行为，而不是意志行为。以意志行为为基础的效力论据犯了打击错误，所以是失败的。

但以上只是指明了逻辑法则适用于法律规范冲突的可能性，却没有证明这么做的必要性和可行性。逻辑法则适用于法律规范间的冲突有其认知必要性与实践必要性。逻辑矛盾是一种必须予以消除的思维错误。将法律规范冲突视为逻辑矛盾，即意味着要将法律规范冲突视为一种思维上必须予以消除的错误。那么，为什么逻辑矛盾必须要被消除？一方面，逻辑是理性认知的必要条件。只要坚持理性主义认识论，就必须承认逻辑对于认知对象的可适用性。只不过在自然领域，认知的对象是自然事实或物理对象，而在规范领域，认知的对象是规范或者说规范性事实（制度性事实）。承认规范之间的关系可以是逻辑关系，必然要预设理性主义认识论。道义逻辑在对规范进行操作时并不直接指向创设规范的意志行为本身，而是指涉蕴含于规范中所“描述”的理想状态。对这种道义理想世界的追求是一种认知论承诺。另一方面，逻辑也是行动的必要条件，架接起两者的是实践理性的假定。实践理性的假定要求人们行动的非任意性，也即是将自己的行为建立在理性准则的基础上（提供理由）。尽管现实世界中人们的实践活动不可避免地浸透着人类的意志，但这种意志行为并不意味着行为人在采取行动时想怎样就怎样。理性认知同样构成了理性行为的一个必要条件，人们在实践领域同样要遵循逻辑法则。“理性的意志行为”必然折射出道义理想世界的影子，而规范创设活动也将依照此来评价：它在多大程度上尊重了逻辑法则。

依据不同的标准，规范冲突可以进行不同分类：（1）道义模态之间的冲突；（2）法律规则间的冲突、法律原则间的冲突、法律规则与法律原则的冲突；（3）矛盾性冲突与不可兼得冲突。在道义模态冲突中，命令规范与禁止规范的冲突呈现出的是这样一类道义矛盾：在一个规范体系中既要求 p 又要求 ¬p，即 $Op \wedge O\neg p$。命令规范与允许规范冲突的逻辑矛盾形式则是 $Op \wedge \neg Op$。由于 $\neg Op$=df.Pp，所以 $Op \wedge \neg Op$ 等同于 $Op \wedge P\neg p$，即意味着同时命令 p 与明确允许非 p。我们可以相应将前者称为“道义内部矛盾”（反对性矛盾），而将后者称为“道义外部矛盾”（对立性矛盾），它们是规范冲突的两种基本逻辑矛盾形式。道义内部矛盾是立法者必须避免的情形，一旦他同时颁布 Op 与 O¬p，规范的受众就会无所适从，因为两个命令的逻辑地位是相等的；而如果出现道义外部矛盾的情形，即立法者同时颁布 Op 与 ¬Op（P¬p），由于可以通过遵守 Op 来化解这一冲突，所以一般而言这可以被视为立法者只颁布了一个规范 Op。但这只是实践上的差异，而不影响道义外部矛盾同样是逻辑矛盾这一点。这里存在如下两个逻辑准则：

准则 1：一个规范体系 N，如果其中不存在任何这样的语句 p，即从 N 中既可以推导出 Op，又可以推导出 O¬p，那么它就是在道义内部上无矛盾的。

准则 2：一个规范体系 N，如果其中不存在任何这样的语句 p，即从 N 中既可以推导出 Op，又可以推导出 ¬Op，那么它就是在道义外部上无矛盾的。

法律原则之间以及法律规则与法律原则之间的冲突是价值冲突，而不可兼得冲突属于经验冲突。但无论是价值冲突还是经验冲突都可以被还原为反对性矛盾或对立性矛盾这样的逻辑矛盾。首先，价值冲突如何还原？法律原则属于价值性规范，要证明法律原则与法律规则之间以及法律原则之间的冲突可以被还原为逻辑矛盾，就必须证明：一是在特定行为方式与原则所要实现的价值或目的之间存在“手段—目的”的关系，二是这种手段对于目的而言是必要的。由此，必须以这样一个“实践三段论”来对法律原则进行还原：

· 应当实现目标 Z。 （· OZ）

· 实现 Z 的唯一可能是做 p。（· ¬p → ¬Z）

所以，应当做 p。 （Op）

转变之后的 Op 在规范形态上就相当于是一条规则。因此，法律原则与法律规则之间以及法律原则之间的冲突可以被转变为两个法律规则之间的冲突来加以判断。从另一个角度甚至可以说，不进行这种转化和还原，我们就无法以可证立的方式清晰说明法律原则与法律规则以及两个法律原则之间究竟是否存在冲突。其次，经验冲突如何还原？通过例子可以证明，经验上不可兼得的规范冲突同样能以转化的方式被呈现为逻辑矛盾。只不过在转化过程中可能需要借助于大量的经验性事实和经验法则（如算数法则）。与价值冲突一样，在某种意义上，经验冲突如不转化和还原为逻辑矛盾，就无法以清晰和可检验的方式去说明这种冲突是否真的存在。

综上，逻辑与效力问题（或者说规范的本体论问题）无关，它只适用于语义学规范的领域。在语义学的维度下，规范之间是可能发生逻辑矛盾的，所有类型的规范冲突均可以被呈现或还原为反对性矛盾或对立性矛盾这两种逻辑矛盾的形式。无逻辑矛盾首先是认识论上的要求，但基于实践理性的假定，它对于规范创设者的行为同样会发生约束。

国家治理中的多元规范：资源与挑战

王启梁（云南大学法学院教授）

本文原载《环球法律评论》2016 年第 2 期，第 5—19 页

要实现有效的国家治理，不论是制度设计还是制度实施，都需要就所要面对的社会有全面和准确的认识、判断。其中包括对秩序资源和挑战的把握。秩序依赖于规范的存在，国家治理依赖于对规范的运用。现实是，规范本身是多元的，有的来自国家，有的来自社会。国家治理不仅需要重视来自国家、执政党的规范，还必须重视来自社会的各种规范。

一、作为事实存在的多元规范

当代法律，是现代国家对社会的监控体系的核心，其作用在于超越地方性的价值观和规范以提供更加普遍的秩序。也因此，法律日益成为国家改变“旧世界”塑造“新社会”最为重要的力量和工具。如果说 1949—1978 年，中国主要通过政治的方式对社会实施强改造，那么 1978 年以来，则是市场经济和法制的建立深刻地改变了我们的社会、生活及人们的行为方式。可以预见，在未来，法律之治将成为国家治理的主要方式和路径。

但是，现代性的到来并没有消灭传统，更没有消灭社会自身生产地方性、群体性规范和价值观的机制。传统、社会以一种更加复杂的形态存在于现代民族国家的建构中。人们仍然生活在多元规范构成的“制度丛”里，受到来自家庭、单位、群体和国家的规范的约束。依据规范的

产生及其与国家的关系，可以把规范分为三类：非正式规范、准正式规范、正式规范。从构成上看，当前存在于中国的规范，也可以区分为三大类：即社会性的、执政党的和国家性的。社会性的规范主要体现为非正式规范和部分准正式规范。大量国家性的规范的产生表明国家正在迈向对社会的全面监控，全面地展开对社会的重新结构化，这正是现代性的核心特征之一。

多元规范的格局是一个在所有国家都存在的现象，是一种事实状态，并不必然表明秩序的好与坏，也不表明这些规范将有益或有碍于国家治理的展开。国家治理的实践正是在这种多元规范的“结构”中进行着。但是，社会性的规范、执政党的规范与国家性的规范之间的关系却决定着社会秩序的基本格局和状态。

二、多元规范作为国家治理的资源

（一）法律是国家结构化社会的力量

在法律成为国家治理显著手段和资源的今天，要认识多元规范与国家治理之间的关系，首先需要认识法律的某些特性及其为何成为国家掌控的最为重要的规范资源。除了我们所熟知的国家掌握法律就是行使一种“权威性资源配置”的权力之外，在实践和操作层面，法律是国家构建超时空秩序的基础性资源。这是因为，国家法律从一开始就具有超越时空的特性，这种特性在现代性生长的过程中越来越显著。法律不仅本身具有超越时空的特性，同时具备了建构超越时空的秩序的可能性和力量。正是在这个意义上，法律成为现代国家全面改造、塑造新的生产生活秩序，重新结构化社会的基本力量。运用法律本身是国家能力的重要组成部分。

（二）社会性规范是复杂社会微观秩序的关键来源

观察多元规范如何运作、影响着整体秩序的形成，需要一种对微观秩序的观察，并从中洞见微观如何建构了宏观秩序。

今天我们所身处的中国已经是一个国家权力高度渗入社会的国家，从空间上和社会领域来讲，已经不存在纯粹意义上的国家不入之地，而是由大量的“半自治社会”构成。半自治社会领域广泛存在并构成了所谓的社会和国家，同时是人们行动、生活的单位。我们所熟悉的工厂、村寨、学校等无一不具有半自治社会领域的特征，而差别则在于创制规则的能力强弱以及国家“侵入”和影响程度的强弱。宏观秩序的好坏，其秘密就在于微观秩序与宏观秩序的关系中。微观秩序的状态、形成机制决定了社会总体秩序的基本状态。一个个半自治领域的存在如何决定着社会的宏观秩序，就像一个个蜂穴的好坏决定了一个蜂巢总体的好坏。

正是由于社会性的规范是复杂社会中微观秩序来源的关键性因素，对于微观秩序和宏观秩序同时具有重要的作用和影响，其构成了国家治理的关键性秩序资源。中共中央无疑清楚地意识到了这一问题，因此在党的十八届四中全会决定中提出“支持各类社会主体自我约束、自我管理。发挥市民公约、乡规民约、行业规章、团体章程等社会规范在社会治理中的积极作用”。

三、多元规范对国家治理的挑战

（一）多元规范间互动的意外后果

规范的基本特征之一是其构成了人们行动的结构性约束和资源，是人们赖以采取行动的指南。但是，多元规范的同时存在，意味着只要不同的规范间存在着矛盾、抵牾，人们的决策、行动就可能出现冲突、混乱。多元规范之间的互动说到底就是不同的行动者依凭（不同的）规范采取的行动引发的关系、影响。多元规范之间的互动常常引发国家治理和秩序建构的意外后果。从规范的性质与关系来看，典型的情形和问题主要有三种：第一种情形是国家正式规范内部冲突导致的不确定性；第二种情形是社会性规范与国家正式规范互动引发意外后果；第三种情形是社会性规范之间冲突导致的治理难题。

以上三种情形如果得不到有效的处理，会导致诸多不利后果：第一，不同规范之间的冲突导致了规范间相互消减了合法性，使发生冲突的规范的效力均出现损耗；第二，对于社会成员来讲，多元却不能有效协调、补充或存在较大冲突、差异的规范导致人们行动选择的困境，难以形成稳定、明确的行为预期，混乱难以避免；第三，对于国家和政府而

言，会极大地降低治理的效能。

（二）法律作为孤立的存在

规范间的冲突的核心是对同一问题出现了规制的竞争但没有得到有效整合，其挑战的是国家、法律的整合能力。但是，冲突的存在并不否认多元规范对国家治理的重要性。如前所述，多元规范的存在是国家实现有效治理的重要资源。没有任何一个社会可以完全依赖国家而形成秩序。与规范间的冲突不同但同样造成对国家治理挑战的另一类问题是社会性规范松弱，导致法律作为国家核心治理工具却“孤立无援”。这一问题与多元规范间互动的意外后果相较，则是多元性下降或不足引发的。对此可以分两个方面来看，一方面是基层生活的日常秩序维系问题，社会性规范的松弱，导致日常生活失序，而法律治理效果也不佳。另一方面是社会问题的治理，缺乏政策性、社会性规范支持，导致法律在社会问题领域的治理效能也很弱。

四、国家治理面临的三个规范整合问题

多元规范在国家和区域治理的具体实践中，是资源还是挑战取决于多种因素，其中的关键因素是国家的整合能力，尤其是以法治为基础的规范整合。当前，面临的主要整合任务有三个：

第一，国家正式规范的内部整合问题。如何确保国家正式规范的内部整合能够有效进行，进一步完善立法和各种规范的审查机制将是未来法治建设中的重要课题和难题。

第二，法律与党规党纪的整合问题。如何在法治的框架下，明确法律与党规党纪的关系、明确党规党纪的边界和权力范围是现在需要处理和完善的问题。

第三，国家对社会性规范的整合问题。国家对社会性规范的整合的核心是解决两个需要得到平衡的难题，一是建构起现代国家所需要的普遍秩序；二是避免对社会的过度侵入、过度结构化，保持必要的社会自主空间和活力。

最后，作者认为，在多元规范格局中，所有影响行动和秩序的要素

里，国家的正式规范特别是法律最为关键。法律的重要在于它是改变规范多元格局、改变结构和关系的重要变量，并且这一变量是我们相对能够控制的。努力使国家正式规范获得价值、结构和逻辑的基本一致，在针对社会时寻求国家介入的合适方式和限度，是多元规范能否成为国家治理的资源而非阻碍的关键所在，而这取决于国家的政治与法律实践及对基本价值的塑造。

论我国法治政府评估指标体系的建构

刘　艺（西南政法大学行政法学教授）

本文原载《现代法学》2016 年第 4 期，第 14—23 页

一、法治复兴的评估路径

（一）法治理论的复兴之路：从规范概念到指标体系

近年来，“法治”研究范式发生重大变革。越来越多的研究不再关注正义、民主等相关指标，转而重视法治与经济社会发展间的关系。人们相信法治对社会经济发展具有促进作用。由此越来越多的经济学家以及一些世界组织开始关注法治问题。一些有特定关切的世界组织开始热衷于用指标体系来衡量某个国家和地区的法治水平。

在这种研究旨趣的引导下，构建恰当的法治评估方法成为研究重点。2007 年，荷兰海牙学术研究机构公布了一份《法治库存报告》（*Rule of Law Inventory Report*）（以下简称 HIIL 报告）。HIIL 报告没有深究不同法治理念的异同，而是独辟蹊径地运用了一套完全不同的概念体系，例如用“厚”和“薄”，来描述法治概念。这里的“厚”与“薄”主要反映指标体系中变量的多与少。“薄法治”的衡量条件集中在以下四个方面：（1）独立的和公正的司法。（2）一定形式且有利于实现正义的法律援助服务。（3）具有一定法律基本常识的公民。（4）言论自由、出版自由和集会自由等内容。相比之下，“厚法治”概念考虑的因素要广阔很多，除了以上“薄法治”的各项标准外，还包括法律与秩序、公民尊重正式法律的程度、民主、市场经济和人权等内容。

多数学者认为“薄法治”适合充当法治评估的概念框架。相反，“厚

法治”因为内涵过于丰富不易准确把握而不应适用于评估。

（二）法治评估的三个范本分析

该文主要对世界银行基于“治理事务”和“营商环境”提出的两套法治评估指标，以及欧洲委员会针对司法效率提出的欧洲理事会框架进行分析。

1. 世界银行“治理事务”中的法治评估

世界银行治理事务报告第三部分为法治报告，其中包含司法独立、公正的司法程序、快捷的诉讼程序、司法问责和司法信息以及合同的执行性等变量。但是，世界银行“治理事务”评估以需求方获得的信息作为评估的基础。需求方大都以自己特定的法治需求收集数据，因此评估结果的客观性受到一定的质疑。

2. 世界银行营商环境报告

合同执行效力是评估一国法治水平的重要指数。世界银行营商环境报告的内容具体到评估合同执行力方面，主要收集了三个基本数据：（1）从提起诉讼到实际支付所经历的程序；（2）解决争议的时间；（3）诉讼费用和律师费用占争议债务的百分比。

在信息收集方面，“治理事务研究”和“营商环境研究”的相似之处是都倾向于从需求角度出发收集信息。这种基于主观需求进行的评估会使评估结果与各国真正的审判水平和合同执行效力之间产生一定程度的感知差距。

3. 欧洲委员会关于司法效率的研究

作为欧洲理事会活动的一部分，欧洲司法效率委员会周期性地评估成员国法律系统的司法效率。为此 CEPEJ 设计了一个问卷，主要问题有（1）国家的一般信息；（2）诉诸司法和法院的信息；（3）法院功能和司法效率；（4）法院中信息技术的使用；（5）公正审判；（6）公诉人；（7）律师；（8）执行机构和法院判决的执行。委员会的评估指标内容与“薄”的法治概念（狭义法治概念）相吻合。

与世界银行的两套评估指标不同的是，CEPEJ 的数据主要来自供应方而非需求方，数据来源相对可靠，但是缺乏对需求方的主观感受的评估。而问卷中专业术语太多且不够精确导致了调查结果准确性的降低。

（三）从三种法治评估中获得的启发

从以上介绍可得到的启发是：第一，法治评估中法治概念的厚薄程度至关重要，过“厚”的法治概念容易产生评估困难。第二，数据来源影响评估客观性。第三，法治是非常复杂的现象，任何评估都不可能是全面的。

二、我国法治政府指标体系的建构与特征

2010 年 10 月 10 日，国务院发布《国务院关于加强法治政府建设的意见》（国发〔2010〕33 号）（以下简称《法治政府意见》），提出加强法治政府建设的 7 项建设内容。随后，大多数省级政府制定了“实施意见”，并且有一些省份制定了具体考核体系。文章梳理现已公布的各地法治政府指标建设体系，归纳具有如下几个特征：

（一）“法治政府”与“依法行政”尚未形成明显概念区分

就公布的考核内容来看，各地并未区分开“法治政府”与“依法行政”的内涵。以湖北和广东为例，两省的指标体系考核内容有高度的重合性，与《国务院关于加强市县政府依法行政的决定》（国发〔2008〕17 号）提出的 6 项建设如出一辙。

（二）以“厚”的和形式法治概念作为基础

个别省在《法治政府意见》的基础上增加了一些新考核维度。例如透明度、公众参与和廉洁从政等，这些指标与法治相关但本质属于宪治领域。即指标体系被建构在“厚”的法治概念之上，这不利于对法治水平进行客观评估。

而且，法治政府指标比较偏向于考核法律的形式特征。换句话说，就是更关注“法”而非“治”的水平。但是，法治建设中“治”（rule of law）的水平无疑更加重要。

（三）评估主要采取内部且定性的数据

法治评估的首要陷阱是难于避免特定视角造成的评估偏见。我国法

治政府考核主体多为上级政府或本级人民政府法制部门，且考核的数据几乎全部来自政府内部。即使部分省级政府将外部机构和公众满意度等主观感知纳入考核内容，也很难摆脱行政机关（供应方）的影响。

另外，我国法治政府体系的评估体系比较简单，多为多项变量等值加权后获得的数值。而且这些简单加权多使用定性数据，同时由于考核机关掌握着定性标准，必然会影响评估的公正性。

三、我国法治政府建设指标体系的改进建议

如何改进和完善我国法治政府建设指标体系是当前的迫切任务。而改进和完善的关键是，如何不带偏见地发展和更新我国现有的法治政府建设指标体系。为此，有必要从以下几个方面做出改进：

（一）增加“薄”的法治概念在指标体系中的权重

我国的法治政府建设是以制度建设为面向的法治评估，因此完全以“薄法治”概念取代“厚法治”概念不太现实。但加强“薄法治”概念相关的指数之权重，并且尽力减少与政治的相关概念（如民主，宪政）的偏相关分析仍是可行的。另外，使用更细粒度的变量去评估复杂的法治现象，以避免出现变量加权后的混乱局面。最后，尽量选择从需求方和供应方获得的客观数据进行评估。

（二）推动法治评估稳步由内而外扩展

司法独立对于解决不同政府机构间的冲突显得十分重要，而是否有司法审查这个变量也能更好地说明政府法治建设的意图。因此，建立一套能反映政府法治与司法领域的法治建设关系的二元相关性的评估指标显得十分重要。另外，增加司法领域的法治评估维度也能推动法治政府指标体系外部评估机制的建立。

（三）增强考核和改善的联动机制设计

从表面上看，建构法治政府指标体系的意图在于通过考核促进行政法治的达成。但从具体考核实效来看，各地的指标凸显出重考核、轻改进的特征。基于此，法治政府建设不能只重考核，还应重视法治考核之

后相关机制如何改进的问题。

从深层上看，我国建构法治政府指标体系并非仅仅为了评估政府的法治水平，更是为了提升社会整体法治水平，包括更好地保障经济发展和政治稳定。但是，到底是法治中的哪些因素明显地影响着这些经济变量，仍然需要深入考察。当然，在法治政府指标体系中增加反馈（feedback）环节是一个必然的选择。此机制能让行政系统及时接受到系统改进和提高的指令，行政系统就自然会选择恰当的改进方法。

信访制度的功能及其法治化改革

陈柏峰（中南财经政法大学教授）

本文原载《中外法学》2016 年第 5 期第 1187—1205 页

一、导言

《中共中央关于全面推进依法治国若干重大问题的决定》中特别提出："把信访纳入法治化轨道。"这既回应了长期以来学者对信访制度改革的呼吁和建议，也回应了党政机关对信访工作困难的反映和改革诉求。过去数年，作者曾沿着信访制度的具体问题意识做了专题研究，该文则着眼于信访制度的改革和建设，深入剖析信访制度的实际功能，探讨信访制度的法治化改革。

当下，关于信访制度的典型认识主要有行政救济说、申诉救济机制说、信访权利说、辅助政制说四种。以上认识有其合理性，也存在片面性，其共同的问题是，都局限在法治视野中，且对转型社会、信访行为、制度功能的复杂性，缺乏足够深刻的感知。目前，信访行为指向的领域非常广泛，对象也极为庞杂，信访制度承担的实际功能也相应的多元化。如果对此认识不够，相关改革设想就可能出现偏差。

信访制度始终存在政治动员与社会治理两种功能取向，也处于两者的张力中。信访人有政治参与和利益诉求两种并存的维度，国家也有社会动员与纠纷解决（社会治理）两种并存的维度。改革开放之前，国家将信访制度主要定位于社会动员机制；改革开放之后，国家将信访制度主要定位于纠纷解决（社会治理）机制。在社会治理取向下，国家承认民众信访诉求中个人利益的合理性，尊重个人利益诉求表达。虽然目前

信访制度以纠纷解决为主要功能导向，但其性质并不局限于此，在新中国传统中它更是群众工作的重要组成部分。群众工作意味着开展信访工作时必须对群众带有深厚的感情，而不仅仅是解决纠纷；对群众的一切问题和困难都应当回应，不能拒绝群众的要求。这必然导向无限责任。

从法治的视野去看作为群众工作的信访，它虽然与纠纷解决有很大重叠，但远远超出其范围；信访制度除了承担纠纷解决机制的替代功能，还承担了法律和政策制定方面的协商功能，以及社会治理方面的剩余事务兜底功能。

二、纠纷解决机制替代功能

与诉讼、行政复议相比，信访的弊端在于其非程序性、不确定性。主要有以下几个方面。第一，信访处理程序公开透明性不够。第二，信访处理程序很难做到中立。第三，信访处理缺乏明确的实体标准。第四，信访处理结果不具有权威性。然而，作为一种纠纷解决的替代机制，信访也有着诸多优点：

1. 信访制度运行成本低。媒体和不少法律人倾向于认为，通过信访渠道维护权益远比司法渠道成本高，但以之作为信访制度运作成本的经验基础有失偏颇。信访制度运转构成了一个庞大的“金字塔”体系，基层信访系统低成本地解决了大量纠纷。即使那些最后成为长期性老问题的上访，单次上访的成本也不高。

2. 信访制度容纳范围大。司法系统、行政复议系统要求案件符合法律规定的格式化形态。而基层社会大量纠纷的要求与法治系统不同。因此，纠纷的解决要与当事人的当前状况和未来生活相结合，与周围民众对纠纷的整体看法相结合。

3. 信访制度亲和性高。信访制度在很多方面表现出比诉讼、行政复议更具有亲和性。司法制度（尤其是行政诉讼）倾向于公开分出是非成败；而与之相比，信访制度往往借助调解来解决纠纷，调节社会关系，显然具有更高的亲和性。

信访制度在实践中承担纠纷解决机制替代功能。一方面，它挤占了诉讼、行政复议等纠纷解决机制的空间；另一方面，确实又弥补了其他纠纷解决机制的不足，解决了其他机制所无能为力的纠纷，回应了纠纷解决的现实需求。

三、法律和政策协商功能

进入信访渠道的案件，除了一些作为纠纷解决之外，很多诉求都比较抽象，缺乏明确的法律依据。一般来说，纠纷要能通过司法途径解决，需要满足两个条件，一是纠纷发生在特定主体之间，形成了具体和独立的法律关系；二是争议的客体是明确受法律保护的权利和利益。按此标准，进入信访渠道的很多案件都无法进入司法体系，难以被正式的纠纷解决机制解决。然而，在社会转型时期，这些信访诉求又有着相当的合理性；而且，持续、普遍的信访行为，可能改变法律和政策，推动信访诉求在一定范围内得到普遍性解决。如此，信访渠道实际上成了政府和各方利益主体的协商平台，信访制度承担了法律和政策协商功能。具体情形有二：

法律和政策推进的协商。这种情形发生在一定范围或群体内，包括但不限于以下情形。第一，要求政府改变已实施、普遍适用的分配方案。第二，特定群体要求政府调整既定政策，提供保障和帮助。第三，特定群体要求落实上级文件精神，加大政策实施力度。

法律和政策执行的协商。面对执行过程中各种利益主体的规避或抵制，信访制度往往充当协商平台。协商的内容是特定群体的具体利益，但往往又与其他利益相关；目的在于优化法律和政策规则；协商的形式非常广泛。

法律和政策协商功能，体现了信访制度对转型期社会需求的有效回应。因为信访制度可以根据现实需要创制规则，在微观层面回应实践需求。因此，信访制度的协商功能非常重要，不同阶层和群体在其中的不断沟通、交涉，是促进法律和政策完善的必由之路和有效手段。

四、社会剩余事务兜底功能

信访机构这个很多人看来的“人治”机构，承担了大量的社会事务，不仅包括过去一直归属信访部门的事务，还纳入不少随着社会发展和转型而来的诸多新事务。信访机构似乎成了社会剩余事务的兜底部门，接

纳了大量剩余事务，至少包括以下几种：

1. 缺乏法定救济渠道的纠纷。第一，相关的抽象行政行为和内部行政行为纠纷。第二，行政赔偿制度不予救济的纠纷。第三，相关企事业单位、社会团体及工作人员的职务行为引发的不能申请行政救济也无法诉诸民事救济的争议。相关民事纠纷和其他纠纷就更多了，前述所谓不适法的基层纠纷都属于此类。

2. 偏执型上访。偏执型信访人的诉求多元而复杂，但多数缺乏明确的合法性。他们并非法定权利受到了侵犯，但固执于诉求，执着于想象的正义，或缘于灰色领域的利益分配不均问题。

3. “精神病人”上访。精神病患者和神经症患者等边缘人群进入信访渠道反映诉求越来越常见。“精神病人”上访已成为基层信访治理中的难题，对信访秩序有较大冲击。

信访机构因其剩余部门的位置而发挥着剩余事务兜底的功能，其承接的社会剩余事务其实就是群众工作的内容。群众工作意味着无限责任，暗含了执政党的人民伦理，它不受法治原则和程序主义的约束，这与现代科层体系有所冲突，也构成了科层体系的有力补充。

五、信访制度的法治化改革

从功能涵盖和职能分化的角度，在中观层面提出以下几点建议：

1. 建立诉访分流机制。建立科学的诉访分离机制、涉法涉诉信访司法导入机制、信访分流平台。需要强调的是，诉访分流更需要负责诉的机关与负责访的机关有效配合，也需要不同层级的机构和部门之间协调共治。

2. 健全信访解纷机制。建立规范的信访纠纷处理程序、信访部门与人民调解组织与行政机关的有效衔接机制、信访案件终结制度、信访纠纷导出机制、协调联动制度。

3. 建立信访疑难研判机制。健全疑难问题解决平台、建立规则性问题反馈机制、疑难案件的政策规则研讨机制。

4. 强化信访社会工作职能。发展社会救助机制；发展信访与社会保障体系的衔接；发展心理干预机制；健全教育疏导机制；建设社会工作参与机制。

5．健全信访考核评价体系。改进和完善考核方式；建立分类考评机制；纠纷解决机制替代功能方面的考评主要围绕权利侵害和侵权救济展开；法律和政策协商功能方面的考评主要围绕协商措施等；社会剩余事务兜底功能方面的考评主要围绕依法行政和工作创新等。

信访制度的法治化改革中，尤其需要注意，不能变成以法治的名义推卸责任，因此一定要关照到信访制度在实践中的各种功能。正基于此，信访制度法治化，不仅是信访作为解纷机制进入法治体系，更主要是民众信访行为和信访工作机制的法治化，其改革应当兼顾信访的法治工作与群众工作双重属性，并对这两种属性进行适度区隔。

我国社会组织立法的困境与出路

马金芳（华东政法大学科学研究院研究员）
本文原载《法商研究》2016年第6期，第3—12页

现行社会组织立法中范畴与技术、制度与理念、规范与秩序、历史与现实等多层面的困境集中暴露出来。该文系统地深度剖析当前相关社会组织立法困境之本质、挖掘其深层社会根源并试图探寻可行的解决之道，以期为当前我国的社会组织立法提供助益。

一、我国社会组织立法困境之揭示

（一）初级困境：概念、规则和原则的偏差

1. 范畴层面：基本概念尚待共识。（1）定位上的纠葛。公益与慈善、盈利与营利等概念就是其中最为典型的代表。（2）使用中的混乱。这种混乱不仅存在于同一个规范性法律文件中，也存在于不同的规范性法律文件中。

2. 规则层面：微观与宏观的双重困境。（1）从微观上看，具体规则中的权利、义务和责任设定失当。首先，权利和义务的设定落空。其次，权利、义务与责任设定不对等。最后，权利和义务设定倒置。（2）从宏观上看，作为整体性的规则，社会组织法律体系亟待完备。一方面，存在从“无”到“有”的配套困境。另一方面，存在从“有”到“有”的衔接困境。

3. 原则层面：条文与指导思想的背离。近期社会组织领域所立、所改法律之中，基本都在第1条开宗明义表达了立法目的与指导思想。对

社会组织持正向激励态度以促进社会组织发展、保障社会组织及相关人员合法权益为总体目标指向。但是，在具体行文之中，这些指导思想和基本原则并未充分贯彻，甚至出现分歧与背离。(1) 部分法条管制色彩浓厚。(2) 双重管理体制依然顽固。(3) 等级化倾向明显。

(二) 深层困境：规范与秩序的断裂

1. 无法可依的“制度尴尬”与有法可依的“制度陷阱”之间的矛盾。第一类是法律整体上的缺位与滞后所导致的无法可依。第二类是具体法律制度的空白与漏洞所导致的无法可依。第三类是相关法律之间的冲突与矛盾所导致的无法可依。但是，有些“有法可依”很可能是个“制度陷阱”。一方面，立法思想与理念上的管控很容易产生意料之中的“制度陷阱”。另一方面，立法制度和技术的不当也会产生意料之外的“制度陷阱”。

2. 无法可依的“有序”与有法可依的“无序”之间的权衡。在法律制度尚未解决既有社会需求之时，实践中的变通措施、手段和方法能够为未来的法律发展提供制度方案，但是，一旦启动立、改、废程序，不排除部分制度设计会对社会秩序造成或多或少的阻碍与掣肘。立法者正面临一种两难境地：在“无法”的“有序”与“有法”的“无序”之间谨慎权衡。

3. 旧制度的“不正义”与新制度的“不正义”之间的惯性。虽然立法活动时有“破冰之举”，但是因具有巨大历史与现实惯性的管理体制的力量依然强大，故规范与技术层面的少许进步与发展也可能遭到碾压。某些法律和政策也有可能催生新的不正义。

二、社会组织立法困境根源之剖析

(一) 立法价值与理念的摇摆

1.“收”与“放”之间的“名实不符”。一方面，双重管理体制正在松动；另一方面，行政机关采取了申请登记审查、规定组织形式等其他方式进行监管，双重管理依然强势存在。

2.“进”与“退”之间的“方向不明”。在国家对社会组织总体放宽、简政放权逐步推行的大趋势之下，《境外非政府组织境内活动管理

法》呈现明显的倒退。

3.“开门”与“闭门”之间的“表里不一”。“开门立法”趋向增强，出现了立法专家咨询会、立法听证会、立法公开征求意见稿等方式。然而，“开门立法”的效果在实践中也有质疑的声音。质疑之一是“噱头”大于效果；质疑之二是形式大于内容。

（二）立法阶段的混合性状态

1. 立法快车道的纠结：基于立法需要的“立法滞后”与基于立法能力的“立法超前”之间的冲突。立法严重滞后与立法急躁冒进之间的冲突、立法严重滞后与当前立法能力不足之间的冲突、立法严重滞后与当前立法时机并不成熟之间的冲突、对立法工作和立法效果的各种期待与立法能够产生的实际效果之间的冲突均显现出来。

2. 立法初创期的难题：发展速度较快与发展质量粗糙同在。法律上的缺失与不完善呼唤加快和完善立法的行动。“加快立法”和“完善立法”之间存在一定的矛盾。

3. 立法彷徨期的矛盾：总体性放开与阶段性收紧并存。社会组织领域的法律与政策的总体发展变革方向是给予社会组织以更大的发展空间和主体性地位。但是，这一放权面临着来自既有体制运行惯性的压力和羁绊。这种“阶段性收紧”既可能是前行过程中的“步伐变化”，也可能是“重心转移”，甚至还可能是“方向调整”。

4. 立法体系构建期的障碍：前瞻性与统一性之间的两难。新立法律与既有法律之间容易出现变与不变、创新与保守、稳定性与灵活性之间的矛盾，并常常引起上下位之间、平位法律效力关系的紊乱。

（三）国家与社会关系的紧张

1.“大”与“小”的误区：“大国家”与“强国家”之间的选择失当。国家与社会关系的良性发展需完成从“大国家”到“强国家”的转变，其核心要义在于提升必要的国家能力并消解不必要的国家管控。

2.“上”与“下”的障碍：国家权力与社会权力之间的转化失灵。国家权力与社会权力之间的转化路径，既有国家权力自上而下的流动，也有社会权力自下而上的流动。当前，我国国家与社会关系之间的紧张体现在权力层面的流动不畅。

3.“一”与“多”的难题：国家主导与社会自治之间的博弈失衡。无论是社会组织的日常管理还是社会组织立法，尽管官民双向立法努力呈现一定的互动，但是国家主导的倾向依然明显。

三、走出社会组织立法困境的路径探寻

1. 立法道路之选择：国家与社会的双向互动。（1）解压不彻底的放权之路。在实质上是对社会组织乃至社会领域的信任，需要逐步释放当前的双重管理体制。（2）加强不充分的扶植之路。首要是资格的扶植和主体性的扶植，核心方式是税收优惠。（3）调整不健全的监管之路。要侧重于登记之后的后期监管，对境外非政府组织减少政治性质的监管、加强民事经济领域的监管，对社会组织进行适当监管而非过度监管。（4）完善不成熟的规制之路。首要任务在于进一步降低社会组织的准入门槛，逐步释放社会组织的自身能量与活力，让越来越多的社会组织“有法可依”。

2. 立法力量之整合：“官”与“民”的互动。“社会立法社会立”。一方面，应更多吸纳专家和学者的立法建议、意见，参考他们的民间立法版本。另一方面，应多吸纳社会组织领域实务界的经验与意见。

3. 立法价值位阶之转换：从义务本位到权利本位的发展。核心任务之一就是将颠倒的价值位阶转换过来。从根本上讲，这种权利本位的核心是社会本位，区别于既往的国家本位。

4. 立法体系之构建：“破”与“立”的兼顾。以立法之“立”为价值导向，更侧重以新旧法律协调为前提，制定更符合前瞻性需求的法律，以新立法律引领既有法律，形成符合立法宗旨与立法原意的规范性法律文件。以立法之“破”为价值导向，更侧重于以消除新旧法律矛盾为前提，制定更符合统一性需求的法律，形成体系更加完整、一致的规范性法律文件。

5. 立法技术之提升：移植与创新的平衡。移植而来的制度与规范既要面临与既有法律之间的协调任务，也要面临与我国社会组织现实之间的统一任务。故而，创造性地将移植的法律融入社会本土之中方能提升既有立法技术，获得法律的真正生命力。

四、结语

在社会组织领域，我国仍处于立法频繁、立法粗糙与立法纠结并存的立法初级阶段。不成熟的法治阶段是与不成熟的社会经济状况和社会治理状况相适应的。但法治与社会组织都必须在曲折中有所前行。在顶层设计上，需要实现从国家主导向社会自治、国家与社会共治的方向发展；在宏观战略上，完成立法力量之整合、立法价值之转换与立法体系之完善；在具体方案上，平衡放权、扶植与规制，明晰权利、义务与责任，完善概念、规则与原则以及协调规范、部门与体系。在法治与改革进程中，逐步扩大社会治理和社会创新的法律可作为空间。

法史学精要摘编

中国古今的民、刑事正义体系

——全球视野下的中华法系

黄宗智（中国人民大学法学院讲座教授、加利福尼亚大学洛杉矶校区教授）

本文原载于《法学家》2016年第1期，第1—27页

“中华法系”作为人类历史上的五大法系之一，与西方法律的一个关键不同，是把民事正义和刑事正义视作一个交搭的互动体，同属于一个各部分相互作用的“正义体系”。长期以来，中国的法律思想一贯认为，不涉及罪行的民间“细事”纠纷，应该优先由社会自身来处理，国家机器要在社会自身不能解决的情况之下方才介入。这是儒家关乎“仁政”和（可被称作）“简约治理”的一个重要组成部分，被表达为“礼”，或者是礼化的法，而不简单是法。以往的论者多关注到（汉代）成文法的“儒家化”，主要是其等级化（尊卑关系）和道德化，但相对忽视了其非正式正义方面，即优先由社会自身的道德观念和习惯来处理民间细事纠纷。正因为如此，成文法才会保留其（自秦代以来的）“以刑为主”的特色。如此关乎非正式（民间）正义的抉择，绝对不是有的论者所谓的“前法律”“前国家”或“原始”的（正义）体系，而是由汉代高度发达的法律体系和国家政权有意识地作出的抉择，甚至可被视作一种“后（法家）法律”的选择。

虽然如此，其后，由于社会本身常常不能仅凭其非正式的纠纷解决机制来成功地处理所有纠纷，因此也需要一定程度的国家权力介入。起码从唐代以来，历代律典实际上逐步纳入了越来越多的关乎民间细事的内容。然而，成文法律一直维持了原先的基本框架，即以处理罪行为主，也因此在表达层面上把关乎民间细事的条文大多加上了刑罚的包

装，但绝不是全部，而且在司法实践中，处理民间细事其实多不用刑。与西方现代的大陆法系相比，中国古代的成文民事法律固然显得比较稀薄，但配合整个非正式纠纷解决体系来理解，则无疑组成了一个作用极其庞大的民事正义体系。

有清一代，关乎正义体系之实际运作的材料，要远多于之前的历代王朝，再加上20世纪的实地调查口述史资料，我们不仅能够掌握其法律的表达/话语层面，也能看到其整个正义体系的实际运作层面，由此重新思考法学界过去的一些关乎中华法系的盲点和误区。这些盲点和误区主要包括：（1）由于只考虑到律典而忽视了非正式正义体系，故而以为中国古代的正义体系只有刑法而没有民法；（2）以为即便有民事法律，它也是由刑罚所主宰的，不可和（西方）现代的民法（私法）相提并论；（3）即便是抓住了上述中国正义体系的主导思想，但由于缺乏对其实际运作的认识，看不到其非正义体系的实际作用，也看不到其与成文法律体系之间的交搭和互动；（4）基于上述原因，也看不到来自两者互动的历代成文法的演变。

进入现代，中国采纳了西方法律的“民法”“刑法”话语，故而似乎和传统法律完全断裂、隔绝。有的论者因此得出“现代化”等于“全盘西化”的观点。但实际上，即便是在当今的中国，其正义体系在实际运作中仍然延续了之前的基本设想，即尽可能由社会自身的非正式正义体系来处理民间的纠纷，并且依然把民事正义和刑事正义视作一个相互交搭的连续体，两者相互关联并相互作用。国家仍然继续采用民间调解，以及一系列介于民间调解和国家正式正义之间的半正式制度和方法。同时，在当代的表述和理论层面上，更明确地说明，要凭借非正式（和半正式）正义体系来减轻国家正式正义体系的负担。其逻辑是，民间的非正式调解机制能够使民间的矛盾最小化，从而避免许多矛盾激化为诉讼或刑事案件。这其实是对中国古代把社会调解机制视作优先于正式法律体系的现代化表述。它和中国古代的思维之间具有明显的连续性，仍然把民事正义和刑事正义看作一个交搭和互动的整体。

有的学者忽视了中国现今正义体系的这些非正式方面，或者认为其只是一个落后的制度，最终必须被消除，因此也看不到当今中国的正义体系和其古代的正义体系之间的延续和关联。该文力图论证，只有认识到中国非正式正义体系的历史和演变，才能够认识到“中华法系”的特

色及其在世界各大法系中的位置，尤其是其与如今已经大规模引进的西方正式法律理论—条文—话语之间的异同。若没有如此的理解，便不可能真正认识、理解当今中国的正义体系整体，更不用说设计既具有中国特色也具有充分现代性的正义体系。

我们首先要认识到，古代正义体系中的律典之所以会“以刑为主”，是因为它能够凭借其庞大有效的非正式正义体系来解决大部分的民间细事纠纷。有充分的史料让我们看到，在清代与民国时期，几乎每个民间社区都具有一个调解体系，凭其来解决民间细事的纠纷。一般来说，是由纠纷双方都尊重的社区或宗族人士出面斡旋于两者之间，要么促使一方认错和赔礼道歉，要么促使双方互让和妥协，借此来“息事宁人”。同时，经过长时期的司法实践，历代法典本身也早已逐步纳入了一定比例的关乎民间细事的条文。这是成文法在实际运作中应对社会变迁而作出的补充，为的是更好地处理一些社会本身所不能解决的民事纠纷。

我们可以看到，财产权利在习惯和法律中是不言而喻的。长期以来，在民间社会的土地继承、租佃和买卖关系中，其实一直都稳定运作（没有稳定的产权，何言继承、买卖、租佃）。固然，《大清律例》没有用正面的表述来确认财产权利，只规定“盗卖田宅”——包括“盗卖，换易，及冒认，若虚钱实契典卖，及侵占他人田宅”等——是要受到惩罚的，其轻重伴随涉及的土地面积而定。在实际运作中，国家正式正义体系是维护这样的不成文“权利”的。这是无可置疑的事实。我们要认识到正式法律体系是以非正式正义体系为给定的前置条件，这样才能看到两者的结合组成了比较完整的关乎民间财产权利的正义体系。

正是如此的民事正义体系和刑事正义体系的联结，赋予了儒家礼法并用的正义体系以具体的、实际运作的内容。无论是在概念层面上，还是在实际运作层面上，如此的民事、刑事两大正义体系的并存、互补和互动，乃是中国正义体系（和儒家“简约治理”）的关键。忽视其中的任何一方，便不可能理解另一方。非正式民事正义体系是正式刑事正义体系的先决社会条件。若缺乏这种关联，中华法系便不会维持“以刑为主”的成文法体系。看不到此点，我们便不可能理解“以刑为主”的成文法律体系的真正意义，也不可能认识到中华法系的特点。

只有区别实践和法律条文，我们才能够看到民事正义体系和刑事正义体系之间的相互作用。其实，中国历代（成文）法律的历史变迁的主要动力，不在其基本理论框架（如联结非正式正义与正式正义），因为它在汉代中期伴随“法律儒家化”的确立之后便基本定型，之后的演变动力其实更多是来自长期积累的实践经验，按照实践需要而制定成文法。例如有清一代，主要体现为律文的基本不变和例条的应时增补。在这里，我们还需要看到尚未被正式订立、正在形成中的法律。譬如，从18世纪到19世纪上半期，伴随人口增长而导致日益紧张的人地关系和社会危机，贫苦人家买卖妻子的行为也日益频繁。对此，刑部逐步形成了斡旋于法律条文与社会实际之间的立场。

吸纳不同的文化，把二元对立和非此即彼转化为二元并存、综合或融合，才是中国文明的真正核心特点。它既展示于中国对待二元（譬如乾坤或阴阳）的思维，也展示于中国的历史经验（法家和儒家、儒家和佛教、耕种文化和草原文化），其关键在于把被对立的二元综合起来，在其并存和相互作用中探寻其综合与超越。具体到正义体系和法律制度，则是历史中的儒家与法家、民事与刑事、非正式正义与正式正义的交搭并存、相互作用以及融合合一；在现当代则是古代和现代、中国和西方、实体理性和形式理性、道德理念和实用性实践、非正式正义体系与正式正义体系的综合合一。如此的视野，方能允许我们在中西矛盾并存的实际之中，探寻超越的道路，并推进中华法系的特殊性和普适性，把其真正置于全球视野中来认识和理解。

“祖制”的法律解读

朱 勇（中国政法大学法律史学研究院教授）
本文原载于《法学研究》2016年第4期，第190—208页

中国古代在国家治理与社会控制方面，以“先皇祖训”为内容的“祖制”发挥着重要作用。祖制作为有约束力的行为规范，其调整范围涉及国家权力的分配与制衡、朝廷运行机制、重大事件决策、重要职官任免、朝贡外交以及特定群体的规制、特殊事件的处理等。祖制的具体内容包括：对于皇帝权力的维护与规制，关于宗室、外戚、宦官等皇帝近身群体的特权与限制，对皇位继承、朝贡外交等特别领域的规范。在维护皇权方面，祖制特别注重构建合理的权力分配与制衡机制，规制皇帝个人的言行举止，限制皇帝权力非理性行使，确保皇权行使符合统治阶级整体利益。祖制的实施，主要通过由皇帝主持或由皇帝行使最终裁决权的“祖制驳议”机制来完成。在规范形式上，祖制多以诏令、上谕等先例、惯例的形式存在，较多保留春秋以前非法典化、非公开化的法律神秘主义特征。从基本内容、调控范围、适用对象、强制效力等方面看，祖制初步具备国家根本法的性质。祖制的存在，适应中国古代尊祖孝亲的宗法传统以及首重稳定、次重发展的国家战略，弥补了因皇位世袭而导致的国家治理制度方面的重大不足。同时，祖制的存在，在一定程度上制约了古代中国的制度创新与社会进步，并对作为国家基本法律的律令体系的完善产生了消极影响。

在中国古代，皇帝作为国家最高统治者，其权力至高无上。但是，中国古代却没有一部法典，没有一部规章，全面、具体并权威地规定皇帝的权力范围以及权力行使的程序。

实际上，帝制时代皇帝履行职权，除了各朝开国皇帝承担建章立制、构建政权体制与决策机制的责任之外，承嗣皇帝多以遵循“祖制”的方式，确定权力范围，规范履职程序。也正由于“祖制”的存在及实施，各朝政权体制才保持基本稳定，相关政策得以延续。包括皇帝自身履职方式在内的政权机构运行，保持了基本的规范性。

“祖制”，就字面而言，为祖先的制度。在中国古代，特指“先皇制度”。具体而言，祖制是本朝开国皇帝以及先代皇帝构建的关于国家治理根本制度的规范体系，其内容涉及：国家权力分配与制衡、朝廷运行机制、重大事件决策、重要职官任免、朝贡外交以及对于特定群体的规制、对于特殊事件的处理等。祖制的适用主体，包括皇帝及参与国家重大决策的朝廷百官、封疆大吏等统治集团上层成员，也包括宗室、外戚、宦官等皇帝近身群体。就性质而言，祖制属于普通律令体系的上位法，初步具备国家根本法的性质。祖制的名称，各朝不一，有称“祖制”“祖训”“圣政”“圣训”，也有称“祖宗家法”“本朝家法”“祖宗故事”等。

中国古代，实行皇帝集中领导下的朝廷管理体制。在这一体制下，一方面，皇权位居权力体系的顶端，国家发展战略方针、朝廷重大决策、重要职官任免，均由皇帝最终决定；另一方面，朝廷各部门分工负责，相互制约，有效执行皇帝决策。但是，皇权至高无上，并不表明皇帝个人可以为所欲为。为国家长治久安，为国祚绵延稳定，帝制时代的政治家、思想家们在国家政治体制中设计了对于皇帝行使权力的制约机制。而有关这一权力体制与运行机制的设计、运行、监督，超出了普通律令体系以及一般典章制度的规制范围。这一特殊任务，就由“祖制”承担。

皇权巩固，政治稳定，不仅取决于对皇帝地位的维护，也在于促使皇帝正确地行使权力，确保国家机器、政权机构合理、稳定地运行。对于合理行使权力的要求，可能会有个别皇帝出于种种原因而漠视甚至抗拒，但就统治阶级整体而言，仍然希望包括皇帝在内的权力行使者能够在良好的权力结构中，合理地履行职责、行使权力。

皇位继承事关国祚延续与社会稳定，并且对于国家和社会的当下与未来均产生重大影响。历朝统治者对此极为重视。皇位继承的核心问题是皇位继承者（太子）的确定，即“立储”。从性质上看，立储既涉及朝

廷权力结构的预期调整，又涉及皇帝世系的展延，不能通过普通的律令体系来设计。汉唐开始，历代王朝多通过祖制家法对立储问题给以规制。

对于皇帝而言，宗室、外戚、宦官作为近身群体与皇帝本人及皇室，或亲情深笃、关系亲密，或朝夕相处、形影不离。让这一群体对皇帝忠诚，无论是从行为效果方面还是从道德评价方面，都至关重要。历代均给予这一群体一定的特权。而由于这一群体的特殊性，一般又不能通过普通的律令体系来设置、保护其特权，因此也多以祖制实现这一目标。另外，近身群体通常也会通过各种方式，影响皇帝决策，影响朝廷政策，甚至影响政权的稳定。汉唐时期，频繁发生近身群体的内部纷争与外部矛盾，甚至出现近身群体与皇帝的明争暗斗。从汉唐开始，作为国家权力执行系统的主体，官僚体系就协助皇帝，防范宗室、外戚、宦官等近身群体对皇权的威胁。其中，通过祖制限制、防范近身群体侵损皇权，即是重要途径之一。

在对外关系方面，中国古代形成朝贡体系。自秦朝开始，绝大多数时期，统一的中央王朝在整个东亚、东南亚地区处于核心地位。中国历代王朝均注重维护与周边国家的关系，并通过周边国家朝觐纳贡、获取朝廷册封赏赐的方式，不仅维持国家之间的和平与联络，而且周边政权也由此获得在其本国统治的合法性。

在国家重大决策之外，开国皇帝或者前几任皇帝可能因为某一事项而给予特别关注，或者出于某种特别考虑，会就一些具体领域、具体事项制定祖制，并要求后世皇帝一体遵行。

在中国古代两千多年的历史中，逐步形成了较为完备的“祖制驳议”制度。祖制驳议制度的构建与运行，确保了祖制相关规范的有效实施。汉唐以后，祖制驳议制度在发展中自我完善，逐渐在祖制的适用对象与范围、审核主体、审核依据、审核方式、违制处理等方面，形成相对稳定的制度。在这一制度下，凡属国家权力分配与制衡、朝廷运行机制、重大事件决策、重要职官任免，以及涉及朝贡外交、近身群体等与祖制内容相关联的事项，都必须经过专门审核，以确定相关意见或决定是否符合祖制。经审核被认定为违反祖制，该意见或决定则被驳回或宣告失效。

传统政治框架下，属于祖制所调控范围的事项，主要发生在皇帝、朝廷大臣及封疆大吏、皇帝近身群体等特殊人群之中。祖制的这一特殊性，决定其适用对象的特殊性。从历朝祖制实践看，祖制的适用对象主要包括四类：皇帝、朝廷大臣及封疆大吏等统治集团上层人员、皇帝近身群体、特定事项关联人。

祖制的内容涉及国家权力分配与制衡机制，涉及国家重大决策与重要职官任免，涉及皇帝、皇位继承及皇帝近身群体，又涉及朝贡外交等特别领域。就程序而言，祖制驳议机制的实施，多由皇帝亲自主持，或者必须由皇帝亲自裁决。在效力方面，祖制的效力优于律令，而且律令的制定、修改，必须以祖制为依据。从调整范围、适用对象、实施机制及强制效力等方面看，祖制已超出普通律令体系与一般典章制度，属于普通律令体系的上位法，初步具备国家根本法的性质。

祖制在中国传统社会若隐若现，似乎有体无形。但在朝堂之上，从朝臣议政到皇帝决策；殿廷之内，从宗亲、外戚、宦官等特殊群体的利益诉求到其言行举止，均处于祖制规范的严密覆盖之下。通过祖制驳议机制，祖制规范得到较好的执行。对于朝臣而言，既不能违反皇帝意旨，也不能违背祖制，两者均具有最高强制力。而对于皇帝，祖制则可能是唯一具有约束力的行为规范。以祖制与律令共同组成的“祖制—律令”体系，在调整社会关系、构建社会秩序方面，各有分工，相互衔接，既维系着庞大帝国的基层社会秩序，也在统治集团上层发挥着维护皇权、理性管理、体现统治阶级整体意志、实现统治阶级整体利益的功能。

清律回民相关条例及其影响

苏亦工（清华大学法学院教授）

本文原载于《政法论坛》2016 年第 3 期，第 28—45 页

清代是我国历史上回民与官府及其他族群冲突频发的时代。自入关之初的顺治朝到辛亥革命前夕的光绪朝，大大小小的所谓“回乱”“回变”“回民起义”等事件此伏彼起，连绵不绝，余波延及民初，其中尤以同治年间爆发的陕甘回变最为惨烈。此次事变持续时间之长、波及地域之广、戕害人命之众，破坏生态之剧，皆足以令言者发指、闻者骇然。关于清代回变多发的原因，人言言殊。有论者提出：清朝法律对于回民的歧视是导致回汉矛盾激化的一个重要原因。上述观点有一定的理据，但也有简单化、片面化之嫌，有必要做更深入的研究和辨正。

关于清律对回民的“歧视性”规定，此前海内外已有不少学者做过探讨。美国学者李普曼说：“到 19 世纪中叶，刑部已建立了一套法规和案例，允许地方官对于同样的罪行对回民的惩处要比对非穆斯林严厉。”王东平先生在其论文中特依时间顺序，对清律中与回民相关的主要几道条例的形成过程做了详细描述，他还将他所列举的 13 道条例分为回民行窃、回民抢夺、回民斗殴及回民犯案发遣等四个方面分别与清律中的相关律例做了比较，用以说明清律对回民的“歧视”。譬如关于窃盗罪，王东平先生将清律中的窃盗律律文与专门针对回民行窃的条例做了比较，他指出：回民行窃只有两种情况下可以依律办理：一是赃数满贯（超过 120 两），被处死刑者，之所以可以照律文办理是因为“罪无可加”；二是“无伙众持械情状者”。除此之外，均不得援律而行，既不区分得财与不得财，即例 872 中所称“不计赃数、次数”，也不对共同

犯罪并赃论处，而是一概予以严惩，从“杖一百，徒三年”直至“改发云、贵、两广极边烟瘴充军”。

王先生没有说明回民行窃依律办理的两种情形，特别是第二种情形——回民单人徒手行窃——较之回民结伙3人以上持械行窃的案件在实际司法审判中何者更为常见和普遍。如果是前者，则说明回民犯窃盗罪主要仍依常律办理；而第8号条例只是针对个别偶发的案件。也就是说，回民只是在犯3人以上结伙持械行窃案件时会受到比汉民更为严厉的刑罚，这既不意味着回民受到了普遍的法律歧视，也不意味着回民犯一般窃盗罪也都受到“歧视”。至于胡云生先生文章中提到“《刑案汇览》中涉及回回行窃案8件”，核之其中一件为窝窃案，一件为通行（仅阐明规则未叙案情），真正行窃案件只有6件，其中5件为结伙3人以上持械，概依第8号条例定拟；另一案为结伙7人徒手，初审将首犯依常律拟罪。

应当指出的是，若没有可资对比的统计资料，即便有更多的案例，还是不能说明第8号条例的实际适用较之窃盗常律更为普遍。因为《刑案汇览》所收案例通常为重大疑难案件，普通盗窃小案一般不会收入。因此，胡文所引各案只能说明第8号条例得到了遵行，但不足以说明回民犯一般窃盗罪判刑“皆较他族严厉”。

张中复先生的论述：“清朝在法律上对于回民的防范与压制，比汉民为严厉，对于回民的施刑，也比汉民为重。例如在乾隆二十七年（1762年）所订的窃盗律：‘回民行窃，结伙三人以上，执绳鞭器械’……但一般汉民犯案，则‘凡窃盗已行不得财，笞五十，免刺。但得财，以一主为重，并赃论罪。为从者，各减一等’。二者相比，实为悬殊。而类似的情形，在清律中可说是不乏其例的”，因前提条件的不同而欠缺可比性，其结论也说明不了什么问题。这就好比我们说举重运动员比普通人臂力大、开汽车比步行速度快一样，虽然都是事实，但却没有什么意义。

举例来说，前引李、王、张三人所做的对比，是在主要针对个人犯罪——即刑法学上所谓之“单独犯”的律文与特别针对3人以上共同故意犯罪——即通常所谓的团伙犯罪的条例之间展开的，量刑差距当然会比较悬殊。须知无论是关于回民窃盗的第8号条例，还是关于抢夺、斗殴、窝窃等罪的第7号、9号和12号条例，都是专门针对回民团伙犯

罪的特别法，当然要比作为普通法的常律为重，此点不足为奇。清律条例中类似的特别刑法还有很多，惩治犯罪的主体也各不相同，大都是因应社会形势的变化，针对某些专项犯罪或特定情节做出的较常律加重的规定，若一概斥之为歧视，不惟简单化，也无助于了解其立法目的和时代背景。其实不独清代刑律会有普通法和特别法之分，即便现代法治国家，也难免会根据形势需要而在刑事普通法之外制定特别刑法。特别刑法较普通刑法加重，并不鲜见。

即以清律窃盗门为言，律后附例 32 条，针对特定主体加重的除了前述针对回民的第 8 号条例外，还有针对两广、两湖及云贵等省窃盗犯罪的第 269.19 条，针对直隶省窃盗犯罪的第 269.28 条，针对山东省窃贼的第 269.29 条，针对湖南、湖北两省抢窃及兴贩私盐并福建、广东两省强窃等犯罪的第 269.30 条，针对四川、陕西及甘肃等地匪徒的第 269.31 条等，均较窃盗律规定的刑罚为重。若按照王东平、张中复等先生的逻辑，是否可以认为两广、两湖、云贵、直隶、山东、福建、四川、陕西、甘肃等省的民众也都受到了歧视呢？若然，则岂非大半个中国的民众都受到了歧视？

关于第 268.22 号条例，无论是道光二十四年的初定例还是同治九年修改后的条例，均较针对回民的第 7 号条例为重。按照道光二十四年的初定例，“奉天地方遇有匪徒纠伙抢夺财物”，只要结伙在 3 人以上“但经执持器械，倚强肆掠，凶暴众著者”，首犯即“依强盗律拟斩立决，为从俱实发云、贵、两广极边烟瘴充军”。结伙不及 3 人的，只要有“持械威吓事主情事者，除实犯死罪外，其余俱不分首从，发云、贵、两广极边烟瘴充军，面刺‘抢夺’二字”。可见结伙不及 3 人，同样持械逞凶的，与第 7 号条例的刑罚相同。迨同治九年修订该例，着重于惩治“执持鸟枪者”，而“执持寻常器械抢夺者”，仍与道光二十四年初定例相同。由此看来，清廷对于“奉天地方匪徒纠伙抢夺”案的惩罚，结伙 3 人以上者较回民为重，结伙不及 3 人者与回民相同。若单就此例的情形看，奉天地方民众结伙抢夺较之回民的同类犯罪，刑罚更重。奉天府是清人入关前的首都，清廷对其发祥地民众犯结伙抢夺罪的惩罚较之回民同类犯罪尤重，难道清廷对其发祥地的民众也寓有歧视之意吗？对于所有旗人来说，这是否也会像前面高文远先生说的那样感到“剥削”了“颜面”呢？

李自然先生说："李普曼等人所提到的歧视回民的这些法律，都是事出有因的，有些法律是前朝的继续，并且有些法律并不是单纯针对回民，对汉人也同样施行。所以说，李普曼'如果穆斯林犯了这些罪，对他们的刑罚可以比犯同样罪行的非穆斯林加重一等或几等'的说法是不准确的。"李先生的说法不无道理，但是他所说的"事出有因"的这个"因"究竟是什么呢？是基于种族或宗教上的身份原因，还是其他的什么原因？王东平、胡云生等先生的文章虽然都在写民族歧视，但都只是史实描述，有果而无因。倒是李普曼先生的文章有点透过现象看本质的味道。而他所探讨的这个"因"，似乎正是顺着身份歧视这个思路展开的。

作者认为，清廷针对回民某类暴力犯罪的刑事惩罚确实较针对普通民众的同类犯罪为重。但是借用李普曼先生的说法，那不过是一种"应急手段"而已，并非基于种族、宗教立场上的身份歧视，这一点与欧洲人完全不同。后者对于闪米特人、黑人、美洲印第安人、澳洲土著人或亚裔人的歧视完全是基于肤色、人种或宗教信仰的差别。李普曼先生之所以会从身份"歧视"这个角度去观察和思考问题，也恰恰是他自己立身的文化背景使然。

该文所探讨的这区区 15 道条例，影响的范围极小，恐怕中国绝大多数回民都不知道有这样的法律。作者认为其不足以激成一次次旷日持久且声势浩大的回变。而民国以来某些中外学者们一再将《大清律例》与回变联系起来，应当说，这些学者们固然是很富于想象力，但恐怕也只是想象而已！

法律继受中的“制度器物化”批判

——以近代中国司法制度设计思路为中心

李启成（北京大学法学院副教授）

本文原载于《法学研究》2016 年第 2 期，第 191—208 页

1906 年清廷在中央设立法部和大理院分掌司法行政和审判，在地方筹设独立于官府的各级审判厅，这意味着中国司法近代化正式展开。近代中国尽管有或大或小的政治变动，但晚清所确立的这个司法革新模式仍一以贯之。在司法改革启动前后，尽管主流做法是新设审判厅配合预备立宪，仍有人认为可从固有治道中发掘精华，从而更有效地达到预备立宪之目标。他们断定固有治道并非与当时改革所追求的目标完全对立，改革者要考量固有治道之内涵，发掘其优长。

晚清司法改革以司法独立为目标，主要为收回领事裁判权、仿行宪政所需。清廷于 1906 年 9 月下预备立宪之谕，明确指出预备须从改革官制入手，这种决断非常顺理成章。盖官制因政体而生，政体既由专制而立宪，官制必随之改革。立宪政体及其与之相适应的官制，在中国无“旧章”可循，改革者自然只能借鉴异域的通常做法，即以三权分立原理为据来革故鼎新，逐步形成新官制。在这个宏观背景下，司法独立遂因此成为晚清朝廷司法改革的目标，接下来即需具体规划如何推行。

在新官制方案正式出台之前，朝廷应御史王步瀛之请令臣工各抒己见。该书收录这一时期 30 名官员所上奏折和条呈 33 件，其内容跟司法改革相关的有 6 件。主张司法独立并在行政官署外新设各级审判衙门的只有 2 件；建议由原衙门仍旧行使司法权而不宜过度更张的有 4 件。尽管该书所搜录的档案并不齐全，但至少可见在官制改革上谕明发之前，

尚有不少官员对在传统官府外设立新式审判机构的改革持反对意见。在1906年10月清廷公布中央官制改革上谕后，该书收录了官员所上折呈40件，其中涉及司法者6件，都是赞同新设审判机构，只有陈夔龙和张人骏提出自己的一些改进设想。清廷官制改革上谕对晚清司法改革的走向很关键。

朝廷欲仿行宪政，首先就需按照分权原则改组国家机构，进行官制改革。其最要者是设立资政院和各省咨议局，为立法机构之预备；建设大理院和各级审判厅为专门司法机构，负责案件之审判。随后推选议员、考试法官，充实于各新机构之中，从而保证新机构能顺利运作，立法权和司法权得以与固有的行政权相配合，从而切实推进预备立宪。在这个方案里，有一个核心前提，那就是中国固有官署，尤其是地方官署在分权学说框架内的定性问题，即它们主要是不是行政机构。奕劻在前述奏折里以委婉的方式为其定性，即其所言“州县身兼其事……如虑行政官一日不兼司法”等，实际上告诉世人，传统地方官是“行政兼理司法”。沈家本是传统士大夫且长期在刑曹任职，又适逢其会成为晚清司法改革的重要主持者，他对传统地方官“行政兼理司法”定性的强调在当时和后世都产生了巨大影响。尽管后人不大认同司法独立乃我固有良规的论断，但能理解他那“托古改制”的苦心。以分权视野来观察传统地方官，究竟是归于行政官序列还是司法官范畴，实在值得结合固有治道进行深入考量。

由于中国改革者对日本维新之前的法律和司法没兴趣进行深入探究，影响所及，即相对忽略了法律与社会的适应性问题。日本维新前，因封建之影响，“尚无统一而独立的司法制度”。因固有司法相对落后，日本在废藩置县后推行新司法制度，阻力自然较小。即便如此，日本自明治维新伊始到司法独立制度较完全的确立，亦用了二十多年。晚清中国因文化、政体和面临的任务与日本相近，推行司法改革“以日为师”自有许多便利，但改革者亦应考虑到中日两国国情的巨大差别，关注固有治道，尤其是我国已有形成数千年之久、颇成系统且尚称完备的法律和司法体系。

州县以上的各级地方官府，除应付上级官府之监督与督促下级官府之外，保证司法公正（主要是审转）是其核心职能。历代官员重视判案的言论在典籍中俯拾皆是。从汉到清，儒家思想影响逐步渗透到法律和

司法活动之中。承担司法职能的机构，在中央逐步发展出成系统的专业司法机关，即三法司。除此之外，如有重大疑难命案，基本上所有中央机构都可参与到审判活动中。到清代，更发展出了针对死刑监候案件的秋审制度，它以制度化的形式将朝廷所有重要官员和机构都纳入到此类案件的定拟过程中。清廷核心机构军机处和内阁更可常规参与到重大司法活动中。降及晚清变法改制，对新政贡献很大的袁世凯于1906年为薛允升《读例存疑》作序，尚云：“刑者，生人之大命，王者之大政，一有出入，无以为平。”

关于司法在帝制中国官府职能中的重要性，谢冠生认为用“司法官兼理行政”来描述更准确：“中国旧时之地方司法组织，以行政官掌理讼狱，表面观之，似有蔑视司法之嫌。但立法用意，并不如是，或者恰恰相反。”其理由有三：一则，从地方官职责来分析，“历代以来，地方亲民之官，其最主要的职责，厥惟听讼断狱……故中国古代之司法组织，与其谓为以行政官兼理司法，毋宁谓为以司法官兼理行政之更切实际。在当时人之心目中，地方官除为人民排难解纷，平亭曲直，诛锄强暴，安定社会，其他庶政，皆末节矣。”二则，从官吏断狱错误处罚之严足见国家的重视程度。“国家既如此重视司法，故对治狱不直者，科责至重，无论失出失入，皆有严厉之惩处。”三则，从断狱的要求亦可见之，“必先求妥，而后求速，方为尽司法之能事也。”

帝制中国发展出了高度发达的治道，即君主作为治道的主体，不能独治天下，须从民间选拔贤能为各级官吏，以临下治民维护秩序。君臣须通力合作，各循其道，尽其职分。君主应努力修身纳谏以尽力克服一己之私，无为而无不为；臣下在尽其本职之外，更有义务对君主不当言行诤谏尽言。故这不可能产生权力分立，最多因治理事务之繁剧和治官治吏之需有一定职能分工。从直接亲民之州县到中央官署，甚至在君主那里，听讼断狱都是其核心职责。自晚清开始模仿列强，仿行宪政，进行大规模深层次的变法改制，倘若决策者能在改制之时，不为列强尤其是日本新制所宰制，能心平气和探究固有治道，即便以权力分立为视角，也不会将传统官府断然定性为“行政兼理司法”而纳入行政系统内，通过筹建独立于各级官府的新式审判衙门来推进司法独立。也有可能会产生一些新的制度选项来推动中国自身的司法独立，如将传统官府定性为“司法兼理行政”，通过新设各类行政衙门并将其行政职能逐步剥离出去，让地方官成为各级首席司法官。即便这有种种困难，不能成为现实，但至少也可为时人和后代在创建制度时提供启发和思考。在追求断案的公平和效率之外，还应提升司法在整个社会的权威。在中国固有治道体系中，司法审判和裁决由君主和各级正印官承担，故极具权威。新式审判衙门和承担审判任务的法官能否保有权威，与整个近代中国司法改革和法律转型之路密切相关。

尽管固有治道中没有权力分立与制衡的观念和相关制度设计，但在帝制中国，与近代司法最相近似的“刑名”事务却是各级官府的核心职能。用近代权力分立系统下的语词来描述这一现象，“司法官兼理行政”较之“行政官兼理司法”更切合实际。欲树立司法权威，固有治道中有相当的资源可予参酌运用，完全另起炉灶未必能有效树立起司法权威。因权威的树立，尤其是制度权威的树立需要长时间的经验积累，非朝夕可为功。如能吸收那些已经数代人千锤百炼累积起来的相关经验，当可收功倍之效。可惜司法改革者没能充分注意及此，导致固有治道与近代司法革新基本没有正面关联。即便偶有联系，尚属负面，即固有治道与权力分立和制衡凿枘不投而成为近代制度革新的障碍。晚清、民国持续进行改革，司法现状却难以令人满意，司法权威长时期没能有效树立。尽管原因较复杂，但这跟司法革新没能从固有治道吸取养分有关。

合宪性解释在我国法院的实践

杜强强（首都师范大学法学院副教授）

本文原载于《法学研究》2016 年第 6 期，第 107—125 页

对合宪性解释方法的讨论，自 2008 年以来已经成为我国宪法学理论的一个热点。学者们的讨论大多重视其概念和原理的抽象层面，而对我国的法律实践关注不多。实际上，我国各级法院已经在频繁地运用合宪性解释方法处理案件。该文力图对我国司法裁判中已经出现的合宪性解释实践进行初步的分析和归纳。

一、司法裁判中隐形的合宪性解释

合宪性解释在实践中善于隐形，需要细加分析方能辨认。例如《民法通则》第 106 条第 2 款规定：公民、法人由于过错侵害国家的、集体的财产，侵害他人财产、人身的，应当承担民事责任。在阎贵柱等诉喻小龙等交通事故人身损害赔偿纠纷案中，法院认定夫妻间的一般侵权责任须以重大过错为构成要件，从而限缩了《民法通则》第 106 条第 2 款的适用。以婚姻关系的特殊性限制过错原则的适用，这已经超出了民法的框架，实际上是引入了位阶更高的宪法层面的考虑。这是因为，婚姻法虽是规范婚姻关系的基本法律，但它却不能作为限缩《民法通则》条款文义的理由，法官于此必须找到“更高的理由”。在此情形之下，诉诸宪法似乎就是自然而然的选择。合宪性解释要求人们不是从婚姻法的角度，而是从宪法的层面来看待当事人之间的婚姻关系。《宪法》第 49 条规定“婚姻……受国家的保护”，《婚姻法》是落实此种保护义务

的法律途径，民法虽属私法，但也是立法权行使的结果，当然也要受基本权利的直接拘束。所有民事法律规范，包括体现过错责任原则的《民法通则》第 106 条第 2 款，都是落实此种保护义务的途径。若仅以微小过失或者一般过错即追究夫妻之间的侵权责任，怎能体现国家对婚姻的保护？只有将其限缩至重大过错范围内，过错责任原则才能体现这个目标。这可以视作法院基于婚姻受宪法保护的意旨，而对《民法通则》第 106 条第 2 款进行的合宪性解释。

二、文义转换与择一适用：合宪性解释的两种基本方法

转换文义是合宪性解释的重要方法，它在多数情形下都藏身于目的论限缩或者扩张的表象之下。反过来说，目的论的限缩或者扩张通常也都伴有对法律文义的转换。民法领域内这种目的论扩张或者限缩的案例甚多，例如将《民法通则》第 135 条规定的诉讼时效，限定其不适用于基于身份的请求权；将《婚姻法》第 29 条的“未成年的弟、妹”扩张到“成年的弟、妹”；将《婚姻法》第 34 条规定的法定条件下“男方不得提出离婚”扩张到男方不得提出解除无效婚姻的请求；将《婚姻法》第 38 条规定的探视权由“离婚后”行使扩张到“非婚”的母亲亦可行使；将《继承法》第 10 条规定的“婚生子女”扩张到包括通过人工授精生育的子女；将《民法通则》第 13 条上的“精神病人”扩张到“植物人”。其他法律领域内的案件，例如将《土地管理法》第 45 条的非法占用土地建“住宅”扩张为“建筑物和设施”；将《劳动法》第 2 条对劳动关系的界定，扩张适用于私人之间。这些都是目的论的扩张或者限缩，隐含有合宪性解释方法的运用。

合宪性解释的另一方法，是在法律的多重含义中择一适用。具体而言，在法律的数种解释方案中，有的存在违宪疑虑，有的没有，此时法院就应当以宪法为判准而选择没有违宪疑虑的解释方案。这方面的案例，例如将《民法通则》第 119 条规定的“死者生前扶养的人”，解释为既包括死者生前实际扶养的人，也包括应当由死者抚养但因为死亡事故发生、死者尚未抚养的子女；将《民法通则》第 23 条规定的宣告死亡的申请制度，解释为前一顺序的利害关系人恶意不行使申请权的，则第二顺序的利害关系人也可以提出申请；将《民法通则》第 106 条规定

的“受害人”解释为不仅包含直接受害人，也包含间接受害人在内；将《民法通则》第140条“提起诉讼”可中断时效的规定，解释为即便对非侵权人提起诉讼也发生时效中断的结果；将《物权法》第230条上的“债务人的动产”解释为，既包括债务人所有的动产，也包括债务人合法占有的动产；将《著作权法》第23条规定的“教科书”解释为不包括教师用书在内；将《道路交通安全法》第101条第1款规定的“吊销机动车驾驶证”，解释为是指吊销与肇事车型相符的准驾车型的驾驶证。这些都是在法律文义范围内的择一适用，隐含有合宪性解释的运用。

总体来说，实务中对合宪性解释方法运用，无论是转换文义还是择一适用，多发生在民法领域、尤其是婚姻家庭和继承法领域，并多涉及基本权利的冲突问题，而在其他法律领域内的案件不多，特别是刑法领域。这是因为，在合宪性解释中，对法律的文义转换，无论是扩张还是限缩，多涉及法律漏洞的填补。填补法律漏洞意味着法官造法，而法官在民法领域造法要远比在刑法领域来得正当。另外，就民法规范而言，由于任意性规范可由当事人排除适用，而强制性规范多牵涉公共政策，更易于引发宪法层面的考虑。婚姻、家庭和继承法因事关社会共同体的伦理秩序，以强制性规范居多，合宪性解释的情形亦相对更多一些。

三、合宪性解释的内在必然

虽然在制度层面的动力有所不足，但我国法院依然有着合宪性解释的诸多实践，这从一个侧面反映了合宪性解释乃是司法过程的内在要求，有其存在的必然。因为立法具有一般性和概括性，而一般化的法律在遇到特殊的个案时，就可能产生个案裁判的不公问题，方法论上称之为法律漏洞。这种法律漏洞的填补过程，也就是对涵盖过宽或者过窄的法律文义进行限缩或者扩张，此即文义转换型的合宪性解释。法律文义范围内的择一适用虽与法律漏洞的填补无关，但它同样涉及个案裁判的不公问题。因为法律在其文义范围内虽然可能会容有数种解释，但这数种未必有着相同的分量，法官一般都会优先选择那种具有优越分量的解释。不过，这种通常得到优先选择的解释也像一般性立法一样，会在遇到特殊个案时产生裁判不公的问题。从个案正义的角度出发，法官此时就应当舍弃对法律的通常解释，而应选择一种“不通常或者不自然”的解释。这就是择一适用型的合宪性解释。

因此，合宪性解释之所以是司法过程的必然，就在于司法造法的普遍存在。文义转换型的合宪性解释是填补法律漏洞的过程，本属司法造法之列。择一适用型的合宪性解释在形式上虽不是司法造法，但也是对已经“固化”的通常解释方案的“续造”，将其列为司法造法似亦无不可。既然一般性的立法不能保证个案正义，则法官以个案正义之名从事法的续造乃是必然之理。而合宪性解释的功能，就在于它是将个案正义的判断问题，在技术层面转换为法律在适用上是否与宪法相冲突的问题。这种转换既能为司法造法提供宪法上的正当依据，也能对其予以必要的拘束。诉诸宪法毕竟要比单纯诉诸正义、公平的观念更符合裁判规范化的要求。

四、合宪性解释还是基于宪法的解释

“基于宪法的解释”与狭义上的合宪性解释有所不同：(1)“基于宪法的解释”所针对的是法律中的概括条款。概括条款具有高度的抽象性，不存在违宪判断的问题。(2)宪法价值的融入不是通过对概括条款的文义转换或者择一适用，而是用宪法条款所蕴含的价值来填充它，从而达到它的具体化。由于“基于宪法的解释”不存在违宪判断的问题，有学者主张我国法院只能进行“基于宪法的解释”。因为合宪性解释涉及对法律的违宪判断，而在我国宪法体制下，这是只有全国人大及其常委会才享有的权力。而“基于宪法的解释”只是用宪法所蕴含的价值去填充概括条款，不牵涉对法律的违宪判断，能与我国现行违宪审查体制相互兼容。

这种观点看似有宪法体制上的依据，但它既难以在理论上得到证立，也漠视了我国法院对合宪性解释的普遍实践。这里必须区分法律的表面违宪与适用违宪。并不是只有达到大规模、普遍的违宪程度才叫违宪，如果在特定的个案中法律构成了对当事人基本权利的侵害，这也属于违宪，即适用违宪。由于个案的发生是不确定的，所以法律的适用违宪也存在或然性。即便全国人大及其常委会在立法之际尽到了最高的审慎，也很难防止适用违宪的发生。对这种适用违宪，法院是否只能硬着头皮去适用呢？司法实践已经做出了否定的回答。正如诸多案例所表明的那

样，当法条存在漏洞、径直适用可能导致实质违宪的情形下，法院会转换法条文义来填补漏洞，从而避开违宪的结果；当对法条的通常解释存在违宪的可能时，法院也会选择非通常但符合宪法的解释结果。更重要的是，合宪性解释在理论上本来就是“回避宪法判断”的司法技术，法院在此过程中并没有作出形式意义上的违宪判断。在这一点上，合宪性解释与我国宪法体制并无不合。

五、结语

我国法院尽管不以宪法作为直接的裁判依据，但法院对个案正义的追求还是为合宪性解释提供了相当大的存在空间。立法具有一般性和概括性，它无法顾及社会生活的所有方面，难免在适用过程中发生个案结果不公的问题。如果径直适用，非但无法达到立法的预期目的，还会造成更多的社会纷乱。因此，立法的具体实施需要一种“实践调和”的机制，而这正是合宪性解释的功能。从整体上说，合宪性解释是宪法所代表的价值秩序向下融入整套法规范体系的过程，宪法与部门法在这个过程中相互调适，共同维持一个动中有序的法秩序。

言论的两种类型及其边界

姜 峰（山东大学法学院）

本文原载《清华法学》2016 年第 1 期，第 38—55 页

一、公共言论的重要性

并非所有的“言论”都具有同等价值，不仅因为言论对于个体的主观价值因人而异，而且因为它们对公共生活的意义全然不同。讨论税收种类、最低工资保障、公共廉租房政策、对外事务以及官员的表现，与对邻居品头论足、披露他人隐私、侮辱异教信仰、传播色情信息是不同的，它们涉及两个层面的内容 —— 宪法性质的公共言论和民法性质的私人言论。把言论自由作为宪法权利来理解时，只是言论当中具有公共性的部分，即那些与公共事务特别是政治事务相关的内容。

言论自由的公共重要性源于这样一个一般性的事实，即所有的公共治理活动 —— 无论是民主政体还是其他政体 —— 都面临如何克服掌权者以权谋私和治理信息不足的问题，我们把它称为公共治理的两个风险 —— 道德风险和技术风险。道德风险引领我们关注如何使掌权者恪守为公服务的动机，以防止公共权力沦为牟取私利的工具；技术风险关注的是，即使克服了道德风险也尚需考虑如何确保掌权者有效地实施治理。前者涉及动机，后者事关能力，有效的信息机制对于抑制这个风险均不可或缺。因此，言论自由的首要功能在于促进公共价值，它不是与公共利益相对立的个体利益，它就是公共利益本身。这样我们也就理解了，为什么立宪国家通常把言论自由列为最重要的公民权利。

二、公共言论的脆弱性

言论自由虽然重要但是脆弱。如果私人言论受到他人限制，政府往往能够给予救济，因为私人言论既无伤政府利益，救济又能提升政府的权威。公共言论的不同在于，其因批评公共事务而特别容易受到政府限制而尤显脆弱。这种脆弱性可以从两个方面来详细说明：一是政府对于不友好的言论既存在压制的动机，也拥有压制的手段；二是由于个人参与公共事务时“理性的无知”，社会对政治信息的需求容易受到抑制，而这会导致信息市场的供给不足。言论自由在宪法上的首要含义，是允许表达政府不喜欢甚至厌恶的言论。对于政府而言，它有足够的动机和手段去限制此类信息，比如在任的政治家会设法筛选有利于维护自己声誉、延长任期或自我权力最大化的信息。由于政府通常对信息传播拥有更大影响力，稍加管制就易造成信息供应的不足。

由于人性的一般特征，政府借“公共利益”之名压制言论的冲动是普遍性的，民主制度也可能激励政府压制少数言论，因为民选政府与社会的多数派更有可能沆瀣一气，在此情况下言论压制不但拥有了正当性，而且变得更加容易。如果这样，就像波斯纳指出的，“政府对不受欢迎的思想所施加的任何成本都可能导致大量其他思想对它的严重替代。”一方面，处于优势的在位政治家会向市场投放对己有利的信息，无论是真实的还是虚假的；另一方面，由于信息提供者和接受者的怠惰而产生的信息空隙，极易被政府中意的信息填补。替代风险进一步引发若干消极后果。首先，公民的政治判断需要信息，如果没有制度性机制确保信息自由传播，他们就会求助于非制度性渠道——谣言。谣言源于正常信息渠道的堵塞。其次，信息供给不足会削弱政府合法性。政府越是限制言论，公众对政府的猜忌和不信任就越高，如此行事的政府，容易掉进那个令人啼笑皆非的“塔西佗陷阱”。再次，信息垄断致命地弱化公民的政治判断力，降低公共参与热情，使民众以冲动的情感代替理智的判断，更相信街头暴力而不是议会审议。这再次为谣言打开市场，而谣言往往又成为政府强化限制言论的理由，如此恶性循环，将导致限制越来越严，言论空间越来越小。

因此，政治言论的脆弱性及其容易被替代的特点，促使社会对公共言论给予超乎寻常的保护。公共言论既重要又脆弱，它的威胁主要不是来自社会，而是来自掌握公共权力的国家机关，行政机关如是，立法机关亦然。由于这是所有的公共治理都面临的危险，故将公共言论置于普通法律的保护之下是不安全的。把言论自由写入宪法，就是基于其既重要又易受政府压制这一特点。由于宪法相对于政府的超然地位，政府对言论即使进行限制，也至多作为例外行事，并且限制本身也要受到限制。

三、私人言论的性质

言论的性质是双重的。对此，米克尔约翰的理论也为我们提供了一个佐证，他把言论分为“公言论”和“私言论”：所谓公言论，就是与统治事务有关、人们参与自治过程的言论；所谓私言论，就是与统治事务和自治过程无关的言论。

公共言论因其特殊的重要性和脆弱性，应当受到成文宪法的严格保护，私人言论则无须置于宪法庇护之下，因为其不具有前述公共言论的那些特征。首先，私人言论所涉及的利益只是特定公民之间，其与宪法的诸多结构性安排如政党竞争、选举制度、议会活动、公民参与等几乎没有关系，所以不具有公共重要性。其次，私人言论不具有面对政府时的“脆弱性”。这类言论只可能侵害他人的名誉、隐私、肖像等民法上的人格利益，并不直接针对政府，因此政府不存在压制的动机，反而乐于在私人言论受到妨碍时施以救济，救济能够强化政府的权威。由于不存在受到政治压制的风险，私人言论也不会因为供给不足、容易被替代而危及公共讨论的质量。

四、对私人言论的限制

宪法优先保护为国家治理所必需的公共言论，故应承认其具有超越性“权利”地位，而对于私人言论，则应当作“去权利化”理解，不必出于协调权利冲突的需要而将一方或双方宪法化来增强力量。这种“上

纲上线”的论调既是不必要的，也是错误和有害的，它在司法实践中会放纵言论所指向的个人利益和公共利益受到伤害，或者制造不必要的理论争议。

在政府执法活动领域，该文也可以提供一个观察视角。该文认为，就那些对私人利益和公共利益构成威胁的言论而言，政府的管制权力应该受到尊重。即使是对于公共言论，尽管对其内容的限制应受制于严格审查，但对于言论发生的时间和地点，也可施以严格的限制。在私人酒馆、住宅门口、医院急诊室、学校课堂等场合，即使是发表公共言论，因其对私人财产和正常社会生活的影响，也要受到严格管制，这种管制不是对宪法价值的挑战。此种言论之所以不受保护，不是由于宪法权利的有限性，而是因其本质上并不属于宪法保护的范围。

在我国，一个具有代表性的例子是，2013 年 8 月歌手吴虹飞在微博上发布的“炸建委、炸居委会、炸人才中心”言论。该言论发布的前一天，北京机场刚刚发生一起爆炸案。公安局对吴虹飞进行了治安处罚。这引发了公众的尖锐批评，认为政府是在侵害言论自由。但作者认为，该言论指向的“建委”“居委会”“人才中心”等办公场所，法律性质属于民事客体，不涉及公共问题；从言论的内容也看不出有传播思想见解、促进公共讨论的价值，故不属于宪法应予严格保护的言论类型。的确从常人的视角来看，吴虹飞的威胁言论只是一时兴起发泄情绪，最终不会实施危险行为，但这并不削弱政府管制的合理性。公安机关比普通公民对治安负有更大的和直接的责任，其对此类威胁性言论保持高度敏感是可以理解的。事实上，类似事件即使发生在那些严格保护言论自由的国家，也会受到政府的严肃对待，而法院对相关的行政管制也往往持宽松审查的立场。

综上，该文的规范性结论是：第一，在原则上区分公共言论和私人言论，以作为理解其各自性质的理论框架，凸显“宪法”的超越性以发挥其对日常政治过程的规范性。第二，对待言论的法律立场应该是双向的：对公共言论应严加保护，因为它是警惕利益权衡的“权利”；对私人言论应当从严限制，以保护其影响到的人格法益或者公共利益。第三，在制度上，一方面要强化对公共言论特别是政治性言论的司法保护，这就需要一个更具独立性的司法部门来捍卫基本的社会价值；另一方面，由于言论之具体边界的划定必然涉及宽泛的伦理、哲学、宗教争议，在司法过程之外也要强调政治审议机制的作用。就我国面临的特殊问题而言，应从目前的行政主导模式转向包括立法审议、司法审查、公共参与在内的动态协商过程。言论自由如是，所有宪法权利皆然。

公共对话外的言论与表达

——从新《广告法》切入

左亦鲁（耶鲁大学法律科学博士）

本文原载于《中外法学》2016 年第 4 期，第 971—993 页

公众对新《广告法》的调侃和不理解，很大程度上源自言论自由思考中的“公共对话中心主义”：把人类表达交流的领域想象成铁板一块，习惯把公共对话的逻辑和原则适用到一切问题上去。殊不知在公共对话之外，还存在着一片非公共对话或外公共对话的领域，除了广告，这其中还包括学者的学术言论以及律师、医生和会计师等专业人士的专业言论。

我们表达交流的领域可被分成两个子领域：公共对话和公共对话外的领域。“公共对话中心主义”的问题在于，它遮蔽或阻碍了人们对公共对话之外领域的思考 —— 它让人们自觉或不自觉地把公共对话中的逻辑和原则强加于一切涉及交流和表达的领域。我们必须超越“公共对话中心主义”这种“一元化”的理解，即只关注公共对话（或不进行领域划分），并主张只有一个原则或价值贯穿始终；相反，我们应该转向一种“二元式”理解：公共对话和公共对话外分属两个不同的领域，两者应有各自不同的逻辑、原则和正当性基础。

由于缺乏信息、知识和经验，消费者在购物时其实身处一个巨大的不平等中。广告是普通公民获取信息和进行决策的重要甚至唯一依据。正是基于广告服务公众的这一“信息功能”，法律要求广告必须真实且不引人误解。在广告之外，遵循同样逻辑的还包括学者的学术言论和律师、医生、会计等专业人士的专业言论。

在公共对话之外，一方面是普通公民对商业/学术/专业言论的极度依赖，另一方面却是公民面对厂商、专家和专业人士的弱势和不平等。在这种强弱关系和权力格局下，指望公民自身的判断或广告主、学者和专业人士的良知显然不够。为了保护弱者和促进公共利益，这些领域应该有一套完全不同于公共对话的逻辑、原则和正当性基础。这种不同主要体现在以下三点：

第一，与公共对话对主体平等的假定不同，在公共对话之外，公民是弱势、不独立和不理性的主体。公共对话对主体平等的假定不难理解。但在公共对话之外，公民却不是平等和独立的。在涉及商业言论和广告时，公民变成了“消费者”；在涉及学术言论时，他们是“外行”和“门外汉”；在面对医生、律师和会计时，他们又变成了“患者”和“客户”。虽然还是同样一批人，一旦从“公民”变成了“消费者”“外行”“患者”和“客户”，原先对独立、平等和理性的设定也随之消失。换言之，不干预之所以成为公共对话的主调，是因为公共对话把参与其中的公民都想象成平等理性的主体。与之相反，由于普通公民在涉及广告、学术言论和专业言论时的弱势和不平等，法律唯有通过更严苛的规制来保护公众和公共利益。

第二，在公共对话之外，可以对广告、学术言论和专业言论提出更严格的要求。在公共对话中，如波斯特所言，禁止一切基于内容的规制是“基石”。无论是法院判决、学者的论述还是普通人的认知，针对内容的限制往往最不被接受。公共对话的核心就是建立一个不受干预的自由市场。既然公共对话是为了让思想和观点自由竞争，最好的办法就是降低市场准入，让一切言论和内容——无论真假、对错、高下和雅俗——在其中优胜劣汰，适者生存。但在公共对话之外，对内容的严格规范和限制却是主旋律。在《广告法》中，对内容的规范就是真实性和不得引人误解的双重要求。在公共对话中，可以主张为了避免“寒蝉效应”而允许部分不实陈述。但“寒蝉效应”和“水至清则无鱼”却从不是《广告法》的担心——在商业言论领域虚假信息永远比没人敢发言更可怕。“不得引人误解”则在真实性基础上更进了一步，它要求对真实信息的呈现必须清楚、明确和不产生歧义。

学术和研究对内容的要求更是“变本加厉”。对广告内容的规制仍然是一种红线思维，即规定不得出现何种内容。这种红线思维体现在学

术活动中，是以不得抄袭为代表的禁止性规范。教育部和各高校的教师学术道德规范中对引用、署名和其他学术不端行为的规定均属此列。但这些规定只代表了学术活动的最低要求。真正代表了学术活动对内容要求的，是对最优秀成果的不懈追求。

专业言论的内容规制则介于广告和学术之间。一方面，律师、医生和会计的言论和服务必须“及格”。律师法、执业医师法、注册会计法以及各种行业规范中与“不得”有关的规定正是对此的体现。对专业人士而言，“充分运用”“尽心尽职”“最大限度”和“胜任”等表述都是在“及格”之上提出更高的要求。对于参与公共对话的主体，法律从不要求他们“充分运用自己的知识和技能”“通过不断学习提升自己的水平”以及“最大限度地维护公众的利益”。但对专业人士而言，这却是他们的必修课。因为只有这样，他们才能为公众持续地提供可靠的建议和服务。

第三，广告、学术言论和专业言论首先要服务于公共利益。在公共对话中，表达和交流主要是“为己”——其价值是服务于发言者自身的利益。如其名字所示，公共对话和言论自由的关键就在于“说”和“表达”。但在公共对话之外，基调却是“为人民服务”和“利他”。在《广告法》中，“发言者”是广告主、广告经营者或广告发布者。从构思、设计、制作到发布一则广告的整个过程其实非常接近创作和表达。某些经典的广告和广告词，其流行程度和文化意义并不低于受欢迎的小说、电影或歌曲。但《广告法》并不是一部言论自由保护法或艺术创作促进法。不管是广告主、广告经营者还是发布者，他们发布广告并不是为了表达自我；恰恰相反，他们发布广告首先要服务于广大消费者。换言之，广告主和广告商的“说”和“表达”是为了让消费者，而非发言者获取信息和明智决策。

同样的逻辑也适用于学术言论。在学术研究中，表达的主体当然是学者和科研人员，但他们写论文和出专著却并不是为了取悦自己；正如之前所讨论的，学术的首要目的是为社会公众提供可靠的知识。律师、医生和会计等专业人士的言论和活动亦是如此。为他人——客户和患者——服务本就是这些职业的宗旨。

综上，公共对话外的领域是“基于听众”的。这意味着表达和言论必须首先服务于被动的听众、观众和读者，而不是发言者。在上述几个领域，普通公民正是以听众、观众和读者，而不是发言者的身份出现。在《广告法》的语境下他们是消费者，在面对医生时他们是患者，面对律师和会计师时又是客户。囿于信息、知识、训练和经验的不足，他们只能被动、消极地接受和相信。虽然他们在数量上占据绝对多数，但却是“沉默（和无知）的大多数”。罗尔斯在《正义论》中曾提出过“无知之幕”的概念，借用“无知之幕 的比喻，广告、学术言论和专业言论的作用正在于它们所产生的知识、信息和建议能够帮助普通公民揭开“无知之幕”，从“无知”和“不知”走向“知”。强调广告、学术言论和专业言论必须首先为公众服务，并不意味着对一切政府规制大开绿灯。以《广告法》为例，要求“保护消费者”不等于可以打着这一旗号对广告内容随意干涉。恰恰相反，“保护消费者”应成为判断规制是否合理的新标准。换言之，只有那些真正能保护消费者免受欺骗和误导的内容规制才能被允许。

将监察体制改革全程纳入法治轨道之方略

童之伟（华东政法大学法治中国建设研究中心教授）

本文原载于《法学》2016年第12期，第3—13页

一、将改革全程纳入法治轨道的必要性和现有基础

把重大改革纳入法治轨道，是维护宪法法律权威、全面有效实施宪法的需要，也反映了中共中央核心领导层的热切期待。

显然，将改革全程纳入法治轨道，其基本内容就是要促使改革的各个具体环节和举措皆符合《宪法》第5条规定的“中华人民共和国实行依法治国，建设社会主义法治国家”的要求，获得必要的法律根据。欲将国家监察体制改革全程纳入法治轨道，在现有法律体系内，我们已有些什么，还欠缺些什么呢？为准确评估国家监察体制改革之全程的法律需求状况，作者把整个改革历程区分为三个发展阶段：改革试点预备阶段；改革试点实施阶段；试点成功后在我国主体部分全面铺开阶段。

（一）改革试点预备阶段的法律根据需求

从《关于在北京市、山西省、浙江省开展国家监察体制改革试点方案》（以下简称《方案》）披露的内容看，改革试点预备阶段的时间起点，应该是从中共中央决定开展改革试点之日起，到全部准备工作完成，试点省市开始为落实自己的具体方案而在本级国家权力机关启动必要法律程序之日前结束。试点预备阶段的工作，包括中共中央成立深化监察体制改革试点工作领导小组，整合资源进行第一层次改革设计；然后，试点省市的省委、市委成立深化监察体制改革试点工作领导小组进

行第二层次改革设计，整合现有资源为实施试点做准备。

从在现行宪法框架中触及的深度和广度来看，国家监察体制改革试点应在其预备阶段获得最高国家权力机关的授权。得到这项授权可以赋予整个改革试点过程以宪法正当性，包括加强整个改革试点预备阶段各项活动的宪法正当性。迄今所有改革试点的预备活动都处于宪法法律的范围内，只要日后各个环节的操作和所创制的法规范的内容合宪就行。可以说，改革试点预备阶段需要采取的措施在宪法、法律方面没有明显障碍。

（二）试点实施阶段对法律根据的需要

国家监察体制改革试点实施阶段，应该从试点省市为落实自己的具体试点方案而在本级人民代表大会启动必要法律程序之日算起，到试点成功、决定将改革在我国主体部分全面推开之前夜为止。

这项重大政治改革试点涉及增设由本级人大产生新的地方国家机关类型，按先立后破的原则，应当预先完成相应的宪法层次法源的创制，如修宪。但基于中国的具体情况和许多法治国家都奉行的“法律合宪性解释”原则，我国官方机构和学术界对最高国家权力机关的有关决定应该做合宪的理解和解说，不质疑它的合宪性。只要对全国人民代表大会关于监察体制改革试点的授权做“合宪法律理解”，那么这一授权和全国人大常委会根据该授权所做的决定，从宪法上看就完全可以替代在改革试点实施阶段落实具体改革行为所需的宪法根据和法律根据。用“合宪法律理解”的逻辑来看待全国人大的改革试点授权决定，可以从学理上扫除妨碍改革试点的障碍。

（三）改革全面推开阶段对法律根据的需求

国家监察体制改革全面推开阶段，应该从有关权威机构做出将改革全面推开的决定并宣布之日算起，到相应新监察体制建成融入人民代表大会制度开始正常发挥效用之日为止。

在试点成功之后，国家监察体制改革势必在我国主体部分全面推开。《方案》和其他权威信息来源表明，改革全面铺开将促成在全国人大及其常委会下形成国务院、中央军委、中央人民监察委员会、最高人民法院和最高人民检察院五个最高国家机关并列的格局，地方上除乡镇外的内地各级行政区域则将全部形成人大及其常委会下的“一府一委两院”体制。按照宪法和建设法治国家的要求，要形成这样的新格局，绝对不可以没有相应的宪法和组织法根据，而这种根据显然还有待于在今后不长的时期内创制。

二、改革全程所需之宪法层级法源的创制

（一）谁应该是改革试点授权的主体

国家监察体制改革是关涉人民代表大会制度建设之全局的重大政治改革，且改革试点之实施，须由省级人民代表大会产生地方国家监察机关。所以，这项改革试点毫无疑问需要最高国家权力机关的授权。从宪法文本看，授权展开这项改革试点，既不在全国人大明定的职权范围内，也不在全国人大常委会明定的职权范围内。但是，由全国人大授权展开这项改革试点，在宪法学上有合理的解释空间，若由全国人大常委会授权则缺乏合理的解释空间。

（二）改革全面铺开必须具备的宪法根据

在我国现行宪法架构下，解释宪法不可能产生全面铺开国家监察体制改革之深化阶段所必不可少的宪法根据。我国国家机关的组织和活动原则是民主集中制，且宪法解释权由全国人大常委会而非全国人大行使，全国人大常委会宪法权威低于全国人大。因此，我国的宪法解释不可能像按权力分立、制约平衡原则组织和活动的欧美国家释宪机关做出的宪法解释那样具有准宪法渊源的地位。所以，我国宪法解释的法律效力不可能高于全国人大制定的法律，与宪法文本的地位和效力不可相提并论。所以，要为改革试点成功后全面推开国家监察体制改革创制宪法根据，只能修改宪法，并且应当在改革试点宣布成功和将新监察体制改革在全国范围铺开前完成修宪。

（三）适应改革全面铺开所需之宪法层级法源的创制

创设人民监察委员会所需进行的宪法修改，当然还是要采用中共中央向全国人大常委会提出修改宪法的建议，接着按宪法规定的程序一般由全国人大常委会向全国人大提议，并由全国人大以全体代表的三分之

二以上多数通过宪法修正案的方式实施。为国家监察体制改革全面推开做准备的修宪，大体上可概括为以下三部分内容：（1）修改宪法中按结构和逻辑应该放置人民监察委员会地位和产生方式的条款；（2）将“人民监察委员会”作为宪法之一“节”或某“节”的一部分写进宪法；（3）在宪法中增加关于人民监察委员会与其他平行国家机关职权衔接的规定。

三、改革全程所需之法律层级法源的创制

（一）制定《人民监察委员会组织法》

《人民监察委员会组织法》的功能在于根据宪法的原则规定，确认该机关的地位、性质、人员、组织架构、产生方式、职权范围、职权行使程序、负责任的对象、监督制约和信息公开等方面的内容。关于职权，这部组织法除了将现行《行政监察法》中较原则的规定都纳入外，还应在区分违纪、违规、一般性违法与犯罪的基础上，就举报处理、管辖、立案调查或侦查、拘留、批捕、取保候审、监视居住、技术侦查措施、侦查终结后的处置等方面做出较原则性的规定。

（二）修改基本的法律

初步查证，在国家监察体制改革试点结束、改革全面推开前，还有为数不少的基本的法律需要修改，其中较明显的有如下几部：（1）《全国人民代表大会组织法》；（2）《全国人民代表大会和地方各级人民代表大会代表法》；（3）地方各级人民代表大会和地方各级人民政府组织法；（4）各级人民代表大会常务委员会监督法；（5）《立法法》；（6）人民检察院组织法；（7）《刑事诉讼法》。在基本法律中，肯定还有其他不少需做相应的修改，但因文章主旨所限，这里不继续查找和列举。

（三）基本法律之外的法律之创制

基本法律之外的法律数量比较大，国家监察体制改革也难免对其提出立、改、废的要求，下面仅有限地列举一些与之关系较近的法律。（1）就基本法律之外的法律之立而言，客观上需要一部大体相当于《人民监察

委员会组织法》的实施细则的法律；（2）就基本法律之外的法律之废而言，国家监察机关收纳原有行政监察部门及《行政监察法》赋予的职权后，《行政监察法》应该被废止；（3）《检察官法》《人民警察法》《监狱法》《公务员法》《治安管理处罚法》需要修改。另外，监察体制改革实施试点或改革全面推开，会影响到的法律以下层次的法规范性文件为数甚多。其中有行政法规层级的《行政监察法实施条例》，更有大量规章和司法解释层级的法文件，也需要废止或修改。

信访纳入宪法监督体制的证成与路径

秦小建（中南财经政法大学副教授）

本文原载《法商研究》2016年第3期，第80—91页

伴随国家治理的现代转型，当代中国信访逐步从政治动员方式转向制度化的权利救济。《信访条例》构建的信访制度在机构、职权、程序、责任等方面均符合法治的各项形式构成，然而，其实践运行仍沿循群众政治的传统路径。这一路径的最大特点是服从于某种政治目标，通过诉诸政治权威的方式息访止争，干扰乃至异化了国家机构的职权运作逻辑，以致催生人们对信访制度有效性和合法性的质疑。

一、信访困境生成的宪法逻辑

现代国家普遍选择了法治的治理模式。现代法治以形式理性法为内核，依托科层制的组织框架，以普遍适用、程序主义、体系自治、职业主义为主要特征，构成个体冲突剧烈的现代社会最为重要的秩序维系方式，形成所谓"科层法治"的现代法治理想模式。在权利救济领域，科层法治体现为分工明确、衔接顺畅和具有专业化支撑的常规救济机制。

然而，如韦伯所分析的，科层法治内含现代性的悖谬：宏观上，它是理性化的结果，是政治现代化的需要；但是，科层法治异化所形成的缺乏活力的形式主义、功利主义，以及包装在专业主义下的利益诉求，无一不是对自由的威胁，以致最终可能将现代社会置于宰制社会成员的"理性牢笼"中。要走出这一牢笼，须依赖作为主权者的人民（群众）的周期性出场。人民出场本质上属于一种依赖领袖权威的大众动员型民

主。它以强大的革命性力量从外部粉碎科层制精心构造的“牢笼”，构成既得权利的法理根源，成为日常秩序的构成要素，以满足支配正当性的普遍需求。但这一力量是一把“双刃剑”，如果不加控制，它的欲求和激情便将会粉碎一切规则与传统。此时，必须依靠科层法治的理性力量加以驯化，达成韦伯所言的“常规化”，即法理型权威逐渐取代领袖权威，程序和规则取代领袖魅力重新成为行动准则。从长远来看，通过向民主选举制度的转换，保持人民出场与科层法治的辩证循环，方可维持现代社会的动态均衡。

在中国，群众路线是执政党的生命线，是保证执政党先进性和民主性的领导方法和工作方法，是长期执政的重要法宝，承载着党的执政伦理，维系着执政的合法性和有效性，居于基础地位。从其运作方式来看，群众路线通过提意见、批评与自我批评的方式，总结法治运行中的问题，并借由外部的政治权威推动法治的调整和发展。这决定了当代中国法治道路的独特性。不过，这种二元结构迄今未能清晰地展现变奏规律，群众路线的政治话语与法治的科层制原理往往相互混杂，加之法治的科层制根基不够牢固，以致频频遭遇来自群众政治的冲击。

综上，信访困境生成的宪法逻辑大体可表述为：一方面，作为人民主权意义上的群众政治，信访对法治体系的外在压力，并没有转化为法治体系的自我调整动力，反而还因法治的根基不稳干扰和僭越了科层制的职权运作逻辑，使其陷入“不出事”的维稳误区，人民主权向常规法治秩序的有效过渡也被阻断。另一方面，信访自身亦陷入非常规运作的怪圈，越发偏离群众政治的应有内涵，并被置于严重的路径依赖和二元结构的影响之中，积蓄着整体宪法秩序失控的风险。这是“群众政治—科层法治”二元结构的双重悖谬所叠加的困境。

二、信访纳入宪法监督体制的证成

将信访局限于行政科层内部，暂且不论程序和机构的过密化可能带来的副作用，单就矛盾的化解而言，此种常规救济机制是否有足够的权威、资源、魄力来冲破行政科层制各种明显或隐含的关系束缚，尚存疑问。更重要的是，上述设想均试图以科层法治的逻辑祛除信访背后的群众政治意蕴，而这正是导致信访困境的根源所在。

实际上，上述改造思路已经十分接近宪法逻辑中的一项重要制度——宪法监督。而信访在处理事项、价值追求和制度效果上与宪法监督极其相似，在宪法逻辑中的定位也与宪法监督存在高度契合。由此，将信访改造成为宪法监督体制的一环，不失为破解信访困境的有效出路。由于在处理事项、价值追求和制度效果上高度契合，信访实际上担负着宪法监督的部分制度使命，彰显了宪法监督的内在意蕴。

在宪法逻辑中，为保证立法行为和国家机构行使职权行为不偏离人民意志，宪法构建了两种从“人民主权”向“人民代表大会—国家机构”的压力输入机制：一是定期选举，经由选举重组的人民代表大会通过民主审议程序将新凝聚的民意转换为国家意志，指引国家机构的行动调整；二是宪法监督，由于定期选举具有周期性的缺点，为防止在选举周期内代议制失灵，就有必要设置一种常态的监督和保障机制，这就是宪法监督体制。

宪法监督是特定机构对国家机构的违宪行为进行合宪性审查并追究宪法责任的宪法机制。它通过纠正立法机构的违宪立法和国家机构的违宪职权行使来正确反映人民的意志，以确保人民代表大会及国家机构在民意的轨道上有序运行。就此而言，宪法监督是人民主权与代议制的制度连接点之一，构成了“人民主权”向“人民代表大会—国家机构”施加压力的传输机制。在当代中国，人民的主权地位实际是通过党领导的群众路线予以确立的。可以说，党领导下的群众路线是当代中国人民主权的一种宪法表达，塑造了人民主权的运作逻辑。亦即，将通过群众路线收集的人民意志传输给国家机构，要求国家机构进行政策调整以回应民意。在这个意义上，作为群众政治的信访，秉承群众路线的宗旨，体现执政党与人民的民主关联，是人民主权的一种实现方式。而其对民众诉求的回应，则是通过国家机构对执政党权威（背后是经由群众路线表达的人民意志）的遵从予以实现的。因此，信访也构成表达人民意志及向科层法治传输压力的制度化方式，这与宪法监督在宪法逻辑中的定位是一致的。

虽然信访与宪法监督处于宪法逻辑的同一位置，实践中二者在功能上也有所重叠，但这并不意味着信访可以完全替代宪法监督，而只能作为启动宪法监督的一个环节。将信访纳入宪法监督体制超越了将信访制度作为权利救济机制的局限，经由信访制度的串联，将常规救济机制与

宪法监督机制整合成为适应转型期特点的自洽、自足的社会秩序维系体制。在这个意义上，国家治理体系的现代化转型，很大程度依赖于信访制度的现代化转型。借由此种制度转换，不仅可因势利导地将信访的功能有机嵌入宪法体制，还可以现代化的宪制设计防止信访作为群众政治可能陷入的无序，走出偏离群众政治应有内涵的困境，寻找到信访法治化的可行路径。

三、信访纳入宪法监督体制的路径

当下信访制度在机构设置、运作程序、组织架构等各个方面均与理想的宪法监督制度相距甚远，这些差距正是时下信访制度受到诟病之处。因此，从宪法监督视角对信访制度进行改革，不仅是信访法治化的要义，也是将信访纳入宪法监督体制的路径。具体而言，应从以下几个方面着手：

（一）机构整合

实施机构整合，是清除作为群众政治的信访对科层法治不当干扰的首要举措，也是凝聚常规救济机制体系合力的关键步骤。以专门信访机构为中心，以具有实质约束力的督办权为主线，将纵横向信访机构联结成一个整体网络，是一个可行的改革方向。在我国宪法体制下，以全国人民代表大会及其常委会为核心，地方各级人民代表大会及其常委会共同构成宪法监督机构网络。在具体的机构设置上，学界尽管在具体职责和称谓上尚有争议，但在人民代表大会下设专门机构专司其职，已成共识。将碎片化的信访机构整合进人民代表大会体制，顺应了现行宪法体制的要求，也符合“人民—人民代表大会—国家机构—公民”的宪法逻辑。

（二）职权配置

将信访纳入宪法监督，意味着在职权范围上信访将从直接救济转为间接救济，从而明确与常规救济机制的职权分工。如此，既不至于将矛盾拒斥于外造成秩序真空，又可借助于宪法监督的高位权威与违宪责任的震慑，倒逼常规救济机构依法履行职权。依据宪法监督的对象范围，作为启动方式的信访的职权范围包括以下两项：一是监督常规救济机构在处理矛盾时是否存在枉法裁判、违法执法等行为违宪情形。该项并不涉及矛盾本身，而仅限于对常规救济机制是否合法行使救济职权进行监督。二是监督常规救济机制的规范依据是否存在违法违宪情形。该项实是对立法（政策）的宪法监督，以防止违宪立法造成对公民权利保护不周。

总体而言，在处理程序上，信访纳入宪法监督后，应严格区分监督与救济，以监督助力救济；在处理顺序上，先围绕救济职权是否违反组织法规定、矛盾处理的立法依据是否违宪进行判断，再回归常规救济渠道。这意味着其救济方式为非直接救济。相应地，在责任承担上限于违宪责任追究，以此倒逼具体的矛盾处理和权利救济。

（三）协调改革

信访纳入宪法监督机制，还有赖于与宪法监督一侧相呼应的常规救济机制的协调改革。这是因为，常规救济机制是秩序维系的基础。常规救济机制化解的纠纷越多，法治化程度就越高；反之，如果常规救济机制的解纷能力裹足不前，相关改革成果也就无法落地。

在常规救济机制中，法院的司法救济是中心环节，诉讼制度是司法救济的主要载体。为此，新一轮司法改革强调以审判为中心的诉讼制度改革，在外部以各种措施保证审判机构依法独立行使审判权，在内部推动司法职权配置的优化，并试图通过员额制改革提升审判队伍的专业化程度，同时更好地落实责任追究。改革重点在于以提升纠纷容纳能力为目标的诉讼过程改革，让裁判结果与诉讼过程形成关联，而尽量减少外界的不当干扰。就当下而言，有三点为当务之急。第一，将涉诉涉法信访从法院抽离出来，排除其对审判权的不当干扰。第二，建立符合司法规律的错案追究和人员考核机制。第三，不宜全盘铺开立案登记制。

行政法学精要摘编

行政法学精要摘编

论行政行为“明显不当”

何海波（清华大学法学院教授）
本文原载于《法学研究》2016年第3期，第70—88页

2014年《行政诉讼法》修改时，司法审查根据增加了“明显不当”一项。也就是，行政行为明显不当的，法院应当予以撤销。一系列的问题接踵而来：行政行为“明显不当”属于违法吗？行政程序、事实认定和适用条件的问题，都可以适用这个根据吗？当与不当、是否明显，又凭什么来判断呢？该文的讨论希望能够减少理解上的分歧和操作中的参差。

一、“明显不当”与合法性审查

长期以来，法院能不能审查行政行为的合理性，是困扰司法机关的一个重大问题。随着《行政诉讼法》的修改引入“明显不当”这一审查根据，这一问题算是解决了。然而，“明显不当”的行政行为构成违法行为，抑或仅仅是不合理的行为？这又成为一个新的纠结。

纠结的根源，在于我们混用两种不同的合法性概念，作者称之为“形式合法”和“实质合法”。按照形式合法的概念，只要符合法律、法规、规章等制定法的规定，就是合法；“明显不当”，自然属于合理性的范畴。于是，有“合法不合理”一说。而按照实质合法的观点，除了符合法律、法规、规章的规定，还要符合行政法原则、行政先例、公共道德等其他渊源所表达的法律准则。据此，合理不合理的问题也属于合法性的范畴。

不得不承认，形式合法意义上的合法性概念有观念的基础，也有立法的依据。一些行政法学教科书把合法性和合理性相提并论，共同作为行政法的基本原则。国务院《全面推进依法行政实施纲要》既有“合法行政”又有“合理行政”，《行政复议法》同时提到“违法的或者不当的”具体行政行为，最高法院司法解释关于行政行为“合法但存在合理性问题的”之类的表述，遵循的都是同样的思路。

然而，在司法审查日益深入的今天，合法性与合理性的界限日益模糊。

首先，合法性与合理性本来是以立法规定为界的，但一些法律设定的要件和处理方式本身就留下许多裁量的空间。尤其是，大量立法设定了原则性条款，这些条款本身包含着对合理性的要求。例如，《行政处罚法》要求，“设定和实施行政处罚必须以事实为依据，与违法行为的事实、性质、情节以及社会危害程度相当。”对于过罚不相当的处罚，合法性与合理性在此出现了重叠。

区分合法性与合理性的更大难题，来自行政法渊源的扩展。最初，《行政诉讼法》规定以法律、法规为行政审判的依据，连规章也只是参照。但实际上，规范性文件作为判断行政行为合法性的根据得到有条件的承认，并被广泛地适用。接着，行政法一般原则作为法源的地位，得到了越来越多的肯定；再接着，行政惯例和司法判例的作用也越来越得到重视；甚至，法律学说、公共政策、比较法等作为法律渊源，也被人提出。行政法的渊源变得越来越多样，越来越开放。相应地，对行政行为合法性的审查步步收紧，留给行政机关自由裁量的余地越来越窄。合理性审查的概念未被取消，但它指涉的范围在很大程度上已经被合法性审查所覆盖。

在实质合法的意义上使用合法性审查的原则，可能会带来一些理解上的困难，但其好处是明显的。用“合法”与“不合法”作为法律系统的基本符码，就像“0”和“1”作为计算机语言的基本符码，简单划一，使用便利。合理性审查的概念自有其用处，并将继续存在。然而，在理论上，司法审查已经完全可以并且适合用合法性审查来概括了。

《行政诉讼法》的修法过程也显示，立法者接受了“实质合法”的观念。曾经有学者设想，将《行政诉讼法》第5条有关合法性审查的规定修改为：“对行政行为是否合法以及明显不当”进行审查。但多数学者

并不认同这种方案。《行政诉讼法》修正草案通过时，增加了行政行为“明显不当”这一审查标准，但维持法院对行政行为“是否合法”进行审查这一表述。法工委为《行政诉讼法》所写的解释读本称：《行政诉讼法》修改“在坚持合法性审查原则的前提下，对合法性原则的内涵作了扩大解释”，将明显不当的行政行为也作为违法行为。

立法语言并不妨碍我们在讨论中继续使用“合理性审查”的说法。但如果说到两者的关系，那么，合理性审查不再是合法性审查之外的东西。简而言之，明显不当也是违法。

二、明显不当根据的适用范围

在一些法律文书中，“明显不当”可能被适用于广泛的场合，包括事实认定明显不当、法律适用明显不当、行政程序明显不当、处理方式明显不当……这些说法本身也许都没有问题，但作为一个法律术语，“明显不当”应当有它特定、精确的适用范围。

核心问题在于，《行政诉讼法》规定的审查根据有6个，相互之间应当如何衔接。在多个司法审查根据并存的情况下，对任何一个审查根据的解释都需要照顾体系的和谐，确保不同审查根据既有区分又能衔接。不能指望一个“明显不当”包打天下，更不应让这个新来者把原有的体系冲击得七零八落。

首先，根据前述合法与合理的区分，明显不当的审查根据是针对行政裁量而言的。相应地，行政机关超越法定职权、错误适用法律，就谈不上明显不当。在日常语言里，把一个超越职权、适用错误的行为轻描淡写地说成“不当”，可能有助于减少行政机关的抵触情绪。但它破坏了法律语言的严整性，是不可取的。

其次，事实问题需要依靠证据予以查清，而“主要证据不足”这一审查根据已经包含了事实认定错误、没有证据或者证据不充分等各种情况。所以，在事实认定问题上不应再适用明显不当这一根据。

再次，在“违反法定程序”的理解上，实践中一个明显的趋势是：行政行为不违反前述法律、法规、规章的明文规定却违反正当程序的原则，法院撤销该行政行为时，依据的也多是“违反法定程序”。在此情况下，维持原有的理解，即扩大“违反法定程序”的内涵使之包含正当程序原则的要求，应当是一种比较稳妥的做法。相应地，“明显不当”可以不适用于行政程序问题。

最后，“滥用职权”的问题。“滥用职权”最初比较狭隘，后来有泛化的趋势。在《行政诉讼法》增加“明显不当”的审查根据后，司法审查配备了更强大的武器。在此情况下，对行政裁量合理性的审查，一般可以放在“明显不当”的标准下进行；“滥用职权”则可以回归原位，限于行政机关违背法律目的、恶意行使权力的情形。

在排除了超越职权、事实认定、法律适用、行政程序等审查要素后，“明显不当”审查根据的适用范围就很清楚了：它只适用于行政实体处理的裁量。在目前观念下，它主要是行政处理方式的裁量，今后也可能扩展至法律适用条件的裁量。法院对规范性文件合法性的审查，今后也不妨考虑以“明显不当”为标准。

三、“明显不当”的评判标准

与“明显不当”的法律属性、适用范围相比，它的评判标准是一个更加核心也更加棘手的问题。如何掌握“明显不当”根据的评判标准，将成为司法审查的新课题。

合理性的考虑因素没有“万能尺子”。不管哪种理论，首先应当涵盖评判行政行为适当性的多种考虑因素，其次应当保持理论体系的明晰性。抓住一点不及其余（如只讲平等不讲其他）自然不行，把某一个教条（如比例原则）无限拉伸、统括一切，也会丧失理论的明晰性。

结合中国的实践经验，评判行政行为合理性的考虑因素大体上可以归为以下几个方面：（1）行政机关行使裁量权力时没有考虑相关因素，或者考虑了不相关的因素；（2）行政机关没有遵循业已形成的裁量基准；（3）行政机关没有正当理由，违反行政先例；（4）行政机关违反了公认的法律原则，包括比例原则、平等原则、信赖保护原则等。

需要说明的是，法律赋予行政机关裁量权力，也要求行政机关根据具体情形斟酌处理。为了维护个案公正，在某些特殊情况下偏离裁量基准，不仅是允许的，还是必需的。如果行政机关不考虑任何具体情形，做“一刀切”的规定或者“一风吹”地执行，以致严重偏离公正的准则，也是对其裁量职责的怠惰。

还需要说明的是，立法强调“明显”不当，是要求法院节制自己的审查权力，给予行政裁量必要的尊让。面对一些公说公有理、婆说婆有理的事情，法院不是自己去断个是非，而是顺水推舟，听从和维持行政机关的决定。在这个问题上，美国法上的重新审理标准，不适用于中国法院；英国法上的不合理性原则，不能简单套用；即使是大陆法上的比例原则，也必须经过特别界定才能适用。不要忘了，“明显不当”中有“明显”两个字。抛弃了“明显”两个字的比例原则，就不是中国的法律。

行政法上的不确定法律概念

王天华（中国政法大学法学院教授）
本文原载《中国法学》2016年第3期，第67—87页

一、全面审查原则及其修正

不确定法律概念如何解释适用、如何接受司法审查是行政法绕不过去的一个问题。全面审查原则目前仍在德国行政法学中占据着通说地位，如对我国相关学说影响甚巨的德国学者毛雷尔在论证不确定法律概念应受全面司法审查时，进行了如下阐述："行政虽然是——立法和司法之外的——一种独立国家权力，但是，它不仅受法律和权利的拘束，而且——在涉及公民基本权利时——受法院的控制。使基本法第19条第4款规定的法律保护松动和相对化的企图不断膨胀，但是，该条通过明白的措辞和明确的目的而建立了一个全面的、没有漏洞的、有效的法律保护，这种企图因此是不可能成功的。"

全面审查原则尽管是正确的，却有一个问题始终绕不过去：不确定法律概念在个案中一定有唯一正确答案吗？这个认识论问题之所以绕不过去，是因为它关系着法院以自己的判断代替行政机关的判断（全面审查）的正当性。巴霍夫在1955年提出的判断余地理论逐步获得了学界的广泛支持，这一理论的出发点即在于：不确定法律概念并不总是可得唯一正确答案。

正是由于全面审查原则的过犹不及性，判断余地理论才逐步获得了德国判例的接纳。即原则上，不确定法律概念应受全面司法审查；但在例外情况下，行政机关享有判断余地。在此意义上可以说，判断余地理

论的提出是对全面审查原则的一个修正。

判断余地理论对全面审查原则的修正无疑是成功了，因为德国行政法学通说已经接纳了它。但是，由于全面审查原则的修正基本上是不同法律思想的一种博弈均衡，有若干基本理论问题并未澄清。第一，不确定法律概念在个案中的解释适用，一定有唯一正确答案吗？第二，在何种情况下，不确定法律概念的解释适用并无唯一正确答案？第三，在那些并无唯一正确答案的临界案件中，行政机关应如何对不确定法律概念加以解释适用？行政机关的解释适用是否以及如何接受司法审查？

二、框架理论的启发

凯尔森将法律的确定性称为“假象”：“所谓法律解释乃是对实在法之认知，并且可从现有法律中发现新法之说乃概念法学的基石，而纯粹法学理论对此绝难苟同。认知不能创造规范，所谓法律乃是保罗法律适用活动之万象的封闭体系云云不过系一假象。”基于对立法活动的经验性观察，凯尔森提出了“框架理论”。在这种框架法律观下，法律秩序呈现为一种从上位规范向下位规范动态推进的法律创造过程。“在法律适用中，对应予适用的规范的认识与在通过此种认识获得的复数解释可能性中选取其一的意志行为，相互结合在一起。法律适用机关的法律解释与其他法律解释特别是法学的法律解释之间的差异在于，它是意志行为。法律适用机关的解释是公定解释，是法律创造。”

就行政法上的不确定法律概念而言，凯尔森最直接的言明是：“行政之根据与其具体方式皆有不确定之可能。不确定可能系有意为之，即由创制被适用规范之机关有意识地造成，因此，一般规范常常基于这样一种假设创制：由个别规范依法律秩序之等级替代其继续确定法律之意义。”不过，对于不确定法律概念的意义范围如何确定，凯尔森并未提示一种有足够指引性的方法。

三、语义学分析

将规范作为规范语句去探究其意义范围，该努力所指向的是分析法律理论，已经一脚踏入语言哲学。语言哲学的核心部分是意义理论。应用意义理论，对行政法上的不确定法律概念展开语义学分析的代表性论者是德国学者科赫。科赫的研究在德国行政法学中并非通说，但其对通说的纠偏和补足意义引人注目。

科赫将现代语言哲学的成果应用于法学思考，具有一定的开拓意义。特别是对于行政法学而言，科赫的研究极大地提高了判断余地理论的科学性。在科赫的理论脉络中，判断余地发生于对不确定法律概念进行语义学分析，面对中立对象之时。换言之，不确定法律概念的解释适用是否有唯一正确答案这个问题，只能在该概念与特定对象的关系中视情而定，而不能先验地作出全有或全无的判断。在此意义上可以说，从某种价值前提出发，笼统地主张不确定法律概念意味着行政机关有或没有判断余地，这种思考方式本身就是不科学的。

四、法律论证理论的补足

阿列克西的法律论证理论是一个复杂而精密的体系，该文所借鉴的只是其中的一个侧面。就该侧面而言，法律论证理论作为行政法上的不确定法律概念问题的一个解决方案，其核心思想是：法律适用机关在评价开放的语义空间内，决定是否将某不确定法律概念适用于某中立对象时，须追加价值判断；该价值判断的核心基准在于狭义的比例原则，但适用狭义的比例原则须以相冲突之利益在法律上（必要时回溯到宪法）的价值位序的确认（权衡的基本规则），和问题规范本身就此作出的价值判断的确认（一般权衡）为前提。按照这一思想，法律适用机关在决定是否将某不确定法律概念适用于某中立对象时，与其说是在探知立法之既决，不如说是在法秩序内对立法者代为决断，用阿列克西的话说，创设一个与问题规范相区别，但又与之相整合的“新的”规范。在此限度内，恩吉施对裁量的言说——法律适用机关“几乎成了法律制定者，成为具体案件的立法者”——同样适用于不确定法律概念。

当然，阿列克西的理论是将法律适用机关设定为法院而非行政机关，并未言及在这种“具体案件的立法”中法院与行政机关的分工。但既然这种“具体案件的立法”是法治所要求的，那么在其中植入一种行政机关的“权衡义务”——行政法学中的“个别情况考虑义务”即属此类——就是可能的。相应地，行政机关的这种利益权衡就具有司法审查可能性（如何审查另当别论）。在此意义上，阿列克西的法律论证理论

对科赫理论的补足意义是毋庸置疑的。

结论

应予考察的法理学说远不止于该文所涉猎的，但该文所涉猎的已经足以帮助我们发现行政法学中价值导向思考的局限性，并启发我们克服它。择要而言，有如下诸点。(1）不确定法律概念的解释适用首先应当着眼于该概念的语义。(2）不确定法律概念的语义应当以社会中通用的语言规则来确定。(3）不确定法律概念的不确定性出现于语言规则的尽头 —— 多义性、模糊性，特别是后者及与之伴生的评价开放性（如果该概念包含着评价性意义）。(4）不确定法律概念的不确定性在个案中并不必然显现，抽象地（与对象无关地）将不确定法律概念与判断余地或裁量勾连起来的思考是不科学的。(5）在与模糊性和评价开放性相连的语义空间内，决定是否将某不确定法律概念适用于某对象，需要追加价值判断。因为立法者使用不确定法律概念的真意，难以通过法律解释技术清楚而无疑义地探知。(6）立法者使用不确定法律概念的真意难以通过法律解释技术清楚而无疑义地探知，并不意味着不确定法律概念的使用必然是立法者的无心之失（法律漏洞）。考虑到当代立法组织的多元性（往往是多机关协同）与立法程序的严格性，应当将不确定法律概念的使用推定为立法者的有意之举。(7）立法者使用不确定法律概念的真意可能是确保法律概念对事实的涵括力、法律对生活的调整力，也可能是为行政或司法预留政策空间。但无论是哪一种，以制定“规范性文件”等方式“将不确定法律概念确定下来”都是一个难以完成的任务，甚至可能有违法意。(8）就不确定法律概念的具体化而言，在遵守语言规则的前提下补充判断基准是其题中应有之义。具体而言：第一，对象化指向地探求其描述性意义，从而获取其初步的适用基准；第二，在语义空间内，通过析出价值冲突、确认价值位序、与根据规范的价值判断相整合地追加价值判断，来决断是否将某不确定法律概念适用于某对象。(9）在语义空间内追加价值判断的过程，显现出不确定法律概念与行政裁量的同构性。相应地，对这一过程的司法审查应有别于行政行为受法律严格拘束的案件，也有别于那些适用不确定法律概念但个案事实并非中立对象的案件。(10）就行政法学而言，不确定法律概念与行政裁量的二元论和一元论都包含着部分真理，而在整体上犯了以偏概全的错误。

论政府规制中的第三方审核

高秦伟（中央财经大学法学院教授）

本文原载于《法商研究》2016 年第 6 期，第 24—33 页

第三方审核也被称为私人认证，其主要任务包括测试、检查与认可；或被称为私人顾问，任务是评估企业是否符合规制要求。此外还有第三方检查员、第三方审计员、第三方保险等称谓。学者们普遍认为第三方审核可以替代政府直接实施调查、取证工作，由于审核专业性强、频次增加、内容全面，进而提升了遵从率、提高了执法效率，因此被广泛应用于环境保护、食品安全等社会性规制领域中。第三方审核作为一种规制形态存在一定的问题，需要从合法性角度予以分析并加以规制，如此才能发挥其积极功效。总之，为了使第三方审核制度能够有效运作，有必要完善现行认证认可制度及其规范。

一、制度完善的前提

引入第三方审核，本身就是利用市场化力量弥补政府规制不足的理念的具体应用。因此，在设计和完善第三方审核制度时，重要的前提在于有必要从市场、政府、社会之间的关系出发探讨现行制度是否足以应对其引发的问题。（1）调整市场、政府、社会各自在认证领域中的作用，特别是政府不能够独自垄断认证领域中的所有事务。只有坚持这一前提，才能够合理地完善中国的认证认可体制，确立起科学的第三方审核制度框架。（2）应考虑由谁负责来实施规制的问题。目前，国家认证认可监督管理委员会（以下简称认监委）在名义上统一主管全国的认证

认可工作，但事实上却很难与卫生、农业、环境、食药部门以及地方各监管部门展开有效的沟通、协作，这将导致各自为政、信息难以共享的格局，影响对认证机构实质性的监管。因此，如何改变目前中国以政府主导的认证体制，允许中央、地方、监管部门、行业协会、企业、公众参与其中，将是未来的重要课题。（3）处理好第三方审核与强制性认证的关系。第三方审核与强制性认证有着许多共通之处，特别是强制性层面。但目前中国的强制性认证过于强调事前准入，而忽略了事中事后的监督；过于强调第三方和企业的关系，忽略了政府与第三方之间的信息共享和认证结果采信。因此，两者仍有不同之处，需相互借鉴使用。同时，使用好这两者，对于进一步深化行政许可改革也有着积极的意义。未来可以考虑将一些行政许可向认证认可方式转变。（4）处理好第三方审核与自愿性认证的关系。目前中国在环境、农业、食品安全领域多采用自愿性认证。以食品安全为例，实践中认证效果不佳且重复认证现象突出，无端增加了企业的成本。究竟何时使用自愿性认证，何时使用第三方审核，何时使用政府规制的方式，需要从产品、服务或者管理体系所带来的风险等多个方面展开分析，而并不是说强制性认证或者第三方审核的效益就一定优于自愿性认证。行政机关要尽量充分利用现有的市场型的第三方审核、认证体系，通过完善相关规范，实现制度实施的有效性。必须明确的是，第三方审核并非适用于所有的规制领域，要充分考量不遵从风险的高低，只有当政府资源有限、很难收集到有效的遵从信息时才加以适用。（5）处理好第三方审核与行政许可的关系，特别是第三方审核可否与行政许可并用的问题。有研究表明，第三方审核与行政许可的并用会增加企业成本，但从风险规制视角出发，有时采取行政许可之后，为提升其遵从率，仍然可以采用第三方审核。

二、完善认可规则

认可，是指由认可机构对认证机构、检查机构、实验室以及从事评审、审核等认证活动人员的能力和执业资格予以承认的合格评定活动。认证，是指由认证机构证明产品、服务、管理体系符合相关技术规范、相关技术规范的强制性要求或者标准的合格评定活动。在市场化程度不高的当下中国，依然采取由政府主导即认监委认可的模式，在未来，一方面需要引入更多利益相关方参与，另一方面则需细化认可规则。

认可规则为第三方审核者确立了最低的专业和培训要求，这涉及第三方审核者的能力问题。许多国家的行政机关要求认可主体与审核主体要遵循相关的国际标准以及成为相关国际产业协会的成员，利用国际规则或标准监督认可主体。国外许多政府机关基于国际上的最佳实践发展了自己的认可项目。目前中国的认可规范主要依据《认证认可条例》，但其适用领域宽泛，具体规则并不完善，未来尚需结合具体部门确定不同专业性需求的认可规则。

与认可相关的问题还包括认证机构设立的合理化问题。首先，要保障认证机构的独立性。如果说国外强调独立性侧重于与所雇企业的独立，那么中国则须关注认证机构与监管部门的独立性。事实上中国目前最重要的、占据市场份额绝大部分的认证机构均与国家质量监督检验检疫总局和认监委有密切的关系。这不仅可能导致规制不力，更可能导致规制不公，损害认监委等部门的权威性。因此，政府要在发展中逐渐退出认证市场，切实推行政企分开。其次，要探索建立多种多样的认证机构。目前中国的认证机构既有公司制性质的，也有事业单位性质的。后者如需有效运作则需要更多的法律支撑，同时也可以考虑探索建立类似于律师事务所、会计师事务所的合伙制认证机构，进而体现专业性和可问责性相结合的价值追求。

三、健全第三方审核行为规则

首先，完善第三方审核者选择规则，从而确保第三方审核者在从事特定的审核事务时具有必要的专业性和独立性。对于被规制者如何选择一个经认可的第三方审核者，中国的相关要求仍然过于笼统，需要进一步细化。例如，可以考虑通过建立审核者内部分权和尽责要求的规则来实现《认证认可条例》第 23 条第 1 款“认证机构及其认证人员应当及时作出认证结论，并保证认证结论的客观、真实”的要求。具体的做法是可以规定第三方审核者内部应形成多个团队，相互制约。再如，要建立和完善对利益冲突监督的规则。第三方审核中的利益冲突表现为因财政或者其他行为、与其他人 / 组织的关系，导致个人或者组织可能无法

提供中立的审核意见。为此，规则可以要求即将受被规制者雇佣的第三方审核者在开始审核的一定期限内前，提供潜在的、有关利益冲突的自我评估报告，报告中应说明过去与被规制者合作的情况，审核者要对利益冲突以较高、中等、较低进行评级。如果是中等以上的级别，审核者应向行政机关提交整改计划，否则将无法承担审核工作。在整个工作过程中，审核者还应对利益冲突进行监测并及时报告，如团队中有成员受到被规制者咨询或者成为其雇员的情况。此外，应建立审核轮换制度。为防止因长期雇佣关系而产生的合谋现象，审核者必须定期轮换。

其次，完善审核程序规则。审核程序规则为审核工作设定框架结构，规定第三方审核者如何行使审核权，帮助第三方审核者全面实现规制目标，从而提升审核的质量。审核程序规则的详细程度决定了第三方审核者裁量权范围的大小，这一点与行政机关所遭遇的问题相同。中国目前的许多认证规范规定较为粗疏，应予以完善。另外，还应加强对第三方审核者行为的规范，如应要求审核者必须准备审核计划，至少包括与被规制者面谈的日期、参观工作场所的日期、需要审查的文件和数据、完成审核的日期，等等。

再次，完善第三方审核的报告和公开规则。行政机关必须确立涉及认可主体、审核主体、被规制者的何种信息需要报告给政府以及向公众公开的规则。设计良好的报告和公开规则可以实现可问责性和促进透明度。相关法律也会要求被规制者实施自我报告，不同的是第三方审核中的自我报告要经过第三方审核。根据这些规则，第三方审核要提交报告对其肯定或者否定性的结论做出解释。

最后，明确细化认证机构的法律责任。虽然目前中国的法律规定了认证机构与生产企业承担“连带责任”，但因由消费者负举证责任，故实难发挥有效监督作用。因此，建议规定在发生事故时生产企业负有无过错举证责任，事故发生之后由生产企业举证认证机构的责任，若不能举证，则生产企业承担全部责任。

四、改善政府监督制度

中国认证市场问题较多，故行政机关必须确保、监督第三方审核者承担相应的责任，以避免任何可能存在的审核漏洞。有效的政府监督包括政府对审核、认可行为的审计和规制。在完善相关规则时，政府可要求认可主体每年对审核主体进行审计。此外，信用规制、行业自律、社会监督等其他手段也必不可少。另一个监督机制就是允许公众、公共利益组织、被规制者质疑第三方的相关决定，即利害关系人可以对审核结论提出反对意见。

行政规范性文件司法审查权的实效性考察

余　军（浙江大学光华法学院教授）
张　文（浙江大学光华法学院博士研究生）
本文原载《法学研究》2016 年第 2 期，第 42—61 页

新《行政诉讼法》（2015）正式确立了法院对行政规范性文件的附带审查权。但这并非行政规范性文件司法审查权之滥觞，自 2000 年开始，最高人民法院即通过司法解释和会议纪要，创设了法院在行政诉讼中对规范性文件的审查、适用规则，这在客观上赋予了法院对行政规范性文件的附带审查权。

一、司法审查权的运行规则及其问题

《最高人民法院关于执行〈中华人民共和国行政诉讼法〉若干问题的解释》《关于审理行政案件适用法律规范问题的座谈会纪要》和《关于裁判文书引用法律、法规等规范性法律文件的规定》三个文件分别以不同的方式、在不同程度上创设或确认了法院对规范性文件的附带审查制度。总体上来说，最高人民法院创设的行政规范性文件司法审查权的运行规则可归纳为以下几个方面：第一，法院对行政规范性文件的司法审查权是一种“附带审查权”，即审查对象是作为“被诉具体行政行为依据的具体应用解释和其他规范性文件”，这意味着人民法院只有在审查特定被诉行政行为时，方可行使这一权力，对作为行政执法依据的行政规范性文件进行审查。第二，在审查内容上，法院需要审查确认行政规范性文件是否“合法、有效，并合理、适当”。第三，对于“合法、有

效，并合理、适当”的行政规范性文件，法院在认定被诉行政行为之合法性时，应当承认其效力。由此可得出的反向推论即为，法院对于违法、存在效力瑕疵的行政规范性文件，可排除适用。第四，在裁判理由中，对受审查的行政规范性文件是否合法、有效或适当等问题，人民法院可以、甚至是“应当”进行评述。

检索《最高人民法院公报》，自2000年“行诉法解释”施行以来，截至2015年10月，最高人民法院一共公布了76个行政诉讼案例，其中14个案例涉及行政规范性文件的“司法审查”问题。考察这14个案例的裁判文书，我们有两个方面的发现：一是法院行使行政规范性文件司法审查权的具体适用情形与上述文件设定的规则相去甚远；二是法院在行使上述权力中存在某种能力上的不足。

对于法院行使行政规范性文件司法审查权的具体情形包含两大类。

其一，在《最高人民法院公报》所刊载的14个案例中，共涉及20个行政规范性文件，其中6个文件（占30%）的审查情况较为规范地适用了上述司法审查权的运行规则——法院对作为被诉行政行为依据的行政规范性文件实施了审查，在判断是否“合法、有效”后，或作为裁判依据予以适用，或排除适用（尚未出现对行政规范性文件作出是否“合理、适当”判断的案例），且在判决理由中均作出了一定的评述或论证。在审查结果方面，有2个行政规范性文件被认定为合法有效，作为裁判理由予以适用，4个行政规范性文件被认定为违法而被排除适用。较为典型的例子是“陈爱华诉南京市江宁区住房和城乡建设局不履行房屋登记法定职责案”。

其二，在所涉及的20个行政规范性文件中，法院对其中14个文件（占70%）未经审查就将其作为裁判依据予以适用。在这些案件中，最高人民法院创设的司法审查权的运行规则并未发生实际效力，法院放弃了审查权而把这些规范性文件当作行政诉讼的当然“法源”加以适用，这完全忽视了《关于审理行政案件适用法律规范问题的座谈会纪要》所规定的行政规范性文件“不是正式的法律渊源，对人民法院不具有法律规范意义上的拘束力”，也是对1990年《行政诉讼法》第53条规定的法院审理行政案件“以法律和行政法规、地方性法规为依据”之准则的违背。根据法院适用的行政规范性文件在裁判中所发挥的具体作用之大小，这种情形又可以分为两种具体类型，即“单独适用”（5次）和“辅助适用”（9次）。其中，“单独适用”是指，法院在没有对行政规范性文件进行合法性审查，也未引用其上位法规范依据之前提下，直接、单独地将相关行政规范性文件作为判断被诉行政行为合法的依据予以适用。此种情形的典型案件是“吉德仁等诉盐城市人民政府行政决定案”。而所谓“辅助适用”是指，人民法院根据法律、法规的相关规定，在完全能够得出裁判结论的情况下，为了增强裁判理由的说服力，在没有对行政规范性文件之“合法有效性”进行审查时，将其作为法律、法规或者规章的辅助性依据在裁判理由中予以引用，颇有“画蛇添足”之嫌。此种情形的典型案件是“无锡美通食品科技有限公司诉无锡质量技术监督高新技术产业开发区分局质监行政处罚案”。

深入考察裁判文书中所展示的论证过程，我们进一步发现，法官在司法论证过程中均不同程度地显现出运用司法裁判技术或法律方法能力的欠缺，并且这些案件占据了该文所选取的关于行政规范性文件司法审查案例的大多数。这似乎可以说明：在技术层面上，法院总体上存在着对行政规范性文件司法审查能力不足的问题。

二、法官的行为逻辑与司法审查权正当性不足

应当如何认识行政规范性文件司法审查权缺乏实效性和法院审查能力不足的问题呢？ 美国学者达玛什卡认为，“纠纷解决”和“政策实施”是任何一个司法制度都具备的两大基本功能，现实中并不存在纯粹的以解决纠纷或者是以执行政策为目的的司法制度，世界各国的司法制度之所以风格迥异，是因为它们在这两大基本功能之间体现的权重有所不同。当下中国的司法制度属于典型的侧重于“政策实施”的类型，法院的中心任务被定位于执行国家在各个时期内的政治与政策纲领，而“纠纷解决”则是其附随的功能。这种逻辑必然导致法院权力组织结构的科层化，因为确保国家政策目标有效实施的最佳权力组织形态是科层制下的整个权力体系的“上下一致”和“整齐划一”。而与“政策实施型”逻辑和科层化的权力组织结构相伴随的是中国法院系统司法权的行政化。在此背景下，法官对行政规范性文件实施司法审查能力不足的问题可以得到合理的解释。

中国法院系统的“政策实施型”制度逻辑与审判权的行政化运作，

不仅体现在案件审理过程中的层层审批机制、自上而下的司法问责机制与行政化考核制度等方面，过度的科层化和政策实施导向还导致了法官普遍形成了体制化的行为逻辑与思维方式。这十分鲜明地体现在法官对行政规范性文件的司法审查过程之中，并成为导致法院司法审查能力不足的根本性原因。一方面，严格的科层化法院体制将法官分为不同等级并置于一个服从的链条之中，在保持一致和司法问责、上级检查等机制的压力下，法官们在审理案件过程中普遍恪守一种消极的行为逻辑。当法官在审理行政案件过程中遇到缺乏直接、明确上位法依据的行政规范性文件，而又无法找到可以直接适用的审查标准时，按照这种行为逻辑，他们显然不会尝试运用法律解释技术以求在个案中解决问题，而是向上级请示，坐等上级提供明确的方案以对案件作出处理。而当此种消极的行为逻辑发挥到极致，将促使法官作出放弃或者回避对行政规范性文件进行司法审查的现实选择。另一方面，行政化司法体制下的法官行为逻辑，还容易衍生出一种倚重于政策考量与行政级别的体制化思维，这往往淋漓尽致地体现在某些疑难案件的审理过程中。并且，这种倚重于行政考量与行政级别的体制化思维，还可能导致法官对行政规范性文件丧失基本的审查意识，在判决中过于依赖行政规范性文件对相关事实和法律问题的认定，以至于未经审查就将其作为辅助性的裁判依据予以适用，从而完全丧失了司法判断应有的独立性。

值得注意的是，除了法官的体制化思维决定法官行为怠于行政规范性文件司法审查权之外，司法解释突破法律本身的规定而为法院创设新权力的事实也必然会加剧行政规范性文件审查权实效性的不足。具体来说，该文所讨论的行政规范性文件司法审查权，可能面临两个层面的正当性疑问：一是创制权力的渊源——最高人民法院司法解释本身的困境导致了权力的正当性疑问；二是权力的实质内容已经突破了1990年《行政诉讼法》设定的仅就具体行政行为进行司法审查的范围，即最高人民法院通过一种“自我赋权”的方式，改变法律设定的司法权与行政权之关系所引发的正当性与合法性疑问。此两个层面的正当性疑问势必会加剧由法官行为逻辑所决定行政规范性文件司法审查权运行的消极化，进而导致该权力运行之实效性不足。

复议机关共同被告制度之检视

沈福俊（华东政法大学法律学院教授）

本文原载《法学》2016 年第 6 期，第 108—118 页

新《行政诉讼法》第 26 条第 2 款确立的“经复议的案件，复议机关决定维持原行政行为的，作出原行政行为的行政机关和复议机关是共同被告”制度（以下简称复议机关共同被告制度）改变了原《行政诉讼法》第 25 条第 2 款关于复议机关只要维持了原行政行为只能由作出原行政行为的行政机关当被告的规定。这样一个联结行政复议与行政诉讼的共同被告制度，不仅为我国行政诉讼制度所“独有”，也是一个与一般共同被告制度存在明显差异的制度，其制度的合理性与实践效果如何，值得探讨。

一、复议机关共同被告制度所导致的实践困境

首先，迅猛增长的行政诉讼案件使复议机关难以应对且影响正常工作。在我国，复议机关并非是以应诉为专业的机关，其本身就是一个普通的行政机关。如果从专业性角度考察，其与美国专门从事行政裁决的行政法官相比，肯定稍逊一筹。从实践效果来看，复议机关共同被告制度脱离了实际。随着行政诉讼案件的不断增多，复议机关在“怨声载道”之中疲于应诉，在客观上影响了其本职工作的正常进行。从新《行政诉讼法》实施以来的情况看，一个值得关注的重要现象就是案件激增，难以应对。同时，行政案件中的滥诉、缠诉现象日益增多，这也使复议机关共同被告制度的实施雪上加霜。

其次，相关管辖制度使复议机关应诉和法院审理都面临前所未有的压力。根据新《行政诉讼法》第18条第1款的规定，经复议的案件，既可以由最初作出行政行为的行政机关所在地人民法院管辖，也可以由复议机关所在地人民法院管辖。《最高人民法院关于适用〈中华人民共和国行政诉讼法〉若干问题的解释》（以下简称《适用行政诉讼法解释》）第8条规定："作出原行政行为的行政机关和复议机关为共同被告的，以作出原行政行为的行政机关确定案件的级别管辖。"这一管辖制度明显增加了复议机关成为共同被告时应诉的困难，使复议机关奔波于各地法院应诉。在实践中，原告选择向作出原行政行为的行政机关所在地法院起诉，于是一些国务院部门作为复议机关的就必须到全国各地去应诉。

二、复议机关共同被告制度是不合常规的行政诉讼被告制度

首先，复议机关共同被告制度为我国行政诉讼制度所独有。从世界范围来看，复议机关共同被告制度是我国行政诉讼制度的独创，具有鲜明的中国特色，其他国家和地区并没有同样的规定。《行政诉讼法》之所以要进行这样的修改，主要是为了解决实践中行政复议维持率高、纠错率低的问题，企图通过改变原来维持决定状态之下复议机关不做被告的制度，倒逼行政复议机关积极履行行政复议职责。

其次，复议机关共同被告制度不仅是一个独特的行政诉讼被告制度，而且与一般的共同被告制度也存在明显的区别。经过行政复议以后，便同时存在两个行政行为，一个是被申请复议的原行政行为，另一个则是复议决定。而复议机关与原行政机关作共同被告，既不是必要的共同诉讼（这里有两个被诉行为而非同一被诉行为），也不是普通的共同诉讼（这里是两个被告而非同一被告，被诉行政行为也不是相类似的情形）。虽然立法机关认为"维持复议决定与原行政行为虽不是同一行为，也非同类行为，但属于关联度很高的两个行为，维持复议决定强化了原行政行为，又依附于原行政行为的效力状态，因此有必要在一个诉讼中解决"，然而这一制度不符合共同被告制度的基本原理却是一个客观事实。

三、复议机关共同被告制度合理性批判

第一，设立复议机关共同被告制度的法理不足。具体而言：（1）复议维持决定仅仅是复议机关作为“中间人”对原行政行为合法性作出一种具有行政监督意义上的“认同”，既不是以复议维持决定效力覆盖原行政行为，也不是以复议维持决定效力代替原行政行为，更不增加、减少申请人既有的权利和义务。为此，将复议机关列为共同被告没有实际意义。（2）从共同被告的原理分析，如果将复议机关的维持决定也视为是一种行政行为的话，那么它只能是一种经过“复审”之后由另一个主体作出的“认同”性质的行政行为。原行政行为和复议维持决定之间既不是同一行政行为，也不是同类行政行为，缺乏作为共同被告的客观基础。（3）复议维持决定并没有增加或减少相对人的任何权利义务，复议机关维持原具体行政行为意味着真正的处分机关是原行政机关，行政复议机关没有就此作出独立的意思表示，复议维持决定与原行政行为虽然是复审行为与原行为之间的关系，但绝对不是同一行政行为，而是两个不同层级的行政行为。同时，《适用行政诉讼法解释》规定，复议机关决定维持原行政行为的，如果相对人只起诉作出原行政行为的机关，法院应当告知原告将复议机关追加为被告。原告不同意追加的，法院应当将复议机关列为共同被告。这一规定有强制干预原告诉权之嫌，有违当事人诉权的自主性原则。因此，将两个不同层级、相互独立的行政行为的主体强行列为共同被告，法理依据明显不足。

第二，我国在制度上缺乏专门的复议机关和复议人员应对超量的行政应诉。我国虽有行政复议制度，但行政复议工作依附于政府的法制工作部门。我国《行政复议法》将有限的行政复议资源分散在各个部门，这导致了复议制度难以发挥整体效能。而行政复议机构职能的多元化、非专门化又分散了其对行政复议工作投入的精力。因此，复议机关难以应对共同被告制度的实施。

第三，将诉讼关系复杂化不符合“解决行政争议”的立法宗旨。新《行政诉讼法》确立作出维持决定的复议机关与作出原行政行为的行政机关作为共同被告，并且《适用行政诉讼法解释》第6条又进一步将“复议机关决定维持原行政行为”的范围从复议维持决定本身扩展为

"包括驳回复议申请或者复议请求的情形"。上述规定又多出一个诉讼主体与诉讼对象，人为地增加了纠纷解决的成本，导致诉讼活动进一步复杂化，不仅不利于及时有效地解决实体问题，而且与新《行政诉讼法》第1条所增加的"解决行政争议"宗旨不相符。

第四，设置复议机关共同被告制度的理由不充分。将行政复议机关与作出原行政行为的行政机关列为共同被告的动因，无非是行政复议机关不能依法作出撤销、变更被申请的行政行为的行政复议决定，从而使行政相对人的行政复议申请无功而返。这些问题的确应当予以解决，但解决方法不是将它们列为共同被告。因为，如果行政复议机关无论作出何种行政复议决定都必须作为行政诉讼的被告，那么从各方利益衡量角度看，作出行政复议的"维持决定"仍然是一种"最佳"选择。

第五，对《行政复议法》的修改将会产生严重制约。照理说，《行政诉讼法》与《行政复议法》这两部具有密切联系的法律的修改应当同步进行，以实现两法之间的协调。但是，《行政诉讼法》的修改先行了一步。这样一来，《行政复议法》的修改就必然会受到《行政诉讼法》的制约。尤其是复议机关共同被告的规定，实际上阻止了行政复议制度向司法化发展的步伐，使其只能朝着高度行政化的方向发展。

四、合理对待复议机关共同被告制度

在新《行政诉讼法》已经将复议机关共同被告制度作为一项特殊的制度加以规定的前提下，对于这样一个充满中国特色的共同被告制度，应当从不同的角度加以合理对待。

首先，依法做好共同被告与依法尽量不当共同被告。在现阶段，由于法律已经对复议机关共同被告制度作出了规定，作为行政机关，理应认真实施已经生效的法律。具体包括：（1）充分挖掘有效资源，积极培养专门的应诉人员。应当承认，出庭应诉是一项专业技术工作，必须要具备专门的法律知识与诉讼技巧。有条件的复议机关要建立专门的应诉部门，以适应逐渐增多的复议机关共同被告案件的需要。（2）强化行政复议领域的依法行政意识，增强行政复议的责任感，积极强化行政复议决定尤其是复议维持决定的合法性与合理性，避免在诉讼中败诉。同时，有关行政机关也应当加强对行政复议的依法监督。（3）复议机关在

成为共同被告之后，要积极与作出原行政行为的行政机关加强沟通，在应诉过程中明确各自的分工和职责，尤其必须统一答辩、举证、辩论和陈述，避免在法庭应诉过程中产生矛盾与冲突。（4）利用相关法律规定，尽可能地不成为共同被告。作者认为，复议机关应当以《行政复议法实施条例》第 40 条规定的行政复议和解制度和第 50 条规定的行政复议调解制度为依据，充分利用法律资源，在《行政复议法实施条例》所规定的范围内尽量争取申请人和被申请人之间的和解与调解，避免因作出维持决定而成为共同被告。

其次，通过《行政复议法》的修改设立专门独立的行政复议机关，使行政复议工作专业化，以改变目前行政复议机关就是一般行政机关，而且较为分散的局面。设立专门的行政复议机关，以专业优势应对复议机关共同被告制度。

最后，立法机关应适时对复议机关共同被告制度进行评估，以确定其制度走向。作者认为，由全国人大常委会在合适的时候开展对《行政诉讼法》的立法后评估或执法调查，重点对“复议机关共同被告制度”展开必要的评估，从制度的必要性、合理性以及在实践中的运作状况等方面对其展开全面的分析，以确定该制度存在的必要性，为进一步修改和完善法律做好必要的准备。

我国集体土地征收制度的构建

王克稳（苏州大学王健法学院教授）

本文原载《法学研究》2016 年第 1 期，第 56—72 页

我国的不动产征收由国有土地上房屋征收与集体土地及其附属物的征收构成。在国有土地上房屋征收与补偿条例发布实施后，加快构建集体土地征收与补偿制度成为共识。集体土地征收制度的构建，除了立法本身需要攻克的难题之外，还涉及诸多制度性障碍的清除与配套性制度的建设问题。

一、集体土地征收制度的构建需先修法再立法

集体土地征收立法停滞的主要原因之一，是现行土地制度对立法的掣肘。现行土地制度所设定的集体土地征收及有关集体土地管制制度，构成了集体土地征收立法无法逾越的制度性障碍。因此，集体土地征收立法，首先需要通过修法清除现行土地法律制度中的制度性障碍。

《宪法》第 10 条第 1 款规定，“城市的土地属于国家所有”。这一规定不仅意味着《宪法》实施时原有城市市区的土地必须全部国有化，而且意味着因城市扩张而进入城市市区的集体土地也必须国有化。如何实现“入城”集体土地的国有化呢？理论上的路径有二：一是议价购买；二是强制征收。但《宪法》第 10 条第 4 款规定，任何组织或者个人不得侵占、买卖或者以其他形式非法转让土地。结合该条款后面“土地的使用权可以依照法律的规定转让”的规定，会看出禁止转让的应是土地的所有权。由于《宪法》禁止土地所有权的转让，因此，剩下的集体土

地国家化的路径就只有国家强制征收。由于进入城市的集体土地在用途上既可能是公益性使用，也可能是经营性使用，这就将经营性项目建设用地一并纳入征收的范围，实践中也正是这样操作的。

《宪法》第 10 条第 1 款只是为了实现和保障国家对城市市区土地的垄断，如果没有单行立法对国家垄断建设用地范围的肆意扩张，对于农村和城市郊区的集体土地来说，将征地限制在公共利益需要的范围内仍是可能的。问题是，此后的单行立法在《宪法》之外不断扩大国家垄断建设用地的范围，又将征收作为国家取得集体土地的唯一手段，土地征收因此蔓延扩张到整个农村和城市郊区的集体土地上。

1994 年通过的《城市房地产管理法》第 9 条规定，“城市规划区内的集体所有的土地，经依法征用转为国有土地后，该幅国有土地的使用权方可有偿出让”。这一规定不仅将城市建成区（城市市区）的房地产建设用集体土地，而且将受城市规划控制的农村和城市郊区的房地产建设用集体土地，也全部纳入国家垄断供给和强制征收的范围。

1998 年修订的《土地管理法》第 43 条规定，“任何单位和个人进行建设，需要使用土地的，必须依法申请使用国有土地……前款所称依法申请使用的国有土地包括国家所有的土地和国家征收的原属于农民集体所有的土地”。这一规定意味着，若因建设需要使用集体土地的，无论该建设是公益性项目建设还是经营性项目建设，也不论该集体土地位于城市规划区还是农村地区，都必须先征收，再出让。为保证《土地管理法》第 43 条规定的落实，《土地管理法》第 63 条禁止农民集体所有土地的使用权出让、转让或者出租用于非农业建设。至此，所有城乡建设用地全部被国家垄断，而征收又成为国家取得集体建设用地的唯一手段。

因此，我国要建立以公共利益需要为基础的土地征收制度，必须将经营性项目建设用地从土地征收中分离出来。为此，必须通过修改《宪法》《城市房地产管理法》《土地管理法》等现行立法来清除集体土地征收立法的制度性障碍。

二、集体土地征收立法需要解决的特殊性问题

（一）集体土地征收中被征收人的资格与范围

1. 地上物所有权人的被征收人主体资格：被征收土地及房屋的所有

权人是当然的被征收人，无须详解。至于地上农作物所有权，可以考虑将地上附着物和青苗等农作物的所有权吸收合并到土地承包经营权的补偿范围。如此，土地承包经营权人可以合并吸收地上农作物的所有权人作为被征收人。

2. 集体土地使用权人的被征收人主体资格：我国立法上未将集体土地使用权作为一项独立的土地权利，而是将集体土地使用权根据不同用途进行了分解，分解后的集体土地使用权大体包括土地承包经营权、宅基地使用权、地役权、自然资源特许使用权等多类。其中，根据物权法的规定，土地承包经营权、宅基地使用权、地役权以及探矿权、采矿权、取水权等自然资源特许使用权已经被明确规定为用益物权并被纳入了征收补偿的范围。因此，土地承包经营权人、宅基地使用权人、地役权人以及探矿权、采矿权、取水权等自然资源特许使用权人当然地具有被征收人的主体资格。关于其他集体土地使用权人的被征收人主体资格，我们认为，土地经营权、集体建设用地使用权以及自留山、自留地使用权都是具有物权性质的权利，立法上应当赋予其权利人以被征收人主体资格。

3. 乡镇、村企业的厂房等物业的承租人的被征收人主体资格：租赁经营权是法律上独立的权利，权利人因征收所产生的损失包括装修损失、停产停业损失以及生产设备的搬迁、安置损失等。这些损失都是承租人所独有的损失，应当纳入征收补偿的范围。乡镇、村企业的厂房等物业的承租人应享有被征收人的主体资格。

4. 抵押权权利人的被征收人主体资格：为现行立法所确认的与集体土地利用关联的抵押权有两个：一是土地承包经营权的抵押权（《农村土地承包法》第 49 条）；二是集体建设用地上的建筑物及其建设用地使用权的抵押权（《物权法》第 183 条）。由于这些抵押权均为集体土地上生成的独立物权，且因征收被消灭，抵押权人是因征收而致其权利丧失之人，其与征收权的行使有直接的利害关系，应享有被征收人的主体资格。

（二）集体土地所有者代表人的资格与范围

在集体土地征收中，集体土地所有权人是最主要的被征收人。但我国集体土地的所有权人是缺位的，是立法至今没有解决的一个问题。在

中国，土地是农民最为重要的财产和生存之本，集体土地征收的被征收人应当以农民为主体进行设计。循着这一思路，在集体土地征收立法中，对于集体土地被征收人的代表可作如下设计：（1）改变《物权法》第60条关于集体经济组织或村委会、村民小组代表农民集体行使所有权的规定，在土地征收中由本集体全体成员依照法定程序选举农民代表，由农民代表以集体土地所有人的身份直接参与土地征收；（2）在《物权法》第59条第2款规定的基础上完善、细化重大事项的民主决定程序，明确土地征收中农民代表与农民集体的关系。明确规定土地征收中所有涉及本集体成员权益的事项应经本集体成员集体决定，涉及补偿范围、补偿标准、补偿方式等重大问题必须经全体成员一致同意方能决定，在其他问题上必须经全体成员多数同意方可决定。

（三）被征收人的基本权利

现行的土地征收在公权与私权的配置方面，从程序到实体几乎都是一边倒地向公权力倾斜，被征收人在征收中几无权利可言。被征收人权利的配置，需从重构土地征收程序着手。首先，应当实现征收程序的外部化。应当以征收机关和被征收人为主体、以正当程序为基础重构征收程序。其次，应当明晰土地征收的具体程序构成。立法上应将征收程序划分为征收决定程序、补偿安置的协商与裁决程序和征收决定的强制执行程序，以作为被征收人权利配置的基础。被征收人在土地征收中的基本权利应包含程序性权利、实体性权利和救济性权利。

（四）征地模式的改革

我国现行的土地征收大多是按土地利用年度计划分批次征收的，与具体项目建设无关。要构建以公共利益需要为基础的征地制度，必须改革“按计划、分批次”征收的征地模式，实行按项目征地。每一征地决定都应与具体的项目建设挂钩，整个征收决定程序都应围绕项目建设是否符合公共利益的需要展开，由项目设立人（需用地人）向征收机关提出征收申请作为征收程序开始的标志，征收机关收到征收申请后启动对项目建设是否符合征收条件的调查与认定程序，经调查认定征收申请符合征收条件的，作出征收决定，不符合征收条件的依法驳回征收申请。唯有按项目征地，才能将经营性项目建设用地从土地征收中剔除出去。

三、集体土地征收制度配套性制度的建设

（一）建立国家议价购买集体土地制度

对于城市市区的集体土地来说，将土地征收限制在公共利益需要的范围内较为可行的替代性制度是：建立国家对入城集体土地的议价购买制度。对于经营性用地，由国家在遵循市场交易规则的情形下议价获取集体土地所有权，由《土地管理法》创设国家议价购买入城集体经营性建设用地的制度。议价购买不仅应作为国家取得城市市区经营性建设用集体土地的手段，还应作为国家取得公益性建设用集体土地的手段之一，替代土地征收。

（二）同步制定《集体土地使用权出让与转让条例》

在城市市区之外，将集体土地征收限缩到公共利益需要的范围内，必须改革现行“先征收、再出让”的国家垄断建设用地供应制度，将经营性项目建设用地从土地征收中分离出来。除了修改或废止《城市房地产法》《土地管理法》的相关规定，通过立法明确集体建设用地使用权是设定在集体所有土地上的物权外，还需要同步制定《集体土地使用权出让与转让条例》，为集体土地使用权的流转提供具体的制度保障。

大数据时代个人信息保护的路径重构

范　为（中国信息通信研究院互联网法律研究中心助理研究员）

本文原载于《环球法律评论》2016 年第 5 期，第 92—115 页

鉴于欧美数据保护改革法案中场景与风险理念的优越性及局限，作者在此基础上初步提出建立以基于场景的风险管理为核心的新路径。

一、个人信息的定义

个人信息定义的最大困境源自个人信息与非个人信息二分法的路径局限。个人信息的处理是否给用户带来隐私风险的原因并非来自其“是否构成个人信息”，而是在具体场景中“被如何使用”以及是否符合用户在相应场景中的合理期待。换言之，信息性质的判断远非“目的”，信息处理行为的隐私风险方为衡量机构责任的最终标准。因此，应舍弃探寻个人信息精准定义的路径，转而将关注重心由信息收集阶段转向信息利用阶段，即评估信息在具体场景中的使用引发的隐私风险。在场景与风险导向的个人信息保护架构中，应淡化个人信息定义，弱化个人信息与非个人信息在前端收集阶段的区分，将关注重心转向个人信息的使用环节，评估其在不同用途及场景中引发的隐私风险，由此确定机构相应的义务。

二、目的限定与信息最小化原则

目的限定原则要求个人信息的收集需具备特定的目的，后续利用及

传播不得违背此目的。信息最小化原则又称必要性原则，要求个人信息收集及后续利用应以实现特定目的的最小必要为限，留存不得超过特定目的所必需期限并在目的达成后及时删除。在对传统架构的重新审视中，信息最小化原则或必要性原则仍不失为核心指导理念，然其在大数据时代海量信息留存与开发的背景下需要作出重新诠释。场景与风险导向的新架构不应再苛求将信息的收集、利用保持在最小必要的范围，而更意味着机构必须将个人信息处理所引发的风险控制在实现特定目的所必需的合理水平，即机构对个人信息进行后续利用时，应将其引发的隐私风险降至实现目的最低水平，个人信息的二次利用不应提升信息原初的隐私风险或给用户带来无法预期的隐私损害。尤其是，当个人信息用于统计分析、提升服务等“无辨识特定个人必要”的用途时，机构应当采取匿名化处理等合理方式，尽量降低对用户带来的隐私风险。与“风险限定”取代“目的限定”类似，在大数据时代，应以“风险最小化”取代“信息最小化”作为机构处理个人信息所应遵循的准则。鉴于现代信息处理商业模式的重心已明显由个人信息的收集环节转向使用环节，信息最小化原则亦应由收集环节的节制转向使用环节的节制。

三、用户控制与透明度

传统架构中，用户控制与透明度难以操作使得用户权利几近架空，欧美法均未提出切实可行的操作机制，尤其未针对用户与第三方机构联系缺失的困境指明正确方向。

在大数据时代，落实用户控制，提升信息处理的透明度，第一，应以场景导向为核心贯穿用户控制与透明机制的重构。以场景各构成要素为指引，着重针对引发高隐私风险的因素进行披露，如信息是否用于构建人格图像，或对用户做出不利性决定，等等，并为用户提供相应的控制机制。

第二，针对海量信息在用户不知情的状况下收集、用户与第三方信息处理者关联缺失的情况，应强化个人信息处理主体的责任意识，加强第三方信息处理机构与用户间的联系，第三方机构应当主动向用户披露信息处理状况及提供控制机制。

第三，充分运用隐私架构设计，“隐私友好型”的技术架构设计能够

延伸用户的控制范围，增加透明及用户控制的可操作性，也是欧盟改革法案中大力倡导的理念。例如机构可以场景构成要素为指引，进行技术架构设计，使用户对高风险要素清晰可见；以“个人信息云”为典型的技术设计方案，有助于用户获取权的落实；“元数据标签”设计能伴随个人信息的整个生命周期，记录信息收集、利用及传输的全过程，使用户有机会详细掌握其信息的利用状况与流程。隐私设计使得信息流转更加透明，调动用户参与信息生命周期的积极性，扭转用户在个人信息生态系统中的弱势地位，同时有助于信息价值的开发，甚至能够衍生出新的商业模式。

鉴于用户对于其信息使用的偏好有所差异，个人信息保护的程度即便经过场景审查与隐私影响评估，也有可能无法兼顾个别用户的需求。因此，增强用户控制与个人信息处理的透明度，使用户能及时获取与控制信息处理状况，有助于对不符合用户期待的处理行为提供及时的调试与救济渠道，也为个人信息的流通与开发提供屏障。

四、第三方机构责任

数据驱动型商业模式中用户与第三方机构直接关联的缺失，导致对个人信息后续流通使用环节规制不足，用户的知情及控制亦难以有效行使。传统架构中已经难以寻求规制第三方机构责任切实可行的方案。欧美改革法案虽体现出对此问题的关注，然均未提供针对性的切实可行之方案。对于第三方信息处理机构监管真空的困境，场景与风险导向的新方案能够在三方面提供思路。

首先，建立“使用者责任”机制。传统机制根植于个人信息直接收集的场景，无法适应大数据时代信息多元流转与后续使用的需求。适应去中心化个人信息生态系统的新架构应将关注重心由个人信息收集转向使用阶段，强化责任原则，建立“谁使用谁负责”的“使用者责任”机制，对于引发一定风险的个人信息处理行为，均统一进行风险评估以确定相应的保障责任，而不论机构是否与用户有直接联系。

其次，突出第三方数据处理者的独立法律地位。联邦贸易委员会报告倡议对数据中间商建立针对性立法，明确及突出其责任，同时建议第三方信息处理者提供增强的透明度，如建立专门的网站向用户揭露其身份，并说明信息处理状况及用户权利的行使方式，以此加强自律及与用户的联系。

最后，通过技术架构设计强化用户控制。如前所述，良好的技术架构设计能够延伸用户对信息的控制，有助于促进用户偏好在第三方信息处理者处得到同样的尊重。

五、个人信息跨境传输

随着经济全球化的发展，个人信息的流通日益打破国界限制，个人信息保护法律政策在区域间的显著差异，造成了机构合规方面的严重负担，严重阻碍个人信息的跨区域传输及价值的开发。由于文化背景与社会习俗的差异，各国公民对待信息处理的态度与接受度有所不同，构成了各国法律难以完全协调融合的根源。

扫清跨境流通的障碍，为个人信息的无障碍流通打开通路，同样应从场景与风险管理的理念入手。场景构成要素即风险评估具体指标的可拆分性与可调节性，决定了其富有灵活性及包容性，通过对具备国际普适性价值的尊重，同时对具有地域差异性的要素（如用户对个人信息使用收益的态度等）的调试，使世界不同地区的个人信息处理行为能够被纳入统一的风险评估体系之中，由此使得国际通用的个人信息保护架构的构建成为可能。

与此同时，为促进区域间个人信息的无障碍传输，应积极推动健全既有的跨境传输机制（如 BCR 等）与国际框架（如《消费者隐私权利法案（草案）》等），加强各国个人信息保护权力机构间的执法协作。此外落实责任原则，着重以“组织机构”为核心明确相应的个人信息保护义务，大力倡导三方认证制度。在此尤为值得指出的是，无论是亚太跨境隐私保护规则（《消费者隐私权利法案（草案）》），还是欧美最新通过的“隐私盾”协议，究其本质而言，皆为在法律上得到认可的第三方认证机制，可以预见，建构在“可信第三方认证”基础上的数据跨境传输势必成为未来发展的主流方向。

综上所述，以依托场景的风险管理理念构建个人信息保护新思路，对传统框架进行重构，有助于破解传统机制的困境，在大数据时代实现隐私保护与信息开发的双赢。隐私影响评估不仅是欧美法案新增的法定

义务，也可作为机构履行保障义务的证明及法律责任界定时的抗辩事由，更是机构用以主动识别及控制风险的极佳工具。运用评估工具，有助于提升信息处理的透明度，减轻机构负担，提升用户的实质控制能力，乃至搭建个人信息在境内外不同主体间高效传输的桥梁。大数据时代，运用基于场景的进行风险管理的新理念，是协调公民权益保护及数据价值开发的极佳路径。

专车拼车管制新探

熊丙万（中国人民大学民商事法律科学研究中心副研究员）

本文原载《清华法学》2016 年第 2 期，第 131—148 页

一、网约车业的经济组织原理

新兴网络约租车服务可分为“专车”和“拼车”两大类。前者以车辆提供方的营利为目的；后者以车主与乘客之间相互节省交通成本为目的。作为一种新的社会经济组织形式，网约车业的市场运行机理与传统的出租车业存在重大的区别。传统出租车业分两类：一是经典的自由市场交易模式，即由分散的社会个体自主开展的点对点交易。无论是合法的出租车个体经营户，还是不合法的私家客运车辆（俗称“黑车”），皆属此类。二是企业科层管理，由企业对内部资本、实物和劳动力等各类生产要素进行科层式管理和生产，然后以企业的名义统一对外展开市场交易。与经典模式相比，企业采用命令的方式对企业内部各生产要素及其所有者进行支配，节省了各生产要素所有者在经典市场模式下相互订立合同的成本。目前主导中国出租车市场的出租汽车经营企业即为此类。

而以私家车为主体的网约车业则是一种介于“经典市场交易”与“企业科层管理”之间的新兴经济组织形式，称为“网络平台经济”。从经济组织和运行机理上看，其具有四大特点：

一是信息透明度高。网络平台和数据分析技术的运用，使得与约租车相关的各类信息都能够以便捷的方式加以采集、存储、计量和公开。当然，信息透明度高并不必然是一件好事。毕竟，信息透明技术本身是

价值中立的。关键在于网络平台出于何种目的、采用何种方式去利用该信息。关于网约车业的效应评估和制度设计都需要充分意识到这一可资利用的工具。

二是管理成本低。网约车业的明显管理成本优势表现在：更高水平的规模化经营和管理；电子化管理水平高，对人力资源和实体办公环境的依存度低；因聚集了大量用户而具备了明显的商业价值（如商业广告等）。如果制度设计能够使各平台之间展开较为充分的市场竞争，那么，这种管理成本优势就越明显，平台用户的最终成本就越低。

三是市场竞争比较充分。在信息网络时代，私家车主和乘客对各网络平台的价格信息和客服水平的敏感度都很高。车主和乘客几乎可以随时在不同平台之间进行无成本的切换。此外，私家车主的物质资产和人力资产的专用性比较低，可以比较容易地转用于其他用途。即便私家车主不从事客运，将车辆和驾驶技能用于其他用途，也不会面临大的损失。因此，平台有动力尽量提高私家车主的回报，以保证足够数量的平台用户。在激励商业竞争中最终存活下来的平台商数量有限，乘客很容易将每次乘车感受与某个具体平台联系起来。平台商为了维护自身的品牌声誉，有足够的动力去主动治理那些评价不高的客运行为。

但需注意的是，平台间的充分竞争是以两项制度安排为条件的：一是各家平台投资商能够较为自由地准入约租车平台市场；二是平台与车主之间存在较为灵活的合同安排，至少要保证用户享有自由选择平台的机会。相反，如果法律过度限制平台商的市场准入，或者要求平台用户与平台之间形成长期稳定的劳动关系，则网络约租车平台的竞争充分度就会相应地递减。

四是市场交易频率提高和规模扩大。大量私家车主和乘客通过网络平台的大数据分析实现了集中撮合，大大地提高了实际交易的频率和规模。不过，一方面，此种动员能力取决于网约车业的定价机制。如果由政府统一定价，则很可能抑制网络平台的交易撮合能力。另一方面，专车交易频率和规模的过度增长都会加剧拥堵。不过，应对交通拥堵的制度选择方案有很多，如对城市车辆实行更严格的限行政策，通过配额、价格或者其他手段对私家专车和传统出租车进行总量控制，由平台自主实施高峰期价格动态调整机制，等等。

二、网约车业的社会经济效应

当前的网约车业仍然处于不断试验和逐步发展的阶段。要系统认识（更准确地说，发挥）这一新业态的社会经济效应，我们需要贴近社会实践对每一种形态展开细节性分析，而且还要去努力构想那些能够最大限度地利用网约车业之组织和运行特点的监管方案。

（一）正面社会经济效应及其发挥

1. 提高存量车辆的利用效率，缓解出行压力。城市交通载荷的一大特点就在于时间分布上的不均匀性。大中型城市不大可能按照峰值水平发放出租车牌照数量。而网约车大大增加城市客运车辆的市场供给，缓解当前的出行难题，提高市民出行的幸福指数。

2. 促进行业相互竞争，提升租车服务质量。网约车在订单响应速度、司机的服务态度和搭乘氛围方面要优于出租车。这在很大程度上源于网约车平台为了维持品牌效应而展开的充分竞争。如果将网约车业限制在高端商务服务领域，其在整个城市出租车行业中的竞争效应就会大打折扣。

3. 优化客运增值的分配机制，提高车主的运营收入。如果法律允许车主去灵活地选择平台商，那么，各平台会有动力去尽量提高车主的运营收入，以保证足够的优质车辆和驾驶劳务供给。

4. 丰富出租车辆形态，满足多元需求。国内现有网约车服务类型十分丰富，能够针对用户的多元需求提供差异化服务。这改变了过去的单一服务格局，提升了网约车服务的附加价值。特别是，技术变革带来的低廉价格租车服务将惠及那些原本无力打车的中低收入群体。

5. 使身份和品行透明化，降低了陌生人之间开展交易的信任成本。我们对“黑车”爱恨交织，主要还是因为信任机制的缺失。这些问题随着网络约租车平台的出现迎刃而解，车主实名注册制和平台统一定价机制照亮了原来的盲点，消除了乘客以往对陌生私家车信用的忧虑。相似地，网约车业的信用评价机制有利于防范车主或乘客的机会主义行为，提升交易安全性，促进社会同伴间的道德自律。

（二）潜在副作用及其控制

1. 客运安全风险。与传统出租车相比，网约车并不必然增加安全风险。在网络约租车平台出现之后，身份、车辆和支付等信息的公开、查阅和处理显得异常的便捷。这不仅能够有效控制目前面临的安全风险，而且将展现出明显的安全性优势。（1）驾驶技术，通常表现为与不良驾驶习惯相关的违章、违规驾驶行为。与事前发证监管模式相比，事中和事后监管模式更加经济和有效。（2）车况。鉴于私家车辆在年均行驶里程上的高度不确定性，不宜设定强制报废年限，但可以设定运营年限或者运营里程上限。（3）职业素养。一是性骚扰、抢劫、强奸等人身和财产侵害风险；二是拒载。第一类问题是一个人性的问题。网约车平台实现了车主和乘客身份信息的高度透明化，犯罪人能够在更短的时间内被锁定。这能够比较好地打消极个别潜在危险分子的侥幸心理。网络平台在治理拒载方面的技术优势十分明显，包括“单对多”订单发送技术，针对超时等候订单的激励技术和指派订单机制等。

2. 损害救济障碍。如果损害赔偿责任完全由私家车主个人来承担，将会产生两方面的负面激励：一方面，因为不信任车主的赔偿能力，大量厌恶风险的乘客宁愿长时间等候出租车也不会选择更为便捷的网约车；另一方面，厌恶风险的私家车主因为担忧高额损害赔偿责任而不敢进入网约车业，影响存量车辆资源的充分利用。（1）强制保险。以风险分散和损害救济为目标的机动车交通事故责任强制保险是应对这类问题的具体措施。保险费用可以根据客运里程来计算保费，而不是实行年费制。（2）损害责任的承担。对于超出保额的部分，有必要根据不同的商务模式来确定相应的责任承担方式。

3. 对传统出租车业的冲击。网约车只不过是一面“照妖镜”，充分暴露了现行出租车业的特许经营制和利润分配机制的重大弊病。出租车运营产生的经济增值过多地分配给了获得特许经营权的企业，或者其他利益相关方。如果改变现有的特许经营模式，引入公平的市场竞争机制，抑制现有出租车公司在运营资质和增值分配上的高度垄断地位，那么，出租车司机能够获得更高比例的运营增值。即便传统出租车的乘客资源因私家车辆资源进入市场而减少约 20%，出租车司机的劳动时间、身体压力和劳动收入也能够维持在一个司机们容易接受的水平。那些因无法积极改革并最终被淘汰者，应当被理解为市场优胜劣汰的必然结果。特别是，其关于“差异化经营”和“错位竞争”的政策构想不仅有杞人忧天之嫌，而且很可能在效果上适得其反，无法真正维护广大出租车司机的利益。

4. 对城市约租车市场秩序的影响。发展和治理出租车市场的最终社会目标不外乎三个方面：一是保障稳定的车辆供给。只要普通私家专车的定价与其相当或者略低，即便没有平台补贴，私家车主也能够从运营中获利。大量私家车主并不以客运为固定的职业，其行业重置成本低，能够比较灵活地退出客运市场。二是保障残障人士等特殊群体的出行需求。残障人士等特殊群体的用车需求十分有限，不足以支撑起一个独立的租车市场。其需求主要是通过财政补贴或类似激励方式来满足的。三是防止因用车需求过剩而导致的严重交通拥堵。需要指出的是，大城市交通拥堵的治理是一个系统工程，有必要站在一个系统的视角来考察，其重点应该是控制人口规模、优化路线设计和改善公共交通。

三、监管政策选择

私家车资源能在新兴网络约租车平台的组织下形成一股稳定的市场供给力量。针对各类副作用，政府需要准确把脉并对症下药，发挥相应的市场监管功能。从现有的信息源来看，主管部门尚未摆脱对新兴市场力量的不信任习惯甚至惧怕心理。该研究表明，网约车业的潜在副作用在很大程度上可以在公平的竞争环境中通过平台的自我监管加以有效控制。

政府主管部门需要积极扮演的首要角色是安全监管，设定符合安全运营目标的私家车准入和服务标准，将其交由平台自主实施，并注重对平台的实施状况进行事中和事后监管。主管部门还须建构一套以强制商业保险为基础的损害救济机制，解除车主和乘客双方的后顾之忧。监管的方式和强度也只能限于安全运营和损害救济，但不能基于抽象和空洞的担忧，甚至为了某一个行业的利益，去实施变相阻碍网约车市场发育的总量控制政策。传统出租车业需要通过改变公司治理结构和利润分配结构来应对网约车业的商业竞争，并接受优胜劣汰的市场选择。

赌博的法律规制

许德风（北京大学法学院副教授）

本文原载《中国社会科学》2016 年第 3 期，第 147—168 页

一、赌博的社会经济影响

（一）自然人赌博减少以边际效用为量度的社会财富

主流学说认为，在“边际效用递减”的理论背景下，赌博将减少以“边际效用”量度的社会财富。理由如下：其一，在持续性的赌博中，资产多者通常是赢家。其二，在资产相当的情况下（设双方原有资产均为 100 万元），若当事人为风险厌恶或风险中性者，则 100 万元资产对输者的边际效用通常大于或等于 100 万元，而该“意外之财”对胜者的边际效用则通常小于 100 万元。基于此，可以说赌博的结果并非只是重新分配了财富，而使社会财富减少了。此外，除了娱乐刺激外，赌博不会产生任何新的商品或服务，反而会因占用资金而产生巨大的机会成本。在上述背景下，禁止或限制自然人赌博在经济学上有充分的依据。自然人赌博除了无助于社会财富的增加，还具有很强的负外部性。赌博不仅消耗个人的财富，还会因社会关系的关联性，在个人财富散尽后损及家人和亲友。

（二）赌博增大市场中的系统风险

系统风险所描述的是风险的影响范围。在风险总量不变的情况下，若其影响范围增大（如一家企业破产，将像多米诺骨牌一样也牵涉其他参与者陷入困境），则构成通常所描述的系统风险增加。例如，A 借款

给B，约定1年后归还。A要承担B到期不能归还的风险。本来与此无关的C与D可能达成如下约定：在A、B的借款关系中，若B如约归还，则D向C支付特定款项，反之则C向D支付。在这样的情形下，风险源仍是B的资信，但其影响范围扩大了。实践中曾广泛交易的无担保的信用违约互换即具有此种属性，让数量巨大的投资者加入到原本与其无关的风险之中。

（三）赌博有助于创造市场

从赌博与市场交易的关联关系来看，可以将其分为与市场运行无关的赌博（如以体育比赛结果、骰子大小点为条件的赌博）和与市场运行有关的赌博（如无担保的CDS，又如股票、期货市场上的投机）。与市场有关的赌博往往有助于“创造市场”：赌博的存在提高了交易的频率，大幅降低了交易的成本，使市场成为可能。以对冲交易为例，在对冲风险时，企图避险的一方必须找到愿意承担风险的一方作为相对人，才能达到风险移转的目的，如果把风险看作一种商品，在关于风险的市场不成熟时，此类商品的数量将非常有限，当事人很难找到合适的此类商品。此时，投机者（即赌博参与者）即扮演了中介者的角色，从而可以促成避险市场。值得一提的是，市场上的赌博与真正的需求往往相伴而生，很难明确地加以区分，或者说加以区分的成本如此之高，以至于若限制此种赌博，也将限制真正的需求。将与市场运行相关的赌博合法化是交易参与者获得生计的必要前提。

二、赌博的识别

现实生活中存在着大量非典型的交易安排，其是否应被定性为赌博，需要仔细辨析。

（一）赌博合同既非无偿亦非单务

赌博虽然在形式上体现为一方对另一方的无偿给付，但其与典型的无偿行为如赠与仍有显著差别。赌博这种“赠与”建立在两个附加条件之上：其一，是否赠与取决于特定条件（客观不确定事实）；其二，一方当事人对他方的“赠与”是建立在他方也同时对自己为附条件之“赠

与”的承诺上的，即须以一定的价值换取获利可能性。这种有偿的属性也进一步使赌博具有双务的特征，当然，在赌博关系中，当事人并不享有双务合同中的同时履行抗辩权等权利。

（二）赌博的基础是客观不确定性

客观不确定性是赌博的基本出发点，是赌博关系中确定财产移转的唯一依据，与赌博相反，通常的民商事交易排斥不确定性。

现有法律中用于处理不确定性的风险分配规则，可以从避免等价交易沦为赌博的角度加以理解。在信用交易尤其是长期合同中，法律虽然可以规定当事人必须严格遵守合同的初始条件，不得进行任何事后的调整，但这样做将迫使当事人要么自行设计复杂的风险分配规则，要么彻底摒弃长期合同。民法上情势变更、显失公平等制度的合理性一定程度上也在于此：这些制度的存在，能使当事人间的分配关系免受（各方无法预见的）外部风险的影响，使长期合同中赌博因素得以排除。

（三）赌博制造额外的风险

赌博者将本与自己不直接相关的不确定性作为财产得丧的依据，人为地增加了自身的风险。相比而言，保险则是减少或分散个人既有风险的安排。为了与保险相区分，前述关于赌博是“基于不确定性事件而移转财产”的定义应当再增加一个限定：赌博是人为地制造额外的风险。其与保险相区别的关键，是有关风险是否属于当事人的固有风险。若原本是当事人所承担的风险，则与他人缔约分散该风险即属保险，而若本非自身的固有风险但特别约定以其作为财产转移的依据，则构成赌博。

保险法上用来区分赌博与保险的是保险利益制度。保险利益之有无不仅有助于说明保险合同的效力，也有助于解释其他的交易现象。由于保险利益概念的模糊性，以保险利益为标准的判断方法也存在不足。保险利益理论固然是金融衍生品监管及裁判的基础依据，但也仅仅是制度设计的起点而非终点。尤其在制定事先性的监管规范时，应充分透析复杂的交易结构，制定出具有可操作性的明确规则，避免过分轻易地将某项交易认定为赌博。

（四）赌博参与者有通过客观不确定性获利的动机

买卖交易的结果通常只是在特定时点将风险转移给了合同相对方。若当事人交易的标的是价格严重偏离价值或者价格的产生并非源于正常的市场供求的产品（如彩票或传销中炒作的商品），则买卖的行为就是将投资的回报与双方的进一步约定（确定彩票的中奖号码及奖励）或是否有人接盘（或有关产品可否继续交易）相关联，这是客观不确定的事项，此种买卖让当事人进入到客观不确定的、超出通常民事或商事交易风险范围的领域，进而构成了赌博。可见，判断是否构成赌博，还要考虑交易的动机和内容。

三、赌博的法律规制

赌博的因素在多种民商事交易中都有所体现。资本市场、彩票交易和民间赌债是其中有代表性的几个领域。

（一）资本市场中的赌博

1．股票市场中的投机与投资

A与B约定1年后若上证指数达到5000点（设当前为4000点），则A向B支付300万元，此种约定很可能被认定为是差价交易进而构成赌博；而若A与B都从事股指期货的交易，A从B处购买看涨/看跌期权，则二人之间的交易将被视为合法。就性质而言，二者并无本质差异。不同对待的原因主要在于一个是私下的约定，一个是在有序市场中的约定，而有效的市场监管“抵消”了前者“不法”的因素。

不仅股指期货具有赌博的属性，现实中二级市场上股票交易的赌博因素也是相当明显的。行为人基于赌博的考虑在二级市场上购买股票，是否应当予以禁止呢？实在法显然未采取禁止的政策。按照常识，大多数人也不会建议禁止。在无法准确区分投资性股票买卖与赌博性股票买卖的背景下，想发挥股票市场筹集资金、发布信息的功能，便只能接受其中的负面影响。

关于赌博的研究给资本市场建构的启示是：要尽量限制其中的赌博成分，减少资本市场造成的负面影响。具体制度包括通过说明义务、禁

止不当劝诱、适当财力和专业能力门槛等规范保护金融消费者和通过资本金管制、杠杆控制等机制防范机构参与赌博增大系统风险。

2．金融衍生品的监管

2008 年金融危机之后，各国改革了对金融衍生品监管的基本方向。

第一，监管产品本身。较为激进的观点甚至认为应当设置类似食药局（FDA）一样的机构，以对衍生品进行包括准入监管在内的全面监管。这一主张在有些国家已经开始实行。

第二，限制衍生交易的风险范围与风险规模，如借鉴期货交易制度，通过场内交易、大户持仓报告、逐日盯市、初始及追加保证金、强制平仓等制度安排将有关交易集中于中央结算机构。当然，如何有效地改进定价机制，将衍生品交易标准化，是未来研究的主要方向。

第三，限制交易主体的资格，并对交易主体的资信状况（包括资产充足率等）进行监管。在自然人参与交易时，更有必要在资格、投资程序、投资数额等方面加以限制。

3．禁止与市场交易无关的赌博

这一理念已体现在我国对赌博的禁止性规定之中。尤其值得关注的是，一些实质是赌博而仅表面上具有市场交易外衣的安排，常因其表现形式的迷惑性而被监管体系所忽略。近年来，我国多地兴起的“文化艺术品交易所”就是一例。

艺术品投资本属市场交易，艺术品的价值会随着艺术品收藏需求、艺术鉴赏水平、社会经济等的发展而变化，并且长期而言具有上涨的趋势。但是，若脱离其原本价值进行炒卖，便将脱离市场而可能转化为纯粹的赌博了。在这个意义上，即便允许此类交易，也应采取有效措施，严格限制其中的赌博因素。从目前世界市场的发展来看，对于艺术品的证券化尤其是份额化上市交易，各国都持极为谨慎的态度。

（二）彩票市场的规制

彩票是赌博的一种形式，国家将其合法化的动机主要在于对“财政收入的渴望”和对非法赌博的替代。既然是赌博，就存在如何有效限制其负面影响问题。

制定彩票政策的关键，在于妥当权衡民众的赌博需求与赌博的负面影响。我国目前的彩票政策在这两方面都存在严重的问题：一方面，在彩票销售机制日益电子化的背景下，现行的彩票发行费计提过高（目前为15%），彩票的中奖率相对较低（目前在50%左右），导致一部分彩民为谋求更高的回报而直接参与其他类型的赌博；另一方面，我国法律关于保护彩民的措施基本处于空白状态。各国都制定有全面严谨的防范彩票瘾、保护弱者的规则，如英国的《赌博法》、德国各州的《国家彩票规约》。参酌上述详尽的赌博法律规范，我国未来立法宜从彩票的种类、销售方式、资金用途、未成年人保护、赌瘾防范等角度进一步加以完善。

（三）赌债与赌博信贷的规制

1．赌债本身的法律效力

该文认为，将赌债归入不得请求返还的“因不法原因而为的给付”，乃是将判断的重心放在了赌输者一方：既然其从事的是赌博这一非法行为，便不得在行为之后再谋求救济而主张返还；而认为赌债是“传统债”的观点，则是将判断的重心放到了赌赢者一方，将道德、伦理乃至习惯作为当事人可以保有的依据。后一种解释路径在所从事的赌博不构成赌博犯罪因而违法性较弱时，更具说服力。

2．赌博信贷的法律效力

对于赌博信贷，我国法目前的处理规则是：出借人明知借款人借款用于赌博、吸毒等违法犯罪活动仍然进行借贷的，借贷行为不受法律保护。即若债务人能够证明出借人明知所借款项是用于赌博的，则借款合同无效，出借人的行为构成不法给付，不得请求返还。这一做法有助于抑制赌博的资金来源，避免自然人过度沉溺于赌博，避免赌博外部性的扩大，符合前文关于赌博社会经济影响的分析，应予肯定。

关于涉赌信贷，更为激进的法律政策是规定赌场借款给当事人以资助其在赌场赌博并不当然无效。如澳门《博彩法》规定：有对外放贷资格的（6家）澳门博彩公司和博彩中介人（主要是贵宾厅主）向赌博参与者提供的信贷，为法定债务。此外，澳门博彩信贷中，博彩中介人（贵宾厅主）的“合作人”（又称“叠码仔”）向赌客提供的信贷也被视为自然债务。这些制度都是为了促进赌博业的发展而设，未考虑社会影响，其在我国大陆地区申请执行时，应予限制。

论互联网立法的重点问题

王利明（中国人民大学法学院教授）

本文原载《法律科学》2016 年第 5 期，第 110—117 页

在互联网时代，互联网引发的各种新型法律问题不断涌现。如果法律界依旧习惯性地用传统的制度和学说框架去应对新现象，不仅无法对社会现实提出有说服力的解释，还可能阻碍互联网这一新兴产业的健康发展，有害于社会经济的转型与治理手段的创新。

一、互联网立法应采取专门立法的模式

就互联网法律制度的立法模式而言，我国应当采取专门立法的模式，不宜制定一部大而全的“互联网管理法”，具体理由在于：

第一，互联网技术和应用的涉及范围过于广泛，很难抽象出一套普遍适用的治理原则和行为规范。在具体设计互联网法律制度时，应当依据不同的治理对象和行为方式，有的放矢，确保互联网法律规范的针对性和可操作性。

第二，互联网本质上是一种信息技术手段和社会公共资源。而信息背后所涉及的具体领域相当宽泛，难以对其进行整体的法律调控。

最后，统一立法可能影响法律制度的实效，造成立法资源的浪费和法律适用的困难。立法要产生实效，就应当具有问题导向，即针对实践中出现的重大问题进行积极回应，而不是对互联网进行事无巨细的规定。应当解决现实生活中迫切需要解决的现实问题，如网络安全问题、个人信息保护问题、人格权保护和知识产权保护问题等。另外，在许多

情况下，行为所涉及的权利义务关系并不因借助互联网技术而具有特殊性，用既有的法律规范即可加以调整。在这种情况下，如果用整体性的统一互联网法来调整所有借助互联网所实施的行为，难免会与既有法律规范发生重合，造成立法上的叠床架屋、立法资源的浪费以及法律适用的困难。

总之，互联网立法应当重点规范当前迫切需要立法解决的重大问题，将其纳入专门立法的议事日程。在进行操作时，应以问题为导向，梳理既有法律规则无法有效解决的问题，总结网络技术的自身规律，斟酌市场的发展需要，制定具有实际可操作性的规则。

二、互联网立法中应处理好“三对关系”

第一，公共利益与私人利益的关系。在对网络内容及行为进行规制时，有必要区分公共利益与私人利益，分别适用不同的规制方式。网络是一个公共的开放空间，网络技术的开放性、互联性特征，使得网络空间表现出了十分明显的公共领域属性。但是，这并不意味着所有的事项都涉及公共利益。对于不涉及公共利益的网络空间内容，公权力应当保持谦抑性。动辄使用公权力，既是对公共资源的浪费，也是对公民行为自由的不当干涉。在主要涉及私人利益的情况下，则应充分发挥公民自主行使权利的积极性，发挥行业自律等社会自身的自治力量，通过自下而上的治理，更有利于实现社会共治。

第二，个人信息保护与信息资源高效利用的关系。对个人信息的法律规范应妥善平衡个人信息保护与信息资源有效利用之间的关系。我国的个人信息立法既应当考虑我国自身的情况，也要借鉴国外的先进经验。首先应当尽快确立个人信息权，并明确其内涵，从而逐步确定个人信息利用的规则，这可以为个人信息的利用奠定基础，也可以为网络服务提供者收集、利用个人信息提供清晰的规则。在进行个人信息立法时，应当区分相关的个人信息收集、利用是否会侵害个人的人格权益，对于涉及人格权益保护的个人信息，应当通过人格权法对其进行保护。并且在公序良俗和法律秩序的范围内，鼓励个人信息的积极利用，以充分发挥其经济效用。此外，不同的信息处理、利用环节，个人信息的利用、保护规则也应当存在一定差别。我国的个人信息立法应当区分不同

的个人信息利用、处理环节，设置不同的法律规则。

第三，市场、技术与制度的关系。技术的发展会开拓新的市场，而市场的发展也会对技术的创新提出新的需求，从而促进技术的创新和发展。法律应当鼓励技术和市场发展。但是市场往往受到利益的驱动，有其自身缺陷，不能完全放任其自由发展。为此，我国互联网立法应当考虑技术和市场发展的需要，努力确保立法具有一定的前瞻性，为新型业态的产生和发展预留制度空间，使各种新的产业能够纳入制度调整范围。

三、互联网立法的重心在于规范网络服务提供者

虽然不同领域的互联网法律制度在具体规则设计方面会存在一些差别，但整体而言，其规则设计大多以网络服务提供者作为规范重点。

第一，虽然各类网络平台服务的内容和形式存在诸多差异，但网络平台在其中始终发挥中枢节点的作用。因此，通过立法对网络平台服务提供者进行监督，无疑将产生纲举目张的治理效果。

第二，许多网络平台具有参与网络社会治理的技术能力。一方面，一些网络平台的经营模式决定了其有动力和需要对用户行为进行规范。另一方面，网络用户只能在平台经营者预先设置的规则框架内行为。这与网络化交易时代之前政府监管部门对市场交易主体的监管有一定的同质性。在这个意义上，网络平台与传统的政府监管部门一样，扮演着重要的监管角色。然而，网络服务平台本身毕竟是私人主体，有明显的商业利益驱动因素。网络平台本身的监管权有可能被滥用。通过立法加强对网络平台的监管，有助于更好地规范网络平台本身对平台用户的监管能力，为网络交易活动提供更好的制度环境。

第三，网络平台具有遏制有害信息广泛传播、防止损害扩大的能力。网络环境治理应当注重对损害的预防。在有害信息出现之后，应当充分发挥网络服务提供者的技术优势，课以其采取屏蔽、断开链接、删除违法信息等义务，这可以有效遏止有害信息的传播。要求网络平台对其用户行为承担一定的监管职责，从而有效控制因行为主体规模扩大而产生的社会风险，这既符合风险与收益一致的基本原理，也是网络服务提供者理应承担的社会责任。

第四，政府直接监管互联网的资源和能力十分有限，难以有效治理

网络环境。

互联网立法应以网络服务提供者为主要的规范对象，就是说在互联网立法中，应当以网络服务提供者权利义务的设定为重点。法律在规定网络服务提供者应当负有的监管义务的同时，还应当规定在特殊情形下网络服务提供者所负有的审查义务。

四、互联网立法应注重发挥行业自治能力

在我国传统的治理体制中，国家权力往往会直接面对个人，对个人的行为进行干预和调整。但是，此种治理方式的成本过高，也可能降低国家治理的合法性和有效性。解决此种问题的方式之一，就是要充分发挥行业组织和网络服务提供者的信息优势和治理优势，充分发挥其自治功能。十八届四中全会提出了社会自治，而网络自治也是社会自治的重要组成部分，互联网立法应顺应这种大趋势，重视发挥行业自治的功能。

相对于国家直接治理而言，行业自治具有明显的优势。行业自治的方式更为直接，更有效率。通过确立行业自治规则，能够综合运用更多的技术手段，直接实现治理目的。借助行业自治的事前或事中机制，能对相关事项进行及时反应和处理，从而有效预防违法行为发生或防止违法后果的进一步扩大。

相比而言，国家直接治理更多的是一种事前的准入监管和事后的规制，成本更高，效率更低。行业自治则能紧跟网络技术的发展需要，采取更为有效的治理方式。为了妥当应对技术发展和市场需求，代表行业自治的多元化的自律机制既可能发生在立法未预见和涉及之处，也可能是对立法中的漏洞和模糊之处进行相应的补充和完善。网络行业自律规则可以成为国家互联网立法的“试验田”，对其中的成功经验，在制定政策和法规时需充分尊重。

从互联网发展的实际情况看，网络行业自治应确立相应的行为规则，确立个人信息和隐私保护规则，规范网络服务提供者所提供的格式条款。鼓励和促进自律原则，意味着应鼓励和促进网络平台经营者和相关行业协会加强行业自律，根据市场实际情况制定行业规范和行为标准，自觉维护网络社会良好秩序以及网络用户合法权益，与网络用户和网络社会形成利益共同体。

实体法与程序法相辅相成

——法释〔2016〕5号之解读、评论与升华

崔建远（清华大学法学院教授）

本文原载《现代法学》2016年第6期，第176—183页

理论研究，特别是实务中处理案件纠纷，法律人务必关注实体法与程序法相互间的衔接和配合。《最高人民法院关于适用〈中华人民共和国物权法〉若干问题的解释（一）》（以下简称法释〔2016〕5号）在这方面做得较好，当然也有提升的空间。

受理、审理，首先是程序，程序为实体法的运行开辟通道，提供平台，使得不动产物权的归属与作为不动产物权登记基础的买卖合同等原因行为方面的争议得到解决。民事审判庭与行政审判庭的分工，固然为程序法上的现象，但实则内在于实体法的本质属性及要求，事关民法和行政法的分野、运行与演化。法释〔2016〕5号第1条关于民事审判庭与行政审判庭不得相互推诿的规定，突破了孤立主义与封闭主义的樊篱，为了便民和效率而转换逻辑，具有启发性。

对法释〔2016〕5号第2条规定的理解，首先需要正确理解和确定《物权法》第16条第1款的适用范围。在登记名义人与真实的物权人之间的关系方面，登记名义人不得援引该条款的规定来对抗真实的物权人关于该物权的主张。

确认土地权利（地权），可区分各种不同的土地权利而寻觅和锁定所需证据。确认建筑物、构筑物及其附属设施的真实物权人，同样需要区分各种不同的物权类型而寻觅和锁定所需证据。

由法释〔2016〕5号第2条的文义与规范意旨决定，不以登记为生

效要件的留置权不适用其规定。动产抵押权、浮动抵押权在生效要件方面不需要抵押登记，即便作为对抗要件需要抵押登记，但此类登记不属于不动产登记，也不适用该条款的规定。不过，一旦发生登记名义人与真实抵押权人之间的纷争，可以类推适用该条款的规定。如此，真实的抵押权人需要举证抵押合同等文件。

登记错误的场合，只要举证成功证明登记错误，就可推翻登记的物权关系，注销错误登记，将真实的物权人登记于相应的簿页。

证据及举证证明，本身即为实体法与程序法交融之所在，并属于将登记的不动产物权人与真实的物权人统一的关键。何为使登记机构、裁判机构更正登记或保持既有登记的证据？直接的、表层的确定规则在程序法，但深层的、起决定作用的依据却是物权法、债法的相关规则及法律关系。只有全面地、有机地把握和领会程序法和实体法及其结合，并融会贯通，才能寻觅到法释〔2016〕5 号第 2 条所指向的证据，才不会偏离《物权法》设置的物权归属及其确定的规则。

预告登记制度值得称道之处在于，它不但彰显了程序正义，而且确保了实质正义。法释〔2016〕5 号第 4 条虽然完全重复了《物权法》第 20 条第 1 款的意思和精神，但未就预告登记的权利人在两种情况下是否享有优先于其他权利人的权利表态，构成不足。一方面，预告登记的效力在于阻止他人取得预告登记对象的所有权、抵押权等物权，并无使预告登记的权利人自预告登记时起取得物权的效力，除非办理完毕本登记。就此来说，只要就预告登记的对象没有办理完毕本登记，预告登记的权利人就预告登记的对象就不享有优先于其他权利人的权利。另一方面，预告登记有效期内没有办理本登记，预告登记失去效力后，预告登记的权利人就预告登记的对象享有的权利，至多与他人享有的权利处于平等地位，不会享有优先权。

法释〔2016〕5 号第 6 条涵盖的有些类型同时受程序法和实体法的调整。法释〔2016〕5 号第 6 条所谓“转让人的债权人”不属于《物权法》第 24 条所称善意第三人，其涵盖过宽，应予限缩。

第一，如果转让人的债权人是因另外的标的物或服务而发生的债的关系，那么，该债权人不得否定受让人对特定动产的所有权；换言之，受让人可以对抗该债权人。

第二，如果转让人的债权人是侵权之债的债权人，那么，该债权人

不得否定受让人对特定动产的所有权；换言之，该受让人可以对抗该债权人。

第三，如果转让人的债权人享有的债权系基于承租或借用船舶、航空器或机动车合同而形成的请求所有权人交付租赁物或借用物的债权，那么，该债权人不得否定受让人对特殊动产的所有权；换言之，受让人可以对抗该债权人。

第四，如果转让人的债权人享有的债权系修理船舶、航空器或机动车合同而形成的修理费债权，该债权人行使留置权的，能够对抗受让人。于此场合，法释〔2016〕5号第6条的规定不正确。该条在该领域应当设置但书——但适用《物权法》第230条以下关于留置权的规定的除外。

第五，如果转让人的债权人本来是船舶、航空器或机动车的所有权人，由于种种原因船舶、航空器或机动车被转让人无偿占有，他基于不当得利制度享有请求转让人返还不当得利（利益表现为占有船舶、航空器或机动车）的债权，于此场合，受让人对抗不了此处的债权人（所有权人）。法释〔2016〕5号第6条的规定若适用此类情形，则不正确。该条在该领域应当设置但书——但符合《物权法》第106条第1款的规定的除外。

第六，如果转让人的债权人也是船舶、航空器或机动车的买受人，且不知转让人一物二卖，那么，他有权不承认受让人的所有权，援用法释〔2012〕8号第10条第2款关于“均未受领交付，先行办理所有权转移登记手续的买受人请求出卖人履行交付标的物等合同义务的，人民法院应予支持”的规定，对抗受让人。如果援用成功，则受让人对抗不了该债权人。法释〔2016〕5号第6条的规定若适用此类情形，也是不正确的。

法释〔2016〕5号第9条限缩了《物权法》第101条的适用范围，在继承和遗赠的场合不承认其他按份共有人享有优先购买权；同时允许共有人协议运用《物权法》第101条确立的规则，有其道理。第9条得以形成的重要源泉是意思自治、伦理价值，但这并不意味着程序法毫无作为，同等条件的形成及其机制就属于程序制度，它也是继承、遗赠场合排除优先购买权行使的原因之一。

法释〔2016〕5号第11条规定的优先购买权的行使期间，有可资赞同的一面，也有可商榷之点。其第 2 项和第 3 项兼顾了转让人未约定优先购买权行使的期间或所约期间过短这种主观状态、形成权因其破坏力较强而不宜较长期间地存续与优先购买权人思考、决断所需时间诸项因素，考虑问题全面、周到。

其第 4 项系综合考量形成权的除斥期间不宜过长，转让人未发问询其他共有人是否优先购买的通知这种主观状态，权衡转让人、其他按份共有人、受让人之间的利益关系而后作出规定，值得肯定。

但其第 1 项的规定却存在缺点：以转让人向其他按份共有人发出的包含同等条件内容的通知中载明的行使期间为准，乃贯彻意思自治原则的体现，虽可接受，但它忽略了优先购买权人接到通知后思考、决断是否购买所必需的时间。如果通知中载明行使优先购买权的期间过短，不符合交易习惯，违背情理，就不宜以通知中载明的优先购买权的行使期间为准。

土地承包经营权继承机制及其阐释辨证

陈　甦（中国社会科学院法学研究所研究员）

本文原载《清华法学》2016年第3期，第57—71页

关于农村集体土地承包经营权可否继承，是自土地承包经营权这一具有中国本土特色的法律概念生成以来即引起激烈争论的问题。导致否定论和肯定论观点截然相反的根本原因，不是双方知识运用和逻辑把握上的能力差异，而是双方立场以及由此确定的论域基点居于组织法抑或财产法所致，实质上是适用于农村集体经济组织的组织法与财产法在继承机制上相冲突的反映。

在土地承包经营权可否继承的讨论中，虽然否定论和肯定论互有交集，但立足点却各执一端。在土地承包经营权的性质上，否定论强调其身份属性，肯定论则强调其财产属性。如果侧重于身份属性，则土地承包经营权须兼顾集体及全体成员利益，因而不得继承；如果侧重于财产属性，则土地承包经营权是个人财产权利，因而得以继承。在土地承包经营权主体上，否定论认为其主体是农户，肯定论认为是农户中成员个人。土地承包经营权主体究竟是"户"还是"人"，显现了组织法视角和财产法视角的审视差异。如果是户，意味着土地承包经营权设立、移转时主体类型与范围的封闭性；如果是人，意味着主体的一般性与开放性，土地承包经营权设立时主体固然可以是户，但仍是人之形式一种，至于其移转时主体则不限于户，凡是"人"即可，包括自然人、法人和其他组织。在土地承包经营权的功能上，否定论强调其社会保障功能，肯定论强调其经济利用功能。如果旨在社会保障，那么土地承包经营权就必须与集体成员身份相联系，并且在集体成员间以公平原则配置，故

不得继承；如果旨在经济利用，那么土地承包经营权可为任何市场主体所持有，只按照效率原则配置，故可以继承。在土地承包经营权流转上，否定论还是《组织法》优先，坚持土地承包经营权流转应经集体经济组织同意；肯定论依然是《财产法》优先，坚持土地承包经营权自主流转，必要时在集体经济组织备案即可。须经他人同意方可流转的财产权利当然不能直接作为可继承财产；而财产权利可以自主流转是其作为可继承财产的必要条件。

寻求制定法根据，是否定论和肯定论共同使用的重要阐释方法，但是其解释论上的路径选择亦体现了组织法或财产法的偏好。否定论阐释的主要制定法依据是《农村土地承包法》《继承法》，肯定论阐释的主要制定法依据是《物权法》。在均以《农村土地承包法》为阐释依据时，否定论偏好解释其第 15 条，以土地承包经营权主体为农户立论；肯定论偏好解释其第 37 条，以土地承包经营权自主流转立论。即使同在解释《农村土地承包法》第 31 条时，否定论赞同其第 1 款，认为该法区别了收益与权利，继承人得继承的是承包收益而非土地承包经营权；肯定论则赞同第 2 款，认为既然林地和四荒地承包经营权都已经可以继承，从法律体系统一、避免规则矛盾以及提高土地利用效率的角度考虑，应承认土地承包经营权可以作为遗产继承。如果解释者立场与结论已预先固化，所有解释技术的精巧运用不过是进一步明确甚至扩大分歧而已。

否定论和肯定论的前见偏构也导致对调查数据的偏向性收集与解释。有学者整理 2006 年、2008 年的一些田野调查数据得出结论，认为“在被调查地区，超过 80% 的农民对土地承包经营权继承持赞同态度”。但另有学者近乎同期的调查结果却是，“经过 20 多年的制度磨合和运作后，大多数受访农户（74.10%）并不认同‘增人不增地、减人不减地’‘承包期 30 年不变’等政策、法律”。按照心理与事理之间应有的一致性，赞同土地承包经营权继承，就应当认同土地承包经营权长期稳定政策；不赞同土地承包经营权的可继承性，就应当不认同土地承包经营权长期稳定政策。反之亦然。但是，如果对这两个数据进行交集处理，有 50% 以上的农民既赞同土地承包经营权继承又不认同土地承包经营权长期稳定。对于这种矛盾的心理事实，只能从利己偏好中得出合理解释：农民们对于自己的土地承包经营权，希望可以继承；对于他人的土地承包经营权，希望能够调整。法律在做土地承包经营权应否继承的制度选择

时，当然应充分考虑广大农村集体经济组织成员的普遍意愿，但如果拘泥于既有倾向且束缚于具体利益诉求，观察的事实与得出的结论都可能是扭曲的。

以上分析表明，对于土地承包经营权可否继承，无论是否定论者还是肯定论者，都不能在《组织法》和《财产法》的有机结合与内在统一的基础上，充分阐释其观点并圆满设计其方案。就否定论者坚持的观点而言，实际上是割裂《财产法》的统一性来维护《组织法》的现实性。就肯定论者坚持的观点而言，实际上是维护《财产法》的统一性而忽视《组织法》的现实性。如果否定论者能够站到《财产法》原点上进行观察，肯定论者能够在《组织法》方向上扩展视野，或许有关土地承包经营权继承的共识能够更好地形成。

随着全面深化经济体制改革特别是农村经济体制改革的不断深入，现行农村集体经济组织的结构方式与运行机制表现出越来越明显的不适应性，尤其是当前通行的农村集体经济组织中人与财产的连接方式越来越松动，市场经济发展和城乡一体化进程不断消解户籍在农村集体经济组织中的建构价值，获得城市社区户籍的集体成员将不再被要求放弃集体权益，完善集体经济组织成员权制度是当前农村经济体制改革的一个重要措施，其必然结果是成员的集体权益持分明晰确定。集体权益持分将成为《继承法》上的可继承财产。有关土地承包经营权流转的规定，在事实上产生两个与《继承法》上的继承相同的经济后果，一是土地承包经营权落到“集体外人”手中，二是集体并未因此增加利益。既然经济后果相同，因何允许土地承包经营权向非本集体成员流转，却不允许由非本集体成员继承，对此没有符合逻辑的充分理由。当前农村人口流动性越来越大，土地价值增值较快且地区间差异较大，城镇化进程又加大了土地用途改变的机会，导致农村人地关系势必向市场规则主导的财产法体系兼容。

农村集体经济组织收回土地承包经营权后，实际上并无合理可行的再分配机制可资运用。可以设想的分配机制包括：一是将收回的土地承包经营权标的土地，向所有未分得承包地的成员平均分配，这将进一步导致农地使用上的碎片化；二是将收回的土地承包经营权分配给个别未分得承包地的成员，但其中的次序利益难以平衡；三是将收回的土地承包经营权整体流转，将获得的对价在集体成员间分配，其实，将土地承包经营权按照

《继承法》继承但附加利益平衡措施后，同样可以获得这种效果。

因此，必须在重构《组织法》与《财产法》关系的基础上，对土地承包经营权实行《继承法》上的继承机制。在组织法与财产法的结合上，可以为土地承包经营权继承建立一个行之有效的利益平衡机制，其一是土地承包费重估与交纳制度；其二是土地承包经营权补偿与收回请求权制度。

土地承包费重估与交纳制度的具体做法是：当土地承包经营权的继承人不是本集体成员时，其可以继承土地承包经营权，但是必须承担向集体经济组织交纳承包费的义务；并且在发生继承时，要按照市场规则重新评估与确定土地承包费数额。这是土地承包经营权继承机制的合理变革，既符合土地承包经营权的法律本性，又符合农村改革的政策取向。

按照市场规则重估和交纳土地承包费，并不是一个艰难的谈判过程。在集体经济组织与土地承包经营权继承人之间，如果就土地承包费达不成一致，土地承包经营权补偿与收回请求权制度即可发挥作用。其具体做法是：（1）如果集体经济组织认为土地承包经营权继承人愿意负担的承包费过低，因而拒绝达成土地承包费协议，此时可以向土地承包经营权继承人提出，以土地承包经营权继承人愿意负担的较低承包费为标准，并考量土地承包经营权剩余期限等因素，计算出土地承包经营权补偿价格；再由集体经济组织向土地承包经营权继承人支付补偿价格，然后将土地承包经营权收回集体。（2）如果土地承包经营权继承人认为集体经济组织要求的承包费过高，因而拒绝达成土地承包费协议，此时可以向集体经济组织提出，以集体经济组织要求的较高承包费为标准，并考量土地承包经营权剩余期限等因素，计算出土地承包经营权补偿价格；再请求集体经济组织向土地承包经营权继承人支付补偿价格，然后将土地承包经营权交回集体。土地承包经营权补偿与收回请求权制度的机制效果，就是有效形成合理的土地承包经营权市场价格。

论农民集体土地所有权的管理权能

韩　松（西北政法大学民商法学院研究员）

本文原载《中国法学》2016年第2期，第121—142页

在农民集体土地所有权中，由于主体的群体性，主体如何形成权能行使的意志，以实现对集体土地的占有、使用、收益和处分，这实质上就是管理权能的问题。

一、管理成为农民集体土地所有权权能的依据

管理权能应是所有权的固有权能。所有权在本质上是所有人对自己物的支配自由。如果采取二人以上的共有，无论按份共有或者共同共有，在所有权行使中则有管理的必要，对所有权的行使或多或少需要所有人之间的协力。管理共有物是共有人共有所有权的权能。

管理权能与占有、使用、收益和处分权能是密切联系的，都是所有权行使方式的表现，但也是可以分开的不同权能。法律将所有权定义为所有人对自己的物的占有、使用、收益和处分的权利，也并不意味着所有权仅仅是这四种权能的简单相加，是这四种权能对物的封闭支配，相反，为所有权目的实现所必需的各项支配手段都可以成为所有权的权能。权能是主体依据其享有的权利实施各种外部行为的可能性。所有权的权能是所有人为实现其所有权的利益目的所能采取的手段。管理是主体依据权利为实现其利益所采取的行为，当属权能范畴。

农民集体所有权是农村一定社区的成员集体对依法属于本社区所有的土地和集体积累财产不可分割的共同所有。集体所有权主体的群体

性，所有权行使意志的民主性，利益目的实现的集体公共性和对集体成员的普惠性，所有权客体的不可分割性，都决定了集体所有权具有管理的权能。集体所有权的管理权能是集体所有权主体为实现集体所有权的目的对集体所有的土地和其他财产的占有、使用、收益和处分依法所做的处置安排，包括集体成员的民主管理和监督，集体成员民主选举的集体经济组织或者村民委员会等管理和监督组织的管理和监督。

赋予农民集体土地所有权管理权能，《民法通则》第 74 条，《土地管理法》第 10 条，《物权法》第 59 条、第 62 条、第 63 条都是其法律依据。我国《物权法》虽然没有规定管理是所有权的权能，但对于集体土地所有权的管理权能在上述法律中都做出了特别的规定。因此，提出集体土地所有权的管理权能并不违反物权法定原则。即使没有明确的法律规定，经过研究，当认识到应当把管理作为农民集体土地所有权的权能时，也应当通过法律的完善予以规定。

我国的地方性法规也都规定了集体所有权的管理权能。从我国各地农村集体土地管理的实践看，无论是像华西村、南街村这样的全国名村，还是经济上落后的贫困村庄的村委会或者村集体经济组织，都实际管理着集体所有的财产特别是土地财产，只不过管理的效果不一样，管理好的村，能更有效地实现集体成员的利益。承认农民集体对本集体所有的土地的管理权能，是集体土地管理的实践要求。

明确规定农民集体土地所有权的管理权能符合农村集体土地制度改革的政策要求。在坚持农村土地集体所有权的前提下，无论创新农业经营方式，将集体经营作为农业经营体系中的一种形式，还是构建城乡统一的建设用地市场，允许农村集体经营性建设用地入市，都离不开集体土地所有权的管理权。明确农民集体土地所有权的管理权能与集体土地制度完善的政策导向是一致的，是将十八届三中全会决定关于农村土地改革和完善的基本政策措施法律化、制度化的关键。

二、农民集体土地所有权管理权能的内容

农民集体所有权的管理权能就是集体成员对集体所有的财产支配的决定、安排及其监督实施的活动，包括集体成员的民主决策和民主监督，以及集体组织及其专门管理人员的执行管理。农民集体所有权管理

权能的内容就是对集体所有权管理的具体事项，包括三大方面：民主管理事项、执行管理事项、监督管理事项等。

民主管理主要包括以下方面：1．制定农民集体财产管理规章和制度。2．民主选举农民集体财产管理执行人员和管理监督人员。3． 对农民集体财产管理中的重大事项的民主决策。4．民主监督。

管理执行的内容就是由农民集体所有权的管理执行主体对农民集体财产的管理事项。主要有以下方面：依法对本集体所有的土地进行登记，管理好土地的登记簿册和档案，设置界标，防止土地被侵占。依法制定和落实耕地、园地、林地、牧草地、水面、未利用地等资源性资产的保护措施，做好土地改良、水土保持，合理开发利用自然资源，防止土地退化和毁损。管理好集体经营性建设用地、集体公共设施用地、宅基地等集体建设用地，做好集体经营性建设用地使用权的出让、出租、出资、回收等事项。编制集体土地财产收益分配方案，报经集体成员会议批准后执行收益分配。管理好集体土地的变动，确保集体土地财产不受侵害。在承包经营方式下，做好土地的发包和管理。除以上事项外，还应当规定兜底性条款，即其他应当由农民集体财产管理执行机构执行的管理事项。

管理监督的内容就是由农民集体所有权行使的管理监督主体对管理执行主体执行集体所有权的管理事务的具体监督事项。

三、农民集体土地所有权管理权能的行使主体

对农民集体土地所有权的最大指责莫过于主体不明，其主要诘问在于集体怎能成为主体。该文研究的特点是从权能行使的角度考虑主体的选择，回答集体能够成为农民集体土地所有权的主体。集体土地所有权的行使实质上是通过管理权能行使的，因此，集体土地所有权的行使主体也就是管理权能的行使主体。管理权能的行使主体包括三个类型：决策主体、代表主体、监督主体。

（一）农民集体土地所有权管理权能的决策主体

农民集体土地所有权权能行使的决策主体，是作为集体所有权主体的集体成员。集体成员参与集体所有权行使的民主管理不仅是成员个人

的成员权的内容，成员集体的民主行动即是集体所有权主体在行使集体所有权的管理权能。

有必要从法律制度上对农民集体所有权的民主管理和决策主体加以构造。村民小组集体的民主管理和决策主体由具有行为能力的村民小组集体成员或者由村民户的代表构成。这两种形式在实践中是最普遍的主体构成形式，采取哪种形式应当尊重村民小组集体成员的选择。

村集体由若干个村民小组构成，范围大小不等。规模小一点的村可以由具有完全行为能力的集体成员以成员会议形式行使民主管理和决策权，较大的村则可以由各个村民小组选出集体成员代表以成员代表会议的形式行使民主管理权。也可以是两种形式的结合。采用公司制的现代经营模式的村集体，其民主管理主体则由集体成员以股东身份构成，以股东大会或者股东代表大会的形式行使民主管理的权利。

在乡镇集体财产的民主管理中，应当以乡镇集体成员代表会议的形式行使。乡镇集体成员代表会议的代表可以由乡镇内各村集体推选的成员代表组成，也可以结合乡镇人民代表大会，由乡镇人大代表组成集体成员代表会议。

在现实生活中，集体成员作为集体土地所有权权能行使的决策主体的主要问题是：第一，处在家庭承包经营模式下的集体成员，除了其承包的土地在名义上属于集体所有以外，与集体基本上再无联系，集体观念淡薄，集体成员的民主决策在一些地方往往流于形式。第二，一些地方的集体成员外出打工者比较多，留在家里的集体成员很少，召开集体成员会议或者成员代表会议在客观上有诸多困难。第三，一些农村集体的宗族势力、帮派势力、黑恶势力往往左右集体成员会议，使得集体成员难以为集体利益独立表达意志，一些明显对集体成员有利的议案，也难以决策。

这些问题不能否定农民集体成员作为集体土地所有权行使的决策主体地位，这些现象正是需要通过完善集体土地所有权制度加以克服的。从民法上完善集体土地所有权的权能行使制度，就是要规定集体成员为集体土地所有权权能行使的民主决策主体、权力主体。要使集体成员能够真正以主人翁姿态行使集体所有权的民主决策，就要强化集体成员与集体的利益联系，通过集体土地所有权的权能行使发展集体经济，使集体成员能够从集体经济的发展中实现利益，使成员具有对集体的向心力，集体具有对成员的凝聚力。

（二）农民集体土地所有权管理权能行使的代表主体

代表本集体执行集体土地所有权的民主决策事项、管理执行事务的专门机构和人员就是集体土地所有权权能行使的代表主体或称管理主体或执行主体。

村农民集体土地所有权一般由村民委员会负责执行村集体所有权的管理事务，也有的设立独立的管理性质的集体经济组织。《村民委员会组织法》并没有赋予村委会代表国家权力的职权，没有赋予其国家公权力的性质，自治组织就是自己的而非公共的组织。村民自治事务的基本方面就是经济自治，村民委员会是村民自治组织，也可以是村民自治其集体经济的组织，自治组织与经济组织并不排斥，所以，村民委员会是具有经济组织性质的。民法的基本原理就是民事生活实行当事人意思自治。村民委员会对农村集体经济事务的自治管理就是民事自治，村民委员会完全可以代表村集体成员行使集体土地所有权，成为村集体财产的管理执行主体。

集体土地所有权权能行使的管理主体代表集体行使集体土地所有权的权能，不仅要通过权能行使实现集体土地所有权的经济功能，而且要通过权能行使实现集体土地所有权对集体成员的社会保障功能。因此，作为集体土地所有权的权能行使的代表主体不一定是纯粹的集体经济组织。村民委员会并非单纯的行政权力组织、政治组织，其所具有的综合属性恰好是其作为农民集体土地所有权权能行使主体的优势，而非缺陷。即使农村集体经济组织，其作为集体土地所有权权能的行使代表，也不仅仅是经济组织，也肩负着社会组织的功能。

从我国农村的现实情况看，村农民集体土地所有权权能行使的代表组织在全国各地有不同的情况，但大多数村级农民集体土地所有权是由村民委员会行使的，有的是在村委会管理的基础上在村集体经济发展后根据集体经济的发展需要设立了村集体经济组织。我国《物权法》第60条关于村集体经济组织或者村民委员会是村农民集体所有权行使的管理执行主体的规定，符合村民委员会的性质和我国农村现实情况，没有必要非得强调集体所有权管理执行主体与村民委员会的分离。

村内集体所有权一般是指村范围内的村民小组集体所有权，由村民小组集体经济组织或者村民小组作为所有权的行使的代表主体或管理执行主体。完善村民小组的集体土地所有权管理机制符合乡村治理发展的方向。

根据各地农村集体经济发展的需要，创设村集体或者村民小组集体，或者按照经济原则重新组合的集体土地股份合作社也是农民集体土地所有权行使的代表组织改革的方向。这些都应当由各个农民集体因地制宜地加以选择，不可为了提倡合作社等经济组织就绝对地否定村委会、村民小组等自治组织。

乡镇集体土地所有权的管理的执行主体，依据《物权法》第 60 条的规定，应该是乡镇集体经济组织，但是，在现实生活中多数乡镇没有管理集体财产的乡镇集体经济组织，而是由乡镇人民政府代管集体资产，由此形成了政府财政与集体资产不分、政经不分的情况。要维护乡镇集体资产的所有权，就必须在明确乡镇集体财产为本乡镇范围的集体成员集体所有，在构建集体成员对乡镇集体财产民主管理主体的基础上，构建真正的集体经济组织，使集体经济组织对本集体财产的管理民间化，把集体所有的财产与政府的财政财产分开。

（三）农民集体土地所有权管理权能行使的监督主体

集体土地所有权权能行使的监督主体的构成应当由集体成员推选的成员组成集体财产管理监督小组或者监督委员会监督。

村民小组集体土地所有权权能行使的监督，如果集体财产事务不多，可以不成立专门的监督组织，直接由村民民主监督，也可以设监事人监督；如果村民小组集体财产事务较多，则应成立集体财产监督小组监督。村集体财产由村民委员会作为权能行使代表直接执行管理的，应当由村民大会或者村民代表会议选举成立村集体财产监督委员会对村委会的管理进行监督。如果村集体已经成立了集体经济组织，就由村民委员会作为监督机构监督村集体经济组织对集体财产管理事务的执行。如果村集体采用了全员持股的股份公司或者土地股份合作社的集体法人所有权模式，公司或者合作社设立的监事会就是集体所有权的管理的监督主体，同时村委会也是集体所有权权能行使的监督主体，监事会是公司的内部监督，村委会是外部监督，二者可以并行监督。乡镇集体财产管理的监督主体应当是由乡镇集体成员代表大会选举的成员组成的乡镇集体财产监督委员会。

民法法典化运动中的知识产权法

吴汉东（中南财经政法大学教授）

本文原载《中国法学》2016 年第 4 期，第 24—39 页

民法典编纂的历史进程，亦是知识产权法法典化的运动过程，它既表现了体系化的知识产权法与现代民法典的结合，也趋向为知识产权专门法典对民法法典化的追随。在当下中国知识产权学界，法典化运动大抵有两个含义：一是实现知识产权法与民法典的连接，即在民法典的民事权利框架中对知识产权进行制度安排，是一个知识产权法“入典”问题；二是实现知识产权法律体系化，即在民法典之外再设专门法典，是一个知识产权法“成典”问题。无论是“入典”还是“成典”，都需要对知识产权法律进行价值判断、规范整合和体系构造，其法典化的过程即是知识产权法律发展与制度创新的过程。

一、知识产权法“入典”

关于民法典对知识产权法的接纳，问题在于知识产权法以何种方式“入典”。从民法典编纂体例来说，有以下几种：

一是纳入式。即将知识产权法全部纳入民法典之中，使其与物权、债权、继承权等平行成为独立一编，其立法例为《俄罗斯民法典》。

二是糅和式。即将知识产权视为一种无形物权，与一般物权进行整合，规定在“所有权编”，其立法例为《蒙古民法典》。从法典编纂体系而言，糅和式与纳入式一样，都将知识产权法整体置入民法典；但就篇章结构而言，知识产权法并非独立成编，而是被传统财产权利制度吸收。

三是链接式。即民法典对知识产权作出概括性、原则性规定，知识产权仍保留有单独立法（专门法典或单行法），其立法例为 1942 年《意大利民法典》、2005 年《越南民法典》和 2003 年《乌克兰民法典》。

现代民法典尝试编入知识产权法，表明民法典与社会发展同步，古而不老、固而不封，体现了民法典编纂的时代胸怀和创新精神；同时，彰显知识产权的私权本位，完整地构造了民事权利体系，使得民法典真正成为“市民权利宣言书”和“社会生活的百科全书”。

二、知识产权体系化与知识产权法“成典”

知识产权体系是得以称之为“知识产权”的各种财产权所构成的有机整体，表现为相关立法和实践的制度体系。知识产权体系化是一个动态发展的过程：自 17、18 世纪以来，在社会财产构成中，出现了抽象化、非财产化的财产权类型；在文学艺术创作领域出现了著作权；在科学技术发明领域出现了专利权；在商品生产交换领域出现了商标权。自 19 世纪下半叶始，知识产权在类型化的基础上开始体系化。专利权和商标权被合称为工业产权，与著作权类分，并为当时国际立法文件所认可，1883 年缔结的《保护工业产权巴黎公约》和 1886 年缔结的《保护文学艺术作品伯尔尼公约》即为其代表。20 世纪以来，以知识产权名义概括智力创造领域的各类权利，从理论研究走向国际立法活动。1967 年《成立世界知识产权组织公约》的缔结使知识产权成为国际上通行的法律概念。

构建上述体系，涉及两个基本问题：一是知识产权在财产权体系中的地位，特别是知识产权与所有权的关系；二是知识产权自身体系的形成，主要涉及“各个权利分支存在着逻辑统一的可能性”。不容忽视的是，知识产权立法从单行法到法典化，已然成为现代法典化运动的重要趋向。

在近四百年知识产权法律发展的历史过程中，法典化既是以往法律进步的一个标杆，更是现代制度创新的一股潮流。在这里，民法典与知识产权法典始终保持着一种先后关系、主从关系的法现象。从法典化的历史历程来看，知识产权法典化总是与民法法典化相伴而行。19 世纪工业产权法典的编纂，是伴随第一次民法法典化运动进行的；20 世纪知识

产权法的法典化，则是在第二次民法典编纂浪潮中得以形成的。

从诸法典的位阶来看，知识产权法典作为专门法典，并没有改变其作为民法特别法的原本地位。在私法多元体制中，民法典是作为民事普通法或基本法存在的，它规定的是私权的一般问题；而知识产权法典则属于特别法，它对知识财产问题作出专门规定。将两部法典作出上述区分的意义在于：在知识财产问题的法律适用方面，知识产权法典的适用应优先于民法典。前者有专门规定，应优先适用其规范；无特别规定的，则应适用基本法规范。

三、中国知识产权法从“入典”到“成典”

我国知识产权法的法典化道路，宜采取“两步走”：

第一步，在民法典中设“知识产权编”，实现知识产权作为私权的理性回归。民法典对知识产权的接纳，满足了私权体系所具备的全面性和一致性要求。民法典应构建一个含有有形财产权与无形财产权的完整财产权体系，质言之，知识产权法在民法典中不能“缺位”。1986年《民法通则》第五章第三节专门规定了知识产权，集中而概括地描述了知识产权基本制度，并将其与其他财产权以及人身权合为民事权利专章，这在当时被称为民事立法上的创举。考虑到立法例的传承性，未来民法典对知识产权作出独立安排，以此与其他民事权利并列，其“入典”的重要性和可行性不言而喻。

第二步，制定知识产权法专门法典，实现知识产权一体化、体系化的理性安排。目前我们知识产权法领域仍然存在着法律体系无序、立法层次不统一、行政管理体制分散和社会观念薄弱等诸多问题，严重阻碍了知识产权法功能的有效发挥。与各知识产权单行法相比而言，体系化的知识产权法典具有更高的价值体现和更多的功能优势。在中国，知识产权法法典化运动是一个长期的过程，当下“入典”是一项紧迫而重要的立法任务，而“成典”将成为未来崇高而伟大的立法目标。

关于知识产权法与民法典的链接，作者主张采取“点、面”相结合的链接模式。所谓“点”的链接模式，即在民法典“总则”的相关章节中对知识产权作出原则性规定。但是“点”的链接模式绝不能仅是“总则”中的“宣示性”条款，而应在“总则”基本章节中都有所反映，例如在基本原则、保护对象、权利范围、法律事实、诉讼时效等方面对知识产权作出特别规定。所谓“面”的链接模式，即在民法典中独立设置“知识产权编”。“面”的链接将知识产权与物权、债权、继承权等民事权利置于同等的位阶，最大程度地凸显出知识产权在私权制度体系中的重要地位，实现民法典的现代化、时代化的制度转型；同时，这种“面”的链接不是知识产权法的平行移植，而是一般性规范的抽象和概括：应从诸如著作权、专利权、商标权等各项知识产权制度中抽象出共同适用的规则；同时，应着力描述知识产权与其他财产权的不同之处以及相互关系，即基于知识产权特性的一般规范。

知识产权法从“入典”到“成典”是一种制度理性选择，也是一种法治理想追求，其目标实现须把握好以下几个关系：

一是基本法与专门法的关系。民法典与知识产权法典是基本法典与专门法典的关系。先民法典后知识产权法典，是法典化的逻辑过程。民法法典化不仅对知识产权法典的制定提供“示范效应”和理论储备，更能对后者的内容设定和结构安排产生重要影响。

二是实质法与形式法的关系。在知识产权法典出现之前，在形式上没有名为“知识产权法”的立法文件。知识产权法典编纂的目标之一，就是将虚拟的法实在化。“知识产权法”的实在化，在立法上有助于明确法律渊源，在法律适用上有便于查找法律规范，在行政执法上有利于改变分离状态、推进统一管理。

三是法学与法典的关系。我国知识产权法法典化的现实障碍之一，在于知识产权法的非理论化、非体系化，即法学尚不成熟。因此，法学家的当前学术使命，就是建立知识产权法基本范畴，完善知识产权法基本理论，建立知识产权法学术体系，为未来的知识产权法典提供学术支撑。

民法总则应当规定或有期间制度

王　轶（中国人民大学法学院教授）

摘自《法学家》2016年第5期，第149—159页
原题为《民法总则之期间立法研究》

或有期间，即决定当事人能否获得特定类型请求权、形成权等权利的期间。一旦当事人在或有期间内依据法律的规定或者当事人之间的约定为一定的行为，其即可获得相应类型的请求权、形成权等权利。当事人在或有期间内未依据法律的规定或者当事人之间的约定为一定的行为，即不能获得相应类型的请求权、形成权等权利。我国现行民事立法中比较典型的或有期间包括保证期间和买受人的异议期间等。或有期间最终限制了当事人特定类型的请求权、形成权等权利，而且一旦当事人在或有期间内依据法律的规定或者当事人之间的约定为一定的行为，从而取得了特定类型的请求权或者形成权之后，该请求权即存在适用诉讼时效期间的问题，该形成权即存在适用除斥期间的问题。换言之，或有期间与诉讼时效期间、除斥期间存在衔接与配合关系。但或有期间与诉讼时效期间、除斥期间仍属民法上限制民事权利的不同期间类型，其中或有期间是决定当事人能否获得请求权或形成权等权利的期间；诉讼时效期间是对业已存在的请求权进行限制的期间；除斥期间是对业已形成的形成权进行限制的期间，彼此存在重大区别。下面谨以诉讼时效期间与保证期间以及买受人异议期间之间，以及买受人异议期间与除斥期间的区别和联系为例进行说明。

一、诉讼时效期间与保证期间的联系和区别

保证期间，又称保证责任期间，是债权人得主张保证人承担保证责任的期间。依据《担保法》第 25 条第 2 款的规定，就一般保证，在合同约定的保证期间或者法律规定的保证期间，债权人未对主债务人提起诉讼或者申请仲裁的，保证人免除保证责任。债权人已提起诉讼或者申请仲裁的，自判决或仲裁裁决生效之日起开始计算保证债务的诉讼时效。依据《担保法》第 26 条第 2 款的规定，就连带责任保证，在合同约定的保证期间或者法律规定的保证期间，债权人未要求保证人承担保证责任的，保证人免除保证责任。从法律效果上看，保证期间最终限制的是债权人对保证人的债权请求权，与诉讼时效期间同属对于请求权的期限限制。但作为或有期间，其与诉讼时效期间有明显区别。

第一，诉讼时效期间为法定期间，保证期间则允许当事人约定。

第二，诉讼时效期间与保证期间的起算点和存续期限不同。依据《民法总则草案》的规定，普通诉讼时效期间为从知道或者应当知道权利受侵害以及义务人之日起 3 年。依据《担保法》的规定，保证期间有约定的，按照约定。没有约定的，保证期间为主债务履行期届满之日起 6 个月。

第三，诉讼时效期间得发生中止、中断和延长，保证期间不存在中止、中断和延长的问题。《担保法》第 25 条第 2 款确认一般保证的保证期间得适用诉讼时效期间中断的规定。该款规定不应解释为保证期间发生中断，而应解释为保证债务的诉讼时效期间开始计算。该款规定表达的是保证期间与保证债务诉讼时效期间之间的衔接配合关系。

第四，二者的直接适用对象不同。尽管从法律效果上看，保证期间最终限制的是债权人对保证人的保证债权请求权。但在保证期间内，一般保证在债权人对债务人提起诉讼或者申请仲裁以前、连带责任保证在债权人要求保证人承担保证责任以前，双方当事人并不存在现实的债权、债务关系，保证人的保证债务可能现实发生，也可能根本不发生。仅在一般保证的债权人对债务人提起诉讼或者申请仲裁，以及连带责任保证的债权人要求保证人承担保证责任以后，双方当事人之间才发生现实的债权、债务关系，保证人的保证债务方成为现实的债务。因此，保证期

间直接限制的并非是债权人对保证人的债权请求权，它是通过直接决定在债权人和保证人之间究竟是否发生现实的债权、债务关系，来间接地限制债权人对保证人的债权请求权。这与诉讼时效期间系直接限制权利人请求权的行使明显不同。

当然，一旦一般保证的债权人在保证期间内对债务人提起诉讼或者申请仲裁，以及连带责任保证的债权人在保证期间内要求保证人承担保证责任的，尚未届满的保证期间不再继续计算，债权人对保证人的请求权就开始诉讼时效期间的计算。

第五，期间届满的法律效果不同。从具体的法律效果来看，保证期间届满，保证人免除保证责任，债权人对保证人的债权请求权也就随之不会再实际发生。诉讼时效期间届满，权利人现实存在的请求权效力减损。

二、诉讼时效期间与（买受人的）异议期间的联系与区别

（买受人的）异议期间，是指买卖合同中，买受人将标的物数量或质量不符合约定的情形通知出卖人的期间。依据《合同法》第 157 条的规定，买受人对收到的标的物有及时检验义务。该义务属买受人负担的不真正义务。依据《合同法》第 158 条第 1 款以及第 2 款的规定，买受人未在异议期间内就标的物数量或质量不符合约定的情形通知出卖人的，视为标的物的数量或质量符合约定。

从法律效果上看，与诉讼时效期间仅仅是对既存请求权的限制不同，异议期间最终限制的是买受人对出卖人主张继续履行、采取补救措施、赔偿损失、支付违约金等违约责任承担的债权请求权，以及寻求违约救济的解除权。

就对请求权的限制而言，异议期间作为或有期间，其与诉讼时效期间有如下区别：

第一，诉讼时效期间为法定期间，异议期间则允许当事人作出约定。

第二，诉讼时效期间与异议期间的起算点和存续期限不同。依据《民法总则草案》的规定，普通诉讼时效期间为从知道或者应当知道权利受侵害以及义务人之日起 3 年；依据《合同法》的规定，异议期间则具体区分为三种类型：一为当事人约定的检验期间；二为标的物的质量

保证期间；三为买受人发现或者应当发现标的物的数量或质量不符合约定的合理期间。该合理期间应限制在自买受人收到标的物之日起2年内。

第三，诉讼时效期间为可变期间，存在中止、中断和延长，异议期间不存在中止、中断和延长。

第四，二者的直接适用对象不同。尽管从法律效果上看，异议期间最终限制的对象包括买受人得向出卖人主张的基于违约责任的请求权，如继续履行、采取补救措施、赔偿损失、支付违约金的请求权等，以及寻求违约救济的解除权。但买受人在异议期间内未向出卖人表示异议的,《合同法》第158条第1款以及第2款皆规定，“视为标的物的数量或者质量符合约定”，这就意味着根本未发生出卖人违约的问题，买受人得向出卖人主张的基于违约责任的请求权以及寻求违约救济的解除权根本就未存在过。可见，异议期间是通过直接决定买受人究竟是否能够取得对出卖人的请求权，来间接限制买受人的请求权的。这与保证期间颇为类似，与诉讼时效期间直接限制权利人请求权的行使显有不同。

当然，一旦买受人在异议期间内对出卖人表示异议的，尚未届满的异议期间不再继续计算，买受人要求出卖人承担相应违约责任的请求权就开始诉讼时效期间的计算，买受人寻求违约救济的解除权就开始除斥期间的计算。

第五，期间届满的法律效果不同。从具体的法律效果来看，诉讼时效期间届满，发生请求权效力减损的法律效果；异议期间届满，买受人不能取得可向出卖人主张的基于违约责任的请求权以及寻求违约救济的解除权。

三、异议期间与除斥期间的联系与区别

异议期间最终限制的对象包括买受人寻求违约救济的合同解除权，就此而言，与除斥期间有相通之处。异议期间与除斥期期间关系如下：

第一，二者的相同之处在于，皆为不变期间，不存在中止、中断和延长。

第二，二者的关联在于，一旦买受人在异议期间内对出卖人表示异议，异议期间无须继续计算，买受人取得的解除买卖合同的权利开始进行除斥期间的计算，二者之间存在协调和配合关系。

第三，二者的区别在于：首先，除斥期间或为法定期间，或为当事人约定的期间，依据《民法总则草案》第 178 条的规定，除斥期间自权利人知道或者应当知道权利产生之日起开始计算，法律另有规定的除外；异议期间则具体区分为三种类型：一为当事人约定的检验期间；二为标的物的质量保证期间；三为买受人发现或者应当发现标的物的数量或者质量不符合约定的合理期间。该合理期间应限制在自买受人收到标的物之日起 2 年内。其次，二者的直接适用对象不同。除斥期间适用于现实存在的形成权，包括合同解除权。异议期间最终限制的对象包括买受人得向出卖人寻求违约救济的合同解除权。但买受人在异议期间内未向出卖人表示异议的，《合同法》第 158 条第 1 款以及第 2 款皆规定，“视为标的物的数量或者质量符合约定”，这就意味着买受人不能取得向出卖人主张的合同解除权。可见，异议期间是通过直接决定买受人究竟是否能够取得合同解除权，来间接限制买受人的解除权的。再次，期间届满的法律效果不同。依据《民法总则草案》第 177 条第 2 款的规定，除斥期间届满，当事人的解除权权利消灭。异议期间届满，买受人未提出异议的，买受人就没有取得解除合同的权利。

综上，或有期间是民法上与诉讼时效期间、除斥期间并身而立的独立的期间类型，但无论是《合同法》，还是《担保法》，都未对或有期间设置健全、完备的法律规则，去回应或有期间的计算，或有期间与诉讼时效期间、除斥期间之间的衔接与配合关系等。未来如果在民法典各分编以及民法典之外设置调整或有期间完备规则的可能性较小，那么在编纂民法典的过程中，或有期间就应该作为立法技术的剩余，进入民法典的总则编，成为期间制度的重要组成部分。

民事证明责任分配之解释基准

——以《物权法》第106条为分析文本

徐涤宇（中南财经政法大学法学院教授）

本文原载《法学研究》2016年第2期，第98—113页

民事诉讼中证明责任的分配，无论对于司法实务还是法学研究及教学，都是极为关键的问题。证明责任分配一般被视为实体法如何适用的问题。由此，在解释论上，证明责任的分配问题，就演变成对实体法的解释问题。但在法教义学上，既存在文义、体系、历史、目的等多种民法解释方法，也存在着事实分类理论、规范说、修正规范说、修正法律要件分类说等多种与证明责任相关的学说理论。繁杂的方法和理论必然带来解释结果的不确定性与模糊性，这绝非司法实务所期望。寻找一个证明责任分配的确定性进路，就成为法解释学所面临的基本任务。

一、关于《物权法》第106条之证明责任的争议

《物权法》第106条确定了善意取得制度。鉴于证明责任领域最为权威的学说为罗森贝克的规范说，若以该学说解释《物权法》第106条，该条关于善意要件的证明责任分配应为如下：受让人若主张所有权，应该就其所援引的抗辩规范的要件（善意）承担证明责任。

围绕这一规范说的结论，学界观点林立。就我国《物权法》将善意规定为善意取得规范的权利成立要件，以及由此导出的“由受让人证明

其善意”的结论，作者曾持批评意见，可以概括为“善意要件之批评说”。另有学者则赞同“由受让人证明其善意”这一解释论上的结论，可以概括为“善意要件之肯定说”。与上述观点均有所区别的是，就《物权法》第106条，民法学界的主流观点是“善意推定说”，即应当推定受让人为善意，而由主张其为非善意的原权利人就受让人的恶意或者重大过失负举证责任。

从解释学的立场出发，有必要对这三种观点进行分析，并反思和评判它们背后的理论根基，如此方能回答善意要件的证明责任分配问题。

二、方法之惑

证明责任分配的原则是：主张某种法规范之法律效果的当事人，需要证明该规范的前提性构成要件事实。但问题在于，以语言文字书写并且充斥着各种交叉、模糊、矛盾、缺漏之处的法规范，何以能够形成清晰而精确的构成要件和法律效果？对此必须借助于法律解释，才能完成这一转化。

就如何为法律解释，传统上一般认为存在文义、体系、历史、目的等四种解释方法。但上述四者并非平行关系。1840年萨维尼总结了法律解释的四大要素（语法、逻辑、历史、体系），并对后世法解释学产生了深远影响。而对萨维尼理论的批判与超越则来自于耶林，其核心观点即为法律目的论。

现代法解释学（尤其是民法解释学）发展的重要成果，同时也是超越萨维尼理论的核心之处，正是在于对目的论解释的开创与坚持。由此，四种解释方法之间实际上应当存在位阶的差别，即规范目的是目标，而文义解释、体系解释、历史解释这三种方法是手段。

当下主流的证明责任分配诸理论，如规范说、修正规范说、修正法律要件分类说等，在坚持规范说“对己有利的要件承担证明责任”这一原则上并无差异，有所区别的，仅仅表现在采用何种解释方法以确定规范要件和法律效果。

鉴于主流民法解释学已然承认规范目的在法律解释作业中的核心地位，故对规范进行解释以确定证明责任分配时，也必须依托规范目的进行。由此，证明责任问题的解释学路径，原则上也应采取以下两个步骤：其一，通过文义、体系、历史等形式解释方法，揭示待解释法条的规范目的。其二，结合规范目的考量规范的精确构成要件与法律效果，在可能的待选方案中选择最契合规范目的的方案。

三、探寻善意取得之规范目的

《物权法》第106条从表达上采取了一种平衡式安排：既有对原权利人的保护（恶意的情形），也有对受让人的保护（善意的情形）。这种表达并未采用德国法上那种典型的“原则—例外”式表达，由此也难以从文义上得出法条到底侧重保护哪一方民事主体的结论。对该条之规范目的的探寻，尚需结合体系解释与历史解释而进行。

通过体系解释，公示（公信）原则可以从正面揭示善意取得制度的规范目的。物权公示原则，指物权的各种变动必须采取法律许可的方式向社会予以展示，以获得社会的承认和法律保护的原则。不动产的公示方式为不动产登记，而动产则有所区别，其动态公示方式为交付，静态公示方式为占有。物权公示的公信力为其权利推定效力，这种效力在比较法上于德国、日本、法国等国民法典中均有体现，而且也为我国民法学界所普遍承认。

尽管占有状态和不动产登记簿的登记状态因与实际权利关系相吻合的可能性极大而具有权利表彰的功能，但由此拟制的推定规范的作用场域仅在诉讼程序中，对交易安全的保护较为有限。鉴于此种规范仅仅具有推定作用，不能终局性地解决权利归属问题，因此需要善意取得制度的介入。易言之，权利表象规则的适用，最终还是要以取得人之善意为前提条件。由此可见，动产占有和不动产登记所具有的推定作用与善意取得制度，共同服务于公示原则之保护交易安全的功能，其中善意取得的作用更为根本。

不过，即使在偏重于保护交易安全的立法例，善意取得制度在例外情形亦让位于所有权的保护。《物权法》第107条作为善意取得制度之适用例外，在体系上从反面佐证了《物权法》第106条的规范目的在于保护交易安全。

就《物权法》第106条善意取得规范的规范目的回顾物权法制定的过程以及其中的相关资料也足以说明，《物权法》第106条的规范目的还是在于维护交易安全，这与前述体系解释之结论可以相互印证。

四、《物权法》第106条之证明责任分配再解释

在证明责任分配上，如果依据规范说的原理，所有权人欲主张第106条所规范的追回权，仅需证明“无处分权人将不动产或者动产转让给受让人”，而对方（受让人）若想对抗此种权利，则需要证明其善意以及其他两个要件事实。

必须反省的是，这种结论完全建立在规范说的立场上。就受让人应证明其善意这一结论，必须予以检验方可确定其合理性与合法性（是否符合实定法的精神）。而这种检验标准，应当是具体法规范的规范目的。证明责任问题的关键点在于，某要件事实真伪不明时，由哪方当事人承担败诉风险。在该文分析的情形，当事人因证明责任分配导致的败诉风险，主要取决于作为其证明对象的善意要件的性质：它是一个单纯的事实性要件，还是一个评价性要件？

在我国《物权法》上，善意要件并非一个典型的事实性要件，而是一种评价性的事实要件，对其几乎无法采取直接证明的方式，而需要运用间接证明。尽管可以借助于交易环境（时间、地点和场合等）、交易价格、交易方式（公开 / 私下）、交易双方之间的关系等因素来进行推断，但一般而言这种证明的难度是非常高的。一旦发生诉讼，即使受让人为善意，他往往也无法证明其善意，从而将承担败诉的后果。这种法庭之上可能败诉的风险，对于法庭之外的民事生活也必然产生影响。普通的民事交易中的买受方，由此需要对出卖人是否有权处分进行严密而细致的审查，否则可能陷入诉讼的泥潭并遭致败诉。如此一来，《物权法》第106条所欲实现的保障交易安全的规范目的也势必落空。

既然要求受让人证明其善意的证明责任分配方式，根本无法实现法规范的目的，那么我们必须考虑其他可能的解释路径。从民法作为行为规范的角度出发，将一个法律要件表达为权利形成要件，还是将其反过来表达为权利妨碍要件，其实并无差别。但从民法作为裁判规范的角度

出发，这两种表达实际上导致了不同的证明责任分配。

鉴于这两种表达从民法的行为规范的角度出发是等值的，因此就《物权法》第106条而言，将恶意作为受让人取得所有权的权利妨碍要件，其实也未超出文义解释的范畴，完全可以成为我们进行解释的可选项。这样的解释方案，似乎并未完全遵守法条的字面含义，但却契合了善意取得制度的规范目的。

买卖合同之规定准用于其他有偿合同

易　军（中国政法大学教授）

本文原载《法学研究》2016年第1期，第88—109页

我国《合同法》第174条规定："法律对其他有偿合同有规定的，依照其规定；没有规定的，参照买卖合同的有关规定。"相较于合同法的其他规定，该条具有明显的特质与重要的功能。不仅如此，"参照"也是一个几乎为所有部门法都使用的重要立法技术，对《合同法》第174条展开研究，其意义当不限于买卖合同制度，也不限于整个合同法分则领域，而是辐射到整个法律领域。

一、《合同法》第174条的性质分析

在规范论上，第174条为不完全法条。它既无明确的作为前提条件部分的构成要件，也无明确的法律效果，根本无法独立地调整买卖以外的其他有偿合同，当然也不能单独被援引作为裁判依据。欲发挥规范功能，必须将该条与被参照的买卖合同一章的规范乃至待决案件所属章节的规范密切结合起来，形成一个完整的规范或规整。

第174条属于指示参引性法条。指示参引是指法律明文授权将法定案型之规定适用于另一相同或类似的案型之上。

第174条的实质是类推适用。类推适用的核心在于系争两个法律案型之间的"类似性"的认定。"参照"不是"依照"或"适用"，其文义为"参考并仿照"，而非完全照搬照抄，故只能借鉴、模仿。至于能否借鉴以及模仿到何种程度，则只能根据两者之间类似性的程度而定。

第 174 条宣示并在客观上进一步强化了买卖在诸有名合同中的范式地位。买卖是最重要的有名合同。世界范围内，民事立法多将之置于诸有名合同之首，我国《合同法》也不例外。第 174 条明确要求其他有偿合同参照买卖合同的规定，进一步彰显了买卖合同制度在合同法分则或债法分则中的标杆作用。

第 174 条表明立法者承认法律漏洞并授予法官宽泛的司法造法权力。由于该漏洞是立法明确承认并授权法官去填补的，故其为“明白授权补充的漏洞”或法内漏洞。法官适用《合同法》第 174 条的裁判活动已超越法律解释的阶段，而进入了法律内的法的续造的范畴。

二、《合同法》第 174 条的文义解释

第 174 条规定的参照的主体应仅为民事法官。在合同自由原则的背景下，合同法规范大体上为任意性规范，旨在解释当事人意思表示的不明或弥补当事人意思表示的不备，当事人并无严守的义务，第 174 条自不例外。第 174 条无构成要件，也无法律效果，既不能为合同当事人提供明确的行为指引，也不能产生任何确定的规范效果。唯对民事法官而言，这些障碍却均不存在。

《合同法》第 174 条应为强制性规范，而该条中的“参照”应属民事法官承担的义务。相较于“法官应当”的规范措辞，“法官可以”的措辞使法官获得更大的置喙余地，由此增加了裁判恣意的危险，无助于限缩法官的裁量权。第 174 条实践的“等者等之，不等者不等之”的平等价值其实是正义的根本要求。若“参照”对法官是“可以”与“不可以”的选项，而非“应当”如此的诫命，则在处理待决案型时，即使它们在重要性质或特征上与被准用法条所处理的案型具有高度类似性，法官亦“有权”选择不参照，势必背离平等原则与正义要求。“参照”有参考之意，确实能表明法官享有裁量余地，但裁量余地并不体现在“要不要”参照上，而是体现在“如何”参照上，即“参照”对法官而言是强制性的，必须要为的，但究竟如何参照，法官则享有判断空间。就此而言，“应当参照”的表述并无不妥。

第 174 条为概括准用，它究竟是法律原因准用还是法律后果准用不能一概而论，应依其他有偿合同准用买卖合同规定的具体情形而定。

第174条所言“买卖合同的有关规定”，除了《合同法》第九章以外，还包括我国现行法上其他有关买卖的规定。买卖合同规定之所以能被其他有偿合同准用，在于买卖于市场交易中的普遍性与重要性，而非合同法的立法层级较高。因此，举凡调整买卖合同的法规、规章乃至针对个案的司法解释，皆可作为第174条适用中的源规范。

依第174条，只有买卖以外的“其他有偿合同”才能参照买卖合同的规定。在理解其他有偿合同时，应将“互易”排除在外，因为第175条系关于互易参照买卖合同规定的制度，该条为第174条的具体情形。此外，《合同法》第306条第1款针对运输货物的包装问题明确规定适用第156条，从而也应优先于第174条而适用。

三、第174条适用之核心：类似性判断中的性质考量

类似性判断在类推适用中居立核心地位，亦是《合同法》第174条适用中最为核心与关键的工作。影响类似性的绝非单一因素，但合同性质当属其中最重要者之一。

买卖合同是典型的有偿、双务、诺成、不要式、一时性、终局移转财产所有权的合同。而买卖以外的有偿合同，不仅种类繁多，其所具有的性质也是五花八门。在判断两类合同以及法定案型与待决案件的类似性上，至少以下合同性质不容忽视：

一时性合同的内容因一次给付即可实现。继续性合同的内容则非一次给付可完结，而是继续地实现，其基本特色为时间因素对其履行具有重要意义，总给付的量与内容系于应为给付的时间长度。买卖以外的有偿合同为一时性合同还是继续性合同，会对第174条的适用产生不同影响。

以财产移转为内容的合同族群、以财产用益为内容的合同族群以及以劳务为内容的合同族群，无疑是合同领域最为重要的三大族群。前两者虽有差异，但其标的物仍以物为主，而劳务给付合同则直接以劳务为债之标的，虽然其间也可能伴随有工作的完成、物的交付或移转，但物之所有权的移转往往为从属性义务。财产移转合同的基本共通特征在于财产权归属的移转义务，由之延伸出瑕疵担保及危险负担的详细的规范需要，而劳务给付合同的“基本共通特征在于他人事务之处理。由之延伸出授权及其范围、如何处理、处理费用之负担、处理利益之归属以

及终止之规范上的需要”。此种构造上的差异对第174条的适用有重大影响。

移转财产所有权与移转财产使用权亦属对债之标的的重要分类。买卖、互易、赠予的目的在于财产权之让与，属于让与性合同的范畴，其旨在为财产权的终局让与提供一个债之关系上的法律基础。而租赁、借用的目的在于提供标的物供他方使用收益，属于用益提供合同的范畴。不仅如此，相较于买卖等合同旨在所有权的终局让与，租赁等合同则是使用收益的暂时性之提供，出租人并非永久、终局地将使用收益的权利让渡给承租人。此种差异亦会对《合同法》第174条的适用产生重大影响。

买卖外的有偿合同为诺成合同还是实践合同，对第174条的适用也会产生影响。

第174条中的“其他有偿合同”是一个开放性的概念。除数量有限的有名有偿合同外，还包括不可胜数的无名有偿合同。买卖外的有偿合同，若为有名合同，因法律对其设有明文，故可直接适用各该规定，因此，借第174条适用买卖合同规定的空间相对狭小。若为无名合同，因法律对之未设明文，故藉第174条适用买卖合同规定的几率会更大。同时，由于《合同法》第124条对无名合同的法律适用作出了明确规定，因此，在处理无名有偿合同纠纷时，需协调第124条与第174条之间的适用关系。

大体而言，买卖以外的其他有偿合同，若为一时性合同、财产性合同、移转财产所有权合同，则在适用合同法第174条时，不变通适用买卖合同规定的可能性较大。反之，若这些合同为继续性合同、劳务性合同、移转财产使用权合同，则在适用第174条时，往往需要对被引用的买卖合同规定的构成要件或法律效果加以调整。至于买卖以外的有偿合同是单务还是双务、要式还是不要式、要因还是不要因、本合同还是预约、一时性移转财产所有权还是终局性移转财产所有权等，在理论上也存在着影响第174条适用的可能性，但相较于上述性质，其影响的程度较弱，对此还应结合合同的缔约目的、具体的个案情况等个别判断。无论如何，在类似性判断这一作业的过程中，应避免不合事宜地等量齐观，不可自始排除事物本身（被规整的生活关系本身）所要求的差别待遇。

《婚姻法》第四十六条实证分析
——离婚损害赔偿的影响因素和审判思路

马忆南（北京大学法学院教授）贾　雪（北京大学法学院硕士研究生）
本文原载《中华女子学院学报》2016 年第 1 期，第 5—13 页

现有的实证研究资料指出，2000 年《婚姻法》修订新增的离婚损害赔偿制度，其运行效果并不理想，很难为当事人提供救济，已成为“名存实亡”的制度。一方面，提出离婚损害赔偿的案件数量不多；另一方面，法院准予离婚损害赔偿的比例低。主要原因是第 46 条规定的过错范围过窄、当事人举证困难、赔偿的责任主体有限等。

该文在现有实证研究的基础上，以北大法宝数据库收录的离婚损害赔偿案件为基础进行了实证考察，发现第 46 条所涉及的案件虽然绝对数量不多，但是以该条第 2 项和第 3 项为由提起的损害赔偿案件中，超过半数的当事人获得了法院的支持。该文在考察离婚损害赔偿制度运行效果的同时，重点研究法官认定离婚损害赔偿的影响因素，探究、总结其审判的思路，揭示司法实务中离婚损害赔偿制度的运行逻辑，厘清离婚损害赔偿和一般侵权的关系，并对离婚损害赔偿存废之争做出回应。

一、研究样本与研究重点

北大法宝数据库中，第 46 条涉及的案例与裁判文书共有 162 篇。其中，可用于研究离婚损害赔偿的案件为 117 件，这是该文进行实证分析的基础。

第 46 条规定了四类可请求离婚损害赔偿的行为。司法实务中，涉及

重婚和虐待遗弃家庭成员的案件较少，分别为3起（占2.56%）和4起（占3.42%）。超过一半的案件（60起，占51.28%）是因配偶与他人同居而提起损害赔偿。其次为因家庭暴力而提起损害赔偿，共33起，占近30%。故而，后文在分析法官认定离婚损害赔偿的影响因素和审判逻辑时，该以第46条第22页、第37页为重矣。

值得关注的是，一些案件虽然根本不属于第46条规定的四类情况，但当事人依然会在诉讼中依第46条提起离婚损害赔偿。主要包括以下三种情形：（1）夫妻间的一般的侵权行为；（2）同居关系中存在家庭暴力；（3）夫妻间的一般矛盾。这表明，一方面，离婚损害赔偿的救济范围确实有限，只限于四种法定的情形，但婚姻关系中的过错行为甚至是严重的过错行为远不止这些。另一方面，很多离婚案件的当事人并不真正理解离婚损害赔偿的意义，缺乏寻求一般侵权救济的思维。这些非第46条的情形中，当事人是否必须提供法律救济以及如何救济，须充分考虑婚姻的本质、一般侵权和离婚损害赔偿的关系。

二、“有配偶者与他人同居”的实证分析

（一）请求被驳回的原因

在因配偶与他人同居而提起损害赔偿的60起案件中，近一半的案件（28/60）未能获得支持。其中超过80%的案件（23/28）是因证据不足而被驳回诉讼请求，这表明举证难是阻碍无过错方获得赔偿的最主要原因。

1. 举证困难

根据《婚姻法司法解释（二）》第1条对“有配偶者与他人同居”的规定，举证证明配偶与他人同居，须提供配偶“与婚外异性，不以夫妻名义，持续、稳定地共同居住”的证据。通常而言，证明存在或者发生某个事件或行为相对容易，证明存在某种持续、稳定的状态则比较困难。特别是在婚外同居这一非常私密的领域，证明“持续、稳定地共同居住”难度非常大。司法实践中，主张赔偿一方提供的证据非常丰富，包括照片、录像、保证书、忏悔信等。但法院认为，这只能证明另一方存在违反忠实义务的行为，并不能证明与他人同居。一方取证的行为还很有可能构成对他人隐私权的侵犯，从而使取得的证据不能被采用。《最高人民法院关于适用〈中华人民共和国民事诉讼法〉的解释》第106条规定：

“以严重侵害他人合法权益、违反法律禁止性规定或者严重违背公序良俗的方法形成或者获取的证据，不得作为认定案件事实的根据。”

2. 程序问题

举证困难是当事人诉讼请求被驳回的最主要原因，其次为与诉讼程序有关的原因。司法解释对离婚损害赔偿之诉的启动方式做了十分复杂的规定。

在四起因程序问题被驳回诉讼请求的案件中，两起是无过错方作为原告起诉离婚，但未在离婚诉讼的同时提出损害赔偿请求而被驳回诉讼请求。《婚姻法司法解释（一）》第30条第1项规定：“符合《婚姻法》第46条规定的无过错方作为原告基于该条规定向人民法院提起损害赔偿请求的，必须在离婚诉讼的同时提出。”该规定否认了无过错方起诉离婚时离婚损害赔偿之诉的独立性，将其纳入离婚之诉。若无过错方未能在离婚时同时提出损害赔偿之诉，将丧失救济的机会，造成不公平的结果。目前，司法实践中一些法院的判决已经背离了司法解释的规定，甚至直接跳出了离婚损害赔偿制度的框架，转向了一般侵权。

离婚损害赔偿之诉在诉讼程序上的复杂规则已经给当事人行使权利造成了阻碍，也容易产生不公平的后果。法院通过对实质正义的考量，要么背离了离婚损害赔偿诉讼程序的规则；要么不再适用离婚损害赔偿制度，通过一般侵权为当事人提供救济。离婚损害赔偿制度存在之必要性遭受到考验和质疑。

3. 责任主体

除了证据和程序方面的原因，还有一起案件是配偶一方请求婚姻关系以外的第三人承担侵权责任，因不满足第46条对责任主体的要求而被驳回诉讼请求。一审法院判决婚外第三人承担侵权责任，其依据并非第46条，而是侵权责任法第6条第1款。只不过由于侵权责任法第2条列举的民事权益不包括配偶权、配偶身份利益，其判决中对“所侵害权利”的说理显得有些薄弱。二审法院则完全抛开一般侵权的思考，直接通过司法解释对离婚损害赔偿责任主体的限制驳回了无过错方的请求。由于法律和司法解释对离婚损害赔偿的请求主体、责任主体都进行了限制，缩小了离婚损害赔偿的救济范围，使受害配偶不能依据该条对第三人主张侵权赔偿。若像该案二审法院一样缺乏一般侵权的思考，无过错配偶对第三人的主张将彻底不能获得支持。

（二）影响法官认定离婚损害赔偿的因素

根据该文的实证分析，在涉及有配偶者与他人同居的情形中，仍有超过一半的案件（31/60）获得了法院的支持。通过分析 31 起请求获得支持的案件，该文发现，司法实践中存在法院运用司法裁量权、扩大适用第 46 条第 2 项的情形。

实证分析表明，司法实践中原告证明的并不是“同居状态”，而是可能与同居状态紧密相连的事件或情况，例如丈夫与他人生育子女、妻子所生子女非丈夫亲生。无论是原告提供证据还是公权力机关提供证明，法院在支持原告诉讼请求时，所依据的事实并非第 46 条第 2 项所指向的事实 —— 同居状态，而是夫妻关系中一方侵害对方权利的事实，这并不符合第 46 条第 2 项对构成要件的要求。在严格意义上，这些情形中法院做出判决的依据和背后的逻辑是一般侵权 —— 一方的行为严重侵害了对方的权利，据此支持了原告的主张，无论是否同居。

事实上，在法院支持无过错方请求的 30 起案件中，真正符合第 46 条第 2 项的不是很多，大多数是运用一般侵权法的思维来实现对无过错方的救济。在此逻辑下，婚外同居的认定已经被架空。进一步讲，即使确实存在婚外同居的情形，亦可通过一般侵权赔偿获得救济。这表明，至少在“有配偶者与他人同居”情形中，离婚损害赔偿制度并没有单独存在的必要。退一步说，即使为了保护离婚中的无过错方而创设一个离婚损害赔偿制度，这个制度的运行也应该比一般侵权赔偿更加便利、构成要件更为宽松，否则其保护效果并不优于一般侵权赔偿。然而，前文分析已经指出，离婚损害赔偿的构成要件并没有比一般侵权赔偿更加宽松，反而更加严格，包括对同居状态的证明之难、对责任主体的严格限制、对离婚损害赔偿之诉设置了复杂的启动条件，等等。这些规则使无过错方的救济之路更加艰难，而不是更加畅通。

三、离婚损害赔偿制度存废之争

离婚损害赔偿请求权是婚姻一方的权益受到对方损害而产生的一种请求权，这是第二性权利。那么，第一性的权利是什么？我国婚姻法并没有规定配偶权，也没有规定夫妻有相互忠实的义务，因此“忠实”不

能作为第一性的权利。婚姻一方不能因配偶权受到侵害或者对方违反忠实义务而请求损害赔偿，这一点成为理论和实务界反复论证离婚损害赔偿制度有无存在必要的依据。代表性观点认为，如果不建立离婚损害赔偿制度，许多无过错离婚当事人尤其是女性当事人因配偶重婚、与他人同居等侵害婚姻关系的行为而受到严重身心伤害，却无法得到法律救济。有必要填补这个“法律漏洞”，建立离婚损害赔偿制度。在此背景下，2001 年《婚姻法》修订新增了离婚损害赔偿制度。

存在“法律漏洞”的说法本身值得怀疑。虽然 2001 年我国尚未颁布《侵权责任法》，但事实上《民法通则》中的规定可以作为无过错方请求赔偿的依据。在配偶与他人同居的情形中，无过错方可以以名誉权受到侵犯提起损害赔偿之诉；如果无过错方并没有因此遭受歧视或讥笑，即名誉权没有受到损害，也可以提起人格尊严损害赔偿之诉。

2010 年《侵权责任法》实施，明确规定其保护的民事权益包括名誉权，行为人因过错侵害他人民事权益，应当承担侵权责任。因此，即使没有离婚损害赔偿制度，若法院能够充分地解释法律，挖掘一般侵权救济渠道，依然可以为无过错当事人提供保护。退一步讲，即使限于目前法律发展的阶段，法律解释的工作不够充分，需要通过确立离婚损害赔偿制度来为无过错方提供保护，那么这种保护应该是比一般侵权法的保护更加充分和便利的。

第 46 条第 3 项的实证分析同样表明，法官已经从一般侵权法的进路进行审判。虽然 60% 的请求获得支持，但是法院的审判思路中体现着一般侵权法的思维。对此，从法院判决文书的名称能够看到一些线索。在该文考察的 117 个案件中，大多数文书命名都是“×× 与 ×× 离婚纠纷案 / 离婚纠纷上诉案”，但是在因家庭暴力提起离婚损害赔偿的案件中，有些判决书名称却是：“郭春帅诉金国新生命权、健康权、身体权纠纷案”“杨某某诉李某健康权纠纷案”“柳清汶与曹永明生命权、健康权、身体权纠纷上诉案”。

这表明，法院依据第 46 条第 3 款审判时，其实已经融入了一般侵权法的思考。事实上，家庭暴力产生的损害赔偿在一般侵权法之下就可以获得解决。身体权、健康权是自然人自出生即享有的权利，除该自然人死亡，不因任何情况而变化和消灭，自然人在身份法上建立的配偶关系并不能吸附其自身固有的身体权和健康权。因此，配偶一方的身体权、健康权受到侵害的，依据民法对身体权和健康权保护的规定提起一般侵权损害赔偿即可，并不需要一个特别的离婚损害赔偿制度来提供救济。

在第 46 条无法提供救济的领域，一般侵权法可以发挥作用。对于夫妻间的一般侵权行为和同居关系中存在的家庭暴力根据侵权责任法和反家庭暴力法提起一般侵权损害赔偿即可。而夫妻间的一般矛盾纠纷，则鼓励当事人自主解决，尊重其家庭自治。在第 46 条可以提供救济的四类情形中，一般侵权法同样可以提供救济。第 46 条的功能完全可以被一般侵权法包容吸收，且后者提供的救济更加充分和便利。

论环境享有权作为环境法上权利的核心构造

汪　劲（北京大学法学院教授）

本文原载《政法论丛》2016年第5期，第51—58页

一般意义上，环境享有权是每个公民（自然人）本能生存需求的表达，既包括对清洁环境要素的生理享受，也包括对优美景观、原生自然状况的精神和心理享受。

一、环境享有权确立之必要性

目前尚无法从行政法、物权法以及人格权法进路探求令人满意的环境享有权的保护路径，因为这些法律所确立的实体权利在自身结构和性质上与环境质量带给公民的利益先天不兼容。循着这些法律规定出发，通过司法裁判保护环境享有权的实践也会遇到各种主观和客观的障碍。

为弥补传统用益物权制度功能的不足，环境与资源保护法律在传统物权法理论体系外衍生出了环境使用权与准物权等新型权利类型。尽管理论界大都不认同其物权类型，但对这些权利的性质分析和功能比较，显然可以得出它们属于用益物权体系的结论。基于此可以认为，新兴的环境享有权也无法从物权法权利体系中内生，因为它不能在传统物权法坐标体系中找到合适的位置。

不仅如此，源于物权法体系内部的权力会不会接受其母体理论框架之约束，是另一个需慎重考虑的问题。事实上，对诸如狩猎权等被归入准物权的权利类型，物权法一般原理显然已不能提供解释或演绎的功能。因为这些新型的内容与效力较之传统物权类型更加特殊，在这一层

面上物权法的解释论进路能发挥的功能已捉襟见肘。而对于附带审美与精神享用意涵的环境享有权来说，传统的物权法理论更是鞭长莫及。

从合同角度出发，可以从违约之债的理论出发、以私法自治形式对环境地役合同上确立的权利类型予以保护。当下我国城市空间的划分与利用方式已相对恒定，任何改动都可能带来对部分市民居住空间与环境上的影响。虽然《物权法》第157条设立的地役权合同对于需役地与供役地良好环境形成的营造关系的规定，可能为城市空间在良好环境享有领域的合理利用与创新利用提供合法性基础，但也可能踏入两重制度规范上真空的境地。

首先，我国现行的眺望或者采光地役权合同往往被认为涉及一定区域（如小区、街区）等的社会公共利益。中国法官的通常做法是借“损害社会公共利益”的抽象之名认定合同无效。这种对公共利益保护的回归极大缩减了地役权合同在保护环境与形成优美的、审美意义上的良好环境的创造属性。

其次，由于我国《物权法》第一次创设地役权的用益物权制度，2007年《物权法》颁布时，国家法律体系中都找不到除第14章之外的有关地役权规定。同时，我国《物权法》仅仅规定了意定地役权；物权法就地役权的设立采取了登记对抗主义模式，即未经登记同样可以在合同当事人之间发生物权效力，但此种效力不能够对抗善意第三人。但现实中，基于构建良好环境而产生的地役权往往很少登记，如果该宗不动产转卖，第三人基于善意取得了供役地的占有与使用权时，则可以基于自身对于环境的新需求进行改造，也不利于特定社区与街区环境的保有与优化。所以我国台湾地区通过物权法意定环保地役权的模式并不能在我国广泛适用。

综上，从目前我国《物权法》及其相关法律法规对于地役权的规定看，将良好环境享有空间的营造委诸地役权等合同方式加以规范，在制度上或者实定法上是存在一定限制的。即使这种限制将来随立法的完善被消除，也还需要法律上的权利配置技术对其进行微调。原因在于，这些限制来自《城乡规划法》中的关联条款以及依该法制定的技术规范，如《城市居住区规划设计规范（GB 50180-93）》和《住宅建筑规范（GB 50386-2005）》中的内容，它们依然是一种广泛低水准的对最低空间营造需求的确保。对于城市生活中的与环境有关的审美实践，往往是一种具有高度个人性、在地化的创造性表达，只能将其交由私人之间的

合意以合同上权利义务形式加以确立。这种合同规制方式对私人调整给予较大的空间而缺乏相应的治理，且在这一问题之上公法的硬性调整略带僵化，需要一种可供法官裁判的技术上可行的权利规范去对这种公私之间的利益关系进行调整。上述可供司法裁判中选择的权利（或曰“权源”）需求也是环境享有权确立的必要性之重要原因之一。

此外，环境享有权在环境法上的权利体系中的缺失不利于广泛的环保社会动员和公众参与。

二、环境享有权确立之可行性

在我国法律体系中，环境享有权应当作为环境法上权利群落的“核心权”而发挥统领作用，而这种作用具体在法律实践中展开的方式，则需要结合环境法上权利类型的发展，以历史的眼光加以审视。

可以认为，公民的环境享有权在中国经历了寄希望于行政法、物权法与人格权法以及合同法保护的尝试，也经历了司法实践尚不能以法律续造的方式加以保护的境遇。因此从实际的权利需求出发，可以考虑倚靠新兴的环保法来确立公民的良好环境享有权。包括三方面内容：一是接近并享受良好环境的自由权；二是在他人行为损害了环境及其生态功能时有权要求其停止侵害、排除妨害的排除干预权；三是在环境破坏发生或基于提高环境质量的需要而要求他人采取措施恢复或提高环境质量的环境改善请求权。环境是否良好，要根据环境质量标准来判断。

在民法典编纂重启的大背景下，相当长时间内，环境享有权会不可避免地借民法上权利的外衣不断发展，其内在构造也会一步步完善。随着社会需求的膨胀，相关争议也会不断增多，司法裁判者通过对实定法上的权利加以解释，来力图缓和良好环境享有的现实需求与法律保护的空白之间的张力，这种努力会日渐走到山穷水尽的地步。

在司法裁判者穷尽解释的时候，可能也是作为环保法上权利的核心构造的环境享有权生成的起点，而且这种权利的生成需要时间与城市居民环保实践的积累。我们要做好环境享有权这种权利在很长时间内极为弱小的心理准备。对这种处于萌芽状态的权利保护如果过度的话，就可能有侵犯承受环境保护权所对应的义务的公民的私人权利之危险；而保护不足的话则又可能无法有效满足公民对于审美、文化、景观的正常的生理与心理需求。

在线纠纷解决机制与我国矛盾纠纷多元化解机制的衔接

程　琥（北京市第四中级人民法院副院长）

本文原载《法律适用》2016年第2期，第55—62页

随着互联网和电子商务的飞速发展，人们的工作生活与网络结合得越加紧密，网络和信息化在为人们生活提供高效便捷低廉服务的同时，也产生了新的纠纷和纠纷解决机制。在线纠纷解决机制（Online Dispute Resolution，简称ODR）应运而生。能否处理好在线纠纷解决机制与矛盾纠纷多元化解机制的制度衔接，直接关系到我国矛盾纠纷多元化解机制的丰富和发展，也关系到我国电子商务的健康快速发展，有必要加以研究。

一、在线纠纷解决机制与我国矛盾纠纷多元化解机制衔接的重要意义

在线纠纷解决机制（ODR）是一种将计算机信息处理功能与便利的通信网络相结合的诉讼外争议解决模式，是替代性纠纷解决方式（ADR）在网络空间的运用。根据美国联邦贸易委员会、欧盟、OECD以及全球电子商务论坛所下的定义，ODR是指“涵盖所有网络上由非法庭但公正的第三人，解决企业与消费者间因电子商务契约所生争执的所有方式”。ODR主要运用ADR的纠纷解决方法，通过在线协商、在线调解、在线仲裁、在线投诉等方式解决在线纠纷。目前，产生于信息网络或者借助于信息网络的应用而产生的域名争议、知识产权争议、电子商务争议等有关纠纷已经纳入ODR处理纠纷范围，并且随着“互联网

+”行动计划的实施，ODR 解决纠纷范围将会不断拓展。

衔接好 ODR 与矛盾纠纷多元化解机制是推进国家治理现代化的必然要求。推进国家治理现代化，需要推进矛盾纠纷多元化解机制现代化，需要把 ODR 纳入矛盾纠纷多元化解机制中的重要一“元”。ODR 化解矛盾纠纷的数量和效果直接关系到我国矛盾纠纷多元化解机制的健康发展。

衔接好 ODR 与矛盾纠纷多元化解机制是推进我国电子商务健康快速发展的重要保障。在“互联网 +”大潮中，电子商务这一新兴业态对商业模式、消费模式和传统制造业产生积极影响，而其中对我国电子商务发展影响最大的应该是网上交易中的信任机制，ODR 正是建立起网络信任机制的重要内容。电子商务飞速发展必然会产生数量庞大的纠纷，能否为全球消费者提供高效便捷低廉的争议解决途径，直接关系到消费者权益保障、ODR 本身以及电子商务的健康发展。

衔接好 ODR 与矛盾纠纷多元化解机制是破解 ODR 发展难题的有效途径。在看到 ODR 在电子商务纠纷解决上展现的强大生命力和优势的同时，必须看到 ODR 作为一种纠纷解决方式，也存在着价值定位、实务利用、制度设计等方面的缺陷和现实困境。

一是关于 ODR 的权威性问题。ODR 是以业界自律为基础形成的在线纠纷解决机制，依赖企业与消费者之间的信任关系，并且目前提供 ODR 机制的网站机构几乎都是私人性的非营利性机构。因此，ODR 的权威性不是依赖国家强制力介入，完全取决于 ODR 长期形成的信任关系，并且 ODR 形成的纠纷解决结果能否得到主权国家的承认难以定论，这就导致 ODR 权威性大打折扣。

二是关于 ODR 的有效性问题。ODR 机制是以自愿和意思自治为基础的，企业和消费者是否愿意通过 ODR 解决纠纷，以及把纠纷提交哪一个 ODR 机构解决，ODR 程序是否需要继续下去，甚至即便有了纠纷解决结果，是否按照结果要求去执行，完全取决于当事人的自愿。因此，在 ODR 有效性问题难以得到解决时，公众也会逐步对其丧失信心。

三是关于 ODR 的安全性问题。ODR 是利用互联网虚拟空间和在线工具实现纠纷解决，安全性和机密性成为公众担心的问题。

四是关于 ODR 的可用性问题。ODR 存在的诸多问题，主要是基于 ODR 机制缺乏主权国家的介入，这既是 ODR 的优势所在，也是其缺陷和局限性所在。ODR的缺陷和问题如果缺乏国家参与，单靠ODR自身力量难以根本解决，因此加强ODR与我国纠纷解决机制的有效衔接有助于ODR摆脱现实困境。

衔接好ODR与矛盾纠纷多元化解机制是完善我国矛盾纠纷多元化解机制的有益补充。随着我国电子商务的快速发展，大量在线纠纷向国家矛盾纠纷多元化解机制汇集，而国家矛盾纠纷多元化解机制面对汹涌而至的在线纠纷，其固有的缺陷和不足阻碍其有效发挥作用。推动ODR与我国矛盾纠纷多元化解机制的衔接，丰富了我国矛盾纠纷多元化解机制的内涵，有助于我国形成线上线下相互融通的矛盾纠纷多元化解机制。

二、在线纠纷解决机制与我国矛盾纠纷化解机制的衔接重点

（一）在线纠纷解决机制在我国矛盾纠纷化解机制中的功能定位

ODR在我国矛盾纠纷多元化解机制中承担着重要的职能作用。一是纠纷化解功能。二是填补漏洞功能。ODR不仅可以承担在线纠纷的化解任务，也可以分担传统上由矛盾纠纷多元化解机制承担的化解任务。三是示范引领功能。可以把ODR的优势和特色借鉴到完善矛盾纠纷多元化解机制中，对我国传统的矛盾纠纷多元化解机制进行ODR式的改造，从而推动我国矛盾纠纷多元化解机制跟上互联网、信息化的时代要求，担负起矛盾纠纷多元化解的目标要求。

（二）衔接重点

1. 观念衔接

面对全球化、信息化、大数据、云计算、互联网的冲击和影响，完善矛盾纠纷多元化解机制必须要摒弃传统的线下矛盾纠纷化解思维，ODR开启了完善矛盾纠纷多元化解机制的观念革命。无论消费者、企业、政府监管者还是矛盾纠纷多元化解机制的参与人员，都要逐步养成ODR思维，充分利用现代新的技术革命、信息革命为矛盾纠纷多元化解机制运行带来的高效便捷低成本，推动矛盾纠纷多元化解机制的全面发展。

2. 制度衔接

要解决ODR面临的制度障碍，有必要通过立法的形式确认私营企业或者民间组织组建的ODR机构及其服务的法律地位，同时按照适度

标准赋予 ODR 裁决一定的效力。

3. 机制衔接

ODR 的发展离不开政府的支持、引导、规范和监管，特别是要确保监管部门的机制衔接和运行通畅。监管部门要推动电子商务的行业自治，建立 ODR 的规范和标准。当前，大量网上购物纠纷并没有通过 ODR 加以解决，而是转向监管部门投诉，应当处理好监管部门的投诉处理与 ODR 处理之间的机制衔接。对于网上购物纠纷的投诉，不同监管部门在办理举报投诉过程中也要做好监管机制的衔接，确保在线纠纷得到及时解决。

4. 保障衔接

国家对 ODR 的支持保障远不如对矛盾纠纷多元化解机制的保障投入，导致 ODR 完全依靠私营企业或者民间组织艰难维持。国家有必要把 ODR 放在国家矛盾纠纷多元化解机制的全局中加以考虑，加大投入，做大做强中国的 ODR 机构。同时，矛盾纠纷多元化解机制作为国家正式的化解机制，在人员培养、机构设置、物质保障等方面都有一套可资借鉴的经验。有必要加大 ODR 与国家矛盾纠纷多元化解机制的保障衔接，为 ODR 运行提供坚实的保障基础。

三、以“互联网 +”推进我国矛盾纠纷多元化解机制的完善

作为国家治理现代化的重要组成部分，矛盾纠纷多元化解机制应该实现信息化，按照“互联网 +”思维推进矛盾纠纷多元化解机制的完善。我国矛盾纠纷多元化解机制主动适应“互联网 +”时代要求，要从原来简单借助信息化方式处理某项工作的初级水平，向综合运用网络信息技术、大数据、云计算等电子化信息技术的高水平转变，实现矛盾纠纷多元化解机制信息化建设的转型升级。

1. 电子调解

电子调解或者网上调解、在线调解是人民调解组织的调解员通过网上调解平台对民间纠纷进行的“虚拟调解”，是为当事人最终签署人民调解协议、解决矛盾纠纷所做的前期工作。因网络具有虚拟性，“虚拟调解”形成的调解协议不能作为最终的调解依据和结果，不具有法律约束力。“虚拟调解”达成一致意见后，各方当事人可根据达成的“虚

拟调解协议”，携带有关身份证明、证据材料到设立网上调解室的人民调解组织现场提出书面调解申请、签署书面调解协议，把“虚拟调解协议”直接转化成具有法律约束力的人民调解协议书。电子调解基本的运行过程大致包括网上申请、网上审核、网上告知、网上受理、网上办理、网上发布裁定等网上调解步骤。近年来，除了人民调解组织可以应用电子化方式开展调解工作，行政调解、司法调解也都尝试采用电子化方式调解解决纠纷。电子调解不是一种新型的调解方式，而是对传统调解方式的电子化改造。由于电子调解具有廉价、灵活、便利、高效等优点，符合电子商务发展的要求，近年来从调解传统的民间纠纷逐步被广泛应用到电子商务纠纷解决领域。总体而言，我国电子调解的发展还是初步的，还存在一些法律障碍需要相关立法加以解决。

2. 电子仲裁

随着互联网的广泛运用，电子仲裁以其开放性、即时性和便利性特点满足了电子商务纠纷解决机制的需要，逐渐成为电子商务纠纷的主要解决方式。所谓电子仲裁，就是利用电子邮件、网上聊天室、视频会议系统等现代信息技术方式，将仲裁程序的全部或主要环节在互联网上进行而形成的完整体系。具体运行过程包括向仲裁庭提出仲裁申请、立案、答辩或者反请求、仲裁员的指定和仲裁庭的组成、仲裁审理和仲裁裁决的作出，主要都在互联网上进行。电子仲裁在运行中面临的一个核心问题是电子仲裁协议的效力问题。与传统仲裁协议相比，电子仲裁协议无论是在形式要件还是实质要件方面都与现行《仲裁法》的规定存在错位或脱节，必须加以协调和衔接。除此之外，电子仲裁的程序、电子仲裁裁决的执行、电子仲裁的法律地位等问题都将成为电子仲裁今后发展必须面对并加以解决的问题。

3. 电子复议

电子复议是一套包括远程审理、网络直播、电子送达、电子证据、电子签章系统等在内的完整体系，电子复议是一场行政复议方式的革命，并且将深刻地影响和改变行政复议的理念和公众的法治意识。电子复议的运行程序是将提交申请、受理、审理、决定、送达、执行、决定公开等全部或者部分放在互联网上进行。由于行政复议大多采取书面审理的方式，这为行政复议实现电子化创造了条件。目前我国电子行政复议还处于萌芽阶段，电子复议在运行中也会遇到诸多法律障碍需要解

决，比如申请人的判断、电子证据的提交与核实、行政复议审理程序、行政复议决定作出、行政复议电子送达、行政复议决定书的公开等，都需要结合《行政复议法》等法律规定加以明确。

4. 电子司法

目前，世界发达国家普遍将电子诉讼服务作为对现有诉讼模式的补充和完善。实践中，与电子司法称谓和内涵相近的还有电子诉讼、电子法庭、电子法院等。电子司法在降低司法成本、高效便捷地解决纠纷、提高司法透明度、延伸司法职能空间、加强司法监督等方面优势和作用明显。当然，电子司法在很多方面造成对传统司法的冲击和挑战，要进一步深化电子司法运用的广度和深度，及时解决电子司法面临的法律障碍和实践问题，确保电子司法在我国健康发展，真正成为传统司法的有益补充。

5. 电子信访

电子信访是指信访部门在互联网上建设的为人民群众向党委和政府反映情况提供网上投诉或建议、投诉请求、结果查询等服务的信访服务平台，是党委和政府了解社情民意的快速通道。电子信访是非常便捷的信访方式，它不受时间、空间、人数的限制，它的信访成本是最低的、速度是最快的，是传统信访方式的重要补充。电子信访免除了信访人来回奔波之苦，减轻了地方政府担负的沉重接访任务，也缓解了包括法院在内的所有信访接待机关的信访接待压力。电子信访都是在网上进行，案件数据库存储了信访案件案由、信访频次、是否化解等情况，信访化解人员只要点击信访接访按钮，即可调取情况，及时开展化解工作，可以及时有效了解信访化解情况，避免信访信息失真。今后有必要加大电子信访的运用力度，尽可能地运用网上受理、网上审核、网上处理、远程接访、网上答复、电子送达等多种方式开展电子信访工作。

商法经济法学精要摘编

转售价格维持的本土化探析：理论冲突、执法异化与路径选择

侯利阳（上海交通大学凯原法学院教授）

本文原载《法学家》2016 年第 6 期，第 70—82 页

我国反垄断执法工作已然呈现出本土化考量不足的问题。《反垄断法》粗线条的立法模式给予执法机构极大执法裁量权，这虽能保证执法灵活性，但也带来了不同执法机构理论体系构建不一致的风险。这种内生性的风险最近在法院系统和国家发展和改革委员会（以下简称“国家发改委”）及其省级执法部门（以下统称为“发改机构”）在处理转售价格维持案件中暴露无遗。由于法治环境的不同，欧美在经济学理论的转化过程中形成了两种执法模式。这两种模式被我国的多头执法机构分别采纳并异化，形成如今法院和反垄断行政执法机构各执一端、各行其是的对立局面。而我国学术界对于这种对立局面的分析和批评大都以经济学理论作为直接出发点，忽视了我国《反垄断法》中的本土制约性要素。这一方面增加了认知该问题的复杂程度，另一方面也非常不利于我国反垄断法本土化执法模式的形成。

与欧美不同，转售价格维持是我国《反垄断法》第 14 条明示禁止的行为。从立法体例而言，我国《反垄断法》比较明确地移植了欧盟 101 条的立法框架，也即违法加豁免的执法模式。在欧美反垄断理论的共同影响下，我国也未在《反垄断法》中确立反垄断所依赖的基础理论。这主要是考虑到反垄断执法的灵活性，同时我国的执法实践尚无法支撑从零构建反垄断的本土化理论，因此不得不借鉴国外的相关案例和理论。我国的反垄断执法实行多头执法体系，具体到转售价格维持，存在两个

执法部门，即发改机构和法院。这两个部门之间并不存在直接的协调机制，由此所产生的系统性风险是：不同的执法主体可能会选择不同的法律移植对象，并以此来构建自身的执法体系。

当代反垄断的法律分析严重依赖于经济学理论，但经济学理论也只有经过法学转化之后才能被间接使用。这种转化必须受制于本土化的法律体系，即必须遵循法律移植中的本土化改造原则。虽然“强生案”所构建的分析框架可能更为契合当今主流的经济学理论，但是这种框架排除了《反垄断法》第 15 条的适用，从而使得我国《反垄断法》的整体逻辑分析发生了断裂。因此，即便“强生案”所创建的分析体系从效果上来说可能更为科学，但其依然不应该成为我们今后所遵循的执法模式。最终的解决方案抑或本土化改造必须首先以我国《反垄断法》中的制约性要素为准绳，然后再结合主流经济学理论以及国际通行做法进行构建。

我国《反垄断法》第 14 条禁止转售价格维持的行为，第 15 条提供该行为可以被豁免的要件。其中，第 15 条包含了六个明确的要件，以及一个开放性的要件。这六个明确的要件可以细分为四个类别：（1）第一至第三个要件为能够促进生产效率或者创新的行为提供豁免；（2）第四个要件豁免促进非经济利益的行为，比如节约能源、保护环境、救灾救助等；（3）第五个要件为失败企业供必要的保护；（4）第六个要件保护对外贸易中的垄断协议行为。而那个开放性要件是为了保证豁免要件的开放性从而引入了“其他情形”。此外，《反垄断法》第 15 条还对前三个要件又增加了两个额外的条件，即涉案行为不会严重限制相关市场的竞争和涉案行为能使消费者分享由此产生的利益。第一个额外条件给不同经济学理论的博弈提供了足够的空间，第二个额外条件则进一步体现了对于消费者福利保护的当代需求。我国《反垄断法》既有的立法框架已提供了一个相对完美的经济学理论法学转化的路径。

然而，在这种较为完美的法律框架之下，我们依然产生了类似于“强生案”这种变相排除《反垄断法》第 15 条适用的判决，以及依然有大量学者从理论上支持“ 强生案”的情形，这主要是因为《反垄断法》对于转售价格维持的举证责任语焉不详。我国《反垄断法》对于转售价格维持的分析可以拆解为如下五个步骤：（1）存在转售价格维持行为；（2）证明该行为具有限制竞争的效果；（3）证明该行为产生促进竞争的

效果（包含第15条规定的其他非经济因素）；（4）比较分析该行为促进竞争的效果和限制竞争的效果；（5）若限制竞争的效果明显，则直接禁止；若促进竞争的效果明显，则需要进一步证明另外两个额外的条件是否能够满足。若满足，则予以豁免；若不满足，仍需禁止。第一个步骤是反垄断调查（包括行政调查和私力调查）的起点。虽然《反垄断法》并未明文规定，但是该步骤的举证责任应当由反垄断执法机构或者原告承担，这并无争议。此外，《反垄断法》第15条也明确规定：被调查的经营者应当对第三至第五个步骤承担举证责任。但是，《反垄断法》对于第二个步骤的举证责任由谁承担却语焉不详，而目前所呈现的行政执法与司法执法的对立也正是由这种法律上的不明确所引起的。

目前行政执法模式与司法执法模式冲突问题的实质是一个二选一的问题，即将该举证责任分配给行政执法机构（包括原告）或者被调查的经营者（包括被告）。作者认为，应当由原告或者行政执法机构承担该举证责任，主要基于两方面考虑。首先，虽然法学分析与经济学分析不能等同，但反垄断的法律模式还是要围绕经济学理论构建。经济学对于转售价格维持的理解不似《反垄断法》第13条明示列举的横向垄断协议，尚没有形成一致的结论。因此，将该行为的举证责任分配给被调查的经营者或者被告，或者说推定转售价格维持具有明显的排除限制竞争效果，缺乏坚实的经济学理论基础。其次，我国有些学者赞成发改机构的做法，或者说主张将该举证责任分配给被调查的经营者或者被告，其主要理由有二：第一，我国缺乏反垄断执法底蕴，行政执法机构无法有效掌握经济分析方法，由行政执法机构承担举证责任会降低《反垄断法》的有效实施。但是，如果说我国的反垄断执法机构缺乏处理复杂反垄断案件的能力的话，那么对于非专业的社会大众（或者说被调查的经营者）来说更是如此。如此，将这种风险转移给被调查的经营者不但不能提升《反垄断法》执法的有效性，反而增加反垄断案件中“假阳性”即合法行为被判定为非法的错误可能性。第二，也有学者认为我国目前的主要问题是“假阴性”非法行为被判定为合法的问题，因此应当通过积极严厉的执法来促进市场机制的发展。虽然这种观点降低了反垄断执法机构的执法难度，但也加大了反垄断执法机构选择性执法的可能性，并且这种选择性执法的风险在我国行政执法机构执法资源有限的情况下将会更加突出。此外，我国近期的反垄断执法活动已经开始影响世界经济格局，并正在逐步成长为可以与欧美并列的世界三大反垄断法法域之一。在这种国际形势之下，我们更应该以构建合理的法律分析框架为出发点，而不应该持暂行权宜之计的态度。

如此，按照举证责任的不同，我国转售价格维持行为的分析框架应当借鉴欧盟的执法模式，按照如下两个大的步骤进行构建。首先，依据《反垄断法》第 14 条的规定，反垄断执法机构或者原告应当提供证据证明转售价格维持行为存在，同时还应当证明涉案行为具有限制竞争的效果。行政执法机构在证明排除限制竞争效果的时候，应当慎防两种错误倾向：第一是发改机构目前的做法，即仅仅抽象性地列举转售价格维持限制竞争的效果，而不提供任何市场数据予以证明。这种做法的实际效果等同于推定转售价格维持具有排除、限制竞争的效果，此外也无法使相对方后续能够从量化的角度证明促进竞争的效果可以抵消限制竞争的效果。第二是“强生案”的做法，即将限制竞争的效果与促进竞争的效果进行综合分析。这种做法会淡化限制竞争效果和促进竞争效果的举证责任分配，同时会在《反垄断法》第 14 条的分析中掺杂第 15 条的内容。在完成上述步骤之后，行政调查程序中的经营者或者诉讼程序中的被告应当依据《反垄断法》第 15 条的规定，提供证据证明涉案行为不但能够促进竞争，而且足以抵消该行为限制竞争的效果，同时能够让消费者分享由此产生的利益。

场外配资纠纷处理的司法进路与突破
——兼评深圳中院的《裁判指引》

刘　燕（北京大学法学院教授）

本文原载《法学》2016年第4期，第132—142页

场外配资被视为引发2015年股灾的导火索，而其实质是我国股市经久不衰的“借钱炒股”现象。2015年底，广东省深圳市中级人民法院的文件《关于审理场外股票融资合同纠纷案件的裁判指引》（以下简称《裁判指引》）把争议最大的场外民间配资机构与融资炒股者之间的讼争（即狭义的场外配资纠纷）统一纳入彀中。对于具有相同实质内容的借钱炒股安排，不论其冠名是股票配资合同还是委托理财合同、合作经营合同、信托合同等，《裁判指引》均统称其为“场外股票融资合同”，作为一类新的案由。从此角度看，在历经了股票透支、委托理财、信托合同、合伙理财、合作理财、借贷合同等各种名目之后，我国司法实践终于给“借钱炒股”现象贴上了一个恰如其分的标签——股票融资合同。

一、场外配资纠纷司法裁判的逻辑与争议

场外配资纠纷多因配资方强制平仓而起，法院在处理此类纠纷时需要回答以下三个问题：一是交易是否有效；二是平仓是否合法；三是损失如何承担。这些问题层层递进，因为股票融资交易涉及“融资—买人股票—强制平仓处分股票”三个环节，每一个环节的法律判断都受制于前一个环节的答案。

在既往的司法实践中，融资交易不合法这一前提曾给法官最终裁定

平仓损失问题制造了不小的麻烦。2005 年《证券法》的修改虽然消解了针对“两融”业务的质疑，赋予了证券公司强制平仓行为的合法性，但在非典型的融资融券场景下证券公司能否强制平仓仍不乏争议，司法实践的立场亦不一致。在券商之外，典当行等非金融机构向炒股者提供融资，或者民间配资公司、P2P 平台等专门从事提供融资并招揽融资客户利用自己的账户入场交易，就更加容易被裁判为违法而无效了。在此背景下，深圳中院《裁判指引》基于商事纠纷解决的立场切割合同效力与合同效果的做法，就格外引人注目。深圳中院尽管在形式上尊重证券监管部门对场外配资交易的违法性认定，甚至承认场外配资合同存在违反公共利益或者违反法律、行政法规规定的情形而无效，但在当事人民事责任的认定与损失分配方面却维持了配资合同约定的状态。这种清晰地切割金融监管法下的合法性判断与商事交易当事人之间权利义务的做法稳定了当事人的合同预期，有助于场外配资纠纷这类涉及主体众多、利益冲突多元、因果关系链条复杂案件的顺利解决。

二、场外配资强制平仓损失的处理原则——《裁判指引》的亮点

平仓损失如何承担几乎是所有杠杆保证金交易（包括股票融资交易、期货交易、地下炒金炒汇交易等）纠纷的争议焦点，司法实践的立场也不一致。《裁判指引》依循商事交易的基本逻辑确立了“融资者风险自负为主，配资公司过错归责为辅，市场风险合理分担”的损失分配思路，这较以往司法实践有了相当大的突破，具体表现在如下三个方面。

1. 基本规则：融资方自负强制平仓的风险。当融资方作为担保品的股票账户市值下降到预先设置的平仓线时，配资合同通常明确约定配资公司有权强制平仓，先行收回自己放贷给融资方的资金。因此，当配资公司按照合同约定强制平仓时，融资方因资金发生的损失由其自己承担。

2. 例外情形：因配资公司的过错导致融资方资金损失的扩大部分，由配资公司赔偿。当然，若配资方对于无法平仓也无过错，比如，配资方能够证明系市场风险而无法卖出，或者非因任何一方过错导致操作系统技术故障造成无法强制平仓时，配资公司则无须承担此种损失。此时需要进一步处理的技术性问题是：未及时平仓损失的计算问题，包括

但不限于穿仓损失。第一，未及时平仓损失的计算方法。在配资公司应承担的未及时平仓损失的计算上，《裁判指引》确立了“股票平仓线与实际借款本息费用之间差额”作为衡量标准。该表述看起来有些晦涩难懂，应为“实际平仓线市值低于配资合同约定的股票平仓线市值的差额损失”，而非“股票平仓线与实际借款本息费用之间的差额损失”。《裁判指引》的表述因过于简略而失之准确。第二，穿仓损失问题。由于 HOMS 系统等技术平台在平仓前已剥夺了融资方对账户的操作权限，“穿仓”损失通常是配资方未按照合同约定平仓导致损失进一步扩大的结果，过错在配资公司一方，自应由其自行承担此项损失。

3. 市场风险及技术故障风险的分配。对此，《裁判指引》区分“ 穿仓”损失与“ 非穿仓”损失，对上述风险作出了不同的配置：（1）对于“非穿仓”损失，由融资人承担上述两种风险。此时，举证责任由配资方承担，其须证明系市场风险而无法卖出，或者非因任何一方过错导致操作系统技术故障造成无法强制平仓。（2）对于“穿仓”损失，尽管配资公司并不存在过错，且相关风险很可能是由配资公司在非“穿仓”损失下可免责的市场风险或技术故障的自然延续，但《裁判指引》还是将该“穿仓”损失的责任配置给了配资公司承担。这其实是我国司法实践对于违法金融交易中双方当事人的过错分配问题所一贯秉持的立场，即金融机构或类金融机构（如典当行）作为一方当事人的过错程度较对手方当事人（一般是个人或者普通机构）为重。《裁判指引》确认了场外配资合同因相关主体未经批准从事特定业务、违反《合同法》第 52 条第（四）（五）项而无效；若无此基于“违法—过错”的责任配置，《裁判指引》关于“违法且无效”的认定也就彻底形同虚设了。从此意义上说，让配资公司承担第三方风险造成的“穿仓”损失或可视为《裁判指引》在维持商事交易秩序与尊重金融监管要求之间的一种微妙平衡。

三、进一步的思考：场外配资合同是否需要“让与担保”的标签

场外配资是一种股票质押融资行为，但其并未采取权利质押的常规登记程序。如何从法律上界定此种担保安排，《裁判指引》开宗明义引入了“让与担保”的概念。

就实质而论，配资公司的强制平仓权并不必然附着于某一种形式的

“担保”之名。除配资合同的明确依据外，配资公司已经通过账户控制而实现了保障其债权的效果。这与场内“两融”业务下客户的相关资金与证券都存放于证券公司名下的“客户信用交易担保资金账户”与“客户信用交易担保证券账户”，从而得以监控并最终处分并无二致。

考虑到“让与担保”法理本身的争议，一种更为简便和直接的处理方式就是直接承认合同约定的强制平仓权的法律效力。事实上，配资合同关于强制平仓权的规定类同于《物权法》之构造，从立法政策角度看并无可非难之处。例如，我国《物权法》第214条给当事人之间通过协议扩大担保权人对担保物的处分权留出了空间——“质权人在质权存续期间，未经出质人同意，擅自使用、处分质押财产，给出质人造成损害的，应当承担赔偿责任”。换言之，若质权人经过出质人同意（包括事先的合同约定），就可以使用和处分质押物。此外，《物权法》第219条关于质权人“可以就拍卖、变卖质押财产所得的价款优先受偿”“质押财产折价或者变卖的，应当参照市场价格”等规则，也保证了质权人仅能获得优先清偿而无权占有质物的溢出价值。比照上述条款，当配资公司与融资人已经达成协议，赋予配资公司强制平仓权并约定了多余资金返还融资人时，此种合同构造与《物权法》之设计并无二致，也不会发生“禁止流质”规则所担心的损害特定当事人利益或者违反社会公共利益之情事。如此处理，法院也无须求助于更为复杂且面目不清的“让与担保”之法理。

互联网金融监管理论争议的方法论考察

彭　岳（南京大学法学院教授）

本文原载《中外法学》2016 年第 6 期，第 1618—1633 页

一、中国互联网金融监管的制度背景与理论挑战

互联网的普及和发展为互联网金融创新提供了技术支持，也对传统的金融监管体制和规则提出了挑战。技术革新催生的金融创新往往兼具套利和非套利因素。在此情况下，不同金融监管体制将影响监管机构所作出的法律推定。中国金融监管体制具有显著的金融抑制特征。因此，此类监管体制下的监管者更关注金融创新对正规金融的影响和冲击。而技术革新的工具性决定了其既可能被用来从事有利于经济发展的金融创新，也有可能被用来进行纯粹监管套利，攫取体制内的利益。有鉴于此，面对金融创新，监管者首先想到的是如何将新的金融形态归入现有的金融监管框架之中。

二、合法性争议中的方法论

在互联网金融合法性问题的理论争议中，经济学者的功能主义分析方法未能充分考虑到现有法律规定，其处理的是抽象概念或模式，虽简单明了，但缺乏必要的现实感。然而，这并不意味着经济学者的讨论毫无价值。毕竟，在法律政策学的框架下，传统法学的“规范—决疑”思考模式需借助功能主义的“目的—手段”思考模式才能发挥功效。问题是，当前中国的金融抑制体制与经济学者关于互联网金融本质的分析存

在紧张关系，致使法律学者很难将相关政策建议转化为现有法律框架所能容忍的法律政策建议。比如，当一些法律学者希望借助经济学者的理论成果来质疑整个金融监管体制的合理性时，已然不是利用现有的法律框架来接纳政策建议，而是利用政策建议来颠覆现有法律制度；当另一些法律学者希望在现有金融监管体制下引入经济学者关于互联网金融的政策建议时，往往会发现当前法律框架所给予的政策空间根本不足以支撑当前互联网金融业的存在与发展，而脱离困境的唯一办法似乎只能是打破现有法律樊篱。依据卡尔·施密特式的“具体秩序思维”，法律应当是“合乎事物本质的塑造”的产物。既然互联网金融在本质上有别于传统金融，自然应当存在一套与之相对应的全新金融监管规范。

三、合规性争议中的方法论

在一定程度上，监管目的是对特定监管制度正当性的拷问。然而，即便学者们能够以“普世”的良善价值推演出一般监管制度的正当性，这一逻辑演绎方法也很难透彻说明为何应就互联网金融实施监管。特别是，在中国金融抑制体制的语境下，本来就不存在所谓的一般金融和一般监管，无论在官方的表述，还是在学者论述中，更为常见的词汇是正规金融和非正规金融。当前，政府对正规金融的监管既是一种限制也是一种保护，如果也要对非正规金融施加监管要求，则必然涉及这样一个问题：此类监管的要求应与对正规金融的监管要求一致吗？由此，经济学者和法律学者进入了监管方式的争议领域。然而，尽管经济学者和法律学者就为何监管的价值判断存在争议，但在监管手段的选择上基本一致。可以想见，当监管目标之间存在冲突时，监管者只能求助于“运用之妙，存乎一心”来加以平衡，这一做法必然会增加互联网金融监管中的不确定性以及相应的法律风险。

如果将上述监管手段与正规金融的监管手段相比较，我们还可以发现，两者相似度极高。由此引发的疑问是，既然最终的监管手段相差无几，何不一开始就将互联网金融“收编”为传统金融，然后根据具体互联网金融所属的类型（如正规金融或非正规金融）来施加传统的监管措施？这一带有实用主义色彩的疑问在一定程度上揭示出当前政策法学或政策经济学在方法论上的困境：一方面，经济学者和法律学者可以说明

或预设互联网金融的独特性并能够论证监管必要性；另一方面，却难以提出一个切实可行的最佳监管方案。之所以出现这一现象，一个重要的原因是，当学术界试图将抽象理论具化为现实政策时，相关理论模型的可信度和可行性会受制于具体法律制度和利益考量的约束，很难实现从理论到现实的“惊险一跃”。因此，当学术界忽视抽象理论模型得以实现的现实制度环境时，关于如何监管的建议也只能是泛泛之论，从而使相关组织实践左右了互联网金融的发展。此外，忽视现实制度环境必然会遗漏另外一个重要的监管改革话题——制度安排，即为解决法律争议，应将权威决策权分配给哪一个权能机构，以及该机构的决策是否应得到本法律体系内其他机构尊重等制度性问题。由于制度安排问题一直未能得到妥当解决，实践中，一些本不应作出权威决策的机构开始登场。基于制度的路径依赖惯性，相关实践一旦定型，其产生的“规范涟漪”很难扭转。

四、结语

总体而言，当前理论争议中存在的方法论特色主要体现在两点：其一，在讨论合法性问题时，尽管经济学者和法律学者的方法论起点各不相同，结论各不一致，但均认可通过实然本质可以获得应然规范这一断言，从而带有明显的卡尔·施密特式“具体秩序思维”的风格。这一思维方式固然有助于缓解新生事物与守旧法律制度之间的紧张关系，但鉴于此类方法对现有法律制度具有潜在破坏性，政府部门对相关理论成果持戒惧之心也是理所当然。其二，在讨论合规性问题时，经济学者和法律学者大多倾向于引入抽象的价值理念，如金融效率、金融公平和金融安全等“大词”，来推理出具体的监管目标和监管手段，甚至要“重构”金融法。这一自上而下的研究方法有助于保证理论体系化，但也因为未能充分考虑和采纳与现实世界相类似的规则而欠缺可信度。并且，这一研究方式倾向于将现有的法律制度视为可轻易改造的对象，忽视了现有制度的黏性和锚定效应。与学术界倾向于从制度整体来统观金融监管的思维不同，基于职责所在，政府必须以现有制度作为行动的起点，采用框架性思维模式对互联网金融实施监管。这种方法论上的差别导致学术界丰硕的研究成果很难转化为切实可行的政府措施。由此造成的后果是，当前金融创新与金融监管之间的错配问题并没有得到缓解，监管失败的迹象也越来越明显。

当前，理论学说的丰富和政府监管手段的固化给处于变革期的中国金融抑制监管体制增加了更多的不确定性。对于互联网金融的市场参与者而言，这一监管上的不确定性构成了确确实实的法律风险。不仅如此，由于一些在金融监管方面并无比较制度优势的机构贸然介入，其提出的应急式解决方案虽有助于个案法律争端的解决，但无意中刺激了互联网金融平台的“异化”。从金融监管的角度来看，这种欠缺理论反思的实践做法不仅不利于金融市场的健康发展，还给其后的金融监管设置了不必要的障碍。有鉴于此，学术界不应通过公理演绎的方式事先确定批发型的监管哲学，而应将研究的重点放在评估互联网金融所特有的风险之上，并判断是否需要政府介入，如果需要介入，则还应继续检视当前的法律制度设计是否足以应对这些风险，并作出相应的制度改革建议。因此，为扭转学界激进、政府保守的局面，一方面，相关研究应避免智力返祖现象，不应认为只有当特殊原因和特殊结果汇集到某个无所不包的原初原因和某个详尽无疑的终极目标之中时，才是正当的，也不能“用一种通过公式的运用而获得的无用见解去取代人类在反思理智的指导下缓慢进行的合作”。为此，除非处于极端情形，学者们似乎不应动辄抛弃现行依然有效的金融监管制度，依据抽象公理或参照域外法制对金融法实施一次又一次的“重构”；另一方面，决策者也应看到互联网金融所额外创造的融资市场以及此类市场对于经济发展的积极意义。即便在金融抑制体制下，互联网金融也能创造出有别于传统金融的融资市场。在一定程度上，它是中产阶级和普通公众尝试进行风险投资的乐土，是“金融民主化”的先驱。而无论是将此类业态降格为传统民间直接借贷，抑或升格为正规金融，均失去了国家鼓励互联网金融创新、为小微企业和初创企业提供资金支持的本意。

独立担保的商事法理构造

——兼论民法典视野下的独立担保制度建构

刘　斌（河南财经政法大学民商经济法学院讲师）

本文原载《环球法律评论》2016年第2期，第98—115页

独立担保是商事实践的产物，在实务中体现为银行保函、备用信用证、履约保函等不同形式。从业已形成的商事习惯视之，独立担保与见索即付的保证（独立保证）、独立的担保契约显属不同，非同一概念所能涵盖。与日趋统一的商事惯例相比，独立担保制度在解释论与立法论层面均存在激烈争议，从术语名词的选用到各项具体规则，不一而足。

一、独立担保的法律属性：从民事保证到商事保证

对于独立担保的法律性质予以界定，不仅是理论研究的需求，也是司法实践的需要。早期理论与实务多倾向于将独立担保与既有的相似法律制度相比较，比如汇票、保证、担保、赔偿合同等，然而受制于独立担保的鲜明特征，该种理论路径在解释力上存在诸多欠缺。因此，应当基于独立担保的自身特征，寻求更加契合的理论阐释。

早期学说倾向于将独立担保视为一种特殊的保证合同。作为对独立担保性质的理论阐释，合同说又可进一步区分为允诺说、自成一体的合同说以及无因债权契约说。然而，将独立担保视为合同的学说不仅在司法实践、概念界定方面存在不周严之处，其理论解释力亦较弱，合同法理论在适用上存在局限性。首先，合同的成立制度不能适用于独立担保。其次，合同的履行制度不能直接适用于独立担保。再次，合同的解

释规范不能简单地适用于独立担保。

美国法院和英国法院普遍以与信用证相似的方式对待独立担保，将其视为信用证之变种。在我国，较少有学者在理论层面将独立担保归结为信用证的种属。比较而言，独立担保与信用证仍然存在相当的差异，更加适合建构相对独立的规范体系。首先，二者的目的和功能不同。独立担保在技术上和法律上与包括商业信用证在内的付款条款和融资安排不同，其处理的不是进出口贸易的正常履行。其次，就交易项下的单据而言，信用证和独立担保所存在的区别更为显著。这种差异集中体现在，信用证项下的单据用以证明受益人的履行行为与基础交易的要求相一致，而独立担保项下的单据则用来证明申请人在基础交易中的违约。再次，在交易风险上，独立担保的交易风险远大于信用证的风险。这种较大的风险使得银行在开展独立担保业务时将其作为贷款来对待，但是，大多数独立担保是“备而不用的”，并未启动付款程序。

由于合同说的不足以及信用证说的局限性，理论上逐渐发展出了将独立担保界定为商事保证的学说。商事保证理论的契合性体现在两个方面：其一，独立担保的营利属性凸显，此为商事保证说的理论基石。从担保主体的角度而言，商事担保人为商事主体，与自然人身份的担保人差异明显。从商行为的角度而言，独立担保往往具有营业性特征，其理应承担较民事担保更为严格的法律责任。其二，在法律性质上，独立担保所具有的单方性、独立性等特征较好地契合了商事保证的特征。进一步而言，商事保证包括诸多的具体类型，简单将其界定为商事保证仅具备归类意义，对独立担保规则的体系构建仅具有概括的指导意义。故而，在将独立担保界定为商事保证属别之下，仍然有进行具体界定的必要。鉴于无因允诺说作为民法中的概念，难以容括独立担保本身所具有的单据性特征、欺诈例外制度等特征，独立承诺说更为契合独立担保的性质。

二、独立担保的法理构成

在逻辑结构上，独立抽象性和单据性同时构成了独立担保的重要特征，也是独立担保与从属性担保之间最主要的区别。独立担保在法律构造上有三重构成因素：

其一，独立抽象的债务承诺。独立担保作为担保人的独立承诺，不但与基础交易相独立，也与担保人及其关联银行之间的关系相独立。

其二，严格相符的单据交易。从积极角度而言，严格相符原则的价值在于判断担保人是否具有独立担保项下的付款义务，从而为当事人之间的权利义务关系提供根据；从消极角度而言，严格相符原则可以排除那些缺乏根据的索款请求，更加确定、清晰，更易于为银行的审单员所掌握，也利于排除审单过程中的自由裁量情形，从而降低银行被卷入基础交易的可能性。此种严格相符原则的价值取向以及已经形成的广为接受的业务实践，为大多数判例法和学者所支持。

其三，独立性和单据性的修正机制。各国法上独立担保修正情形包括欺诈、权利滥用、独立担保违法、基础交易违法、显失公平等。从对独立担保独立抽象性的破坏程度而言，顺序排列应为显失公平、基础交易违法、欺诈（权利滥用）、独立担保违法。因其价值判断的差异，各国立法者和司法者在独立担保修正机制的道路上远近各异。截至目前，各种修正情形不断地冲刷着独立担保付款义务的边界，例外设定的尺度仍然是一个开放性的问题。

三、民法典视野下独立担保制度的定位与建构

基于独立担保的法理属性及构造，在未来的民法典体系中，独立担保应当与保证相并列，共同作为人的担保的下属概念。我国民法典中独立担保规则的体系应当涵盖三方面的规则：

首先，应当建构统一的独立担保效力规范。独立担保制度与物的担保无涉，是对从属性保证制度的补充，作用范围有限，并不会损害我国担保法律制度的体系，相反，其是对我国担保法律制度的有机补充。独立担保作为人的担保之一种，在缺乏当事人明确的意思表示时，从属性仍然是担保的默示属性。在民法典体系中，我们应当打破独立保函和备用信用证的形式区分，以及国内独立担保与涉外独立担保的效力区隔，并适用同样的法律规则。

其次，应当完善独立担保的单据相符规则。《最高人民法院关于审理独立保函案件纠纷若干问题的规定（征求意见稿）》（以下简称《征求意见稿》）确立了独立担保的严格相符原则，具有积极的价值。但是，该

稿并未解决受益人的默示担保规则和非单据条款的效力问题。就默示担保制度而言，由于独立担保项下的担保人和申请人面临着更为严峻的欺诈，而其单据种类和内容又非常有限，因此，通过默示担保规则来确保担保人和申请人在付款后获得返还的权利显得更为重要。默示担保规则的价值还在于为担保人和申请人的权利救济提供请求权基础，从而可以避免使用蹩脚且不合适的不当得利等制度。就非单据条款而言，虽然国际银行业惯例已经明确了将其忽略的态度，但通过该司法解释予以规定将能够提供更为明确的裁判根据。

再次，应当严格限制独立担保的修正机制。从形式上来看，虽然《征求意见稿》第 18 条和第 19 条对欺诈的概念规定严格，但是却以“欺诈”的外衣纳入了其他内容，从而造成欺诈概念过于宽泛。这种规定方式在降低我国银行业风险的同时，也降低了我国银行所提供的独立担保业务的市场竞争力。独立担保规则作为“先付款，后诉讼”的机制，并非在付款后即戛然而止，而是仍然可以借由诉讼来进行最终的权利维护和调整。设定过多的例外，将削弱独立担保的付款确定性和迅捷性，从而最终危害到该工具的使用。

此外，囿于独立担保制度的商事保证属性，应当对独立担保的担保人资格予以限制，这也是将独立担保的效力在民事与商事领域中区隔对待的逻辑结果：从积极方面而言，由于独立担保发生于商事领域，故无须以传统担保法对担保人施加保护，可将其合法化与典型化；从消极方面而言，对于不能充分构成商事担保主体的消费者等自然人主体，应当对其进行独立担保活动予以限制。这一保护逻辑在《欧洲示范民法典草案》中已经得以确立，该草案在第七编第四章专设了消费者保证的特殊规则，实际上排除了消费者保证人、非以提供保证为营利目的的自然人保证人作为独立担保的担保人之可能。这种区分方式使得商事领域的独立担保自由与民事领域的保证人保护的价值并行不悖，能够有效地回应我国当前独立担保领域的价值错乱。

税法续造与税收法定主义的实现机制

汤洁茵（中国青年政治学院法学院副教授）

本文原载《法学研究》2016年第5期，第67—85页

由于税法的“侵益法”特性，税收法定主义被尊崇为税收领域的最高法律原则，即“法无明文不为税”。在这一原则之下，税法的制定权应为立法机关保留，在实体法上成立纳税义务的构成要件事实均应由法律予以规定，当且仅当经济活动被涵摄于法律的抽象构成要件之下纳税义务才发生。然而，立法者既不能预见性地为一切新型交易的征税事项制定规则，亦不能迅速解决税收立法面临的技术性难题而制定与新型交易的税收负担能力相一致、符合其法律与经济属性的课税规则。

一、行政裁量对税法漏洞的填补

在当前新型交易课税的法律规定存在大量空白或模糊不清的情况下，税务机关获得了实实在在的裁量权。应当说，税法已经发展出确定传统经济模式税收负担的相对成熟的规则，所谓对新型交易的课税，大多并非新税种的开征，而是在现行税法的基础上，确定交易行为及其经济后果是否系属“应税事实”的过程，甚至仅仅是“可税性”的判断。在新型交易的可税性足以确定的情况下，即使税法尚未明确规定或规定模糊，由税务机关在个案中根据税法的“一般原则及指导理念”，可以采取事实拟制、税法规则的目的性扩张解释或类推适用等方法，判断该项交易是否以及如何课征税收，反而可以使税法获得平等执行。

二、行政裁量与税收法定主义实现的二律背反

裁量既然取诸个案的判断，税务机关在作出新型交易征税与否的决定前，应当全面考量个案的具体情节。尽管事实判定对纳税义务有着决定性的影响，但在税收征管中根本无法构建诸如司法诉讼的证据规则与事实发现程序，大量粗略的、大致的事实判定的程序设计在一定程度上限缩着税务机关事实调查的范围，否则，征管成本甚至遵从成本都将非常高昂。然而，悖论在于，越是个性化的交易结构的设计，越是对税务机关的个案裁量有更高的期许，裁量所依赖的事实必须更加全面而具体，其事实发现的成本将更加高昂。因此，考虑征税效率，在新型交易的征税实践中，取诸个案裁量的个别化正义显然是难以企及的。

税务机关针对新型交易是否征税以及如何征税所为的裁量实际上已对立法机关所确立的税收构成要件进行了变更或修改，以“本不满足税收构成要件的法律事实为满足”，已产生创设新的税收构成要件的结果，具有实实在在的实体法上的效力。一旦税务主管机关将此裁量决定确立为“通案”认定的准则，由于上级税务机关对下级税务机关的垂直领导权，这一裁量准则对具体处理个案的税务机关便具有事实上的拘束力，产生普适性和反复适用的效力。在规则缺失的情况下，基于税务机关的裁量而确定一项新型交易的税收后果，此时的裁量事实上已经构成了一项“造法”的过程。

税务机关的“造法”将使其在现有的立法之外自我创设一项新的征税权限，并自行予以规范。单纯要求税务机关对新型交易征税的裁量应受到立法目的和法律原则的约束，远不能给予纳税人足够的实体保护。因此，税务机关以自由裁量填补税法漏洞的行为，虽然目的是确保税收法定主义的实现，却可能造成对税收法定主义的违反。在此二律背反之下，一项更加圆融的救济方案自然是势所必行的。

三、新型交易课税标准规范的引入

对于新型交易的征税事项，如果立法机关无法直接制定符合税收法定主义要求的明确而具体的税收规则，可以选择“介于严格规则与一般

的模糊性规定之间”的标准形式的规范。典型的标准性规范并不规定单一的事实，而是或者列举数个需考量的因素，或者对应考量的事实因素予以概括和抽象，由执法者裁量确定作为小前提的法律事实是否存在。因此，以标准性规范确立判定交易属性、评价其税收负担能力所应考量的因素，而由税务机关根据社会的发展和征税的需求、基于实际发生的事实与环境、考量各种因素的权重，就经济事实或行为是否达到标准所规定的尺度作出裁量决定，能够较为灵活地应对各种新型交易，其适用范围具有更大的包容度。

在标准性规范不足以作为处理新型交易征税事项的判断依据时，应由税务机关按照立法者制定此规范的意图并在其预定的规范范围内，将裁量事项予以具体化，以判断选择的标准化，为个案中的裁量决定提供更为明确具体的指引，即制定行政裁量基准。税务机关应当逐渐总结经验、形成行政惯例，对标准性规范所确立的不完整的要件进行补充或对不确定的概念进行明确，并以内部规则的形式颁布，从而保证具有同一性的事件获得相同的处理，防止裁量权的滥用。而此种裁量基准的日趋成熟和完善，恰恰为新型交易征税事项的规范形式从标准向严格规则的发展提供了最佳的技术性经验。因此，就新型经济活动所引发的课税问题，其规范可以遵循如下的进路生成：在无法直接且适时地起草规则时，首先付诸税务机关的裁量；随着同一事项被反复裁量且确定其解决方案，将形成可以遵循的先例，进而颁布具有指导意义的操作细则，并发展这一领域所应遵循的原则，最终制定规范这一事项的规则。

四、新型交易课税规范形式的阶段性选择

标准不应当是新型交易的课税规范的最终立法形式，以确定、明确而具体的严格规则确立一项交易的税收待遇，才符合税收法定主义的要求。新型经济事项的课税规范应当实现从标准到严格规则的演进。关键问题在于，如何在此事项的发展进程中确定与之最相契合的规范形式。如果某类须纳入规范范围的事项能够给予高度抽象化而作形式上无差异的假定，规则应当是更适当的选择，如对货物与劳务的流转课征增值税，可以制定规则。相反，如果须规范的某类行为尽管具有相同的特质，但这一特质却不足以使该类行为产生相同的法律评价，而必须考虑

行为的方式、手段等具体情况，则应当制定标准而非规则。

如果特定行为的不同规范形式将产生不同的实施成本，就应当选择成本较低的规范形式。就整体实施成本而言，规则并不必然优于标准，反之亦然。但立法成本是一次性完成的支出，而执行成本和遵从成本则在规范制定之后的每一个案件中发生，整体实施成本的确定必须考虑规范适用的频率。如果规范的事项经常发生，规则的边际执行成本将发生递减。相反，标准的边际执行成本却不会因规模效应的存在而递减，反而可能有所增加。因此，只有当法律规范的事项不经常发生时，标准才是更优的选择。

五、新型经济事项的课税规范的获取进程

规范的确立应当建立在具有相似性的交易开始反复发生的基础之上。但何时使用规则、何时采用标准的形式，课税规范的确切内容应当在当事人从事交易之前确定（规则）还是之后确定（标准），应当取决于该新型交易发生的频率。从新型交易被创造到严格的税法规则制定的过程中，规范形式的选择必然因交易的普遍性程度的差异而有所区别。任何交易形式从创造、扩散直到被普遍接受，必定经历个性化到普遍化的过程，这也决定了对新型交易的课税事项的明晰化必然经历从裁量到法定的历程。

然而，任何对新型交易征税决定的作出或规范的制定，都可能招致市场的强力抗拒，即使其本身符合税法的基本原则。交易主体将随着规则的生成进程不断调整或修正其行为模式，这也反过来阻碍税务机关就此交易的征税形成进一步的共识，迫使其不得不随之重新归纳甚至修正之前的决定，从而延缓了税法规范从裁量到法定的发展进程。事实上，此种税法规范续造进程的延缓也可能是税务机关甚至立法者自觉选择的结果。在针对新型交易进行课税规范续造的过程中，由于征税行为的弥散性后果，立法机关不得不面临更多的政策选择。不同的经济形势之下，对相似交易是否以及如何课税包含了更多的不确定性的因素。这同样在一定程度上延缓了从裁量到严格课税规则的演进过程。

环境民事公益诉讼基本理论思考

段厚省（复旦大学法学院教授）

本文原载《中外法学》2016 年第 4 期，第 889—901 页

一、环境民事公益诉讼的诉权问题

在探讨环境民事公益诉讼的诉权问题时，须从公益保护目的论出发，从公益纷争的可诉性，以及公共利益保护主体的特殊性出发，来进行理论建构。

首先，因公益诉讼的目的在于保护公共利益，因此公益诉权在性质上可以界定为公益保护请求权，此一诉权观直接以公益保护为其内容，一方面避开了附着于环境公益的权利到底属于公法上的权利还是私法上的权利这种争论，另一方面也表明，即使原告在诉讼中是以民事实体法中的侵权法之有关规范作为其请求权基础，其请求权所具有的内容在实质上也是公共利益而不是私人利益。

其次，目前我国所进行的由检察机关提起环境民事公益诉讼的试点，其所许可的适格机关只有检察机关。然而检察机关固然与民事公诉权的行使相关，而环保机关更与环境保护具有职责关联。为什么不能赋予环保机关以同样的公益诉权？有人担心赋予环保机关以相应的诉权，可能会使环保机关怠于履行行政管理与行政监督的职责，而将相应职责推诿于法院，这种担忧实际上并无实践佐证。作者指出，有的环保机关正是因为其行政管理和行政监督职责难以达到充分保护环境公益的目的，而有着提起环境民事公益诉讼的热情。

二、环境民事公益诉讼的诉讼构造问题

环境民事公益诉讼在公益保护目的论下，于程序构造方面与传统私益诉讼有着明显不同。因纷争对象是公共利益，当事人双方不得随意处分，因此在诉讼构造上，当事人诉讼权利的行使受到严格规制。又为了监督当事人正当行使诉讼权利，而进一步加强了审判权的地位，强化了审判权的管理职能。其在实体方面的体现包括，当事人不能随意放弃或者变更自己的诉讼请求，不能随意通过调解或者和解解决纷争。因此当事人放弃或者变更诉讼请求乃至调解与和解等行为，都受到审判权的严格监督。其在程序方面的体现包括，当事人撤诉行为将受到审判权的严格监督。在两造对抗方面，审判权也会深度介入，协助原告调查取证，禁止不当自认，并且还限制被告提出反诉。这些均与一般私益诉讼不同。因此可以说在公益保护目的论下，环境民事公益诉讼在程序构造上体现出较强的职权主义特征。

此与我国私益诉讼在程序构造上正从强职权主义向当事人主义过渡的发展趋势，有着明显不同。此种诉讼构造上的不同，意味着法院在环境民事公益诉讼中，并非消极的居中裁判者，而是积极的程序管理者和推进者。法院所发挥的作用，已经带有一定的能动司法甚至可以说是行政管理的色彩。此乃环境民事公益诉讼之公益保护目的所致，并无不当。但目前一个令人不安的现象是，实践中有些试点环境民事公益诉讼的法院在做法上已经在很大程度上偏离了法院的司法职能定位，而更像环保行政机关。因此这里有必要提出的是，环境民事公益诉讼固然因其诉讼目的不同于私益诉讼，而在程序构造上较为侧重于职权主义，但不能因此使环境民事公益诉讼程序沦为行政听证程序，使人民法院或者人民法院的环保法庭沦为另一个环境行政管理部门。人民法院始终要守住一个职责底线，就是法院是纷争的裁判者，而不是行政管理者。

三、环境民事公益诉讼的诉讼标的问题

就我国相关制度安排来看，作者认为，《民诉法新解释》第 284 条、第 288 条和《环境民事公益诉讼解释》第 28 条第 2 款的规定，对环境

民事公益诉讼的诉讼标的问题，实已作了与私益诉讼不同的安排。根据《民诉法新解释》第284条第1款第2项的要求，提起公益诉讼须“有具体的诉讼请求”。此处并未提及“事实”和“理由”两个要素。而《民诉法新解释》第288条关于环境私益诉讼的规定中，仍然要求当事人的起诉须符合《民事诉讼法》第119条的规定。这意味着我国对环境民事公益诉讼的诉讼标的，有着不同于环境私益诉讼的不同安排。对环境私益诉讼，沿袭了传统诉讼标的理论观，而在环境民事公益诉讼方面，却改采一分肢说的诉讼标的观，以当事人诉的声明作为诉讼标的。此一理解亦可从《环境民事公益诉讼解释》第28条第2款规定中得到佐证。依该款规定：“环境民事公益诉讼案件的裁判生效后，有证据证明存在前案审理时未发现的损害，有权提起诉讼的机关和社会组织另行起诉的，人民法院应予受理。”也即只要原告主张的诉的声明不同，就不构成重复起诉。

四、环境民事公益诉讼裁判的既判力问题

在环境民事公益诉讼中，由于诉讼的目的是保护环境公共利益，既判力问题又呈现出不同的样态。这种不同主要体现在《环境民事公益诉讼解释》第28条第2款的内容中，与在制度安排上以当事人诉的声明作为环境民事公益诉讼的诉讼标的有着密切关系。

首先，就既判力的时间范围而言，环境公共利益所要保护的是公共利益，其在重要性上优于一般私益诉讼，为更充分保护公共利益，司法机关有可能会突破传统既判力理论在时间范围上的限制，而允许当事人对事实审言词辩论结束之前已发生的事实，再行争议并提起诉讼，进行审理裁判。根据《环境民事公益诉讼解释》第28条第2款的规定，就前诉事实审言词辩论结束前已经发生的污染环境行为所导致的损害后果，若原告在前诉事实审言词辩论结束后才予发现，则允许原告或其他有权提起诉讼的人就该等损害后果再行起诉。当然，依通常既判力时间范围的理论与实践，若侵权行为发生在前诉事实审言词辩论结束之前，而损害后果发生在前诉事实审言词辩论结束之后，则不受前诉既判力遮断。因为损害后果发生在后，当事人在前诉事实审言词辩论结束之前无法预见并予争执，若强行使其受前诉既判力遮断，则有不能周全保护当事人

程序利益和实体利益的缺憾。但是，若侵权行为和损害后果都发生在前诉事实审言词辩论结束之前，则当事人有机会在前诉进行争执，却因自己原因未能发现或未能争执，则只能视为其放弃行使实体上和程序上权利。因此，《环境民事公益诉讼解释》第 28 条第 2 款的规定，实际上突破了传统既判力理论关于时间范围的约束，其出发点应是强调对公共利益的特别保护。

其次，关于环境民事公益诉讼判决既判力的主观范围问题。从既判力的一般原理来看，环境民事公益诉讼所要保护的公共利益乃为不可分割的整体，虽然可能仅有部分适格主体提起诉讼，但其他未参加诉讼之适格主体也应受判决既判力的约束，不可以未能参加诉讼为由，拒不尊重判决的既判力。但是，根据《环境民事公益诉讼解释》第 28 条第 2 款的规定，在突破既判力时间范围的情形，也即在允许当事人就前案审理时未发现的损害再行起诉的情形，适格原告又不限于前诉原告。未在前诉中被追加为原告的其他具有相同实体地位的人，也可以再行起诉，这实际上突破了传统既判力理论关于主观范围的立场。

最后，就环境民事公益诉讼既判力的客观范围来看，根据传统既判力理论的一般原理，环境民事公益诉讼所保护的公共利益为不可分割的整体；终局判决范围内的事项，当事人不得再行争执和起诉，法院也不得再行审理和裁判。但是，根据前述《环境民事公益诉讼解释》第 28 条第 2 款的规定，因同一环境侵权行为所产生的公益损害后果，若在前诉事实审言词辩论结束前未被发现也未被主张和辩论，即不受前诉判决既判力客观范围的约束。此在突破传统既判力理论关于时间范围之立场的同时，也是对传统既判力理论关于客观范围的立场的突破。

论我国民事检察权的运行方式与功能承担

杨会新（国家检察官学院副教授）

本文原载《法学家》2016 年第 6 期，第 94—104 页

一、监督与救济：抗诉的双重功能

（一）特殊的民事检察权运行方式

在我国，抗诉必然启动再审程序，而再审作为民事诉讼的一项程序，审判的中心不可能围绕检察机关监督法院纠正违法来进行，而是对当事人的权利义务之争进行重新审理。检察机关抗诉的目的在于监督审判权的运行，但提起抗诉本身也表明了检察机关对一方当事人的支持，结果上总是有利于一方当事人，因此客观上发挥着救济当事人的功能。同时，抗诉的监督功能必须依附于救济功能，脱离对当事人的救济而单纯的监督不具有正当性。仅基于监督审判权而抗诉的话，监督权的行使实际上是以牺牲当事人的利益为代价的。

（二）抗诉事由性质的多元化

分析现行《民事诉讼法》第 200 条所规定的 13 项抗诉事由，可以将其分为救济功能的抗诉事由、兼具救济和监督功能的抗诉事由、偏重监督功能的抗诉事由三类。其中第 1、2 项属于单纯救济功能的抗诉事由。兼具救济和监督功能的抗诉事由包括：第 2、5、6、11 项。一方面，此四种抗诉事由与审判权的不当行使有关，从而具有了监督的必要性；另一方面，此四种抗诉事由也与当事人的实体权利直接相关，由此引发的再审有可能改变当事人的现有权利状态，从而发挥着救济功能。偏重于

监督功能的抗诉事由主要表现为程序错误或者审判主体不合法。程序性错误的事由包括第4、8、9、10项；审判主体不合法的事由包括第7项和第13项。在这两类事由中，审判人员的主观过错及客观违法性明显，且这两类事由主要影响的是当事人的程序性权利，对实体权利未必造成实际影响。抗诉事由本身功能的多元化必然导致抗诉功能的多样性。

二、抗诉的双重功能发挥不彰

尽管抗诉制度在实践中兼具监督与救济功能，但“监督审判权”与“救济私权”毕竟在理念上有着巨大差异，从而导致民事抗诉制度在整体架构上的分野：监督功能的发挥应以职权主义为依托，而救济功能则会选择当事人主义作为程序基础。如果抗诉立足于对当事人的救济，则应坚守当事人主义；如果定位于对审判权的监督，则应适用职权主义。但由于抗诉在实践中功能定位的模糊，上述模式分野未能被坚持。民事抗诉在程序进行方面遵循了处分权主义，而在抗诉范围、证据调查方面却适用了职权主义。这充分表明检察机关既要坚守监督审判权的功能定位，又想摆脱干预当事人处分权指责的矛盾心态和尴尬地位。这种“混搭”式的处理方式非但不能兼顾两项功能，反而会顾此失彼：民事抗诉之法律监督权受制于当事人诉权，使得监督功能发挥不彰；同时，基于监督功能而具有的职权主义成分，必然会对当事人私权形成干预。两项功能相互牵制，以抗诉制度为依托的民事检察权无异于“戴着镣铐跳舞”。

三、双重功能承担上的新调整

（一）监督审判权：检察建议的功能承担

与抗诉相比，检察建议在监督审判权方面具有以下明显优势：

其一，摆脱了当事人主义的约束，有利于监督功能的发挥。检察建议的作用在于提醒法院并建议改正，与当事人的权利义务无涉，无须受到当事人主义的牵绊。因而，此时检察权发挥的是纯粹的监督功能，完全可以适用职权主义，无须当事人的申请，检察机关可依职权启动程序，依职权对可能存在的违法行为进行调查。其二，不危及判决的稳定性及司法裁量权。原因在于其不以生效判决为监督对象，不会危及判决的稳定性和权威性。其三，监督对象具有广泛性。抗诉的监督对象仅限于生效裁判。实践中，基于维护判决既判力及当事人诉讼成本的考虑，对于确有错误但并不影响当事人实体权利义务分配的裁判，检察机关一般不予抗诉。而对法官违法行为的监督不涉及当事人的私益，所有审判程序中的法官违法行为均属于监督的对象。其四，实现了同级监督，可以充分发挥基层检察院的力量，达到对基层法院监督的目的。其五，实现了直接监督，对审判人员在民事诉讼中行使审判权的活动进行监督即直接监督。

（二）救济当事人：抗诉的功能承担

在将检察建议定位于监督审判权的基础上，作者主张剔除抗诉的监督功能，将其定位于对当事人的救济。此处的救济，是指为当事人提供再审机会，而非对当事人的实体权利予以救济。只有将抗诉的功能定位于救济，才能依据当事人主义的要求对抗诉制度加以规制，从根本上防止检察机关借抗诉干预当事人私权。具体而言包括：（1）除原裁判损害公共利益外，抗诉均应依当事人申请而启动，不得依职权启动。即便在审判人员有贪污受贿、徇私舞弊、枉法裁判等行为时也应如此。如果审判人员的违法行为涉嫌构成犯罪的，应当依法启动刑事追究程序，对于其他违法行为，检察机关应依《民事诉讼法》第 208 条第 3 款的规定启动对审判人员违法行为的监督。（2）当事人申请撤回抗诉的，除原裁判损害公共利益的以外，检察机关应及时终结程序。（3）抗诉的范围受当事人请求范围的限制，不得在当事人请求范围之外抗诉。（4）不进行证据调查。如此一来，无论是程序的启动与进行，还是抗诉的范围、事实及证据，均要受制于当事人的意思，当事人的处分权真正得到尊重。

四、民事检察权的功能转型

（一）通过对当事人诉权的培育实现对审判权的制衡

较之检察权对审判权的监督，通过充实当事人的诉权来制约审判权，更为有效和直接。（1）检察监督的事后性导致监督的非及时性。监督的事后性在防止对司法裁量权不当干预的同时，也必然造成监督的非及时性。再加上检察机关内部立案、审查、讨论、报批等一系列办案流程，检察监督在实践中具有明显的滞后性。而当事人作为利害关系人，对于自身权利是否受到侵害、何时受到侵害最为清楚，可以在第一时间通过提出异议、申请复议或者提起上诉进行救济。只有当公权力违法行使或权力滥用时，当事人才需要通过投诉等救济途径，借助于其他公权力机关的监督来保障其救济权利的实现。因而，检察机关的监督是第二位的、后置的。（2）检察监督影响程序的安定性。诉讼程序的推进是一系列诉讼行为的累积，当违法审判行为发生后，由于不能进行及时的监督和纠正，便会继续累积以其有效性为前提的其他诉讼行为。而监督权的行使，会将既已进行的程序全部推翻，这在某种程度上违反了程序安定性的要求。

（二）维护审判权的独立与权威

1. 维护审判权的独立运作。我国现阶段法官的选任、职业保障均不独立，法官在审判中常常受到行政的、个人的种种干预，而检察监督可以为希望保持自主性、独立性的法官拒斥各种干扰提供更为有力的工具。当审判权受到不当干预时，检察院对法院的监督，可以起到补强审判权的效果，通过这种制度化的、程序化的监督，可以共同抵制或削弱那些不具程序性的外在干预，成为审判权抵御不当干预的有力武器。

2. 维护审判权的公信力。对法院裁判正确的案件，由检察机关对当事人进行解释和说明，有利于当事人对裁判的信服，有效地避免缠诉，从而维护审判权威。2012 年《民事诉讼法》第 209 条将当事人向法院申请再审设置为申请检察院抗诉的前置程序，当事人须首先向法院申请再审，只有在申请被驳回或权利受阻之后才能寻求检察机关的介入。这一规定不仅有助于解决多头申诉造成的司法资源浪费，而且在较大程度上体现了检察权作为公权制约性法律监督权所应当遵循的权限界分准则和穷尽程序内部救济准则。

民事审判权与执行权的分离研究

肖建国（中国人民大学法学院教授）

本文原载《法制与社会发展》2016 年第 2 期，第 39—49 页

民事执行权由执行实施权和执行裁决权共同构成，这点已经在学界达成了共识，《民诉法》和《最高人民法院司法解释》也对此予以肯定。执行裁决权宜从民事执行权中剥离出去，成为民事审判权的组成部分。民事审判权与执行权应在廓清基本概念和作用的前提下进行分离，以期实现民事司法权的优化配置。

一、民事审判权与执行权的关系定位

民事审判权与执行权历来须臾不可分离。民事审判权的任务在于确认发生争议的民事权利关系，民事执行权的使命则是运用国家的司法强制力保障生效法律文书中所确认的民事权利的最终实现，二者在性质上同属于民事权利的司法救济，均具有司法性的特点，是司法权作用于民事诉讼领域所呈现出的两种不同权力类型。因此，民事执行权也必须依据司法权行使的一般规律进行调整。这体现在，在民事执行法律关系中，调整申请执行人与执行机关、申请执行人与被执行人之间关系的法律规则，在原则上遵循民事诉讼中原告与法院、原告与被告之间关系的准则。在承认民事执行权的司法权性质的基础上，也不能忽视二者的差异性。应当说，民事执行法律关系中执行机关与被执行人之间的关系准则，不同于法院与被告之间的关系，民事审判权与执行权的分离（即审

执分离），以及民事强制执行法的制定，正是建立在这一层关系的法律规制之上。

一方面，民事执行与民事审判相似，主要涉及三方主体：执行法院、申请执行人、被执行人。在民事执行程序中，申请执行人与执行法院、执行法院与被执行人、申请执行人与被执行人之间分别发生三面执行法律关系。其中，申请执行人与执行法院间的关系，称为申请关系，即在执行程序的启动上，申请人具备申请执行要件时，即有强制执行请求权，执行法院有依其申请而实施执行的义务；执行法院与被执行人之间的关系，称为干预关系，即执行法院应依法定程序，强制被执行人履行义务，被执行人也有容忍强制执行的义务；至于申请执行人与被执行人之间，则产生强制执行的直接法律关系。申请关系和干预关系为公法关系，申请人与被执行人间的关系为私法关系。

需要强调的是，在民事执行法律关系中，用于调整申请执行人与执行法院、申请执行人与被执行人之间关系的法律规则，与民事审判法律关系中调整原告与法院、原告与被告之间关系的准则，具有高度的一致性，二者一体适用不告不理、消灭时效等权利保护的制度装置。

另一方面，在民事执行法律关系中，法院与被执行人之间关系的准则，却与民事审判法律关系中法院与被告之间的关系有天壤之别，这表现在：民事执行的单向性与审判的多向性与互动性、民事执行主体的主动性与审判主体的中立性、民事执行的形式化与审判活动的实体判断性、民事执行的强制性与审判的和平性、民事执行的职权主义与审判的当事人主义、民事执行的效率取向与审判的公正取向等。民事执行权的特殊性、审执分离的必要性以及强制执行立法的可能性，也都维系在法院与被执行人之间关系所决定的价值判断和制度安排之上。建立在法院与被执行人之间关系基础上的审执分离理论，是解决大陆法系国家民事执行中实体与程序、公正与效率、权利保护与程序保障之间悖论的一把钥匙。

二、我国民事审判权与执行权的分权改革

我国民事审判权与执行权的分权改革，最重要的步骤是将与执行程

序有关的审判权、执行裁决权从民事执行权中剥离出去，将民事执行权纯化为执行实施权，这符合民事执行权行使的内在规律。

第一，剥离执行程序中实体审判事项，划归民事审判权范围，廓清民事审判权与执行权边界。关于执行程序中涉及实体权利义务的争议，由何种机构遵循何种标准依据何种程序进行处理，学界已经形成共识，执行程序中产生的实体权利义务争议的实体审判事项属于民事审判权的范畴，因此应将实体权利争议的最终判断权从民事执行权的概念中剥离出去。执行程序中案外人异议之诉、申请执行人许可执行之诉、债务人异议之诉、参与分配异议之诉等实体争议问题，不再由执行局负责，而是交由相应的民事审判庭遵循审级保障下的诉讼程序进行审理，有利于实现审执分离的制度效果。

第二，剥离执行程序中的裁决事项，廓清执行裁决权与执行实施权的边界，凸显执行裁决权的行使与民事审判权的共通性，将执行裁决权回归审判权范畴，由执行法官行使。在程序法律适用上，除我国民诉法执行程序编另有规定的以外，应当适用民诉法审判程序的相关规定。

第三，剥离执行实施权中的裁决事项，廓清执行命令与实施事务权的界限，将执行命令权重新定位于审判权，也由执行法官行使。由执行法官办理执行裁决和实施裁决事项，行使执行裁决权和执行命令权，这种权力在性质上属于法官对程序和实体问题的判断权，包括执行异议复议、当事人的变更和追加、不予执行、终结执行、查扣冻裁定、拍卖裁定、拟定执行分配方案，等等。程序问题的审查判断好说，民事审判权与执行权之间没有实质性差异，问题在于实体权利的判断上，审判法官对于争议的实体权利有权做出最终的、实质性的、具有既判力的判断；而执行法官对第三人主张的实体权利，尤其是对于执行标的——被执行人责任财产的权利归属问题的判断与审判程序中权利争议的实体判断所遵循的程序、适用的法律等，本质上具有相似性，不过在判断标准上有所差异。

三、我国民事执行中实施事务权的改革

民事执行中实施事务权的改革，是我国执行体制和机制改革的重点、难点和瓶颈。具体做法是，对实施事务权优化配置，实现执行实施机制专业化，建立分段集约执行工作机制。实践中已经开始对执行实施事务进行创造性变革，并且由此引发了民事执行权的重新组合。目前，北京、上海等地的一些法院针对执行案件的特点，依据执行实施事务机制的内在规律性，纷纷实行以节点控制为特征的执行流程管理制度，指定专人负责统一调查、控制和处分被执行财产，大大提高了执行效率。

执行实施事务权的上述改革，其背后的法理基础在于诉讼案件与执行案件的差异性，即执行案件具有同质性和可分割性，而诉讼案件则具有个性化和不可分性。因此，诉讼案件与执行案件的处理，应当遵循不同的原则、制度和程序。过去，很多法院简单地模仿诉讼案件的处理模式，将某执行案件作为一个整体分派给某执行人员，由他承担从执行程序启动到该执行案件彻底结束执行程序的全部过程的一揽子责任，并且司法统计和业绩考核也以该“件”执行案件是否完成执行为标准，使得同一执行人员对于每起以“件”为单位的执行案件都不得不面临漫长的执行战线，忽视了执行程序各个环节的独立性和同质性。这种诉讼化的做法，不仅减缓了执行人员在财产查找、查封扣押冻结、拍卖变卖等不同方面实现专业化、职业化的进程，而且使得执行人员的权力相对于个案而言显得过于集中和庞大，增加了执行人员的道德风险和法律风险。实际上，执行案件的处理是以法院与被执行人的关系为中心构筑起来的、以被执行人责任财产为执行标的之程序制度，具有“对物不对人”的特点，追求效率而非程序保障。其程序可以分割为不同阶段，各阶段相互独立，并且程序具有多重性、反复性，一个执行标的可以反复发生多个执行程序，最终直到申请执行人的权利得到满足。

执行实施事务权改革的另一个重要问题是：究竟由谁行使实施事务权？作者认为，目前有两种方案可以选择：一是在当前最高法院推行的

审执分离的基础上，进一步明确执行权与审判权的界限，廓清民事执行权的运行特点、配置规律，完善各级法院内部的执行局设置，执行局只负责执行实施工作；二是考虑在省、自治区、直辖市高级法院之下，将负责民事执行工作的执行局从基层法院或中级法院中分离出去，单独设立，业务上相对独立于本级法院，但要受上级人民法院指导、监督，执行局也仅仅负责执行实施事务工作。作者认为，目前，基于改革合法性的要求，应当依照民诉法的规定，采用第一种方案；待将来《民事诉讼法》再次修改之后，可以考虑采用第二种方案。

民法典与民事诉讼法的连接与统合
——从民事诉讼法视角看民法典的编纂

张卫平（清华大学法学院教授）

本文原载《法学研究》2016 年第 1 期，第 22—36 页

民法典作为民事实体法的基本法，也必须依赖于民事诉讼程序才能得以实现。这种依赖关系使得民法典的编纂不是孤立的、可以独自前行的立法作业。民法典的编纂必须充分考虑与民事诉讼法的对接、协调和统合。

一、民法典编纂对《民事诉讼法》发展的契合与引导

民法典作为一个非常庞大的规范体系，其中有许多部分与民事诉讼程序相关，且有的规范是以《民事诉讼法》的既有规定为前提的。正是由于《民事诉讼法》的某些规范对民法所具有的这种先决性或前提性，民法典也就必须将这些具有先决性、前提性的民事诉讼法规范及概念植入自身之中，彼此形成契合。《民事诉讼法》自身也有一个不断修改、更新的过程，因此，民法典的编纂必须注意《民事诉讼法》的这一发展、完善过程，不能将陈旧的、即将过时的《民事诉讼法》规范植入一部崭新的法典之中。

根据现行《民事诉讼法》的规定，对当事人的起诉存在受理、不予受理或驳回起诉三种处理。对于人民法院受理起诉的，诉讼时效发生中断，问题是，对于人民法院裁定不予受理或者驳回起诉的，诉讼时效应当如何处理？通常认为，法院不予受理或驳回起诉的，诉讼时效不发生

中断。对此，现行《民法通则》没有明确规定，本次民法典编纂对此应当明确予以规定，否则可能在诉讼实践中产生混乱。

如果依然将不予受理或驳回起诉作为不发生时效中断的事由，在表述上就存在不妥之处。现行《民事诉讼法》明确规定了不予受理、驳回起诉的制度。但从改革和完善的角度来看，现行起诉立案制度必须改革，而且已经在政策范围内推行。改革的正确措施是将诉讼要件（诉讼的合法性要件）从起诉条件中移出，将诉讼要件的审理判断放在立案登记之后，进而使得起诉条件大幅度降低，诉讼要件的审理置于立案阶段之后，对于欠缺诉讼要件的诉讼，法院不再是驳回起诉，而是以裁定驳回诉的形式进行处理。与此改革发展一致，民法典关于诉讼时效的中断事由也就不能使用“驳回起诉不发生诉讼时效中断”的说法，正确的表述应当是“时效因提出裁判上的请求而中断”，“但裁判上的请求，在诉被驳回或撤回时，不发生诉讼时效中断的效力”。

现行民事诉讼法规定了无独立请求权第三人制度。《最高人民法院关于审理民事案件适用诉讼时效制度若干问题的规定》将第三人被通知参加诉讼的情形也作为中断诉讼时效的具体事由。但是法院的这种依职权通知第三人参加诉讼的做法显然不符合民事诉讼的处分原则，注定是要被淘汰的。民法典的编纂有责任引导民事诉讼体制的转型，支持体现民法和《民事诉讼法》同样精神的处分原则，避免现行民事诉讼制度中的不当规定。

二、民法典编纂中与民事诉讼制度的对接

民法典与《民事诉讼法》在形式上是各自分立的，但各自都应有相应的与对方相衔接的“接口”或“端口”。如何设置接口，必须从实体法和程序法两个方面加以考察和分析。

再以诉讼时效中断为例。民法典设置相关的“端口”将有助于时效制度适用的确定性。

权利人常常通过人民调解实现其权利，向人民调解组织申请调解也是请求的一种方式，也应当发生时效中断的效果。因此，也同样存在在何种情形下，人民调解或者其他非讼调解不发生时效中断的问题。当事人双方就调解协议的履行或者调解协议的内容发生争议，意味着调解协

议没有被遵守，如果要获得强制执行就必须向法院提起诉讼以获得执行根据，或者事先由双方共同向法院申请司法确认，使该调解协议具有可执行性。在没有向法院申请司法确认的情形下，也就存在在多长期间内没有向法院提起诉讼是否发生时效中断的问题。民法典必须考虑明确规定诉讼外调解不成立或不履行时经过多长期间后不起诉的，时效不发生中断，不能对此留下规制空白。

目前，我国已在法律和司法解释中规定了诉前财产保全和诉前临时禁令等诉前措施。在民事纠纷发生后，虽然权利人没有提起诉讼，但申请诉前保全或诉前禁令也同样是一种请求，因而具有中断时效的效力。目前缺失的是关于在启动诉前措施相应程序之后，存在何种情形时不发生时效中断的规定。民法典应当对此作出相对明确的规定。针对诉前措施，包括诉前财产保全和行为保全，民法典可明确规定由于权利人请求撤回或根据其他法律规定撤销的，不发生时效中断的效力，以及诉前措施不是对享有时效利益的人作出且在未通知该人之前，不发生中断时效的效力。

按照《诉讼时效制度规定》第 13 条的规定，申请强制执行也是中断诉讼时效的事由，因此，在诉讼时效制度的规定方面，民法典同样应当考虑明确规定不发生中断的情形。从原理上，对执行申请不予受理、驳回执行申请、撤回执行申请的，不发生中断时效的效力。在此，民法典还应考虑到整个强制执行法的调整和完善。

三、民法与《民事诉讼法》相关概念、制度的统合

特定的概念表达了特定的理论认识，是其理论的高度抽象，因此概念的统一实际上意味着理论认识的统一。过去，我国使用“举证责任”的概念。但举证责任实际上存在两种不同的责任：行为意义上的（亦称主观的）举证责任与结果意义上的（亦称客观的）举证责任。民事诉讼法学界通常将结果意义上的举证责任称为“证明责任”，因为强调的是不能证明的后果；相应地，行为意义上的举证责任称为“举证责任”，因为强调的是提出证据，即所谓“举”。建议民法典明确使用“证明责任”这一概念，厘清两种责任的区别。

关于实体权利义务争议与民事诉讼的关系，在民事诉讼法中一直存

在不清晰甚至混乱的现象。这种现象的产生与实体法未作原则性规定有直接关系。在纠纷解决的原理上，原则上涉及民事实体权利义务的争议，当事人都有权要求通过民事诉讼程序，通过诉讼的方式加以解决。非民事实体权利义务的争议则通过非讼程序加以解决。但是在实践中，往往为了追求效率价值而故意避开这一原理和原则，涉及实体权利义务的争议却要通过非讼的方式加以裁判，而我国的民事诉讼程序本来就已经呈现出一种非讼化状态。

为了避免诉讼权益被非讼化所消解，就应当坚持民事实体权利义务的争议在司法范围内通过诉讼方式加以解决的原则。对此，作为私法基本法的民法典应该有一个明确的态度。

四、民法典编纂中程序规范的分工与布局

基于实体法与程序法的分离，必须考虑哪些程序性内容基于不可分割的要求应当规定在民法典之中。

原则上相对特殊的、具体的程序性规范应考虑规定在实体法中；相对一般的、抽象的程序规范规定在《民事诉讼法》中。这样的原则可以称为“特殊与一般分配法”。

其一，家事法中的某些特殊、具体程序性规范应当规定在民法典之中。家事法中法律关系多样而复杂，其相应的程序也具有某些差异性。程序法原则上应尽可能对类型化的事件作出抽象和概括的程序规定。

其二，关于各类民事法律关系形成或存在过程的特殊证据，应当明确规定在民法典之中。虽然民事诉讼法对证据的认定和运用都有一般性规定，但民事诉讼法无法对每一类案件具体情形下如何确定证据和使用证据加以规定，尤其是特殊情形下的证据资格和证明力问题。对于特殊具体情形下的证据规范就宜尽可能地规定在民法典的相应实体条款之中，以便确定实体法律关系发生或存在的事实。

其三，关于各类民事法律关系主要事实或要件事实的证明及证明标准。在民事纠纷解决的实践中，法律关系的主要事实或要件事实的判断至关重要。在民法典的编纂过程中，立法者需要有意识地注意案件的特殊性，尽量对证明责任的特殊分配作出规定，而不是将这些特殊证明责任分配的作业转移给具体案件的裁判者或司法解释、《民事诉讼法》来完成。

关于特殊情形的证明标准——比一般证明更高或更低的证明标准，也都需要在民法典编纂时加以注意。

其四，关于特殊的诉讼请求及行使条件的规定。在通常情形下，民法只要规定了权利义务，相应的权利就有相应的请求权。不过，《民事诉讼法》不大可能细致地照顾到每一种特殊请求权与诉讼程序的对接，因此在编纂民法典中也需要注意对于某些特殊请求权的诉讼行使作出明确的安排，以便照顾这些实体权利的实现。例如，在家事法领域，其实体法就需要根据自身的特点，对相应纠纷的程序作出特有的安排，如强制调解。关于占有之诉的主体、提起诉讼的有效期间、占有之诉与本权诉讼的相互关系等，似有在民法典中规定之必要。

刑法体系的合宪性调控

——以“李斯特鸿沟”为视角

张　翔（中国人民大学法学院教授）

本文原载《法学研究》2016年第4期，第41—60页

一国的法律体系应具备融贯性。现代宪法构成了法律体系的规范基础和价值基础，各部门法的规范与学理有向宪法调整之必要。同时，宪法学也必须充分考量部门法固有体系的稳定性与科学性，并有选择地将部门法的成熟学理接受为宪法的具体化方案。作者将刑法学的重要理论置于宪法教义学的观察之下，并在刑法的规范与学理现状基础上，思考国家刑罚权的界限问题。在尊重刑法学既有学理的前提下探讨刑法体系的合宪性调适，并寻找刑法学和宪法学的沟通渠道，以形成整体法教义学的体系融贯。该文以刑法体系与刑事政策的关系为切入点。

“李斯特鸿沟”的宪法意义

刑事政策与刑法体系的关系是当下中国刑法学的重要议题，在相关讨论中，德国刑法学家罗克辛概括的“李斯特鸿沟”（Lisztsche Trennung）成为术语焦点。李斯特鸿沟的命题表述为“刑法是刑事政策不可逾越的屏障”，或“罪刑法定是刑事政策不可逾越的樊篱”。作为刑法学家，李斯特的论证理由却是宪法性的。李斯特指出，与刑事政策取向于实现刑法的社会任务不同，刑法的司法意义在于：“法律的平等适用和保障个体自由免受‘利维坦’的干涉。”正是在此意义上，刑法要为叛逆的个人提供保护，刑法是“犯罪人的大宪章”。

李斯特将此称为刑法的“法治国—自由”机能，彰显的正是其宪治功能。在德国学者看来，起源于启蒙运动的罪刑法定原则是“维护自由的工具”，“在‘驯化至高无上的主权’这条唯一独特的欧洲之路上，罪刑法定原则就是它发起和保护的措施之一”。我国1997年《刑法》修改最终确立罪刑法定原则、取消类推，应该被看作是由刑法学者作为主要推动力而进行的一项宪治建设。我们必须认真对待“李斯特鸿沟”，重视其限制国家权力、保障人权的宪法意义，警惕轻言跨越这一“鸿沟”所可能导致的宪法风险。特别是，刑事政策总是指向“同犯罪进行的预防性斗争”，这与刑法体系取向“宽容地保护自由”是存在紧张关系的。在我国，植根未深的罪刑法定原则还面临诸多挑战，包括刑法明确性的不足、口袋罪的存在、刑法解释的开放性等。此时，重视形式理性，谨慎对待政策性因素，是合乎立宪主义精神的妥当考虑。

刑事政策：超越实证法抑或基于宪法

李斯特体系不可避免地会导致体系正义与个案正义的冲突，因此应将刑事政策引入刑法教义学，中国刑法学界对此也有基本共识。但我国刑法学者眼中的刑事政策似乎具有某种“超实证法形象”。他们使用这样的表述：刑事政策“不属于法律人探讨的事情”“超法规的违法阻却事由”、刑法“基本的正当性”“价值导向”，等等。在刑法学者的眼中，刑事政策往往被认为是法外因素。

但在罗克辛看来，刑事政策却不是超实证法的，而应观照整体法秩序。这首先必须建基于宪法。宪法是一国法秩序的基础，如果学者和法官要运用刑事政策来解释刑法并予以体系化，所根据的不能是“学者或者法官自己关于刑法目的的观念”，而应当以“宪法层面能够得出的刑法目标为基础”。“在刑事政策、宪法和刑法教义学之间，并不存在确定的界限”。刑事政策取向于为刑法体系提供价值判断（在立法和司法两个层次），而宪法正是一个包含各种价值目标的价值体系，刑事政策应当以宪法价值为实质来源。

宪法作为刑事政策的实质来源，具有对刑法的理论与规范体系的直接意义：

（1）改善刑事政策抽象模糊的形象。刑法学必须为刑事政策寻找

“价值选择的法律基础”。将宪法作为刑事政策的实质来源，就可以用具体的国家任务、国家基本制度以及特别重要的基本权利保护等宪法内容，使刑事政策的内涵清晰化。德国“明镜周刊”案、我国“副教授聚众淫乱”案等案件的处理中，如果以宪法基本权利作为阻却违法的正当化事由，则刑事政策模糊的内涵就可由宪法规范特别是基本权利规范的补充得以明确化。

（2）缓和价值判断对实证法体系的冲击。将被视为法外因素的刑事政策内化为宪法之规范命令，有助于缓和政策考量对刑法体系的冲击。德国联邦宪法法院在“辩护律师洗钱”案中对“洗钱”概念的限缩解释具有强烈的政策色彩。但如果从宪法的职业自由条款出发，这种限缩处理就是宪法笼罩下法秩序内的操作，从而缓和了对实证法体系的冲击。

（3）补强刑事政策的指导立法功能。刑事政策的首要功能在于指导立法，而宪法正是部门法立法的基础。在前宪法时代，可将刑事立法的指导原则归于刑事政策，甚至归于政治哲学和启蒙思想。但在现代宪法产生之后，这些前宪法因素必须向着宪法的方向进行调整。在“依宪治国”的目标下，刑事政策不应交由立法者自由裁量；相反，立法者的刑事政策判断必须受到宪法的约束。

（4）部门法的宪法化。在许多国家，刑法、民法等对法律体系具有发生学奠基意义的重要法典，往往制定于现行有效的宪法之前，并各自形成了相对独立的规范与学理体系。各部门法学科的根本性思考也经常会超越法律体系本身，而诉诸哲学、宗教等层面。但在宪法被最终确立为根本法、最高法之后，特别是违宪审查制度赋予其辐射整个法律体系的程序机制后，许多原本属于法体系外的讨论，就转而表现为宪法秩序下的讨论。刑事政策被作为宪法下实证法内的因素，就是此种部门法宪法化的体现之一。“二战”后意大利以宪法为价值基础形成刑事政策，进而根本性地调整形成于法西斯时代的刑法体系的做法，具有典范意义。

贯通“李斯特鸿沟”：宪法关联的法益概念与比例原则

（一）扰乱国家机关工作秩序罪与法益的宪法关联性

现代刑法学的法益概念，具有强烈的宪法关联性。法益概念并非一个纯粹实定（刑）法下的概念，任由刑事立法者恣意决断，其内容应受到宪法控制。宪法对法益内容的控制，既包括对立法者的形成自由设定宪法边界，也包含教义学上对法益内容的合宪性解释。让法益概念具备宪法关联性，可恢复其实质的批判立法功能。完全没有基本权利内容，或者完全不服务于基本权利保护目标的所谓利益，不应被确立为刑法法益。但应注意，立法者具体化宪法的优先权应受到尊重。而且，即使法益以基本权利为核心，对于刑法中法益的解释也仍然主要是刑法学的任务，但刑法解释要时刻回溯宪法，做合宪性考量。

借由一个与宪法关联的、兼具解释和批判立法功能的法益概念，“李斯特鸿沟”得以贯通。刑法对宪法的具体化，也就是刑事立法者基于宪法而确定法益的过程。对刑法的合宪性解释使刑事政策和刑法教义学，都被笼罩在宪法教义学之下。据此，作者认为，《刑法修正案（九）》中增设的扰乱国家机关工作秩序罪，难以经受住合宪性的法益概念的检验，而其适用必须在《宪法》第 35、41 条的价值笼罩之下做合宪性解释。

（二）“终身监禁”的比例原则审查

《刑法修正案（九）》设定的“终身监禁”具有强烈的政策色彩。刑罚是对公民基本权利的限制，要接受比例原则的审查。比例原则要求以温和而必要的手段去实现正当目的，以实现利益均衡和总体最大化。刑法学的一些固有理念，例如刑法的谦抑主义、辅助性等，就是从合比例性的角度将刑法视为国家权力规制社会、干预公民自由的“最后手段”。《刑法修正案（九）》设置的“终身监禁”在比例原则的“必要性”审查的层面存在问题。必要性原则要求，在多个能实现目的的手段之中，选择最为温和的手段。犯贪污受贿犯罪的人，只要被判处刑罚，就再也没有重获公职的可能，也就没有重新犯贪污受贿罪的可能。也就是说，即使予以减刑、假释，由于其已经被消除再犯条件，也完全可以实现特殊预防。得否减刑、假释，在特殊预防的效果上没有明显差异，但在刑罚的严厉性上，终身监禁显然更高。由于在同样能够达到目的的手段中，立法者选择了更为严厉的手段而非最温和的手段，故无法通过必要性审查。

结语

实现对国家刑罚权的有效控制，是刑法和宪法两个学科的共同目标。这在机制上依然有赖于违宪审查制度的完善和运行，在学术上则有赖于宪法学和刑法学的相互融通。在中国的法律体系和制度现实下，刑法学者和宪法学者应当相向而行，协力完成刑法体系的合宪性调控。

刑法中的“财物价值”与“财产性利益”

王　骏（浙江大学宁波理工学院教授）

本文原载《清华法学》，2016 年第 3 期，第 39—56 页

我国《刑法》明文规定财产罪的对象是“财物”，问题是，对“财物”的理解重点是在“财”还是在“物”？如果重视“财”的一面，就可以按照《刑法》第 91、92 条的界定，在“财产”的意义上把握“财物”，“财物”以外的“财产性利益”也在财产罪对象之列；如果关注的只是“物”的一面，就只能在民法“物”的框架下理解“财物”，财产性利益难以成为财产罪对象，或者，在需要保护财产性利益的场合，尽可能解释为对财物的保护。实务中，绝大多数侵财案件都是对动产本身的使用价值或交换价值造成损害，以“物”加以保护即可。但是，在有的场合，如窃取他人房产证件后将房产卖给不知情的第三人并完成登记的，是作为对不动产这一“财物”的犯罪，还是考虑为与不动产有关的财产性利益为对象的犯罪？或者，在盗用他人财物的场合，行为人对于财物的实体部分并无非法占有目的，只是意在对财物的有关价值进行利用，那么，该行为是评价为对财物的侵害还是对财产性利益的侵害？这涉及财产罪的两个保护面向即财物与财产性利益的界分，需要详加辨析。

将财产性利益纳入财产罪中进行保护并未违反罪刑法定原则。《刑法》第 91、92 条的规定中包含了财产性利益。《刑法》分则第五章的标题是“侵犯财产罪”，该标题对于理解章节之下法条的保护法益，具有不可低估的指导意义。只有将财产罪对象的“公私财物”解释为财产，才能使总则与分则保持协调。将“财物”解释为“财产”具有实质

合理性。我国刑法并未明文区分财物与财产性利益，可以将财物作扩大解释。“占有”的对象可以包括财产性利益。刑法中概念的解释不可能完全实现去规范化，规范的构成要件要素就是适例。将占有对象扩展为包括财产性利益，仍需根据盗窃等罪的构成要件，对财产性利益进行限定，刑法不会规制所有侵犯财产性利益的行为。“对权利的占有”不会导致盗窃罪构成要件被虚置，要认定盗窃罪，仍然要实质性判定财产性利益的占有是否转移。从解释论上明晰的角度，将财物与财产性利益作为财产的下位概念更为妥当。

德国刑法在讨论不法所有意图的对象时展开了“实体—价值”理论。实体理论强调盗窃罪保护动产形体，行为人的侵害意思是据动产形体为己有，除此之外都不构成盗窃罪。广义价值理论主张盗窃罪保护的所有人地位应扩张到所有人享有的财产经济价值。狭义价值理论则认为不是任何经济价值都可以纳入盗窃罪保护范畴，盗窃罪除保护动产本身的物权取得外，只能扩张保护至财物“直接表彰”的经济价值。综合理论强调盗窃罪应同时保护动产实体与经济价值，但以保护实体优先，经济价值仅是补充保护对象。无论怎样，仅以实体本身作为对象进行保护肯定是不足的。

区分“财物价值”与“财产性利益”是刑法解释论必须面对的重要议题。当取财行为表现为针对某种“物”而为时，该“物”中蕴含的价值可能具有两面性，即物本身的价值与物作为展现某种“利益”的载体的价值。这是两种不同的价值面向，对之进行区分对于应对使用盗窃等难题具有现实意义。取财对象不同时，也可能导致构成要件解释上的差别，需要谨慎对待。区分“财物价值”与“财产性利益”也有利于维系“素材的同一性”。

区分“财物价值”中的“价值”与“财产性利益”与民法中的物—债二分制完全契合。物权的效力在于权利人能在物权所赋予的权能范围内，对于一定物加以支配，并且排除他人对该物的干涉，其权利及于所有他人。“财物价值”体现的就应当是对物支配权所产生的价值。债权的效力在于权利人能请求特定他人为一定行为与不为一定行为，其效力存在于债权人与债务人之间，原则上不及于第三人。“财产性利益”体现的就应当是相对人的行为对于权利人的利益。“财物价值”属于物权保护范围，“财产性利益”归于债权保护领域，这是对二者进行界分的理论基础。

物—债二分制为界分财物价值与财产性利益提供了基本思路。大体上，归属于物权范畴的，应以财物价值加以保护；占有、使用、收益、处分等建立在物上的各项物权权能，投射在物上，就表现为使用价值与交换价值，这就是财物价值。而在债权范围内的，应以财产性利益进行保护；权利人能请求他人为一定行为或不为一定行为，进而享受相关利益，即财产性利益。据此可知，如果某种价值已经不是实体本身的物质属性所体现出的，而只是以实体作为载体，实质上体现的是债权债务关系时，该种价值就应被作为财产性利益看待。界分财物价值与财产性利益，标准在于是实体本身的物质属性所体现出的，还是仅以实体作为载体。

使财物发生质变、明显减损财物经济价值时，即使归还实体，也能评价为对财物价值的犯罪，如盗取并使用他人一次性湿巾后返还（不考虑数额）的。如果实体仅是载体，意图取得其中体现债权债务关系的价值部分，对此就应该以财产性利益犯罪论处。如盗取话费充值卡，旨在将其中的余额充值到自己手机上，再将卡归还的，此时对象为充值额这种财产性利益。

获得房主证明文件后非法出卖房产的，所获价款是房屋这一实体本身的物质属性所体现出的交换价值，该行为属于针对房屋这一财物的犯罪。如果仅出卖了房产，但买受人还未入住就被房主发现从而不可能入住的，由于不动产这一财物本身的占有并未发生移转，尚不能认定盗窃既遂。只有既出卖了房产，买受人又实际入住的，才能认为作为财物的不动产的占有发生移转，才可以认定盗窃既遂。窃住或强行入住他人住宅，不会使得住宅的使用价值与交换价值这种住宅本身物质属性体现的价值有明显减损，不能评价为对住宅这种“财物”的犯罪。

一般的财产权凭证只是作为财产权的载体，这一点显著区别于已经物化的财产权凭证如货币。货币债权化的最大意义就在于将货币请求权转变成相对固化的财产形态，从而获得一种类似于物的属性。对于一般的财产权凭证，不可轻易将凭证与其承载的权利一体化为某种物。记名凭证与凭证承载的数额是分离的，不能说盗窃凭证就盗窃了其承载的数额，刑法评价的重点也不在于是否盗窃了凭证本身，而在于是否兑现或给失主造成了多大损失。对于不记名、不挂失的凭证，失去凭证就意味

着失去了相应的利益，因此应按照票面数额和盗窃时应得的可得收益一并计算财产损失。

即便肯定财产性利益可以成为财产罪的对象，但财产性利益毕竟有别于财物，其无形性和相对抽象性决定了其转移、取得的认定有相当难度。从明确财产性利益犯罪的成立范围、防止不当扩大处罚范围的角度出发，有必要对财产性利益的内容加以限定。限定财产性利益的基本指导思想应当是能将侵犯财产性利益的行为与侵犯财物的行为等同视之。首先，财产性利益必须具有可转移性。就利益而言，也必须发生了对应于“利益的取得”的“利益的丧失”。不具有转移性的利益，不可能发生夺取罪固有的法益侵害，也就不可能成立夺取罪。例如，强迫被害人在自动取款机上将其存款转入行为人账户，存款就是一种可转移的财产性利益。其次，财产性利益的转移必须具有确定性、现实性。例如，账户间资金转移完毕方能说财产性利益被确定、现实地转移；暂缓履行债务不意味着债权转移，不具有利益转移的确定性、现实性。再次，财产性利益必须具有既存性。如果某种利益的丧失对被害人来说只是将来的可能性损失，就不能将可能造成该损失的行为评价为夺取罪。例如，可能发生的航空公司的社会信用降低、业绩恶化，就不是一种既存的财产性利益。最后，取得利益同时导致他人遭受财产损失的，才能认定该利益为财产性利益。例如，行为人冒充受灾群众，搭乘政府提供的免费车辆，行为人虽获得了免费乘坐的利益，但提供免费运输的政府并未遭受损失，不能以诈骗财产性利益论处。

义务犯理论的反思与批判

周啸天（山东大学法学院讲师）

本文原载《法学家》2016 年第 1 期，第 148—160 页

义务犯（Pflichtdelikt）概念于 20 世纪 60 年代兴起于德国，目前已被该国学者广为承认。义务犯理论对日本和我国台湾地区产生了影响，其在被我国内地学者引入之后，呈逐渐发展之势。然而，任何理论在引入之前都需对之予以反思，以免出现南橘北枳之效。该文在梳理义务犯理论来龙去脉的基础上，分别从立法、理论、实践三个层面对其展开反思，并得出不应引入义务犯理论的结论。

一、义务犯理论简述及其特征总结

继德国学者 Roxin 提出该理论之后，Jakobs 对之作了进一步发展。

首先，Roxin 发现犯罪支配理论是有边界的，有些犯罪的正犯原理在于特别义务之违反。例如，普通人胁迫、指使公务员犯德国《刑法》第 343 条刑讯逼供罪的，尽管普通人通过指使行为获得了对犯罪全体事实的支配，但由于其不具有公务员身份，从而无法成为该罪的正犯。仔细分析便可知，这里赋予正犯以基础的是与犯罪主体相联系的义务，即公务员在审问活动中所应具有的特别义务。就义务犯的成立范围，Roxin 认为全部的身份犯以及不作为犯都是义务犯。

其次，Jakobs 在 Roxin 的基础上进一步发展了义务犯理论。根据义务的不同来源，Jakobs 将义务分为积极义务与消极义务。前者对应制度管辖，负有的是“和他人建设一个共同世界”的义务；后者对应组织管

辖，负有的是“不得伤害他人”的义务。组织管辖对应支配犯，区分正犯与共犯的准则还是支配原理，其犯罪的可罚性基础是法益侵害；而制度管辖对应义务犯，判断正犯的准则是义务违反，可罚性基础也是义务违反。因为 Jakobs 将“义务”理解为积极义务，所以并非全部的身份犯和全部的不作为犯都是义务犯。

最后，义务犯存在两个理论特征：一是在刑法之外寻求“义务”的存在根据；二是从“身份”中抽象出了带有普适性的正犯判断准则。

二、义务犯理论的反思与批判

既然 Roxin 的义务犯理论面临危机而难以为继，而 Jakobs 通过彻底的规范化义务犯理论，使义务犯理论得以存活，那么，此处展开的理论反思与批判，就主要是针对 Jakobs 的义务犯理论。

（一）立法层面：义务犯理论与我国的立法相龃龉

1. 义务犯理论与我国《刑法》第 29 条相龃龉

根据我国《刑法》第 29 条，对于无身份的共犯参与人，完全有可能将之评价为主犯，从而在处罚上重于身份犯的正犯。但是，根据义务犯理论，却只能导出相反的结论。首先，根据义务犯理论，只能够推导出不具有特别义务的共犯参与人相对于身份犯的正犯应当减轻处罚的结论，即根据德国刑法第 28 条第 1 款的规定，无“特别的一身要素”（以下称身份）的人，虽可成立身份犯的狭义共犯，但其刑罚应当根据第 49 条第 1 款减轻。其次，我国刑法将共同犯罪人分为主犯、从犯、胁从犯以及教唆犯。以分工为标准而分类出的教唆犯与以作用为标准而分类出的主犯、从犯，在理论上呈交叉关系。因此，教唆犯完全有可能属于主犯，从而得到比身份犯的正犯还要重的处罚，这便与义务犯理论直接相悖。

2. 义务犯理论与我国《刑法》第 397 条相龃龉

我国《刑法》第 397 条规定了滥用职权罪与玩忽职守罪，任何国家机关工作人员的违反职务罪行都可以包含在其中。既然如此，有关国家机关工作人员违反特别义务的行为，到底是按照该条加以处罚，还是按照特别义务所具体指涉的结果确定罪名，就成为难解的问题。例如，警察不阻止他人的犯罪行为，究竟构成滥用职权罪，还是故意杀人罪？对此，有的学者认为玩忽职守罪或者滥用职权罪与特别职务犯罪行为之间应该是一般法与特别法的关系，根据法条竞合中特别法优于一般法的原理，应当排除《刑法》第397条的适用。但是，一则，对于特别义务无法再做划分；二则，既然在义务犯所处的纯粹规范的世界里，特别身份者所具有的积极义务永远是同一的，自然也无法产生两个特别义务之间的竞合；三则，义务犯理论倡导者的以上处理方式，也会导致《刑法》第397条被搁置不用的结局。

（二）理论层面：义务犯理论具有主观主义刑法观倾向

义务犯理论不以法益侵害作为犯罪的实质违法性根据，从而导致其入罪审查机制失去了判断犯罪实质违法性的事实基础。首先，义务犯的正犯判断准则是义务违反，所以，在事实层面法益侵害的紧迫程度不可能再成为区分故意杀人罪与遗弃罪的标准。因此，对父母的遗弃行为应如何定性，只能根据在主观构成要件上父母到底是杀人的故意还是遗弃的故意来进行。其次，根据义务犯理论，如果一个母亲试图帮助一个她臆想中的杀害她孩子的凶手，例如把刀递给了她臆想中的凶手，就会基于正犯的未遂而被处罚。但这显然是根据母亲的主观想法来对其是否违背积极义务来加以判断。义务犯理论在判断客观要件满足与否之际，还要考虑行为人的主观故意，从而体现出“客观”随“主观”转移的主观主义刑法观倾向。

（三）实践层面：义务犯理论欠缺本土实践功能

义务犯理论具备两个实践面向：一是解决身份犯的共犯问题，二是解决不作为的共犯问题。从本土实践功能的角度看，义务犯理论无法合理解决这两个问题。

1. 义务犯理论无法合理解决身份犯的共犯问题

（1）义务犯理论无法合理解决不同身份者的共犯问题

在不同罪名之间产生义务犯与义务犯，以及义务犯与支配犯的竞合之际，继承了Jakobs义务犯理论的国内学者何庆仁并未明确界定此处的竞合到底是想象竞合抑或法条竞合，从而导致其义务犯理论无法解决身份犯的共犯问题。首先，义务犯与义务犯、义务犯与支配犯之间的竞合完全可以存在。其次，法律效果的不同决定了区分法条竞合与想象竞合

的必要性。最后，义务犯理论对此区分闪烁其词，未能提出明确的区分标准，从而导致其尚无法合理解决我国的身份犯共犯问题。

（2）身份竞合论背离义务犯理论，欠缺实践可操作性

意识到完全继受 Jakobs 义务犯理论对“竞合”问题予以说明所导致的含混，国内学者周光权进一步发展了义务犯理论，并提出了身份竞合论。身份竞合论存在两个问题：首先，身份竞合论背离了本初的义务犯理论。周光权认为，如果与某种身份相关的义务越重要，违反义务的行为对法益的损害也就越大，就越容易成为真正的保证人身份犯。周光权所称的“保证人身份犯”概念来自 Schünemann，而 Schünemann 是从支配的角度来考察身份犯的正犯原理，从而以保证人身份犯的概念解消了 Roxin 所说的义务犯概念。这样周光权的观点就并未与 Roxin 的义务犯理论相结合。周光权的观点更不可能与 Jakobs 的义务犯理论相结合，因为保证人身份犯与 Jakobs 所称的义务犯有着截然不同的方法论基础。其次，身份竞合论中判断谁具有更为重要的义务的标准是模糊的，这导致身份竞合论缺乏实践可操作性。

2. 义务犯理论无法合理解决不作为的共犯问题

首先，在不作为共犯错误的案例中，脱离客观法益侵害结果，而仅仅根据行为人的主观要件对其定罪处罚，这种主观论罪的结局实际上是义务犯理论所包含的主观主义刑法观倾向在不作为共犯问题上的必然延伸。其次，根据义务犯理论，具有积极义务者违背积极义务的行为，不论是作为还是不作为，其将永远成为正犯。但是，刑法的目的在于保护法益，从这个意义上来讲，任何犯罪都是结果犯，不作为犯也概莫能外。义务犯理论没有根据具体情况进行具体分析，而是一味以正犯重罚具备积极义务的人，这体现出了一定的重刑化倾向。

三、结语

义务犯理论或许更倾向于“国家主义”的大共同体理念，却难说有助于促进个人自由主义的生长。另外，从方法论上看，义务犯理论的背后是规范化研究路径的兴起。与规范化研究路径相对立的，是事实化研究路径。如何从方法论上做出最终抉择，这一抉择又会对未来中国的刑事司法实践产生什么样的深远影响，则是一项未竟的课题。

累犯从严量刑适用实证研究

劳佳琦（北京师范大学刑事法律科学研究院讲师）

本文原载《中国法学》2016 年第 1 期，第 247—268 页

鉴于累犯具有较大的人身危险性，我国《刑法》第 65、66 条明确规定累犯应当从重处罚，但是对于累犯应当怎样从重处罚却语焉不详。直至近年，最高人民法院出台《量刑指导意见》，才进一步明确了累犯前后罪性质、轻重以及累犯前罪刑罚执行完毕或赦免与后罪时间间隔这些因素应该影响累犯从严幅度。至此，我国关于累犯从严量刑适用的规范指引经历了一个从概括到具体的发展历程。依照规范预期，累犯情节整体作为一个二分变量应该从严影响量刑结果，同时累犯前后罪性质和轻重、累犯前罪刑罚执行完毕或赦免与累犯后罪时间间隔这些累犯情节的内在构成维度也应该具体影响累犯从严的适用幅度。

那么，在我国的量刑实践中，累犯是否真的被从重处罚？如果是，哪些按照规范预期应该影响累犯从严幅度的因素真正发挥了显著的作用？而哪些没有？为什么？

为了回答上述问题，该文选取了我国 2000—2011 年各地各级法院 10 万余份刑事判决书作为研究样本。出于日常性和代表性的考虑，所选判决书涉及的罪名为盗窃罪、抢劫罪和故意伤害罪。由于特殊累犯情节在量刑实践中适用不多，相关判决书难以大规模获取，样本中涉及累犯情节适用的仅限于普通累犯情节的适用。鉴于累犯刑期从严是我国司法实践中累犯量刑从严适用的主要表现形式，最高人民法院颁布的《量刑指导意见》中也只针对这种情况给出了具体的指导意见，故而所选样本只包括犯罪人被判处了有期徒刑且提供了具体有期徒刑刑期的刑事判决

书。立足于这十余万份刑事判决书，该文以累犯从严量刑适用规范指引这些“显规则”为参照，综合运用多种实证研究方法对我国司法实践中累犯从严的现实适用展开大样本考察。研究有两个发现：

第一，我国司法实践中，累犯情节作为一个整体对于犯罪人最终的量刑结果确实起到了从严调节的作用。不过，累犯从严的适用颇有节制，法官没有普遍在法定刑中线以上对累犯量刑，更没有出现顶格判的极端情况。整体而言，累犯情节从严力度不大。

第二，在累犯从严的适用过程中，应该具体影响累犯从严幅度的规范因素被选择性适用。累犯情节各个内在构成维度中，只有累犯后罪的性质与轻重和累犯从严的适用幅度显著正相关，累犯前罪的轻重与性质、累犯前罪与后罪的关系、累犯前罪刑罚执行完毕或赦免与后罪时间间隔的长短这些规范性因素，对于最终的量刑结果均不产生显著影响。

通过对经验层面累犯情节适用的观察透视，我们发现累犯从严量刑适用的实际操作与规范指引之间是一种“貌合神离”的状态：从最终结果上看，司法实践贯彻落实了规范指引关于累犯应当从重处罚的明确要求，累犯量刑确实从严；从具体适用上看，司法实践却摒弃了大部分应当影响累犯从严适用的规范因素，只有累犯后罪的性质和轻重对累犯从严适用产生了显著的影响。累犯从严适用幅度与累犯后罪呈现出“轻轻重重”的正相关关系。这种“轻轻重重”的适用规律是近十几年来我国经验层面累犯情节适用的真实运行逻辑。

那么，应该如何看待累犯从严在规范层面和事实层面之间的不一致？

我们可以认为这种不一致主要是因为累犯从严的规范指引不明确（大部分样本判决时间早于《量刑指导意见》的出台），导致了司法实践中认识不统一，进而影响了累犯情节适用的统一性和准确性。尽管逻辑自洽，但是这种消极解读否定了法官群体的主观能动性，存在着学者自以为是的危险。

我们还可以从积极肯定的视角解读。十万余份刑事判决书提供的信息显示，我国司法实践中累犯从严存在着“轻轻重重”的适用规律，这一规律是法官群体集体理性的体现，反映出司法者对于人身危险性概念的独特理解。

作为刑法上的核心概念，人身危险性在我国刑法中一直处于尴尬暧昧的状态。其犹如一个幽灵，虽然缺乏有形的肉身和清晰的面目，却依然在刑事程序的诸多环节不时“显形”，左右着定罪、量刑、行刑等阶段的诸多决定。尽管人身危险性在规范层面上“不可说”，在实践层面上“不可控”，但法官们在量刑时却无法回避地需要经常依据可得的量刑信息对犯罪人的人身危险性进行判断，进而决定惩罚结果。在这一过程中，累犯情节毫无疑问是其重要的判断依据。在适用累犯情节时，法官们将累犯后罪的性质和轻重作为影响累犯从严幅度的主要因素，将累犯人身危险性判断奠基于后罪客观犯罪事实之上，是宽严相济刑事政策的体现，符合客观的审判规律，也与相关实证研究的结果不谋而合，更重要的是在规范允许的范围内化解了人身危险性不可知、不可控的问题。同时，法官们摒弃了累犯情节内部其他与累犯前罪相关的构成维度对累犯从严幅度的影响，一定程度上也回避了累犯从严“一事二罚”的嫌疑。

尽管我国法官群体在累犯情节适用方面的集体实践具有合理性，但并不意味着目前我国司法实践中单纯依靠司法从业人员直觉式的感性判断来评估人身危险性的模式就是合理的。

由于实践操作层面的困难重重，人身危险性一直没能在我国刑事立法上“登堂入室”，而规范层面缺乏明确细致的操作指引则进一步增加了司法实践中人身危险性判断的困难程度。在这种悖论式的语境下，一直以来我们只能凭借法官等司法官的经验和智慧在经验层面完成人身危险性的评估任务。虽然他们本身具备的专业知识以及在职业生涯中积累的实践经验，在判断人身危险性方面极富参考价值，但直觉是一种玄妙的存在，不仅因人而异，而且因时因地而异。这种差异性和随意性明显有违于量刑规范化的要求，也不能保证其总能保持在合理合法的限度之内。而且，关于人身危险性的直觉判断过程形成于法官等司法官的头脑之中，往往只可意会不可言传，在判决书说理不充分的普遍现实下近乎于“黑箱操作”。鉴于司法官直觉式的专业判断模式存在上述不规范、不统一、不透明的缺陷，我们有足够的理由怀疑目前犯罪人人身危险性评估结果的准确性。

随着风险社会的到来，刑事法领域的关注重点已经由罪责分配问题转向风险评估和管控问题，其关键任务在于将人身危险性各异的人群区分为不同群体，进而有针对性地分别采取不同的控制措施。目前人身危险性直觉式的感性判断模式显然难以满足变革时代关于风险评估和风险

管控的核心需要，引入精算式的评估工具不失为一种有益的尝试。

在规范指引不明确、不细致的情况下，精算式的评估模式实际上是运用现有的信息数据通过一种实证的方式来创造规则，即确定关键的影响因素，分别赋予不同的权重，然后通过建立合适的数学模型来计算出最终的评估结果。这种评估模式外显了人身危险性的评估过程，通过对明确的自变量进行统一赋值进而置入固定的回归模型来进行人身危险性评估，解决了直觉式感性判断不规范、不统一的问题。同时，这种评估模式中影响因素的确定及其赋值，来源于对广大司法官群体集体职业经验的提取，不仅突破了个体认知的局限性，而且形成的回归模型还可以在具体适用中不断修正，评估结果的准确性也能得到大幅提高。

当然，精算式的人身危险性评估模式并非完美，其在使用尤其是不当使用的过程中容易导致对弱势群体的系统性歧视，用群体特性来判断具体个人的人身危险性导致个体被过度代表而评估不准确，在刑事程序各个环节反复适用与犯罪人犯罪历史相关的信息而形成“棘轮效应”（Ratchet Effect）导致过分从严等。我们提倡在人身危险性的评估中引入精算式的评估模式并且审慎使用，但是并不主张用精算模型完全取代司法官的感性判断。这两者在人身危险性评估方面应该是“体与用”的关系，即精算模型作为评估的辅助工具可以帮助司法官更好地形成专业判断。这也许是目前我国人身危险性评估模式变革的理想方案。

论责任过失

——以预见可能性为中心

吕英杰（厦门大学法学院副教授）

本文原载《法律科学》2016 年第 3 期，第 83—95 页

随着客观归责理论的兴起，“过失不法”在学理上得到了蓬勃发展，但建立在预见可能性基础上的“过失责任”则失去了昔日的光辉。特别是过失不法的主观化倾向与“接受性过失”原理几乎掏空了责任过失的核心内容。过失不法判断的主观化（即“个别化”）表现为，危险制造的判断以行为人个人的认知能力和避免能力为标准，而非适用客观标准。这使得作为责任过失的主观判断提前至不法阶段。但“主观化说”消解了规范的统一性、整体性，不利于实现规范的行为规制机能与一般预防机能；同时易导致承认“危惧感说”。而“接受性过失”理论又使得实务上不会主动积极地判断责任过失的有无，而是通过过失不法推定过失责任的存在，导致建立在个人标准上的“责任过失”形同虚设。接受性过失理论具有合理性，但是不能因此导致责任过失的空心化。当行为人无法事先预见行为时的突发状况时，就不应使行为人对由此产生的危害结果承担责任。这一点必须积极地判断。

关于过失犯的可预见对象，日本通说和判例的立场是，要求能够预见“特定的构成要件性结果以及因果关系的基本部分”。但根据责任主义的要求，过失犯的预见对象应与故意犯相同，一切客观要素（行为、结果、因果关系）均应能够预见，通说忽略了对“构成行为”本身的预见这一点。对于过失犯的可得预见程度，一致认为应该采取“具体的预见可能性说”。然而，“危惧感说”看似在学界无立足之地，但司法实务

在处理难以证明主观“过失”的疑难案例时，经常自觉或不自觉地倒向危惧感说。很多情况下判例所言对“基本部分”的预见实际上与危惧感说的界限是模糊的，原因在于当因果进程介入了其他因素时，对于因果关系基本部分的预见可能性的判断往往会简化为对“中间项”预见可能性的判断。这使得对因果关系预见可能性的证明变得虚无化，而这是不合理的，会导致以对抽象危险（即行政违法行为）的预见可能性判断代替对结果的预见可能性判断，使本来对过失结果犯的处罚变为对行政违法行为的处罚，从而将主观过错指向的对象——犯罪结果看作是可以与主观相分离的“只要发生即可”的纯客观的东西，即客观处罚条件。这样虽然减轻了证明负担，但与危惧感说无异。

坚持责任主义原则，必须坚持具体的预见可能性说，但同时也要允许根据案件的类型、具体情况进行有条件、有限制的抽象。要区分普遍性、常发性事故（如火灾事故、煤矿事故、食品、药品安全事故等）与个别性、偶发性事故。前者的发生原因及特点为公众所熟知，因果进程具有规律性，立法者针对可能发生的危险、危害详细地规定了义务主体和义务范围，在义务主体因违背义务而引起事故发生时，可以合理认为被告具有预见可能性（除非存在极为异常的介入因素，使得因果关系发生重大偏离）。即使被告以认知能力低下无法预见作为抗辩理由，控诉机关仍然可以“接受性过失”或“超越承担”对抗之。相反，若系个别的偶发性事故，事故的发生原本就属异常，则必须根据行为人的实际认知水平进行积极的具体的判断，不能以高度抽象的中间项（通常表述为“一旦……”）代替对于因果经过及结果的预见可能性的判断。

在对预见可能性的研究中，经常被忽略的问题是预见错误，这一问题与“预见对象”密切相关。学界一直没有认真对待过失犯的预见错误问题，这是因为过失犯不像故意犯，它缺少对犯罪结果的目标设定，只需评价行为人对现实结果有无过失即可，而对行为可能引发的潜在危害结果并不在意，所以极少谈及预见可能性的错误。但是，正是通说（只需预见到构成要件的类型化结果）只重视可能结果与现实结果的同质性，忽略（对象、方法、因果进程方面的）差异性，从而忽略了预见错误问题。

过失犯与故意犯相同，也存在三种事实预见错误：对象错误、打击错误、因果关系错误。对于这三种预见错误，适用法定符合说还是具体符合说成为问题。对于对象错误，该文赞同通说的观点——法定符合说。对于因果关系错误，通说主张法定符合说，但又认为过失犯必须可得预见因果关系的基本部分，两者存在矛盾。法定符合说会导致对因果关系基本部分无限制的抽象化，不妥当，应采用具体符合说。而打击错误必然伴随着因果关系的错误，实为后者的一种表现形式，所以，也应采取具体符合说。

在打击错误与因果关系错误中，存在两个可供评价的法益：行为本来指向的法益和现实侵害的法益。在侵犯人身专属性法益的场合，完全有理由对两个法益侵害分别进行规范评价，不可彼此替代。而法定符合说的结论实际上是“对A的行为+对B的结果=犯罪既遂”，是将B结果嫁接于A。从责任的角度来看，只能要求行为人针对想要杀伤的某个具体对象形成避免动机，而对于过失（甚至是无过失地）导致他人死伤的行为无法要求其避免，因为行为人对该结果缺乏认识（甚至认识可能性）。而法定符合说无论是“数故意说”还是“一故意说”都有问题。“数故意说”是对两个行为与两个结果（杀甲、杀乙）分别进行具体评价，而不是类型化地评价（杀人），事实上背离了法定符合说只注重类型化结果的核心观点；而“一故意说”与具体符合说的结论完全相同，其实是暗自采取了具体符合说。学界还有观点试图用相当因果关系理论和对现实结果有无预见可能性对法定符合说做出修正，但最终也无法避免法定符合说的缺陷。

最后，“信赖原则”这个在通说看来与预见可能性具有重要关系的概念，实则并非过失责任的内容。信赖原则是规范问题，预见可能性是事实问题。信赖原则是对交往关系中遵守规范的人的“恩典”，如果行为人根据规范的指引采取了正确的行动，为了社会交往的高效，就应允许行为人信赖其他社会交往的参与者也会规范地行动。因为，在一个规范社会里，除了少数具有监督义务的行为人之外，没有人有义务监督他人的行动，而只需自己守法。这样，每个公民都可预期自己行为的法效果，即守法者可“因合理信赖而免责”，这是他们在法规范上应享受的利益。而预见可能性的有无是一种事实，不能说，由于法规范赋予守法者“信赖利益”，所以其“可得预见”这一事实便不存在；也不能说，由于守法者“可得预见”，法规范就剥夺这种“信赖利益”。应该说，正如日本学者井田良所言：“在适用信赖原则的场合，即使预见结果是可能的（或者不管预见是否可能），也要否定过失的成立。”

贪污受贿犯罪的法定刑应当区分

姜　涛（南京师范大学法学院教授）

本文原载《政治与法律》2016年第10期，第38—51页

贪污受贿犯罪的量刑是司法实践中最混乱的领域之一。贪污受贿犯罪的法定刑应走向分离制，“区别对待”应成为立法者未来修正《刑法》时的基本选择。

一、贪污受贿犯罪之法定刑的历史流变

从历史角度审视，贪污受贿犯罪的法定刑由分离走向并轨，只是近现代政策治理模式的产物，并不具有法律文化基础，也不具有国际上的一致性，相反，只是基于从严治腐刑事政策而作出的一种临时制度安排。

新中国成立以前，中国共产党制定的《贪污条例》等具有典型的政策性，主要是为应对战争年代反腐的需要，“宜粗不宜细”成为反腐立法的选择，因此把受贿行为等纳入贪污罪，并对贪污受贿犯罪规定完全相同的法定刑。新中国成立以后，虽然我国第一部刑法典对贪污受贿犯罪的法定刑采取分离制，但终究是昙花一现。自1982年《关于严惩严重破坏经济的罪犯的决定》颁布以后，贪污受贿犯罪的法定刑再次走上并轨制，并一直延续至今。在现代刑法中，对贪污罪、受贿罪采取同一法定刑，这是中国特有的现象，也是我国《刑法》分则部分唯一实行法定刑并轨制的罪名。

二、政策与法理：法定刑确立的两种模式

（一）作为个罪法定刑确立的政策模式与法理模式

具体个罪法定刑设置也有政策模式与法理模式之分。前者是立足于政策的需要而对具体个罪的法定刑作出制度安排，维护社会稳定、促进经济发展、减少死刑适用、打黑除恶等都可以依附于一般预防的需要，而成为具体个罪法定刑设置的依据，责任原则与刑罚目的等往往被忽视。后者立足于法理，主张立足于责任原则与刑罚目的来建构具体个罪的法定刑。它强调个罪法定刑设置应与政治、道德保持中立，既强调个罪的法定刑与行为的不法内涵、有责程度相适应，又强调刑罚的目的为报应与预防，不能把一般预防作为法定刑设置的内在依据。

（二）个罪法定刑确立应由政策模式转向法理模式

具体个罪法定刑的设置，应遵守罪刑法定原则的明确性要求、罪责刑相适应原则关于责任程度的要求和刑法平等原则的正义性要求，并通过一定的空间性和层次性来确保法定刑可以涵盖具体个罪的各种情形。立法者在建构具体个罪的法定刑时，应该实现由政策模式到法理模式的转型，重视具体个罪法定刑设置的内在根据。

三、贪污受贿犯罪法定刑区分的法理基础

分则个罪的法定刑设置是一个与法益侵害相关，由行为的不法内涵和责任程度来体现，并与量刑情节有关的范畴。如果两罪的法益侵害明显不同，不法内涵与责任程度差距较大，且量刑情节没有重合，那么对两罪的法定刑实行并轨制就明显不具有法理基础。

其一，法益侵害不同。尽管贪污罪与受贿罪的行为主体均系国家工作人员，但两罪的法益侵害不完全相同。对于贪污罪，法定刑配置的基本依据是贪污的数额和情节；而对于受贿罪，除了数额、情节，受贿给国家、社会与个人造成的损失大小，也是法定刑配置的重要依据。

其二，不法内涵不同。贪污罪与受贿罪在行为内容、行为方式、行

为后果等方面差异较大，不可同日而语。其中，贪污罪涉及国家与公务员之间的忠诚关系，以及国家公务员与公共财产之间的支配关系；受贿罪同样涉及国家与公务员之间的忠诚关系，此外，还涉及国家公务员和他人财产之间的支配关系，以及公务员所代理的国家权力与其他国家机关、社会组织和个人之间的关系等。同时，两者在行为内容与行为后果上完全不同，即使是犯罪数额，在贪污罪与受贿罪中的评价也不同。

其三，责任程度不同。受贿罪与贪污罪不同，它涉及的是国家与公民之间的外部管理与服务关系。刑法对受贿罪评价的重点在于职务犯罪所产生的外部效果。受贿罪的入罪标准比贪污罪低，其法定刑通常情况下应比贪污罪要高，这是由其责任程度所决定的。就责任的复杂程度来说，受贿罪也较贪污罪复杂。

其四，量刑情节不同。贪污罪与受贿罪在不法与有责的评价上并不是并列与平行的关系。贪污罪本属于财产犯罪的范畴，属于以权谋私，而受贿罪属于渎职犯罪的范畴，属于权钱交易。同时，即使涉及犯罪数额，也因两者涉及的财产性质不同，而在评价上存在差异。贪污罪的对象主要是公共财产，而受贿罪的对象是他人财产，且这种财产本身就属于违法所得的范畴。

贪污罪与受贿罪尽管都涉及利用公权力实施犯罪，但在法益侵害、不法内涵、责任程度与量刑情节上，均存在重大差异。

四、贪污受贿犯罪之法定刑区分的规范建构

在《刑法修正案（九）》之后，贪污罪的法定刑以“数额＋情节”模式予以完善，基本上能够满足国家惩治贪污犯罪的需要。但在受贿犯罪日趋多发的当下中国，我们需要立足于社会治安形势、再犯罪率等考虑，适当加重对受贿罪的处罚，降低受贿犯罪的入罪门槛，并对受贿罪采取交叉型法定刑。

（一）受贿罪的法定刑应高于贪污罪

受贿罪的法定刑比贪污罪高，是符合责任主义原则的。同时从刑罚的目的考虑，受贿罪发案率远远高于贪污罪，如果要立足于案发形势与再犯罪率加重个罪的法定刑，也是符合刑罚目的要求的。

（二）受贿罪的入罪门槛比贪污罪低

惩罚的几率和惩罚的强度是受贿罪之法定刑配置必须要关注的。惩罚的几率意味着被司法机关发现并惩处的几率有多大，而惩罚的强度意味着行为人会被判处多重的刑罚。就受贿这一理性犯罪而言，惩罚的几率对预防犯罪的意义要大于惩罚强度。

从这种意义上说，受贿罪的法定刑配置需要警惕刑罚过剩问题，把惩罚的几率作为一个重要的立法目标。我们今天所发生的腐败问题，是改革开放以来政治体制、经济体制与社会体制不完善所带来的“副产品”，就造成这种犯罪的原因来说，社会原因比个人原因更重要。就此而言，此类犯罪的不法与有责程度需要结合社会原因进行评判，而不是单纯的数额或情节问题。

（三）受贿罪需要重视交叉式法定刑

交叉式法定刑意味着不同数额或情节下的法定刑之间会有交叉、重合，从而使不同情况下的法定刑之间既有轻重顺序的安排，又有某种程度的交叉。交叉式或衔接式法定刑体现的是法定刑的空间形式，这种空间形式是法定刑的刑种（或刑期）结构及其相互之间的数量关系和排列位置。依法表现量刑空间形式，正确处理各刑种（或刑期）之间的数量关系，乃是量刑公正的客观标尺。司法解释不宜过度提高“数额特别巨大”的数额标准，而应运用交叉式法定刑避免由此带来的刑罚过重问题。正因如此，在第二、三档法定刑幅度内，应该采取交叉式法定刑，即“数额巨大或情节严重的，处三年以上、十年以下有期徒刑；数额特别巨大或情节特别严重的，处七年以上有期徒刑或无期徒刑”。

主张贪污罪与受贿罪的法定刑应当区分，强调受贿罪的法定刑要重于贪污罪，并需要对受贿罪的法定刑采取交叉型法定刑，这需要立法者正确对待犯罪的不法与有责程度，对贪污贿赂犯罪的法定刑作出更为合理的制度安排，从而把刑法平等原则真切地体现在罪刑规范建构之中。这大致涉及四个方面：（1）如果不涉及渎职，单纯涉及犯罪数额问题，在犯罪数额相同的情况下，应该强调贪污罪的量刑结果适当重于受贿罪。毕竟，贪污罪涉及的是国家的合法财产，而受贿罪的犯罪对象是他人的非法财产（强行索贿的除外）。（2）如果涉及渎职问题，则应强调受贿罪的量刑适当重于贪污罪。此时，可以考虑把受贿情节作为加重处罚的理由，即将受贿后渎职等情节作为受贿罪之刑罚量增加的要素。如果具有多个加重量刑情节，则适当加大加重处罚的幅度。（3）通过有期徒刑内部分等、自首减轻处罚等方式，使受贿罪形成事实意义上的交叉式法定刑，并予以具体实践。（4）以情节设定为突破口，把《刑法修正案（九）》规定的“情节较重”具体化、类型化，并适当降低受贿罪的入罪门槛。

醉驾入刑五年来的效果、问题与对策

刘仁文（中国社会科学院法学研究所研究员）
敦　宁（中国社会科学院法学研究所博士后研究人员）
本文原载《法学》2016年第12期，第148—155页

一、醉驾入刑的规制效果

评价醉驾入刑的规制效果，需要重点考察醉驾入刑前后酒后驾驶的发案情况、因酒驾而导致的交通事故的发案情况，以及醉驾入刑之后醉驾型危险驾驶罪的发案情况。

关于醉驾入刑前后全国酒后驾驶的发案情况，公安部在2012年至2014年间曾专门进行过相关的统计和说明。据统计，自醉驾入刑之后，酒后驾驶和醉酒驾驶的发案数与之前相比呈明显的下降趋势。例如，公安部2014年的统计数据显示，醉驾入刑3年来（2011年5月1日至2014年4月30日），累计查处酒驾127.4万起，醉驾22.2万起，同比分别下降了18.7%和42.7%。

同时，自醉驾入刑之后，伴随着酒驾和醉驾行为的大幅减少，因酒后驾驶而导致的交通事故与醉驾入刑前相比也出现了较大幅度的下降。例如，据公安部2014年的统计，醉驾入刑3年来，全国因酒驾、醉驾而导致的交通事故起数和死亡人数较法律实施前分别下降了25%和39.3%。

但是，在醉驾入刑之后，醉驾型危险驾驶罪的发案数却呈现出逐年上升趋势。例如，2012年至2014年，全国法院一审收受的危险驾驶案分别为64896件、91042件和111490件，3年间增加了46000余件，其

中绝大部分是醉驾案件。不过，与醉驾入刑之前同期相比，其数量仍然呈现出大幅降低。

总体来看，在醉驾入刑之后，不论是酒后驾驶的发案数，还是因酒驾而导致的交通事故的发案数（及伤亡人数），较之于醉驾入刑之前都出现了大幅度的下降。同时，尽管醉驾入刑之后醉驾案件的发案数出现了逐年上涨，但其数量仍然要大大低于醉驾入刑之前的同期水平。并且，这些成果还是在全国机动车保有量和驾驶人员逐年增多的背景下所取得的。这说明，醉驾入刑对酒后驾驶以及由此而引发的交通事故的遏制效果还是比较明显的。

二、醉驾入刑在实践中出现的问题

虽然醉驾入刑的规制效果要好于之前的行政处罚，但是，通过对醉驾入刑以来的司法和执法情况进行全面审视亦可发现，在对醉驾的治理过程中也出现了一些值得重视的问题。

其一，对醉驾行为人判处的刑罚存在失衡现象。拘役是可以对醉驾行为人适用的唯一主刑，其刑期为1—6个月。而从全国各地的司法审判情况来看，对醉驾行为人判处的拘役刑多集中在4个月之下，判处5—6个月的情况非常有限。同时，酒精含量和量刑情节大致相同，被判处的主刑幅度却存在较大差别的情况也普遍存在。另外，对醉驾行为人的缓刑适用也不均衡。有些省份对危险驾驶罪适用缓刑的比例超过了40%，有的省份仅为11.9%，有的地区则几乎不适用缓刑。

其二，醉驾案件的诉讼效率有待提高。据调查，在有些地区，一起醉驾案件，从刑事立案到法院判决，短则经过2—3个月的时间，长则半年以上甚至近1年的时间，这还不包含一审判决后被告人的上诉及二审时间。而据一些基层法院反映，醉驾案件已经占到他们所审理的全部刑事案件的1/5，甚至更高。司法资源向醉驾案件过度集中的现象日趋严重，司法负担也更加沉重。

其三，醉驾行为的查处机制存在很大疏漏。一方面，公安交管部门对醉驾行为的查处在很大程度上依然具有临时性或选择性的特征，而未形成常态化的工作机制。另一方面，公安交管部门对醉驾行为的查处多选择在城市主干道进行，对一些次干道、支路以及农村公路的查处工作则有所忽视，从而造成了很大的执法疏漏。

其四，醉驾入刑的规制效果具有群体性差异。主要表现就是，在文化程度较高、法律意识较强的高收入群体中规制效果较好，而在文化程度较低、法律意识相对淡薄的低收入群体中则规制效果较差。例如，在浙江省 2011 年 5 月至 2013 年 12 月查办的醉驾案件中，农民和无业人员占 69% 以上；在福建省 2011 年 5 月至 2013 年 6 月查办的醉驾案件中，农民和无业人员占 81.6%。这说明，在农民和无业人员等文化程度较低、法律意识相对淡薄的低收入群体中，醉驾入刑实际上还没有产生理想的规制作用。

三、对策建议

为了进一步发挥醉驾入刑的良好规制效果，应针对上述问题采取相应的对策措施。具体建议如下：

首先，完善危险驾驶罪的法定刑配置。对醉驾行为人的刑罚适用之所以会出现失衡现象，一个重要的原因就是危险驾驶罪的法定刑配置欠缺合理性。尽管危险驾驶罪在性质上属于抽象危险犯，但这并不意味着危险驾驶罪在实践中不可能产生实害结果。而在危险驾驶罪产生了较为严重的实害结果的情况下，“拘役，并处罚金”的法定刑配置显然无法充分满足罪责刑相适应原则的基本要求。在实践中，受法定刑幅度的限制，许多法院往往选择对多数危险驾驶罪在较低的主刑幅度内判处刑罚，以便保留出对更加严重的危险驾驶罪的刑罚判处空间，从而也就产生了对醉驾行为人所判处的刑罚多集中在 4 个月以下拘役的现象。另外，危险驾驶罪内部毕竟存在着较大幅度的情节轻重差异，考虑到短期监禁刑的固有弊端，对一些情节轻微的醉驾行为一概判处拘役刑也并不适当。为此，作者建议，应将危险驾驶罪的法定刑确定为“二年以下有期徒刑、拘役或者管制，并处或者单处罚金”。

其次，统一醉驾案件的量刑标准。对醉驾行为人的量刑出现失衡现象的另一个重要原因就是此类案件的刑罚裁量标准还不统一，各地司法机关在实践中难免各行其是。要在司法层面解决这一问题，关键是要尽可能统一醉驾案件的量刑标准。而醉驾案件量刑标准的统一，应当依托于现有的规范化量刑方法来进行。其中，重点是明确醉驾犯罪的“基本犯罪构成事实”“其他影响犯罪构成的犯罪事实”以及相关的量刑情节，之后再按照“三步量刑法”得出最后的宣告刑。同时，考虑到醉驾行为的客观危害和行为人的人身危险性都相对较小，以及过多适用短期监禁刑的弊端，在符合缓刑适用条件的情况下，应尽可能适用缓刑。

再次，提升醉驾案件的诉讼效率。在提升醉驾案件的诉讼效率方面，实务部门的主要建议是为此类案件建立刑事速裁机制或快速办理机制。但是，从长远来看，在刑事诉讼法中为醉驾这类轻微刑事犯罪规定特殊的简易程序才是根本举措。并且，这类特殊的简易程序不能仅限于对审判程序的简化，而是应当同时包括对侦查和起诉程序的简化。在这方面，国外对轻罪适用的直接审判程序、迅速审判程序、刑事命令程序等相关的简易程序值得我们借鉴。同时，为了进一步提升醉驾案件的诉讼效率，对此类案件还应当特别重视酌定不起诉的运用，以便将宝贵的司法资源集中于对较为严重的醉驾行为的惩治上。

最后，改进对醉驾行为的治理机制。一是要改进醉驾案件的查处机制，减少公安机关在查处工作中存在的执法疏漏，有效提高对醉驾行为的查处率。特别是对当前醉驾现象还比较严重的城乡接合部和广大农村地区，必须要通过合理分配警力、健全工作机制等方式来实现良好的查处和预防效果。二是要实现对醉驾案件的处罚衔接，充分发挥行政处罚与刑事处罚的互补作用。在实践中，可以考虑对以下两类醉驾行为予以行政处罚：一类是情节显著轻微危害不大的；另一类是依法适用酌定不起诉和免于刑事处罚的。

网络服务提供者的刑法责任比较研究

——功能性类型区分之提倡

王华伟（北京大学法学院博士研究生）

本文原载《环球法律评论》2016 年第 4 期，第 41—56 页

一、问题的提出

随着互联网社会的不断演进，网络服务提供者这一新兴主体扮演了越来越重要的角色，研究其法律责任的重要性也凸显出来。目前学界对网络服务提供者的刑事义务边界和刑事责任界限仍然没有定论。造成该问题巨大争议的一个重要原因在于，我国立法和理论中缺乏对网络服务提供者的类型化。现有的理论观点和司法实践都是一般性、概括性地直接探讨网络服务提供者的刑事责任问题，而忽视了网络服务提供者内部不同主体类型的划分，以及不同类型所应承担的不同义务和责任。作者对德国和欧盟网络服务提供者刑事责任的类型化做了详细评介，以求为中国解决这一问题提供理论借鉴。

二、德国与欧盟网络服务提供者的功能区分与义务类型化

（一）功能性区分与义务类型化的原因

在计算机领域，网络服务提供者这一概念非常宽泛。在德国和欧盟的法律中，网络服务提供者这一概念的涵盖范围同样非常宽泛。网络服务提供者概念的宽泛性和统称性，决定了需要对其进行进一步的类型化，以此才能完成网络服务提供者责任的精确界定。

（二）功能性区分与义务类型化的路径与模式

由于网络服务的专业性，以技术为基础的功能性区分无疑是最为合适的标准。德国刑法学界认为，网络服务提供者的类型化区分，不应当根据抽象的地位来区分，而是应当根据具体的功能性活动进行区分。

德国1997年《电信服务法》第5条区分了自己提供内容、他人提供内容两种基本情况。在他人提供内容的情形中，又再次区分为通道提供和自动缓存两种情形。而2000年欧盟《电子商务指令》第12—14条，精确区分了纯粹传输服务、缓存服务和宿主服务这三种不同类型的网络服务提供形式。此后，2007年德国《电信媒体法》基本承袭了《电信服务法》和《电子商务指令》的内容。

（三）德国和欧盟关于网络服务提供者责任规定之特点

1. 体系化与层次化的责任模式

德国与欧盟的规定呈现了网络服务提供者体系化的责任原则。从纯粹的传输服务、接入服务提供者，到缓存服务提供者、宿主服务提供者，再到内容提供者，其承担的责任逐渐提升，相应的免责条件越来越严格。

此外，德国与欧盟的规定体现出了层次化的责任结构。德国对于网络服务提供者的责任规定以特别立法的形式存在，因此，对于刑法和特别法二者之间的司法适用关系，德国学界存在着不同的观点。主张“预先过滤”模式的观点认为，特别法与刑法形成了一种两阶层递进的关系，特别法应当先于刑法被适用，以实现一种责任初步审查的功能。主张“融合模式”的观点则认为，应当将特别法与刑法结合起来适用。不论是“过滤模式”还是“融合模式”，事实上我们都能在其中看到层次化的责任结构。

2. 负面清单和概括规定相结合

从规定形式上看，德国和欧盟对网络服务提供者责任的规定既有具体而详细的清单式罗列，又有概括性的一般规定。例如，在具体的责任限制条件之外，2001年修改后的《电信服务法》第8条，《电子商务指令》第15条，以及《电信媒体法》第7条，都概括性地规定了网络服务提供者并不承担监督其传输和存储信息的一般性义务，也不承担主动收集表明违法活动的事实或情况的一般性义务。

3. 旗帜鲜明的责任限制立场

尤为重要的一点在于，德国和欧盟对网络服务提供者的规定，旗帜鲜明地采取了限制性责任的立场。根据这些规定，纯粹的网络接入服务提供者只要不是故意与第三方共谋实施违法犯罪，就无须承担任何责任。而缓存服务提供者和存储服务提供者，在不知情的情况下，以及在知情后及时采取删除封锁措施的情况下，一般也不承担责任。

首先，采取这种立场最重要的原因在于对言论自由和信息自由的重视。过于深入的技术控制手段可能带来对公民基本权利的侵犯。其次，从技术控制可能性的角度而言，也应当限制网络服务提供者的刑法责任。尤其是对于纯粹传输服务提供者和接入服务提供者而言，要求其对自己所传输的信息进行监控，首先便存在技术上的难题。最后，从刑事政策与对抗犯罪的策略角度而言，对网络服务提供者科以过高的监控义务和法律责任，一方面可能会造成网络服务提供者和网络用户之间相互监督和敌视的紧张关系；另一方面也会造成国家与网络服务提供者之间疏远甚至排斥的对立关系。

三、我国网络服务提供者类型化的缺陷与重构

（一）类型化的缺失与偏差

我国的法律规范对网络服务提供者的概念定义不明确，缺乏类型化。2005 年公安部通过的《互联网安全保护技术措施规定》第 18 条明确区分了互联网接入服务、数据中心服务、互联网信息服务和互联网上网服务四种服务类型。但是，一方面，这些下位类型之间互相重叠；另一方面，这些类型的区分标准实际上是以经营模式为中心的，而不是围绕技术功能模式展开。

同样，2015 年通过的《刑法修正案（九）》也存在着类似的问题。新增的《刑法》第 286 条之一拒不履行网络安全管理义务罪虽然明确采用了网络服务提供者这一概念，然而究竟什么是网络服务提供者并不明确。同时，网络服务提供者这一抽象概念之下没有具体的功能类型加以支撑。而第 287 条之二帮助网络犯罪活动罪，虽然提出了“互联网接入”“服务器托管”“网络存储”“通信传输”“广告推广”“支付结算”

等概念，但是并没有对这些不同的服务类型规定轻重不同、繁简有别的具体构成条件，同时该罪还对这些不同类型的服务“一刀切”地规定了同样的处罚后果。

（二）责任扩张模式与一般性义务

首先，我国现存的法律法规对网络服务提供者规定了一种一般性、积极性的监管义务。从现有规范的字面表述即可明显看出，立法者要求网络服务提供者发挥一种积极的、主动的监管作用，而同时几乎没有对其免责的情形和条件作出任何规定。

其次，这种一般性和积极性的责任规范又是非常不明确的。多数法律规范仅仅概括性地要求网络服务提供者保证所提供的服务不能含有违法信息，而对于具体应当如何监控以及监控义务的程度和边界却没有具体的规定。

（三）功能性类型区分之提倡

在刑事法学领域，许多刑事法学者仍然在网络服务提供者这一整体性概念层面探讨其刑事责任问题，而没有注意到不同功能类型的网络服务提供者应当对应不同刑事责任的重要意义。例如，目前我国刑法学界常常用中立的帮助行为理论来理解网络服务提供者的刑事责任，但是，如果不将网络服务提供者的功能性类型化区分作为前提，这样一种观点是很难站得住脚的。对于接入服务提供者而言，中立的帮助行为理论尚存在一定的适用空间。因为，接入服务提供者仅仅提供信息传输和接入服务，其技术的中立性较为明显。但是，对于缓存服务提供者和存储服务提供者，由于他们对自己管理的存储空间具有较强的技术支配力，当他们认识到违法内容存在时便具有删除和封锁的义务。此时，中立的帮助行为理论难以适用。

目前在刑法学界，有学者提出了网络连线服务商（IAP）和网络内容提供服务商（ICP）的二分法。还有学者提出了接入服务提供者（IAP）、网络内容提供者（ICP）、网络平台提供者（IPP）的三分法。作者认为，一方面这种观点忽略了存储服务提供者这一越来越重要的网络服务提供者类型；另一方面，网络平台提供者这一类型并不适合作为单独的类型加以确立。网络平台提供者既有可能仅仅提供接入通道，也有可能提供内容，还有可能提供存储空间，其可能扮演着多重技术功能角色，所以并不适合作为基础性的主体类型来加以确立。

四、结语

德国和欧盟法律中以技术为划分标准形成的的四种主体类型及其相应的免责标准值得我们借鉴。这种类型化的四分模型，从技术合理性与可能性出发，定位于限制网络服务提供者的责任边界，力求为信息自由与媒体自由谋取充足的空间和明确的边界，能够在网络安全与自由保障之间找到一个妥当的平衡点。我国目前仍然缺乏一套合理的、体系的和明确的类型化区分模式。这种类型化模式的欠缺，导致了网络服务提供者刑事责任认定的模糊。我们应当积极借鉴吸收德国与欧盟的有益经验，用互联网刑法教义学理论来充实我国目前宽泛的法律框架。

法院改革的中国经验

陈瑞华（北京大学法学院教授）

本文原载《政法论坛》2016年第4期，第112—125页

一、引言

我国近年来的司法改革，尽管试图解决一些长期困扰司法体制运行的宏观问题，也推行了一些较为激进的改革举措，但改革者将这一轮改革的理论基础确定为司法权的“中央事权”与“判断权”属性，而对独立审判的内在要求和保障机制缺乏重视和规划。为对我国的法院改革做出科学的研究，作者对审判独立的内涵做出了新的解释，并对“去地方化”改革的困境、司法行政管理权与司法裁判权的分离、员额制的难题以及法官独立审判的制度保障等问题，在反思有关改革措施的基础上，提出了进一步改革的新思路。

二、审判独立内涵的发展

可以将完整意义上的法院独立行使审判权原则界定为五个基本要素：一是裁判独立；二是内部独立；三是审级独立；四是外部独立；五是法官的身份独立。

作为核心要素，裁判独立是指参与法庭审理的裁判者独立自主地采纳证据、认定事实和适用法律，根据经验、理性和良心对案件得出独立的裁判结论。所谓“内部独立”，是指裁判者在法院内部独立于其他法官，也不受法院司法行政管理者的干涉。所谓“审级独立”，是指下级

法院相对于上级法院享有独立自主的裁判权，不受后者的法外干涉和控制。所谓“外部独立”，是指法院作为一个整体，在法庭审理和制作司法裁判过程中，独立于法院以外的任何机构、组织和个人，不受后者的干涉和控制。“身份独立”是指裁判者为独立行使审判权所享有的一系列制度保障。

三、“去地方化”改革的负面影响

为实现“去地方化”的司法改革目标，改革决策者确立了省级以下法院的人财物交由省级统一管理的改革方案。由省级党委部门和省级政府财政部门直接控制地方三级法院的人财物固然存在问题，但是假如将这三级法院的人财物完全控制在高级人民法院手中，有可能进一步扭曲上下级的关系，以至于破坏本就岌岌可危的审级独立。

（一）省级以下人大对同级法院监督的弱化?

在司法改革逐步走上正轨之后，法官、检察官遴选（惩戒）委员会从省级党委部门控制之下逐步转向省级人大常委会控制之下。要合理调整省级以下法院与同级人大及其常委会的关系，就需要对我国实行的“人大领导下的一府两院制”以及根据行政区划设置法院、检察院的制度进行全面的改革。废止县级和地市级人大及其常委会监督领导同级法院的制度，省级以下三级法院都应由省级人大及其常委会统一产生，并接受省级人大及其常委会的监督。

（二）上下级法院的垂直领导关系?

长期以来，我国上下级法院之间的监督关系并没有得到真正的落实。在司法裁判权的行使方面，上级法院对下级法院正在审理的案件经常进行批示或者指导，而下级法院也经常主动将某一尚未审结的案件向上级法院进行“请示”。在司法行政管理方面，上下级法院也呈现越来越明显的“垂直领导”关系。

法院内部的司法裁判权与司法行政管理权没有实现真正的分离，这是我国司法制度的一个顽症。对此应在强化上下级法院在司法行政方面的垂直领导关系的同时，建立有效保障下级法院独立行使审判权的机

制。对绩效考核制度的限制使用，标志着上下级法院司法裁判关系开始恢复正常，将来在条件成熟时应完全废除绩效考核制度。

迄今，上下级法院之间存在的“请示汇报”制度不仅没有废止的迹象，反而因为司法责任制的推行，法官办案责任的加大，有得到进一步加强的迹象。假如我们在逐步摆脱了“司法地方化”之后，又迎来了“司法的唯上级化”，那对于贯彻两审终审制、维护审级独立而言，无疑将成为另一个噩梦。

四、司法裁判权与司法行政管理权的分离

贯彻司法责任制的关键在于重新调整司法裁判权与司法行政管理权的关系，对此需要从三个角度入手解决司法行政管理者干预司法裁判的问题：

（一）法院内部院、庭长职务配置的正当性危机

全面取消庭长、副庭长的职务势在必行。从维持法院司法行政工作的正常运转来看，法院内部只需要设置一名院长和一名副院长就足够了。法院院长享有最高的司法行政管理权，但其在司法裁判方面只是一名进入法官员额的普通法官。对于普通案件，院长可以作为审判长参加合议庭并主持法庭审理。而对于特别重大、复杂和疑难的案件，院长可以召集审判委员会会议。至于那名专职副院长，则不需要进入法官员额，而成为法院内部的“专职行政管理者”。

（二）审判委员会讨论案件程序的诉讼化？

审判委员会制度已经完成了历史使命，其作为审判组织的正当性和合法性已经消失。可以考虑建立审判委员会委员旁听法庭审理的制度。对于审判委员会无法旁听法庭审理的案件，或者部分审判委员会委员没有旁听案件审理的，可以组织没有旁听审理过程的委员观看庭审实况录像。当然，最根本的改革应当是组建由法院审判委员会全体委员组成的“超级合议庭”，对于特别重大、复杂和疑难的案件，由法院院长担任审判长，其他审判委员会委员担任合议庭成员，对案件进行开庭审理。

（三）人民陪审员享有实质的裁判权？

人民陪审员制度是我国司法制度的有机组成部分。对其需要从司法制度的整体框架进行统筹规划，在进行“顶层设计”的同时，还应注重观察和吸收地方法院的改革经验。对人民陪审员制度的改革，应当有两个基本思路：一是对人民陪审员制度本身进行必要的调整，当前进行的扩大人民陪审员的产生渠道、随机遴选产生陪审员、只允许陪审员裁判事实问题等改革措施，就属于这一层面的改革思路；二是对司法制度作出大幅度的调整，为人民陪审员有效参与法庭审判创造基本的制度保障，为此需要将人民陪审员制度改革纳入整个司法改革的框架之中。

五、员额制的难题

随着员额制的逐步推行，大量“助理审判员”和“审判员”从法官队伍中分流出去，“案多人少”“审判人手不足”的问题将变得愈发严重。对此改革决策者提出了设立“候补法官”和调整独任法官审判范围的设想。

（一）推行候补法官制度？

没有进入法官员额的现任法官、法官助理可以被任命为“候补法官”，并以“代理审判员”的身份行使审判权。最高法院可以参考中共中央“候补委员”的制度，建立公开透明的“候补法官”制度。具体说来，就是在保证法官员额不突破39%的情况下，基层法院提出一定数量的“候补法官”员额，在经过严格考核和审查之后，将那些进入“候补法官”员额的人员提交省级法官遴选委员会进行表决，然后再提交同级人大常委会正式任命。

（二）扩大独任法官审理案件的范围？

独任法官审判一旦成为一般的审判组织原则，就意味着大量适用普通程序的案件也有可能由法官独任审判，将大大节约司法成本。但是，究竟哪些案件适用独任法官审判？

假如基层法院将合议庭审理案件的范围主要限定在“重大、复杂或者疑难案件”上，就会跟审判委员会讨论案件的范围发生重合。相对于

独任法官审判，合议庭审判显然更有利于当事人的权利保障，也属于“正当程序”的组成部分。因此，除了那些适用标准较为明确的案件以外，可以考虑赋予当事人对审判组织的选择权，对于自愿选择独任法官审判的当事人，可以给予一定的诉讼激励。

六、法官独立审判的特殊保障

在维护法官的“身份独立”方面，我国近期推行“终身问责制”违背了法律责任归责的时效原理，对法官竟然采取较之民事追诉和刑事追诉更为严酷的追责时效；而“责任倒查制”容易造成追责范围的任意扩大，带来事实上的“客观归责”问题。唯有彻底废除办案责任制，才能为法官独立审判创造宽松的司法环境。而只有逐步推行司法伦理责任制，对法官违背职业伦理规范的行为进行严密的责任追究，才能维护法官的司法形象，为其独立审判创造良性的社会环境。

审判委员会运行状况的实证研究

左卫民（四川大学法学院教授）

本文原载《法学研究》2016 年第 3 期，第 159—173 页

在当代中国法院体制特别是法院权力结构及其改革方面，审判委员会受到的关注颇多，其间可谓歧见纷纭。为了从经验层面准确把握审判委员会实践事实的多样性与复杂性，凝聚改革共识，提出可行的改革建议，作者对审判委员会制度展开了实证研究。实证研究发现：一方面，既往关于审判委员会的一些认识，似乎在变动不居的实践事实面前已显得过时，以这些认识为基础而提出的改革对策需要重新审慎评估；另一方面，在改革不断展开的当下，以往一些被认为难以实施的审判委员会改革方案逐渐具有了实施的可能性。

一、审判委员会的人员构成

审判委员会大体上是由法院内部具有一定权力和政治地位的法官，尤其是领导型法官组成的。虽然也存在综合部门负责人进入审判委员会的情况，但审判委员会在专业性、技术性方面其实难以挑剔，其构成呈现出知识技术的专业性和政治上的官僚性兼具的特点。这种一体两面特点的要旨在于政治性与专业性相辅相成，很难简单地对其做全盘否定。因此，仅仅因为审判委员会主要由法院领导群体构成就否定审判委员会，是很难站得住脚的。

二、审判委员会所议事项的数量与类型

很多主张废除审判委员会的论者认为，审判委员会广泛介入案件的实体处理，不审而判；这不仅违背审判的直接原则，更是侵蚀了法官的独立断案权。作者的实证研究发现，上述认识不无真实之处，却也存在颇多模糊、扭曲的地方。其一，实践中审判委员会的主要工作是讨论具体案件，这占到了其工作总量的93.3%；对宏观议题的讨论仅占6.7%。这一方面确实表明审判委员会主要是某些个案的讨论决定机构，其案件裁判功能非常明显；另一方面则说明制度所预设的审判委员会有关审判宏观指导的功能发挥欠佳。同时，在个案讨论与宏观指导的业务分配方面，不同级别的法院审判委员会之间存在明显差异。其二，虽然审判委员会的工作以讨论个案为主，但相对于法院总体的案件处理总量而言，其实际的个案决策功能仅限于非常小的一部分案件，且在整体上逐步受到限制，其讨论决定案件的功能正趋于弱化。其三，在审判委员会讨论决定的个案中，以刑事案件为主。审判委员会讨论民事、行政案件的比例较低，在中级法院、高级法院尤为如此。比较三级法院可以看到，基层法院审判委员会讨论民事案件的比例高于中级法院和高级法院的审判委员会，且其讨论的民事案件数量略多于刑事案件。综合上述分析与讨论，我们可以认为，以往把审判委员会当成中国法院内部多数案件或者所有重大案件决策者的判断，显然不符合当下的实践。

另外，审判委员会所议事项的数量与类型，还在相当程度上折射出审判委员会功能的发挥状况，在不同级别与不同地区法院之间存在差异。一方面，比较繁忙的审判委员会主要存在于高级法院和中级法院，而较为“清闲”的审判委员会更多存在于基层法院。在目前的司法条件下，高级别法院的审判委员会确实承担着较多的宏观指导功能与重大案件把关功能，这与不同级别法院所面临的案件类型以及对其功能的界定有关。中级法院、高级法院所处理的案件往往是在事实认定和法律适用方面更为复杂，也更具有普遍指导意义的案件，因而有必要提交审判委员会讨论决定。此外，中级法院、高级法院的审判委员会更需要从宏观指导方面讨论决定一些具有普遍性的事项，如规范性文件的制定。这在相当程度上表明，不同级别法院的审判委员会发挥的功能存在差异。另一方面，至少在中级法院层面，不同法院的审判委员会可能存在类型上的差异。审判委员会讨论案件的数量与法院所处地区的经济发展水平往往呈负相关关系。对此，一个推测性的解释是：在经济发达地区，法官的整体素质和业务水平较高，其更有能力独立解决案件处理过程中遇到的问题，因此法官较少将案件提交审判委员会讨论；而在经济欠发达地区，法官的业务水平参差不齐，更需要将案件提交审判委员会讨论，以统一办案标准、确保办案质量。

三、审判委员会的运行机制

从实践来看，审判委员会已经形成了较为正式、固定的会议程序机制。但实证考察也发现，审判委员会讨论案件的充分程度还存在较大局限，不少讨论都属于例行公事的程序性要求。概括地讲，审判委员会并没有对多数案件进行充分、细致的讨论，它也无力对多数案件进行充分、细致的讨论，而只能也只需对少数案件进行实质、充分的讨论。实证调查同时还发现，实践中审判委员会在讨论案件时，既关注事实问题也重视法律适用问题。这似乎表明关于审判委员会应当只关注法律适用问题而无须关注事实认定问题的改革主张，似乎与实践需要颇有距离。

调查结果显示，审判委员会在多数情况下都对合议庭或审判法官的处理意见起到了一种保证性的作用。与审判委员会改变合议庭、审判法官意见的案件数量相比，被上级法院发回重审或改判的案件仍然属于极少数。鉴于提交审判委员会讨论的案件被发回重审或改判的几率本就可能高于普通案件，能够如此已属不易。这不仅在一定程度上证实了审判委员会讨论案件对案件质量的保障作用，还表明审判委员会讨论案件起到了提升案件质量的作用。

四、审判委员会进一步改革的建议

当下审判委员会的人员构成具有审判经验与知识上的比较优势；审判委员会讨论个案的范围较为有限，其实际决策个案的功能也趋于弱化；并且，审判委员会还能起到一定的案件质量保障乃至提升作用。由此，似乎可以认为审判委员会制度并不存在需要进行改革的重大问题。

尽管如此，审判委员会还是存在诸如效率较低、责任弥散以及运行封闭等固有问题，因此，审判委员会仍需要在一定范围内进行改革创新。

第一，审判委员会讨论案件的范围应该进一步限缩，可以将审判委员会讨论案件的范围限定在疑难案件，涉及法律创新、具有普遍适用性的指导性案件上。为了降低大幅限制审判委员会讨论案件数量后所可能带来的冲击，目前的一项改革措施是充分利用实践中已在很多法院运行且为最高人民法院所倡导的专业法官会议制度。具体而言就是，对于不属于审判委员会讨论范围的案件，在合议庭或独任法官无法准确把握案件事实或法律适用问题时，可以提交相应的专业法官会议研究讨论。

第二，审慎处理审判委员会对案件事实的讨论。实证研究发现，审判委员会所讨论的案件往往涉及案件的事实问题，而且这些案件的讨论往往并非形式化的讨论，讨论确实影响了案件的处理结果。这意味着，合议庭或独任法官在相当程度上确实需要审判委员会在证据判断与事实认定上给予支持或把关。因此，我们很难一刀切地将审判委员会的案件讨论范围限定为法律适用问题。更为审慎的改革策略是，逐步限制审判委员会对案件事实问题的讨论，从而渐次过渡到只讨论案件的法律适用问题。

第三，根据法院的级别与所在地区，差异化地界定审判委员会的功能。级别越高的法院越应当建设创新型审判委员会，其应当重点关注解决疑难、创新性的法律问题。中级法院和基层法院的审判委员会则应当被界定为日常型审判委员会。总之，对于审判委员会，应该根据各级法院的管辖权以及各级法院的整体司法水平，进行差异化对待。另外，我们还需要根据不同地区的经济发展水平，来差异化地配置审判委员会的功能。

第四，构建制度化、民主化和公开化的审判委员会议事讨论机制。最高人民法院在《关于完善人民法院司法责任制的若干意见》中提出的“按照法官等级由低到高确定表决顺序，主持人最后表决”的发言次序，具有重要的制度意义。但是，仅仅明确规定审判委员会委员的发言顺序还远远不够。此外，最高人民法院还提出了“审判委员会评议实行全程留痕，录音、录像，作出会议记录”的改革要求；这对于规范审判委员会运行机制、保障审判权独立运行，都具有极其重要的促进作用。但是，仍需更进一步解决审判委员会讨论案件的公开性不足的问题。在未来的改革中，可以考虑适度对外公开审判委员会讨论案件的情况，以有效保障当事人的知情权。

刑事司法实证研究：以数据及其运用为中心的探讨

何　挺（北京师范大学刑事法律科学研究院副教授）

本文原载《中国法学》2016 年第 4 期，第 198—217 页

一、实证研究中的数据

实证研究所依赖的数据，不仅指“进行各种统计、计算、科学研究或技术设计等所依据的数值”，而应做更为广义的理解。一项研究是否基于可以量化的数值并不是判定其是否属于实证研究的关键，而是用于区分定量研究与定性研究的标准。实证研究强调的是获取数据的途径与研究者自身经验之间的密切程度，而非数据的形式。实证研究的独特价值，除了在“发现”的基础上进行逻辑推论，更重要的其实在于这种“发现”是研究者自身直接而非间接的发现。虽然强调实证研究数据的核心内涵是直接获取，但并不完全排斥间接获取数据的运用。实证研究数据应当围绕这一核心内涵对外延进行充分的延展。研究者只应该按照两项标准来筛选可供运用的数据：一是某项研究的具体情境能够提供或者产生出哪些数据；二是某项具体研究需要哪些数据，或者说，某项研究所提出的问题或假设，需要哪些数据去回答或验证。

二、实证研究的基本观念：用数据进行测量

科学研究中的测量，是指对特定的研究对象进行有效的观测与量度，并在观测与量度的基础上描述研究对象。测量是一个将抽象的概念、理论与具体的实证数据相联接的过程，测量必须经历概念化与操作化两个

步骤始能付诸实施。概念化，是指对抽象的概念进行清晰的界定与详述的过程。概念化的结果是使研究主题明确、清晰、丰满，并具有与经验事实及实证数据相联接的可能性。操作化的核心内容是确定测量的标准与具体方法。在刑事司法实证研究中，测量标准与测量方法实际上决定了研究成果的呈现形式和研究结论的依据，并进而决定了研究的结论。在受限于各种客观条件的情况下，如何在客观条件允许的范围内选择效度和信度相对更高的测量标准与方法，是刑事司法实证研究所必须面对和解决的问题。

三、刑事司法实证研究的数据分类

第一种分类是定量数据与定性数据。定量数据是基于一定规模或数量的研究对象而获得，以数字的形式呈现出来并可以进行统计分析的数据；定性数据是以感受、文字和照片等形式呈现出来的对研究对象的性质、特征进行描述或概括的数据。定量数据与定性数据本身并无高低之分，而是各具优势与缺陷，选用哪一种类数据完全取决于研究的需要和现实可操作性。

第二种分类是主观性数据与客观性数据。主观性数据，指的是源自调查对象主观认识与判断的数据；客观性数据，则是指源自客观发生的现象、行为、状况等的数据。划分主观性数据和客观性数据的标准是数据的来源。主观性数据用于测量相关人员的主观认识，客观性数据则用于测量客观状况，不适当的使用甚至调换会明显降低测量的效度和研究的科学性。

第三种分类是原生数据与新生数据。原生数据，即原本就会产生并以原始状态存在的数据；新生数据，是指由于开展实证研究才新产生的数据。划分原生数据与新生数据的目的主要在于凸显这两类数据与实证研究的匹配度上的差异。新生数据与实证研究对数据的要求具有较高甚至完全一致的匹配性。原生数据产生于研究设计之前，与实证研究的数据要求匹配性较差，需要进行系统的筛选、分类、整理甚至技术处理之后才能运用，还可能存在原生数据缺失的情况。

第四种分类是关系主体数据和其他主体数据。关系主体数据，是指来源于与研究主题有利害关系的主体的数据。其他主体数据则是指来源于与研究主题没有利害关系的主体的数据。关系主体数据通常覆盖面广且内容丰富，但提供者具有的特定身份会影响数据的真实性、客观性和中立性。其他主体数据的信息量较小，但其可靠性与中立性却相对较高。

第五种分类是一手数据与二手数据。与二手数据所具有的“非直接性”这一“天生缺陷”伴生的是其在收集、获取方面的便利性这一“天生优势”，二手数据在刑事司法实证研究的多个方面都有运用的价值。

第六种分类是真实数据与模拟数据。真实数据产生于真实的刑事司法情境和过程之中，模拟数据则源自为开展实证研究所人为模拟出来的情境。真实数据与实证研究所强调的“经验性”或“直接性”更为契合，但特定研究主题以模拟研究的方式收集模拟数据也是一种必要的替代。模拟数据的质量以及模拟研究中测量的效度，在很大程度上取决于模拟的情境与其所代表的真实情境之间的差距。

第七种分类是官方数据和研究者自行收集的数据。官方数据的优点在于覆盖的样本规模较大、具有一定的权威性并常常是公开的，方便研究者获取。在我国官方刑事司法数据薄弱的背景下，主要甚至完全建立在分析官方数据基础上的研究无疑在科学性上是存在问题的。

四、刑事司法实证研究数据运用的基本原则

一是寻求较佳数据原则。运用数据不能以获得最佳数据为目标，而应当在虑及各种客观制约因素的前提下，寻求“较佳”数据。以寻求较佳数据作为数据运用的一项基本原则，既可以避免“过度”追求完美无瑕的数据，也可以为研究者提供一项衡量实证研究科学性的务实标准。

二是量力而行原则。研究者走入真实的司法情境后，其开展实证研究的能力更多地受到研究者思考能力以外的其他因素的影响，包括研究经费、人手、时间及与实务机关的关系等，需要量力而行地收集和运用数据。

三是组合运用数据原则。研究者应当以更宽广的视野和互补的思维看待可供收集与运用的数据，而不用执念于理论上某一类型的研究应当运用某一类型的数据。在大多数实证研究中，数据的组合运用应当成为一项原则。

四是不迷信数据原则。如果在分析和运用数据的过程中完全被数据所引导甚至误导，就可能陷入迷信数据的泥潭之中。依靠数据但又不迷

信数据，应该是对待数据的正确态度。

五、我国刑事司法实证研究数据运用的初步反思

我国较为逼仄的数据环境使实证研究中的数据运用处于一种先天不足的状态。在我国数据环境的很多方面短期内无法改变的情况下，更为重要的可能是如何在观念和技术层面提升数据收集与运用的科学性。以下问题值得反思：第一，对于实证研究数据核心内涵的理解不准确，错误地以数据的形式来界定实证数据并忽视研究者的自身经验对于实证研究的决定性作用；第二，测量的观念尚未确立，测量标准与测量方法未得到应有的关注；第三，数据视野相对狭窄，运用的数据种类较为单一，组合运用数据的原则尚未确立；第四，对某些种类数据的特点与运用规则的理解并不准确；第五，缺乏对自身收集和运用数据方法的反思。只有建立在研究者对数据收集与运用方法的自我反思与学术共同体的共同反思的基础之上，并且经由具体方法的科学化，我国刑事司法实证研究才能逐步走向成熟，真正发挥其在推动理论发展和完善法律制度方面的独特功能。

六、大数据与刑事司法实证研究

在刑事司法领域，目前尚不能得出大数据将极大地改变刑事司法研究的范式与方法的结论。大数据分析在刑事司法领域的扩展取决于三个前提条件的实现：一是刑事司法与犯罪领域所有过程与事件的量化与数据化；二是能够实现对这些数据化信息的实时收集与实时分析；三是建立公开和分享的机制，并使研究者有机会获得这些司法“大数据”。尽管如此，大数据仍可为实证研究提供多方面的启示：首先，大数据思维同样体现了经验事实在研究中的决定性地位。其次，大数据思维为我们提供了一种更为宽广甚至没有边际的数据视野，来看待刑事司法领域中存在并可资研究运用的数据。再次，大数据思维还可能拓展实证研究中研究者直接获得数据的路径。最后，大数据分析中的个人信息保护还与实证研究伦理所要求的研究对象“自愿参与”“匿名保密”及“有限欺骗”等原则相关，有待进一步研究。

我国刑事诉讼制度持续发展因子探析

李奋飞（中国人民大学法学院教授）

本文原载《法商研究》2016 年第 5 期，第 106—117 页

诉讼格局、立法文本、参与主体三大因子是刑事诉讼制度持续发展的动力。具体而言，我国刑事诉讼制度要持续发展需要合理的诉讼格局、优质的立法文本和具有较高素养的参与主体。这三大因子对于我国刑事诉讼制度持续发展目标的实现均不可或缺，且存在一定的次序关联。当其内在演进趋向于遵循更加科学务实的逻辑规律时，刑事诉讼制度的进化路径便可清晰地呈现出来。

一、诉讼格局：从“浪漫”到“务实”

刑事诉讼的格局反映的是诉讼主体之间的基本法律关系，并且为程序内部的博弈提供运行空间。即“由一定的诉讼目的所决定的，并由主要诉讼程序和证据规则中的诉讼基本方式所体现的控诉、辩护、裁判三方的法律地位和相互关系”。要构建符合发展规律的刑事诉讼制度，首先就必须构建合理的诉讼格局。这项指标的科学设计构成立法文本与司法人员等要素发挥作用的时空基础。诉讼格局合理与否的评价基准取决于其与我国国情的契合程度，而我国刑事诉讼模式的建构恰好经历了一个由“浪漫规划”转向“务实探索”的渐进过程。2012 年《刑事诉讼法》的再修改以及后续的新一轮司法体制机制改革，在某种程度上颠覆了刻意模仿英、美等国对抗制的固有思路，重新回到了更加务实的轨道上。

“以审判为中心”命题的提出，从根本上宣示了我国刑事诉讼的精神和意识，也为明晰并巩固符合我国国情的程序制度提供了依据。可以说，“以审判为中心”的提出，是我国刑事诉讼在模式选择上转向务实态度的重要“风向标”。我国的诉讼模式认知在以往之所以饱受争议，是因为应然与实然不相统一。按照公、检、法三机关关系的建构初衷，刑事司法应随着诉讼阶段的逐步推进对案件事实、证据的把控愈加严苛。从立案侦查到审查起诉再到各个审判层级，案件事实的证明标准应不断提高，作为事实认定手段的程序机制也将趋于复杂化和精密化。因此，与其反复解读“以审判为中心”的内涵，不如从“以事实为中心”入手，这样才能把立法机关在诉讼格局方面正本清源的意图清晰地呈现出来。

二、立法文本：从“技术”到“理念”

我国刑事诉讼制度持续发展的第二项因子是优质的立法文本。这其中包括我国《刑事诉讼法》的历次修改与完善，也涵盖立法解释、司法解释以及相应改革文件中规定的程序规范。由于刑事诉讼涉及的参与主体较多，操作环节较为繁复，因此规范文本的卷帙浩繁似乎不足为奇。然而，我国刑事诉讼制度却经历了一段由简到繁的发展历程，至今仍未结束。这期间存在争论，也存在妥协与试探，但未能以相对稳定的姿态呈现于世人面前。我国刑事诉讼制度的持续发展必须有相对成熟的立法文本作为依据，从而使程序运行进入法治轨道，而优质的立法文本需要两个方面的要素支持，即“理念”和“技术”。一般而言，我国刑事诉讼立法经历了从“粗疏”到“精密”的演进过程。从1979年的164个条款到1996年的225个条款，再到2012年的290个条款，我国刑事诉讼程序“法网”的编织可以说是愈来愈密，并且对其继续加以细化的主观动机仍然保持强势劲头。对刑事程序的精密化趋向自然应当给予充分的肯定。然而，在司法现实中某些不尽如人意之处并未因此绝迹，并且有愈加复杂、棘手的迹象。此类现象在我国刑事诉讼制度改革的实践中并非孤立现象，且屡屡成为人们诟病先前立法效果的依据，从而为新一轮的改革完善提供了佐证事实。对于此种现象，我们不妨称之为“反精密的精密性”。在诉讼程序不断完善的动态进程中，新制度的设计总会暴露出各种各样的问题，而其外在表现却是妨害精密化目标的。“反精密的精密性”只代表一种客观规律的波折反应，对其无须过度忧虑。但是，我们又不得不对此种现象做出应对，这在局部的时空场域中具有必要性。因为正是通过不断的技术修正，诉讼程序的精密性才趋于最优。如果对某些个案呈现出的“反精密的精密性”采取熟视无睹的态度，诉讼程序的进步也就毫无指望了。

我们审视刑事诉讼法文本时或许不难发现这样一种现象，即“理念”与“技术”之间总是呈现不平衡的状态。前者是以任务、原则的形式存在的，后者则表现为操作意义上的程序规则。立法文本中的缺陷往往会折射在司法活动中。由于未能协调好“原则”与“规则”之间的动态关系，因此导致程序运行存在诸多失范现象。“反精密的精密性”之存在，与上述“非对称”现象不无关联。如果代表价值导向的原则理念与作为操作规范的程序设计之间出现这种发展上的不平衡，那么细致、繁复的文本体系有时反而会成为司法实践的混乱之源。事实上，当立法文本的原则设计趋于合理时，程序操作者对于司法解释或规范性文件的精神依赖会相应弱化，其自身的主观能动作用亦可随之增强。赋予刑事程序原则以必要的可适用性无疑是提升立法品质的重要渠道，也是消除司法解释或规范性文件被当作“精神鸦片”的关键举措。毕竟，针对法律适用的解释不能陷入循环往复之中，否则会损害立法文本的权威性。

三、参与主体：从“器物”到“心性”

我国刑事诉讼制度持续发展所需的第三项因子是强调“人”的价值。因为即便前两项指标都能得到满足，即诉讼格局已趋于合理，立法文本也相对优良，如果缺少高素养的参与主体，程序法治的完备依旧可望而不可即。以往，我们更多地强调程序设计的精密化，以办案人员为代表的参与主体则被看作是纳入其间的“器物”。支持这一论点的内在逻辑是，只要限制住办案人员在刑事诉讼活动中的自由裁量空间，违法失范行为自然就能逐步得到控制。然而，这样的逻辑思维不自觉地否认了办案人员的能动作用，异化了主客观之间的辩证关系。殊不知，再严谨、审慎的制度设计也需要具体的人来贯彻执行，而后者与生俱来的创造力导致其总能够发现前者的薄弱环节，随之突破既定意图规划的轨迹，甚

至可能使制度完全走样。诉讼主体必须具备符合法治发展要求的“心性”条件，才能真正避免程序架构被导入歧途。排斥程序工具主义本质上是为了避免司法机关沉湎于对案件事实真相的过度追求，从而不惜以侵犯公民个体的权利为代价。但是，如果将诉讼程序的“参照物”由案件事实真相更换为参与诉讼的主体尤其是办案人员，工具主义理论的非妥当性逻辑就难以成立。与个人的“心性”相比，诉讼程序其实仅仅代表一种“器物”。如果诉讼程序在这样的认识体系中占据主导地位，就更容易导致不公正的结果。在“主体一程序”的表述框架中，后者的工具价值自然寄希望于精密化设计而达成极致，而前者的“心性”成熟才是确保诉讼活动正当的“胜负手”。有了这样的理论预设，司法个体的良知及人格塑造才无可辩驳地具备建设性。

人格形态的塑造往往是个体所处环境的反射，在司法领域亦不例外。与操作法律规则的司法人员相比，诉讼程序当然带有工具属性。但是，司法人员的“心性”养成又不可能不受其所处氛围的影响。推动程序参与个体从重“器物”转向重“心性”，着眼点首先还在于变革不合理的司法体制，以使之能与司法权能的应然配置相协调。因此，作为“办案单元”的司法个体可以基于司法良知及独立人格，在诉讼程序中更为充分地履行自身的职责，进而满足被承认的欲望。由此可见，参与主体的“心性”之变能否实现，主要取决于司法体制改革在思路设计上的合理程度。司法个体人性的塑造成型，不仅会促成刑事诉讼制度的持续发展，而且将促成良法之治的系列效应。因此，在我国刑事诉讼制度持续发展的因子中，此项无疑是最为复杂的，也必定是最难实现的，只能在更为系统性的革新活动中潜移默化地推进。

从实体问责到程序之治
——中国法院错案追究制运行的实证考察

王伦刚（西南财经大学法学院副教授）
刘思达（美国威斯康星大学麦迪逊分校助理教授）
本文原载《法学家》2016 年第 2 期，第 27—40 页

自错案追究制实施以来，学界提出了两种司法政策回应。“废除论”认为，错案标准在实践中很难认定，这不仅对法官造成过度威慑，损害司法独立，而且对司法公信力也有负面影响，错案追究制应予以废止。“改革论”看到了与上述大体相同的弊端，却认为通过改革可以解决这些问题。无论是废除论者还是改革论者，他们看到的错案追究标准大体一致，即错案追究以案件实体判决结果正确与否为标准。论者们还认为，这种“实体问责”的做法可能引发以下三个问题：第一，错案数量大而导致惩罚的任意性以及加重审判委员会（以下简称“审委会”）的负担；第二，干扰审判独立；第三，破坏法院内部和谐。但是，由于经验材料的缺乏，学界关于错案追究标准和功能的争议很难得到有效评估，人们对于法院错案追究制的真实运行状况仍然知之甚少。

该文的数据源于对西南地区七个法院的调查。S 法院是本次错案追究调查的核心场所。为了验证 S 法院的发现，作者又对 J、L、P、W、X 五个基层法院和 M 市中级法院的情况进行了调查。作者收集了 J、L、P、S、W 五个法院错案追究的书面材料，并对七个法院的 11 位法官进行了访谈。这些材料能相对完整地呈现错案追究的过程，并回答学术争论中的几个关键问题：实践中的错案标准是否是“实体问责”？哪些案件最终被认定为错案？错案追究制对司法权力与司法责任之间的关系产

生了什么样的影响？

一、错案追究制的历史沿革

错案追究制是20世纪90年代初中国法院系统应对司法腐败日渐严重和司法公信力降低的制度回应。它是在国家立法层面和最高人民法院推进法官行为责任制的过程中，主要由省级及以下地方法院系统发展起来的。最初，全国人大和最高人民法院的法律及规范性文件并未规定错案追究制。省级及以下法院则将错案直接作为受追究的对象，发展出多样化的错案追究实践。近年来，最高人民法院对错案追究的规定逐渐明确，错案追究似有加强的趋势。党的十八届四中全会《关于全面推进依法治国若干重大问题的决定》提出，要推进严格司法，实行办案质量终身负责制和错案责任倒查问责制。

二、如何追究错案

数据表明，审委会是法院追究错案的决策组织，错案认定过程要经过发现错案来源、初步评查案件、全面了解案件、讨论决定错案、落实错案责任五个步骤。

第一步是发现错案来源。在法院内部的书面规定中，发现错案来源有以下途径：被二审法院改判和发回重审的“改发案件”；本院审判监督程序中被全部改判的案件；本院执行程序、受理国家赔偿案件、案件质量检查、备查法律文书、执法执纪检查中发现错案线索的案件；在本县纪委、政法委、监察、人大、政协、检察机关等党政机关监督和来信来访等社会监督渠道中发现错案线索的案件；其他途径发现错案线索的案件。而实践中的错案来源主要集中于法院系统内部。访谈表明，所有法官在谈到错案时，都不约而同地首先想到改发案件。而在2003—2012年，S法院共有错案来源77件，其中改发案件有71件，占全部错案来源的92.21%；本院发现的错案共5件，占6.51%。

第二步是初步评查案件。错案来源首先要经过法院内部职能机构的初步评查。不同法院的案件评查机构有所不同。在S法院和W法院，不同的错案来源分别由审判监督庭、监察室或院长指定人员负责评查。不同评查机构的任务都是评查案件质量，并向审委会提交书面结论。

第三步是全面了解案件。虽然有书面评查报告，但审委会委员们在会议开始后还是会全面了解案情。承办法官会口头汇报案情，并对是否构成错案表达意见。业务庭庭长会补充汇报案件情况和发表意见，有时主管副院长也会介绍案件办理情况。委员们还会主动询问案件证据、事实认定、法律适用、办理程序、判决形成过程等。

第四步讨论决定错案。委员们讨论和决定错案的过程很难分开，这个过程甚至与全面了解案情混在一起。审委会委员们的讨论发言也没有严格的顺序，一般是先由业务庭庭长和主管副院长发表意见，然后包括院长在内的其他委员自由发表意见。错案决议方式通常是当场口头表态。在S法院的77件错案来源中，有3件因为要等待抗诉或者审判监督庭评议结果而没有最后作决定，也没有相应材料显示最终结果。审委会对其他74件错案来源作出了以下四种类型的认定：判决正确；错案豁免；小疏漏；错案（见表1）。

表1 S法院审委会2003—2012年错案追究认定的案件类型

	判决正确	错案豁免	小疏漏	错案	合计
数量（件）	8	40	15	11	74
百分比（%）	10.82	54.05	20.27	14.86	100

S法院2003—2012年真正被认定为错案的案件数量很少，在受到错案追究的案件中所占百分比也不高。进一步从程序法或实体法区分的角度观察，在S法院的11起错案中，仅有1起案件完全是实体错误，其余的10起错案中，有7起案件完全是程序错误，有3起案件既有程序也有实体错误。也就是说，11起错案中，有程序错误的共有10起。S法院的错案追究过程产生了一个结果，就是在最终被认定的错案中，90%以上都有程序上的错误。正是在这一意义上，作者把这样的错案追究称为“程序之治”，即衡量错案的标准主要是看法官办理一起案件是否存在程序上的错误，是否依照法定程序办案。

第五步是落实错案责任。落实错案责任包括谁承担责任、责任内部划分、责任形式、责任执行机构等内容。P、S、W法院的错案追究制度均规定，独任制、合议庭、执行庭和审委会的法官们按份承担责任。三个法院的错案责任划分方法大体相同，其中以S法院的最为明确，错案责任划分还有明确的百分比。S法院错案责任承担的情况是，独任法官承担全部责任的有8起错案，合议庭被追究责任的有2起错案，审委会被追究了1起错案责任。

在错案认定过程中，审委会存在“举重放轻”的实践逻辑：从“实体问责”开始，到“程序之治”结束。从文本上看，专门规定、正式程序、实体问责、错案必究，足以让人感受到每个法院都给了错案追究足够的重视。从实践来看，错案认定更像是审委会在尽力寻找某起案件不是错案的理由，直到穷尽。一起受到错案审查的案件，要么是判决正确或者错案豁免，要么是确有错误，这些错误又被分为小疏漏和错案；经过层层筛选，最终的错案大多是程序违法案件。规定没变，程序没变，错案标准却从实体问责演变为程序之治。

三、程序之治的特点及功能

程序之治有如下特点：第一，不要求案件有唯一正确的判决。第二，改发案件不一定是错案。第三，容许案件存在瑕疵。第四，重程序轻实体。基于实体问责，学者们担忧会产生大量错案而导致惩罚的任意性以及加重审委会负担、干扰审判独立、破坏法院内部和谐等问题。但在程序之治下，这些问题的实际情况是：首先，程序之治下的错案数量并不多，既不存在随意惩罚法官的现象，也没有让审委会不堪重负。其次，程序之治没有干扰审判独立，但的确加剧了审级不独立。再次，错案追究并没有导致监察法官和办案法官之间关系紧张。最后，不存在错案责任承担不公平的现象。总之，程序之治不仅没有产生一些学者担忧的弊端，还在一定程度上提升了法官的程序合法意识。

四、为何走向程序之治

“举重放轻”的实践逻辑是法院（尤其是基层法院）在上级压力和保护法官之间寻求的一种动态平衡。一方面，错案追究制主要是源于司法系统自上而下的压力。另一方面，面对法官司法权力和责任的不平衡，法院也需要保护法官的工作积极性。程序之治并非错案追究制实施者的本意，而是法院在“举重放轻”的实践逻辑下有意无意摸索出来的，是上级压力与保护法官之间的一个平衡点。程序之治使法院领导和审委会对上级、下级和社会公众都能有所交代。错案追究实践中的程序之治，归根结底是中国法官司法权力与司法责任不平衡的一种现实妥协和动态平衡。

米兰达规则五十周年的纪念与省思

刘　磊（苏州大学法学院副教授）

本文原载《比较法研究》2016 年第 6 期，第 185—198 页

在当代刑事诉讼革命的历史上，美国联邦最高法院 1966 年的米兰达判决无疑是具有里程碑意义的判例。该案第一次宣告了刑事被告人侦查讯问时的多项权利，例如申请律师在场的权利、获得免费律师辩护的权利、保持沉默的权利、申请排除违法言词证据的权利、放弃米兰达规则需明知且自愿等。米兰达判决不仅影响到美国联邦与各州的刑事司法，亦漂洋过海影响到其他文明国家侦讯法制的变革，该案例因此也被视为沃伦法院刑事诉讼革命代表性案例。

一、美国侦查讯问的正当程序革命历程简史

没有沃伦法院，也许就无米兰达规则。警方违反第四、第五修正案获得的供述是否应当排除证据资格，在米兰达案判决结果之前，诸多的争议问题仍然迟迟未决。总体而言，在 20 世纪 60 年代刑事诉讼革命之前，法院通常只保护嫌疑人的基础权利，除非警方讯问行为恶劣侵犯了嫌疑人的基本人权，否则法院仍然推定警方侦讯行为合宪、合法，不排除言词证据。

（一）革命前夜的警察讯问：只有侵犯“基础权利”的讯问才被视为违宪

总体观察，在 20 世纪 60 年代刑事诉讼革命到来之前，最高法院一直是谨慎地依据宪法条款来审查警方的讯问行为，这在一定程度上也反

映出美国“一次一案”逐案审查的司法传统。但是，对于警方并非恶劣或震撼良知的讯问行为，如果法院均认定其合法性，势必出现宪法权利保护上的真空或漏洞。因为，警方除了刑讯逼供、疲劳审讯、恐吓威胁等恶劣行为，还能够通过各种非强制的讯问方法获取有罪供述。假设警方通过线民、狱侦耳目、诱捕侦查、秘密窃听、催眠讯问等并非恶劣的侦查方法来获取嫌疑人供述，如果法院均认可警方取证的合法性，不仅会使无辜者迫于警方压力而错误认罪，最终导致冤案产生；亦会使宪法条款中的“正当程序”“不得强制自证其罪”沦为空洞化的纸面权利。毕竟，警方“震撼良知”的刑讯逼供行为在全部违法取证中只占很小的比例，对于其他非恶劣的讯问行为能否适用宪法第五、第六以及第十四修正案，在沃伦法院的刑事诉讼革命到来之前，一直未能有明确的答案。

（二）米兰达判决：美国讯问程序变革的真正开始

米兰达案判决之所以在当代刑事司法上具有划时代的意义，其主要原因有：（1）如何审查判断嫌疑人陈述的自愿性与意志自由，最高法院采用了新的司法审查标准，首次将“心理强制”也视为强制讯问的方法，并且要求警方讯问前履行权利告知义务，这一新标准史无前例，在当时的美国警界如同惊雷一般。（2）该判例曾经饱受警方、总统、政府部门、媒体的批评甚至讥讽，被认为是最高法院给警方带上了手铐。米兰达判决赋予嫌疑人的组合性权利，意味着由最高法院为执法机关制定了“警察讯问规范”，法院将会成为警方执法的监管者。但是，美国刑事司法的历史最终证明：刑事执法机关经过数年的调适，逐渐接受甚至欢迎米兰达规则的存在；（3）在1960—1966年，随着非裔美国人争取平权运动的不断推进以及国际冷战局势的变化，最高法院开始审时度势，为警方讯问制定相应的讯问规则。最高法院原本一直期待各州能够及时立法保护嫌疑人宪法上的基本权利，但各州一直迟迟未予行动，最终由最高法院通过判例实现了部分的个案正义。在米兰达案判决书中，最高法院多数意见对宪法第五修正案中“强制”（compelled）一词的含义进行了扩张解释，只要警方讯问前不告知其沉默权利与申请律师在场权利，犯罪嫌疑人因承受心理压迫而造成意志不自由，其所作的陈述就推定为是不自愿的。

二、后米兰达时代侦查讯问规则的演变

（一）限制与推翻米兰达判决的声音

米兰达判决之后，一些偏向文本主义与原旨主义的学者批评沃伦法院的宪法解释已经“走得太远”。判决结果似乎超出了宪法第五、第六修正案的立宪者原意，偏离了美国联邦与各州分权的传统，也背离了“法与秩序”下公共安全优先的民意基础；政治领域内的反应更为激烈，尼克松总统批评最高法院的法官们对犯罪软弱仁慈。1968 年，美国国会制定《综合犯罪控制与街道安全法》试图否定米兰达规则，法案规定讯问“自愿性”与否应当综合判断，意味着即使警方不告知沉默权利与律师辩护权，法院也未必要排除有罪供述，国会立法等于变相否定了米兰达判决。而 1968 年的“特里诉俄亥俄州”案判决指出警方对于盘查拍身行为无须进行米兰达警告。有学者认为沃伦法院在此案中几乎是宣告了刑事诉讼革命的暂时结束。

（二）支持米兰达规则的声音

在沃伦法官退休之后，最高法院也只是暂时中止了讯问程序革命，限缩了米兰达规则的适用范围，但并未试图推翻米兰达判例。一直到 2000 年的“迪克逊诉美国”一案，米兰达规则才遇到了真正的挑战。联邦第四巡回上诉法院判决：1968 年的《综合犯罪控制与街道安全法》已经取代了米兰达判决，应当根据该法案而不是 1966 年的米兰达判决来审查判断警察讯问的合法性。此判决关系到米兰达规则的最终命运，假设最高法院也认可 1968 年法案的内容，就等于将侦查讯问的审查标准恢复到 1966 年米兰达案之前较宽松的“总体情势判断”标准，这意味着米兰达判决确立的“刚性规则”将因此被推翻。但是出人意料的是，曾以保守立场而闻名的伦奎斯特大法官在该案中却改变了保守立场，代表多数意见判决美国国会的法案抵触了宪法修正案，既然米兰达规则已为 1966 年的宪法判例所确认，即通过宪法条款暗含的“预防性规则”吓阻警方违法，国会法案却否定警方讯问前警告权利的义务因此实质上抵触宪法第五、第六修正案，该案警方的行为不因 1968 年的法案而合法化。

对于警方而言，当警方讯问前告知嫌疑人米兰达规则后，嫌疑人自愿放弃权利后所作的有罪供述的证明力将因此提高，认罪交易与定罪率也有所升高。米兰达判决中组合权利的确立，使得警方的暴力刑讯行为大幅下降，刑事司法的酷刑与私刑现象从此逐渐绝迹，重塑了警方规范执法打击犯罪的警察文化与社会认同。警察群体不仅逐渐适应米兰达规则，而且将米兰达规则作为警方重要的培训内容来推动当代警察职能的职业化与规范化。总体观察，美国警方对米兰达规则的立场，经历了从最初的诧异，到逐渐适应再到80年代完全接受的变化历程。

三、透视英美判例法中的司法简约主义风格

一方面，遵循先例就是为了保持前后判决的一致性，也正体现了前案对后案的示范作用；另一方面，只有当前后案件的基本事实相同时，新的判例才有可能适用于将来出现的相似案例，所以没有必要担忧新案的示范作用会任意扩张。此外，在英美判例法传统中，除非出现情势变更或者前例规则已不合时宜从而会导致严重的不正义，法院通常不会进行造法性解释。因此，善用遵循先例原则能够体现出法官的司法谦逊。

美国法官判例中的“窄判、浅判”思维或许可供参鉴：不刻意追求宽判决与深理论。对于米兰达规则的缺陷与漏洞，欧陆法传统中的法律人往往会选择修补规则漏洞，试图形成严整、统一的讯问规则体系；而在美国判例法下，最高法院倾向于一次一案进行判决，即使判例存在规则上的漏洞，也会选择在司法谦抑下谨慎地实现个案正义，避免个案中的法律规则被任意扩张或类推适用。美国最高法院只对个别法律议题进行有节制的造法性解释，重大争议问题留给民主立法程序完成。极简主义者试图下判决，而非建立普遍适用原则。如此一来，极简主义者要求判决范围宁窄勿宽。他们只决定手边的案件，不会同时考量其他的案子。

刑事证据规则立法建议报告

樊崇义（中国政法大学法律实证研究中心教授）
本文原载《中外法学》2016 年第 2 期，第 285—315 页

证据规则是证据原则的下位概念，是证据原则的具体体现。证据原则具有抽象性和概括性，作为确立具体证据规则的前提和基础，对具体证据规则的规定和阐释具有重要的指导意义。可以说，证据原则是“证据规则的规则”。与证据原则相比，证据规则具有如下的法律性质：第一，具有法律强制效力。证据规则具有约束力，执法机关及其执法人员、律师以及诉讼当事人、参与人应当遵守证据规则的规定，否则其行为构成违法，不能产生预期的法律效果，由此所收集的证据无效，所得出的裁判可能被撤销。第二，具有明确的指导性。证据规则中蕴含着更高层次的、抽象的原理、原则，但其本身只是具体的行为规范而非原则。证据规则是关于证据的具体操作规程，执法人员、律师、当事人以及参与人可以直接从证据规则得出自己应当做什么、可以做什么和不能做什么的指示。第三，具有明显的程序性。证据问题也是程序问题，因此，证据规则本质上属于程序法的范畴，是程序法的一个相对独立的组成部分。证据规则的内容是规范证据的取证、举证、质证、认证等活动，从而也就间接地规范了这些证明活动的程序，成为当事人之间进行公平对抗的程序性规则。

从宏观层面看，两大法系的刑事证据规则除了在立法模式上存在显著区别，差异性还体现在大陆法系国家的刑事证据规则主要规定于刑事诉讼法典，英美法系国家的刑事证据规则则主要规定于一些专门的证据立法，如美国《联邦证据规则》、加拿大《证据法》和澳大利亚《证据

法》。另外，在英美法系国家，判例也是其刑事证据规则的重要渊源。当然，大陆法系国家并非不承认判例的证据法效力，下级法院一般都会遵从上级法院的相关判例。除此之外，两大法系的刑事证据规则还存在以下几个显著区别：一是刑事证据规则的繁简程度有异。比较两大法系的刑事证据规则立法，一个最明显的差异在于两者有关刑事证据规则的规定存在繁简程度的差异：英美法系国家有关刑事证据规则的规定比较多且成体系，大陆法系国家的相关规定则比较少且零散。二是刑事证据规则的规范重点有别。大陆法系国家的证据规定规范的重点在于审前程序的证据收集行为，而英美法系国家的证据规定规范的重点在于审判程序的证据审查与判断行为。三是对刑事证据规则的重视程度不同。英美法系国家比较重视刑事证据规则的构建，而大陆法系国家的重视程度则有明显欠缺。

我国刑事证据规则体系的框架已初步形成。从规范层面来说，我国已经形成了一定的证据规则体系：一是规范中明确规定、已经形成条文的证据规则；二是审查判断证据的程序中所体现出的证据规则。前者主要是指非法证据排除规则，后者则主要包括关联性规则、意见证据规则、原始证据优先规则、补强证据规则。

我国刑事证据规则目前面临的困境与问题主要包括：一是证据法典的缺失。在证据规则的立法上，缺乏专门的证据法典，证据制度和证据规则散见于《刑事诉讼法》、最高人民法院和最高人民检察院的司法解释、全国人大法制工作委员会以及“两高三部”等联合颁布的规范性文件，内容过于粗疏，缺乏系统性、完整性。二是证据规则的可操作性不强、精密化程度不高。在证据规则的内容上，不但缺少一些基本的证据法原则，如无罪推定原则、证据裁判原则、自由心证原则等，而且立法对刑事证据规则的规定偏少，尤其是缺乏规范证据能力方面的证据规则。三是证据规则的实施效果不佳。由于缺失系统性、完备性等原因，即使是立法已经明确规定的证据规则，也往往在司法实践中遭到规避。当前，构建系统、全面、科学的刑事证据规则体系显得十分必要和紧迫。

我国刑事证据规则立法的理论基础包括：一是诉讼认识论。刑事诉讼中对案件事实的认识，不可能达到绝对的客观真实。在刑事诉讼中，人们对于案件事实的认识，只能达到一种相对的真实，而非绝对的真实。因此，刑事证明标准应该坚持“法律真实说”。二是诉讼价值论。

刑事证据规则的价值论基础应该与刑事诉讼价值基本契合，具体包括公正、人权、自由、秩序和效率等价值形态。其中，公正在诉讼价值中居于核心位置，是司法的灵魂和生命，也是刑事证据规则的首要价值。刑事证据规则的制定应当体现出实现司法公正、保障人权、促进自由、维护秩序和兼顾效率的价值目标。

完善我国的刑事证据规则体系必须坚持中国特色，即从中国的诉讼文化背景、中国的诉讼制度背景出发，深化对证据规则基础理论的认识，重点规范证据能力、兼顾证明力，推进刑事庭审方式改革，实现证据法的价值多元化。2012 年《刑事诉讼法》将"尊重与保障人权"写入法典，充分体现了人权保障原则，为证据规则的构建提供了理论支撑。2012 年《刑事诉讼法》通过证据规则构建了一套严禁刑讯逼供的运作机制，为杜绝刑讯、保障人权设置了一套完整的"权利—规则—措施"科学机制和程序制裁措施。

针对我国司法实践中大量使用各种案卷笔录、书面证言的现状，我国应当增设传闻证据规则、意见证据规则，重点规范进入裁判者视野的证据材料的证据能力。同时，结合我国诉讼传统中已经形成的对物证、书证实行原始证据优先的做法，我国应当增设最佳证据规则，进一步明确规范物证、书证的证据能力。实现刑事证据规则的体系化，在重点规范证据能力的同时，还需要完善自白法则、补强证据规则等，兼顾规范部分证据的证明力。而且在我国，被害人也是诉讼当事人，因此，被害人陈述与口供一样，具有当事性，都应当纳入补强证据规则的适用范围。

以审判为中心的诉讼制度改革的关键，还是要落实到以庭审为中心这一命题上来，因为以"审判"为中心的核心是以"庭审"为中心。1996 年《刑事诉讼法》推进刑事庭审方式改革，确立了一种"控辩式"的庭审结构。2012 年《刑事诉讼法》进一步深化了这一趋势，我国司法实务中通过庭审对抗形成证据的理念明显增强，这要求证人出庭作证制度和交叉询问规则等与之相配套。然而，这也可能带来其他问题。正如德国联邦上诉法院曾经指出的："不惜任何代价来调查真相并不是刑事诉讼法的原则。"这就要求我们在完善证人作证制度、强化证人出庭作证义务的同时，构建适合我国刑事司法现状的作证特免权规则，赋予某些特殊人群以作证特免权，从而深入推进庭审方式改革，在作证过程中保护更多的社会关系免受损害，实现证据法的价值多元化。

基于以上证据规则立法的指导思想，我国刑事证据规则框架体系应当由规范证据能力的证据规则、规范证明力的证据规则以及规范证据运用的证据规则组成。对于规范证据能力的规则，按照“一般规则、排除规则加例外规则”的模式加以规定，主要包括相关性规则、非法证据排除规则、意见证据规则、原始证据优先规则、传闻证据规则和自白任意性规则。规范证明力的证据规则包括证据补强规则，规范证据运用的证据规则主要包括作证特免权规则和交叉询问规则。在上述证据规则中，相关性规则是所有证据共同适用的规则，对证据运用的四个阶段都具有指导作用。补强证据规则基本属于规范证明力的证据规则，最佳证据规则既规范证据能力，又规范证明力，而交叉询问规则主要是一项质证规则。与此同时，我国刑事证据规则立法尚需构建、完善多项配套原则和制度，具体包括：证据裁判原则、无罪推定原则、不得强迫自证其罪原则和直接言词原则，以及程序性制裁制度、庭前证据开示制度、证人出庭作证制度和扩大刑事法律援助制度的适用范围。

寻求有效取证与保障权利的平衡

——评“两高一部”电子数据证据规定

龙宗智（四川大学法学院教授）

本文原载《法学》2016 年第 11 期，第 7—14 页

最高人民法院、最高人民检察院、公安部《关于办理刑事案件收集提取和审查判断电子数据若干问题的规定》（以下简称《规定》），总结了电子数据取证和审查的实践经验，反映了电子数据取证和审查的技术要求；然而，该文件的制作，存在着某些规范不够严谨，一些重要的法律界限不清晰，与刑事诉讼法关于侦查取证的规范体系不够协调的问题，因此可能会增加实际操作中的随意性。

（一）《规定》未注意区分电子数据取证活动中的强制侦查措施与非强制侦查措施，收集、提取电子数据与技术侦查的关系不清，实践中可能会规避相关法律程序

根据《规定》第 7 条，“收集、提取电子数据，应当由二名以上侦查人员进行。取证方法应当符合相关技术标准。”而侦查人员“收集、提取”的电子数据的定义和范围，由《规定》第 1 条做出了界定：“电子数据是案件发生过程中形成的，以数字化形式存储、处理、传输的，能够证明案件事实的数据。电子数据包括但不限于下列信息、电子文件：（一）网页、博客、微博客、朋友圈、贴吧、网盘等网络平台发布的信息；（二）手机短信、电子邮件、即时通信、通讯群组等网络应用服务的通信信息；（三）用户注册信息、身份认证信息、电子交易记录、通信记录、登录日志等信息；（四）文档、图片、音视频、数字证书、计

算机程序等电子文件。”

分析上述电子数据信息及载体，其中第一类系网络平台发表的信息，除“朋友圈”系私人空间还是公共空间存在一定的争议外，其余应可作为公共信息，提取此类信息通常不涉及侵权，因此属于任意侦查行为。然而，第二类信息属于公民通信信息，受到《宪法》第40条关于公民通信自由和通信秘密权规定的保护；第三类信息，涉及公民身份同一性认定、电子交易、通信及网络活动，属于公民隐私权保护范围，如系公务人员和社会组织，还可能涉及公务秘密和商业秘密；第四类信息，即各类电子文件，亦涉及公民隐私权及商业、公务秘密。

对于上述第二、三、四类电子数据取证，均涉及与公民权利的冲突，其中必然包含部分强制侦查行为。尤其是主动侦查手段在电子数据收集、提取中的应用。主要涉及“通过网络在线提取电子数据”等。

《规定》第6条明确规定：“……通过网络在线提取的电子数据，可以作为证据使用。”第9条第2款规定：“对于原始存储介质位于境外或者远程计算机信息系统上的电子数据，可以通过网络在线提取。”在线提取电子数据的部分行为，必然具有监控被取证者数据行为，包括通信、网络活动情况乃至通过网络进行商业交易的性质。这种主动侦查，即监控侦查，应当说属于较为典型的技术侦查行为。然而，《规定》仅对在线提取中的一种特殊取证行为，即“网络远程勘验”，提及技术侦查的程序要求。因此，按照该条文的文义理解，通过网络在线提取电子数据的其他取证行为，即使包含“通信监控”等措施，也并未被要求按照技术侦查进行管理，因此可能有违刑事诉讼法的有关规定。

“网络远程勘验”，即通过网络对远程目标系统实施勘验，以提取、固定远程目标系统的状态和存留的电子数据。如果进入权属明确的他人空间尤其是采取了保密措施的空间进行搜索，就属于对虚拟空间的秘密搜查，应当列为技术侦查措施进行管理。但此项规定亦存在一定缺陷。其一，只有在“需要”时才按照技术侦查要求实施，那么，何种情况为需要，没有一个划分标准。其二，按照第9条的规定，进行网络远程勘验，需要采取技术侦查措施的，应依法经过严格的批准手续。该规定似乎只是要求履行“严格的批准手续”，但是《刑事诉讼法》关于技术侦查的规定，要求其仅适用于“危害国家安全犯罪、恐怖活动犯罪、黑社

会性质的组织犯罪、重大毒品犯罪或者其他严重危害社会的犯罪案件”。那么，采用技术侦查审批程序的网络远程勘验，是否受制于该项案件范围的规定，也并不明确。这可能会导致实践中适用的随意性。

（二）关于初查阶段可以收集、提取电子数据的规定，在缺乏限制性规范的情况下，实践中可能突破立案前禁止采取强制侦查措施的基本法律原则

根据《规定》第 6 条，“初查过程中收集、提取的电子数据”，“可以作为证据使用”。结合《规定》第 1 条关于电子数据定义和范围的规定，在初查阶段允许收集、提取电子数据，如果在取证对象与手段上不作限制，实际上已包含大量的权利干涉型取证行为，已如前述。

立案前调查中收集、提取电子数据的行为，可能具有某种程度的权利干涉性。如获取通话对象、时间的历史记录，以及当事人商业交易记录等，可能干涉公民隐私权。但一般的个人生活和商业活动情况即使属于个人隐私，也可不列为重要权益，因此，调取相关资料应作为任意侦查而不视为强制侦查。但如住宅内的隐私，以及正在进行的私人通信活动，因为与宪法保护的住宅权、通信自由和秘密权相关，则应当属于重要权益，在初查阶段不得干涉，否则属于程序违法。

《规定》未限制初查中收集、提取电子数据的方法。对此，作者认为应当做出区分：其一，通信监控以及通过“网络远程勘验”进入已采取防止进入措施、权属明确的信息系统提取电子数据，属于强制侦查，有些甚至是高强度的强制侦查，不能在立案前实施。而以常规方式对网站进行远程登录查访，则应属于一般调查措施，可以在初查中实施。对人员行踪的电子监控，因为并不妨碍当事人人身自由，且基本属于收集公共空间的活动信息，权利干涉性较弱，故不宜纳入技术侦查程序管理，可以在初查阶段实施。其二，扣押证据具有强制性，属于强制侦查，不能在初查中实施；初查中可以经相对人同意以提取笔录来提取证据（此为普遍实践方法），也可用调取证据通知书来调取证据。其三，冻结电子数据与冻结财产不同，如果冻结电子数据不妨碍电子数据占有者的数据活动，则可在初查阶段实施；反之则因妨碍权利，不能在初查中付诸实施。

（三）《规定》与刑事诉讼法侦查程序规范的协调性尚需加强；仍应强调取证需遵循刑事诉讼法的程序规范

关于电子数据取证的基本方法，《规定》以“收集、提取电子数据”，为电子数据取证的基本概念和基本方法。在这一基本方法之下，可以容纳扣押、调取、勘验、侦查实验等法定侦查方法。对各类可适用于电子数据取证的具体方法，以“收集、提取”予以概括，似乎并无不妥。但《规定》中的一系列规范，体现出将“收集、提取电子数据”，作为相对独立于《刑事诉讼法》第二章规定的侦查方法的意图。然而，“收集、提取电子数据”如相对独立于刑事诉讼法的侦查方法体系，在适用中难以引用相应的法律条款，这也许不太符合法制原则，在执行中也容易发生争议和困难。

此外，以勘验代替搜查的问题亦需注意。为获得电子数据证据载体，对实体空间和人员进行搜查，需采用刑事诉讼法规定的搜查程序，但以计算机包括服务器，以及有特定权属的网络空间为搜查对象，是否要按照搜查手续和程序实施，是否均以计算机勘验方法代替（这似乎是国内的一种普遍做法和趋势），则是一个需要规则明确的问题。计算机搜查的实质是虚拟空间证据搜索，确与实体空间搜查有所区别。《刑事诉讼法》关于搜查的规定，可以一般性地适用于计算机搜查，但是，如遇较为复杂的网络证据搜索，如何适用搜查制度，则不无疑义。《规定》并未提及搜查程序在收集电子数据时的适用。然而，这在实践中可能造成以任意侦查方法代替强制侦查的要式行为，会增加适用的随意性。

电子数据取证，首先应当要求侦查人员遵守相关法律程序要求。而要求遵循相关技术标准以及审查是否符合相关技术标准，对于一般执法、司法人员，在一定程度上也许是勉为其难。因为除了一些应属执法、司法知识的一般技术要求外，普通刑事侦查人员及司法官员难以具备必要的技术能力，对那些技术含量较高的技术标准进行有效贯彻和审查。此时，需要发挥专家的作用。此外，一律要求两名以上侦查人员取证的规定也需斟酌。有些取证行为，并无载体取得行为，而直接进入数据提取，如“在线提取电子数据”等，不需要两名以上侦查人员。对此，可借鉴刑事诉讼法的规定。对于搜查、扣押、提取电子数据载体的获得性取证行为，应当要求有两名以上侦查人员；而对于可能需要具备

必要技术能力的取证行为，则可借鉴刑事诉讼法的规定，实行侦查人员与专业技术人员相配合的取证方法。此时，并不要求必须有“两名以上侦查人员”。

为解决电子数据证据规定存在的上述问题，作者建议，一是坚持下位法不得突破上位法的法制原则，坚持在刑事诉讼法框架内理解、执行电子数据证据规定。二是研究对《规定》部分规范的限制和细化，出台执行文件，并根据实践反映，尽快启动修改《规定》。

论作为“依法治国”之“法”的中国对外关系法

刘仁山（中南财经政法大学法学院教授）

本文原载《法商研究》2016年第3期，第131—142页

自“依法治国”被载入《中华人民共和国宪法》以来，我国法治建设成效显著，中国特色社会主义法律体系已经形成。党的十八届四中全会明确以建设中国特色社会主义法治体系为总目标，全面推进社会主义法治国家建设。中国对外关系法同样应该是“依法治国”之“法”中不可或缺的重要组成部分。因此，应对中国对外关系法和依法治国的关系进行研究。

一、中国对外关系法的构成

从国家的角度看，作为整个国际关系组成部分的一国对外关系，通常可大体划分为对外政治关系和对外经济（包括对外民商事）关系。与一国对外关系中的政治、经济（包括民商事）关系相对应，一国的对外关系法也分别由规范对外关系的公法性法律和私法性法律构成。这类法律要么渊源于一国国内立法，要么渊源于一国缔结或参加的国际条约，要么渊源于为一国所认可或接受的国际习惯。而其中的国内立法，既包括一国相关对外关系的单行法，也包括与对外关系有密切联系的国内部门法中的相关规定。一国的对外关系法就是由上述法律所构成的有机联系的法律体系。

作为调整我国对外关系的各类法律法规所构成的法律体系，中国对外关系法是指专门调整同我国有关的各类对外关系的法律法规所构成的

有机联系的体系。中国对外关系法包括：其一，有关对外关系的宪法性法律。在中国特色社会主义法律体系中，宪法中有关对外关系的规定，既是我国处理各类对外关系的最高法律依据，也是我国关于对外关系立法的最高依据。其二，有关对外关系的专门法律法规。即一国专门适用对外交流中某类或某领域法律关系的法律法规。在我国，这类法律法规既包括全国人大制定的各类涉外法律，也包括我国缔结或参加的双边条约和多边条约，还包括行政机关制定的涉外行政法规。

二、作为“依法治国”之“法”的中国对外关系法

中国对外关系法作为我国维护各类对外关系主体利益的重要保障，是“依法治国”之“法”。主要理由如下：第一，主权国家治国理政的对象既包括国内事务，也包括与国家主权及利益相关的国际事务。这就要求中国“依法治国”的“法”中必须包括调整对外关系的对外关系法。第二，在中国与国际社会的联系日趋紧密的情况下，中国国内法律体系与国际法体系交互影响。中国国内法体系直接受到国际法体系的影响。同时，中国国内法体系也对国际法体系的构建提出新要求。第三，将中国对外关系法纳入中国治理国家的法律体系中，不仅是理论架构和实践的必要安排，也是对中国现行法律体系中客观事实的承认和尊重，更直接关系中国国际形象的塑造和维护。第四，从构建公正合理的国际秩序之宗旨出发，作为中国积极参与国际立法活动的结果，也应将中国对外关系法作为中国“依法治国”之“法”。

中国对外关系法在国内层面的作用，主要体现在如下方面：第一，保障国家主权独立完整及国家安全。确保国家主权独立和领土完整以及国家政治、经济、文化等方面的安全，是中国对外关系发展的前提。第二，保障和促进民主、法治及人权。对民主、法治及人权的保护，既反映一国的法治水平，也关涉一国的国际形象。第三，促进国家经济和社会的可持续发展。我国缔结的关于环境与渔业的条约、经贸合作条约和投资保护协定、教科文卫方面的条约、能源与矿藏领域合作条约、劳工方面的条约等已成为我国践行科学发展观的保障。第四，健全中国特色社会主义法律体系。为完善我国涉外法律法规，我们不仅要将这类法律纳入中国特色社会主义法律体系，而且还应在宪法上明确调整各类对外

关系的法律法规的地位，并强化和协调相关国内和国际立法活动。第五，提升依法治国的水平。我国依法治国基本方略的实施，就是要依据中国特色社会主义法律体系来处理国事，将各类对外交流事务纳入法治轨道。

中国对外关系法在国际层面的作用，主要体现在如下方面：第一，推进多边合作机制，维护国际和平。作为当今世界多边合作机制的重要参与者和构建者，我国正积极推动以多边合作和全球共同发展与进步为基础的国际秩序之建立。第二，促进公正合理的国际经济新秩序的建立。在处理包括国际政治、经济等关系在内的对外关系时，我国一贯主张坚持平等互利、和平共处等原则。第三，促进和便利国际民商事交往。国际民商事关系作为当今各国间交流的基础性法律关系，对于国际政治和国际经济关系的繁荣和发展具有重要意义。

三、健全和完善中国对外关系法

（一）完善中国对外关系法是健全中国特色社会主义法律体系的工作重心

在将中国对外关系法的完善作为进一步健全中国特色社会主义法律体系的工作重心的前提下，下述事务尤需严格遵循中国对外关系法：第一，涉外立法事务。随着中国参与国际事务的广度和深度不断拓展，加强涉外领域的国内立法及参与国际立法成为中国依法处理涉外事务、增强中国在国际法律事务中的话语权和影响力、运用法律手段维护中国利益的重要保障。第二，涉外司法事务。在涉外司法实践中，对于审判方式、证人出庭作证、送达和取证、司法救济和律师服务在内的涉外司法事务，当然应严格依照中国对外关系法的规定，这也对中国对外关系法的完善提出了更高的要求。第三，涉外执法事务。全球化背景下，伴随着各国执法事务跨国性的增强，加强涉外执法事务的国际合作，就成为一种必然要求。

（二）应明确条约在我国的域内效力及其适用方法

基于中国对外关系法实施的需要，我国宪法应该明确条约在我国的效力问题。一是条约的分类适用问题。对我国缔结或参加的条约，根据其目的和宗旨以及条约本身的性质，明确其分类适用问题，无疑是必要的。二是条约的解释问题。在条约的解释主体上，我国立法机关、司法机关和行政机关之间的关系如何，尤其是对于依据《缔结条约程序法》由国务院核定的相关国际条约的解释，如何确定解释主体这一问题，我国立法也未作明确规定；在条约的解释方法上，条约的国内解释与国际解释之间的关系如何，我国立法上也并未明确。这些问题都直接关涉条约在我国的适当适用。

（三）应明确国际习惯在我国的域内效力

尽管对于“作为通例之证明而接受为法律”的“国际习惯”有不同认识，但国际习惯作为不同于条约的国际法之重要构成部分，是基本得到认可的。在我国，已经形成一般意义上的国际法应包括国际习惯的共识。我国一贯倡导遵守并根据国际法来处理国际关系问题，表明我国已经将国际习惯作为中国对外关系法的组成部分。但国际习惯法原则和规则是否直接适用于国内，在与国内法发生冲突时其效力如何，对这类问题，法律尚无明文规定。

（四）增强国际法学在建设中国涉外法律人才队伍中的作用

党的十八届四中全会明确提出，应加强涉外法律工作，并建设通晓国际法律规则、善于处理涉外法律事务的人才队伍。这就要求我们高度重视国际法学的重要作用。然而，我国涉外法律人才培养的现状，与我国解决涉外民商事争议及参与国际事务的需求存在较大差距。同时，为解决我国与其他国家之间在上述领域的国际经济（包括民商事）争议，不仅需要具有涉外法律素养的法官和司法行政队伍，而且需要有能够为中外当事人提供高质量法律服务的律师群体。这种涉外法律工作队伍的建设，要求我国国际法学界不仅要重视国际法理论人才的储备，更要重视涉外法律实务工作者的培养。

（五）加强国际法学在中国法学体系中的地位

国际法学是在国际关系的实践中逐步形成和发展起来的。晚近以来，伴随着我国参与国际事务深度和广度的不断拓展，对于我国在对外关系中产生的一系列重大而紧迫的理论与实践问题，我国国际法学界充分关注，开展了较为深入并有重要参考价值和借鉴意义的学术研究，对我国对外交流的发展贡献显著。实践证明，中国国际法学必须是中国法学体系中不可替代、不可分割的重要组成部分。这意味着，与中国特色社会主义法律体系的构成相对应，一个完整的中国法学体系应包括中国国内法学和中国对外关系法学。

“一带一路”倡议下的国际经贸规则之重构

张乃根（复旦大学法学院教授）

本文原载《法学》2016 年第 5 期，第 93—103 页

在当前我国对外经贸关系面临新挑战和以 TPP 为代表的新一轮国际经贸规则重构的背景下，“一带一路”倡议对于促进我国加大全面改革开放和合作共赢打造人类命运共同体而言，意义重大而深远。因此，与国内自由贸易试验区建设相结合，深入研究国际经贸规则重构的内容，对于我国在实施“一带一路”倡议中积极参与和力争引导制定符合各国或地区人民共同福祉的新规则，具有重要的实践作用。

一、“一带一路”倡议下国际经贸规则重构的重点方向

在国际贸易层面上，我国与“一带一路”沿线若干国家或地区已达成或实施的区域贸易安排（以下简称：RTA）不在少数，并且还启动了与欧亚经济联盟的经贸合作伙伴协定的谈判。从“一带一路”的全局看，虽然沿线国家或地区的经济发展水平各有参差，但是 RTA 已从单一的贸易安排向贸易、投资和金融一体化方向转向，且与全球产业分工及价值链的重组相适应。因此，应以“面向全球的高标准”为方向，以适应“一带一路”沿线国家或地区的经济发展水平为目标，进行逐步拓展完善意义上的 RTA 规则重构。

在国际货币金融规则层面上，随着亚洲基础设施投资银行（以下简称：亚投行）和金砖国家开发银行的成立与运行，与“一带一路”休戚相关的国际金融体系及其规则的重构已获得了突破性的实质进展。“一

带一路”倡议的实施和亚投行的运行机制皆奉行互利共赢的开放战略，这预示着亚投行的成员将会逐步增加，也意味着亚投行趋向于摒弃国际货币基金组织的一票否决制，这是国际货币金融规则重构之路上里程碑式的起步。

在国际投资规则层面上，截至2014年10月1日，我国已有103项BIT，目前正在进行的中美投资协定（以下简称：BIT）谈判虽与“一带一路”无直接关联，但其中所包含的负面清单的内容旨在取得互利共赢，高水平的中美投资协定将反映双方对于非歧视、公平、透明度的共同成果，有效地促进和确保市场准入与运营，并体现双方开放和自由的投资体制，其中所呈现的已经或进一步重构的国际投资规则对于我国签订或更新与“一带一路”沿线国家或地区的BIT具有指导意义。

二、国际经贸规则重构的最新内容

与之前的国际经贸规则重构相比，正在进行的此次重构最突出的特点是中国开始崭露头角。中国通过中美、中欧投资协定谈判来进一步牵制欧美的主导权，发起成立亚投行和金砖国家开发银行以及提出包容性更大、涵盖内容更广的“一带一路”倡议，以渐进的方式逐步削弱欧美在国际经贸规则制定中的主导权，并尝试在新的全球治理理念的指导下，形成新的国际经贸规则制定模式。

就目前已经达成的协议看，《跨太平洋伙伴关系协定》（以下简称：TPP）文本所涉国际经贸规则重构的内容最为全面和丰富，为亚太地区的贸易与投资设置了全新的高标准，可以作为我们观察此次国际经贸规则重构的“风向标”和制度参考。

在货物贸易规则方面，TPP有些规则与WTO现行货物贸易规则或近年来WTO通过的《贸易便利化协定》和全面取消农产品补贴的承诺相一致，还有一些是美国提出的新规则，如出口许可程序规则。

在投资规则方面，TPP的投资规则不仅超出了《与贸易有关的投资协定》的范围，而且比目前数以千计的双边投资协定更进一步，尤其是设立了非歧视性待遇与“负面清单”的投资新规则。

在服务贸易规则方面，TPP扩大了服务贸易市场的开放度，提高了规则的透明度，设立了跨境金融服务的特别规则和通信服务新规则，并以“负面清单”形式接受WTO和其他贸易协定包含的核心义务。

在电子商务新规则方面，TPP确定了不将设立数据中心作为允许缔约方企业进入市场的前提条件，也不要求转让或获取软件源代码；禁止对电子传输征收关税，不允许缔约方以歧视性措施或直接阻止的方式支持本国类似产品的生产商或供应商等严格要求。

在政府采购规则与竞争规则方面，TPP扩大了政府采购的市场准入，实行国民待遇及非歧视原则，并建立新的、可执行规则以规制商业性国有企业对市场竞争的影响，建立了竞争中立规则，以及竞争法实施的程序公正规则。

在与贸易有关的知识产权规则方面，TPP以《与贸易有关的知识产权协定》和国际最佳实践为标准，确保对知识产权持有人的公平公正和非歧视性市场准入的保护，并加大对专利、商标、版权和商业秘密的保护力度。

在劳工规则方面，TPP将贸易与劳工标准挂钩，规定了国内劳工法需符合国际劳工标准的承诺，以及促进国际劳工组织标准的磋商合作机制。

在环境规则方面，TPP将环境管理与国际义务以及贸易争端解决机制挂钩，以此强化环境政策及国际环境公约的执行程度。

在发展与能力建设规则方面，TPP倡导包容性贸易，加强成员国的合作和能力建设，通过发达国家的支援，来提高发展中国家的能力。

更加高效的争端解决机制规则适用于与TPP相关的所有争议。TPP缔约方的公众将可以跟踪整个争端的解决进程，获得争端解决中提交的意见，参加听证会（除非争端方另有约定），还可以获得专家组提交的最终报告。

三、“一带一路”倡议下重构国际经贸规则的可行路径

（一）“一带一路”倡议的实施与国内自贸试验区建设的对接

为应对TPP，我国在继续努力加强与APEC成员经贸合作的同时，另辟蹊径，非常有创意地赋予古代丝绸之路以合作共赢这一全新的时代含义。2010年起，俄罗斯与哈萨克斯坦等苏联加盟共和国启动了欧亚经济联盟进程，为此，我国必须充分利用我国在基础设施和能源开发上的

优势，与周边国家开展互联互通，建设跨欧亚大陆的运输通道，大力促进国际产能合作，趋利避害，以使沿线各国受益。

参与国际经贸规则的重构还需国际与国内两个大局的联动对接。我国在新形势下的改革开放必须加大调整政府与市场的关系，进一步发挥市场配置资源和企业作为市场主体的作用。同时，为应对国际经贸规则重构与“一带一路”倡议的实施，我们必须加大、加快国内自由贸易试验区的贸易、投资、金融等体制改革试验，不断提升海关综合现代化监管水平，不仅要将成熟的规则及经验推广至全国，而且要力争在国际经贸规则重构中融入更多的中国元素。

（二）“一带一路”沿线国家或地区 RTA 网络建设与新一轮国际经贸规则重构

我国与“一带一路”沿线国家或地区的 RTA 网络建设既是参与此轮国际经贸规则重构，又是实施“一带一路”倡议的重要制度保障。推进“一带一路”沿线国家或地区的 RTA 网络建设，既要有紧迫感，又要注重实效、循序渐进，以规则为导向，引领合作共赢的 RTA 网络建设。

具体而言，首先，RTA 网络建设应将传统的贸易自由、便利化与投资相结合，将我国与“一带一路”沿线国家或地区已有的投资保护协定更新谈判与 RTA 相结合，形成贸易投资一体化的 RTA。其次，应将环境、劳工、竞争政策、电子商务、政府采购和知识产权等与贸易、投资密切相关领域的国际经贸规则纳入 RTA。最后，政府、企业和学界应通力协作，全面、深入地开展 RTA 的比较研究，探索目前各国、各地区数以百计的 RTA 类型和规则，为“一带一路”沿线国家或地区的 RTA 网络的可持续建设提供智库型贡献。

（三）国内自贸试验区制度建设与应对国际经贸规则重构

加快国内自贸试验区建设。在国家规定的试验期限内，现有的自贸试验区应着力于在 WTO 规则框架下，紧跟当今国际经贸规则重构的最新发展趋势，加大力度创建或完善促进货物贸易自由化与海关监管便利化，服务贸易的市场准入与投资准入的“负面清单”，适应人民币国际化和对外投资需要的金融监管等方面新规则的试验力度。

加强“一带一路”沿线国家或地区的 RTA 建设的规则导向。随着

“一带一路”倡议的实施，我国应积极、主动地提出既符合自身利益，又可得到谈判各方接受的国际经贸新规则，包括但不限于海关监管合作等。

加深对本轮国际经贸规则重构的参与度。鉴于目前谈判的中美、中欧投资协定与我国加快外资管理制度的改革相辅相成，为此，在加快国内自贸试验区与面向全球、辐射“一带一路”沿线国家或地区的高水平RTA网络建设的同时，我国应尽早达成中美、中欧投资协定，如此将可极大地提升我国在参与国际经贸规则重构中的地位。

网络空间主权的治理模式及其制度构建

张新宝（中国人民大学法学院教授）
许　可（中国人民大学法学院博士后）
本文原载《中国社会科学》2016年第8期，第139—158页

尽管网络空间主权已经成为我国处理网络事务的根本指针和制度基石，但其理论价值和法律意蕴均未得到充分阐明。面对与现实空间既区分又交融的网络空间，国家主权既要坚持对网络空间的适用性，反对消解主权的“网络自身主权论”和弱化主权的“多利益攸关方治理模式”，又要根据网络空间“互联、互通、互动”的特质适时而变，以此打造网络空间的人类命运共同体。

一、网络空间再主权化的正当性

今天的人类存在空间业已成为物理—网络空间。我们可以用“网络化的空间”来将“空间”和“网络”这两面融为一体。网络空间的特色是虚拟空间和现实空间的“跨越”与“互动”。它在象征意义上是虚拟的连接，在功能意义上却依赖于物理场所和国家领地。

在网络空间中，首先上演的是信息自由和国家控制之间所谓的“价值对抗”。事实上，这一对立本身就是人为的和虚假的。网络空间并非自在自为之物，而是由主权国家参与形成的“人为之物”。当下，从信息的产生、收集到信息的交换、传输和利用，国家已深深镶嵌其中。没有国家提供的秩序保障，信息自由便不可能存在。在某种意义上，信息自由未来最大的威胁不是国家的反应过度，而是它根本没有反应。同

时，作为一个由社会和政治建构的概念，信息自由并非技术的自然结果，它铭刻着文化和经济的烙印，受到政治和国家的塑造。故而，我们需要回答的不是主权能否限制信息自由，而是何为契合特定国家人民需求的“限制边界”。

网络空间再主权化的实质系诉诸《联合国宪章》中的“主权平等原则”，主张不论一国的网络能力如何，均享有和其他国家同等的权利，有权在其领域之上管理与维护网络空间。网络空间主权不仅通过“平等原则”落实了“多利益攸关方治理模式”所倡导的多方参与，而且以更可行的方式化解了其正当性和有效性的痼疾。具体而言，第一，在网络空间中，国家的立法、行政和司法机构既是网络治理的权力主体，又能通过代议制吸纳、代表网络使用者和消费者等普罗大众的利益，再以公开透明的立法、行政和司法程序赢得多利益攸关方的认可，最终获得了实质和形式上的正当性。第二，因权威性的不足、组织上的分散性以及资金、技术的依赖性，民间团体无法实现共同的网络治理愿景。更重要的是，越来越多的网络私人纠纷向“私人—国家”争议和“国家—国家”争议演化，这集中凸显了多利益攸关方治理模式的有效性欠缺和主权国家的意义。第三，作为基本权利和法律秩序的维护者，国家通过界定市场结构与合作规则来降低网络主体的交往成本，通过公共产品供给的规模效应降低了执行成本，最终提升了网络治理的有效性。

二、网络空间主权的国内法建构

法律框架下的“网络空间主权”定义包括：国家按其意志在领域内对网络设施、网络主体和网络行为所拥有的“最先权力”“最终权力”“普遍权力”，国家向其他国家主张的，对网络设施、网络主体、网络行为享有的“单边权利”和“共治权利”，以及相应的合作义务。

（一）网络基本法制定权是网络空间最先权力

立法权是主权者的首要特权，网络空间亦如此。不过，鉴于网络空间的互联性，其立法权的行使应以“分配网络空间规制权”为要务，以基本法的形式确立网络空间治理的权力架构和顶层设计。网络空间的治理须尽量包容不同层级的政府机构、私营部门和社会公众，同样，网络

空间基本法也应在分权的基础上共治，在赋权的基础上追责，以此发挥国家管理、市场自律、社会监督多种途径的协同作用。

（二）简约行政管理权是网络空间最终权力

应对网络空间复杂性的有效手段就是国家的“简约管理”，意即网络管理机构仅仅在尊重网络空间内在规律以及其他网络主体自主决定的前提下方能进行适度的介入，并且，其合理性应止于促进网络空间自我修复和自我完善必要性的范围之内。

具体而言，其一，在规则适用上，简约管理意味着国家优先依循由非政府网络主体共同制定或认可的，并依靠成员以自律方式实施的“软法”，而非国家法。其二，在执行手段上，简约管理要求以“非强制性措施”为主，以“强制性措施”为辅。其三，在行使对象上，简约管理体现为网络设施和网络信息的区隔，前者因有限性和固定性可采取传统的属地管理，后者则因流动性和复杂性而必须采取化繁为简的动态管理，否则，管理体制本身就可能因越多的相互作用和随机性而解体。

（三）类型化的司法管辖权是网络空间普遍权力

网络设施可适用“领土原则”。由于网络设施，特别是终端设备的可移动性，在使用中可能出现跨境移动，此时网络用户执行操作时所在的任何国家都具有管辖权。就此而言，管辖权是基本的，但非排他的主权性权力。

网络主体可适用“国籍原则”。公民身份便意味着自然人或组织对国家规制自身行为的授权。因而无论一国的网络主体在境内还是境外，其利益、关系、资格和行为都将受所属国家的管辖。

网络行为可适用“效果原则”。根据该原则，无论网络行为是否在一国领土之内，只要它在领土之内产生或意图产生不利影响，均在该国的管辖范围内。为避免管辖权的过分扩张，这里的“影响”应作狭义理解，即仅限于“直接、可预见和实质性”的影响。

三、基于网络空间主权的国际合作

“网络空间单边权利”是主权独立及其所衍生的领土完整原则在网络

空间的应用，其仅在消极意义上申明边界范围内网络主体、网络设施、网络信息权益的不可侵犯性。而对于因域外网络主体、网络设施、网络行为所引发的政治、经济、社会、文化风险和争端，则必须依循“网络空间共治”的逻辑，由各方共同协商化解。

网络空间命运共同体是网络空间共治权利的理论基础。每个国家的网络空间都必然是全球性网络空间的组成部分，任何一国都不可能完成与网络空间重大议题相关的主权任务。同时，在层出不穷的全球性挑战面前，没有哪个国家能够置身事外、独善其身，维护网络空间秩序由此成为国际社会的共同责任。本质上，“网络空间命运共同体”贯彻了主权平等与合作原则，通过赋予每一个国家以平等身份共同治理国际网络空间的权利，为多边、民主、透明的全球互联网治理体系奠定了基础。

平等参与是网络空间共治权利的出发点。平等参与意指国家之间互不隶属，任何一国都不能通过胁迫等手段使他国接受或服从条约和国际规则。国家之间互不歧视，每个国家，不论政治、经济和社会制度有何差异，均有权进行网络空间合作，以维护网络空间安全、促进网络空间进步。此外，这还意味着网络空间相关国际会议和国际组织中，各国应享有同等的代表权和投票权。同时，网络空间共治权利对网络空间的价值原则保持中立，并不预设特定选择。

共同利用是网络空间“共享共赢”的体现。公平合理利用要求任一国家不得在网络空间中从事或指挥、控制私人从事有损于他国利用权的行为。网络中心国家不得凭借自身在核心技术、信息通信技术产品和服务、信息通信网络等方面的优势，不公平分配国家顶级域名、通用顶级域名等重要网络资源，不维护或破坏光纤电缆等关键性基础设施的稳定运行。同时，公平合理利用还要求相关国家对网络空间保护和发展的努力应当与其网络能力及可能造成的威胁或可能获得的利益成比例，从而实现权利义务的平衡。

各国善意合作是网络空间共治的落脚点。其一，尽管冲突、竞争与合作并存，但在共同问题的压力下，合作打击网络犯罪、网络恐怖，抵制网络间谍和网络战始终居于主导地位。其二，有效的合作依赖于信息，一国就关系自身利益、且在他国控制下的网络信息有权主张共享。其三，在一国的措施对他国网络空间造成不利影响或在其领土内对他国造成跨界损害时，应及时通知或警告对方，以便后者做好评估、预防和

应急工作。同时，在一国行为严重影响他国利益时，还应提前协商。其四，各国应致力于建立正式的磋商平台和机制，定期举办国际会议，逐步建立联合国及其安理会下的“以国家为主体、多利益攸关方参与、公私合作”的国际网络空间组织，全面协调和管理网络空间事务。最后，作为网络空间全球治理的最终解决之道，各国应秉承坦诚和善意，尽可能促成网络空间国际准则和公约的订立，并采取一切必要措施保证相关准则或公约的严格执行，特别是建立网络空间的争端解决机制，以实现国际规则的长效约束力。

论混合型海洋争端的管辖权问题

张　华（南京大学法学院副教授）

本文原载《中国法学》2016 年第 5 期，第 72—91 页

混合型海洋争端指同时涉及领土主权与海洋权益问题的争端。受制于特定的属物管辖权，《联合国海洋法公约》（以下简称：UNCLOS 或《公约》）争端解决机制框架下的国际仲裁庭不能对混合型海洋争端整体实施管辖权。在"南海仲裁案"中，国际仲裁庭并没有沿用"查戈斯群岛仲裁案"使用的方法对菲律宾的仲裁请求逐项进行客观和全面的审查，致使其管辖权裁决出现重大瑕疵。

一、不加限制管辖混合型海洋争端危害 UNCLOS 争端解决机制

管辖权是指国际司法机构裁决案件的权威，其源于国家的授权和同意。一旦证明管辖权成立，国际司法机构即享有裁决案件的权能，且通常有义务对争端方提交的案件作出裁决。管辖权构成国际司法机构正当性的根本。实施组织章程条约赋予之管辖权的国际司法机构乃是以一种授权者普遍接受的方式实施其法律权威，因而自然具有正当性。相应地，管辖权对国际司法机构判决结果的正当性具有重要影响，过度行使管辖权所产生的裁决将更可能遭到利益相关方和外界有关正当性的拷问。

UNCLOS 争端解决机制框架下的国际法庭或仲裁庭在行使管辖权之前，首先应确定争端是否属于"有关本公约解释或适用的争端"，亦即属物管辖权是否成立。在此基础上，《公约》第 15 部分第 1 节中的程序

性条件必须成立。同时，还应考虑到《公约》第 15 部分第 3 节规定的“限制和例外”排除了国际司法机构对于部分海洋争端的管辖权。如果国际仲裁庭不加限制地对混合型海洋争端实施管辖权，UNCLOS 争端解决机制的管辖范围势必得以扩展，从而打破 UNCLOS 缔约方所意图实现的权利和义务的平衡。相应地，UNCLOS 争端解决机制将会面临正当性危机。

二、混合型海洋争端之管辖权问题的处理路径

正因为面临正当性、实效性和公正性的挑战，UNCLOS 争端解决机制框架下的国际仲裁庭一般会较为谨慎地对待混合型海洋争端的管辖权问题。

在“圭亚那与苏里南仲裁案”中，当事方的争议焦点涉及混合型海洋争端问题。苏里南认为两国陆地边界终点的具体位置并不明确，而仲裁庭不具有裁决领土主权问题的管辖权。根据仲裁庭的裁决，两国领海边界线的起点是由科兰太因河西岸的低潮线和一条穿过“1936 年点”的北偏东 10 度线相交而成。由于“1936 年点”与双方所同意的领海边界线 —— 北偏东 10 度线 —— 存在密不可分的联系，国际仲裁庭以“1936 年点”作为绘制 3 海里内领海界线的参考点。国际仲裁庭认为这样的操作并没有涉及双方的陆地边界问题，因而苏里南反对管辖权的理由不成立。

“查戈斯群岛仲裁案”涉及英国在查戈斯群岛建立“海洋保护区”的相关争议。仲裁庭认为，历史记录表明，毛里求斯与英国之间关于查戈斯群岛的主权问题存在争端，同时双方也存在有关“海洋保护区”的争端。仲裁庭认为第一项判断“沿海国”的争端主要属于领土主权争端，至于“沿海国”的解释或适用仅仅是附属于主要争端的一个方面。仲裁庭指出，至多只是在领土主权争端真正附属于海洋划界或历史性所有权方面的争端时，其才有可能享有管辖权。

从上述两个有限的判例来看，UNCLOS 争端解决机制框架下的国际仲裁庭虽然表面上竭力避免裁决混合型海洋争端中的领土争端，但由于领土主权与海洋权益之间的密切联系，实际上仍难免在裁决时对领土主权问题进行认定。另外，当海洋权益问题属于争端“重心”，领土主权

问题属于次要问题，且不妨碍海洋问题的裁决时，仲裁庭实施管辖权倒是“无伤大雅”；反之，仲裁庭对混合型海洋争端实施管辖权则有“本末倒置”之嫌。

三、“南海仲裁案”的管辖权裁决瑕疵

（一）菲律宾仲裁请求的本质为领土主权和海洋划界

就菲律宾第1项和第2项仲裁请求而言，实际上双方的争端尚未成型。从仲裁庭援引的证据来看，所谓的中方立场不过是中国在2009年为反对越南和马来西亚向联合国外大陆架界限委员会提交外大陆架划界申请时所发布的照会，并非针对菲律宾。至于仲裁庭所援引的菲律宾稍后针对中国立场所发布的照会，以及中国回应的照会，从内容上来看，双方争议的焦点仍然是领土主权和海洋划界问题。实际上，中国从未否认过UNCLOS在南海争端中的适用，至于历史性权利，本身即蕴含在UNCLOS之中。因此，仲裁庭等于是虚构了一个争端。

就菲律宾第3项至第7项仲裁请求而言，本质上均为明确相关海洋地物的法律属性。仲裁庭自己承认，在证明双方就具体海洋地物的法律属性交换过意见方面，相关证据较少。在中国立场尚不明确，且菲律宾未给予交流机会的情况下，仲裁庭径直裁决上述各项请求属于公约解释和适用的争端，难免有“为实施管辖权而虚拟争端”之嫌。

就菲律宾第8项至第14项仲裁请求而言，涉及中国在南海活动的合法性问题。问题在于，在尚未确定领土主权以及划分中菲南海专属经济区和大陆架边界的情况下，仲裁庭如何可以绕开海洋划界问题，并因此享有管辖权？仲裁庭罔顾中菲南海争端的整体背景，过于简单地裁决中菲在第8项和第14项仲裁请求上存在有关公约解释和适用的争端，难免有“主次不分”之嫌。实际上，仲裁庭的裁决等于是事先完全支持了菲律宾的片面主张，存在公正性问题。

（二）仲裁庭对争端的定性不正当

在判断菲律宾的仲裁请求是否涉及领土主权问题时，仲裁庭简单依据菲律宾仲裁请求的表面措辞即否定了中国《管辖权立场文件》中有关南海仲裁案的定性，绝然无视案件的背景和提起仲裁请求一方的真实目

的，不仅未恪守“勤勉”义务，而且有偏袒菲律宾之嫌。

在判断争端是否涉及海洋划界问题时，仲裁庭强调，“明确海洋地物所产生之海洋权利”与“海洋划界”是两个截然不同的概念。仲裁庭进一步解释道，若相关海洋地物不产生海洋权利，也就不存在海洋权利重叠，自然也就无所谓海洋划界争端了。这一观点值得商榷。海洋划界争端原本就是源于争端方对相关海洋地物所产生之海洋权利的分歧。菲律宾仲裁请求本质上是中菲南海划界争端的一个有机组成部分，仲裁庭的裁决人为割裂了海洋划界工作的整体性和系统性，有违之前有关海洋划界之国际司法裁决的规律。

从正常的逻辑顺序来看，仲裁庭应首先明确争端的存在，然后再对争端进行定性。然而，在“南海仲裁案”中，仲裁庭反其道而行之：先否定中国《管辖权立场文件》中有关南海仲裁案之定性的立场；进而分析菲律宾 14 项仲裁请求是否构成“公约解释或适用的争端”。这种逻辑顺序等于是仲裁庭已经先入为主地对争端进行了定性，其后对菲律宾仲裁请求的逐项判断显得流于形式。仲裁庭“因果倒置式”的裁决难具说服力。

（三）管辖权裁决产生负面影响

在 2016 年 7 月 12 日的最终裁决中，仲裁庭在审理实体问题时确定对剩余的仲裁请求享有管辖权，只是排除第 14 项仲裁请求中的第 1 点至第 3 点的“军事活动争端”事项以及菲律宾更新后的第 15 项仲裁请求。在实体问题阶段处理剩余管辖权问题时，仲裁庭通过刻意强调“历史性权利”与“历史性所有权”之间，“明确海洋地物所产生之海洋权利”与海洋划界之间，以及民事活动与军事活动之间的区别，包括执法活动例外的局限性，达到了规避中国 2006 年排除性声明，从而强行实施管辖权的目的。

较之于之前处理混合型海洋争端的实践，仲裁庭裁决“南海仲裁案”所衍生的正当性问题尤为突出。管辖权问题从源头上决定了仲裁庭之裁决的正当性。从有关“南海仲裁案”管辖权裁决的瑕疵来看，仲裁庭“越权”裁判的行为整体上削弱了仲裁程序的权威。在裁决程序方面，仲裁庭简单依据菲律宾在诉状和庭审中的主张和证据即做出了“一边倒式”的裁决，全然不顾在争端一方“不到庭”的情况下，仲裁庭在确定管辖权、认定事实、解释或适用法律方面需更为“谨慎”和“勤勉”。更为严重的是，对比菲律宾2013年1月22日通知中的仲裁请求和最终在案件实体裁决阶段的仲裁请求，不难发现，仲裁庭允许菲律宾在仲裁期间任意增加或修改仲裁请求，无非是为确保管辖权而人为“设计”争端，违背了基本的程序规则，缺乏公正性。就裁决结果而言，仲裁庭扩大管辖权，对“历史性权利”和UNCLOS第121条第3款的歪曲解释将影响许多国家的领土主权和海洋权益。

既然正当性意味着合法化的权威，构成遵守裁决的重要基础，那么在正当性严重存疑的情况下，中国自然有理由抵制仲裁庭的裁决。国际社会对此应作更加包容的理解。

大国司法：中国国际民事诉讼制度之重构

刘敬东（中国社会科学院国际法研究所研究员）

本文原载《法学》2016 年第 7 期，第 3—16 页

中国的国际民事诉讼制度主要由《民事诉讼法》中的“涉外民事诉讼程序的特别规定”、《涉外民事法律关系适用法》等法律以及最高人民法院颁布的相关司法解释、中国参加或签署的相关国际民事诉讼公约和民事司法协助条约等组成。在立法方面，2012 年新修订的《民事诉讼法》在涉外民事诉讼程序条文上比旧《民事诉讼法》减少至 25 条（第 259—283 条）。从整体上看，现有国际民事诉讼制度基本上保留了 1982 年《民事诉讼法》（试行）的架构，无论是基本原则还是具体内容，都没有较大的变化，而该法诞生于中国改革开放之初，市场保守封闭、涉外案件很少，与今天的市场开放程度不可同日而语。

在司法方面，最高人民法院为满足司法实践需要颁布实施了一批涉外司法政策和司法解释，一定程度上缓解了由于立法滞后给国际民事诉讼带来的困局。但总体上讲，我国现行立法、司法在国际民事诉讼管辖权确立、送达、取证、外国法查明、外国法院判决承认与执行等诸多方面已不适应时代需求和中国的大国地位。究其原因，既有司法理念问题，又有司法经验问题，核心是对于“大国司法”的重要性认识不足。现阶段，我国应充分借鉴大国司法的特点，以大国司法的理念和核心要素为指导，吸纳大国国际民事诉讼制度内涵，着重从以下几方面来推动中国国际民事诉讼制度重构。

一、构建积极的管辖权制度、打造全球性国际民商事纠纷解决中心

我国在国际民事诉讼管辖权方面的规定相对保守，最突出的问题就是，新法固守“实际联系”管辖原则，未能确立积极的管辖权原则。世界上一些大国如英国、美国以及瑞士等发达国家均不再以协议管辖法院与争议之间存在实际联系作为协议管辖的前提条件，如果我国一味坚持“实际联系”的管辖权原则，无疑是作茧自缚。此外，跨国环境污染引发的民事赔偿、国际商品流通带来的消费者权益保护、知识产权国际保护以及互联网交易引发的各类民商事纠纷均需要大国运用自身具有的司法资源和优势妥善解决，而“实际联系”原则显然不能满足上述案件对管辖权的需求。

鉴于此，我国《民事诉讼法》应尽快摒弃“实际联系”原则，实行“最低联系”基础上的积极管辖权原则，规定“对当事人在中国境内没有住所的涉外民事诉讼，只要该诉讼与中国存在一定法律上的联系、或当事人自愿选择，人民法院均有权管辖”。对运用“最低联系”原则造成的“不方便”情形，人民法院可以根据个案具体情况适用“不方便法院”原则拒绝管辖。在依法保护中国海外投资利益的同时，我国应肩负起大国责任，打造全球性国际民商事纠纷解决中心。

二、借鉴国际先进经验、改进和完善我国涉外民事程序制度

与大国司法应具有的制度内涵相比，我国现行涉外民事程序制度尚需进一步完善，特别是在以下方面：

第一，应尽快制定《国家及其财产豁免法》、改变长期以来坚持的绝对豁免法律原则。我国长期奉行的国家绝对豁免原则，这对于维护我国国家利益、防止外国对华滥诉曾起到十分积极的作用，但随着我国国际经济交往的空前活跃，这一原则反而变成束缚中外企业维护自身合法权益的法律障碍。同时，绝对豁免原则也令外国投资者对中国的营商环境产生顾虑，担心利益受损后得不到有效法律保护。

因此，应及时通过立法改变原有的绝对豁免主义、确立符合国际发展趋势的民商事限制豁免原则。尽早制定《国家及其财产豁免法》，不但是改变中外投资利益保护失衡的必要前提，也是吸引外国投资者优先

选择中国法院审理国际民商事争端、执行国际司法和仲裁裁决的基础。

第二，完善涉外送达、取证、外国法查明机制以及外国判决承认与执行制度。在涉外送达方面，司法实践中仍存在着涉外送达难的问题，导致一些涉外案件久拖不决。我国应当吸纳英美法系的先进做法，通过立法允许公民、法人和社团组织在符合法定条件情况下作为送达主体，并将当事人协议送达列为有效的送达方式。

因此，可在《民事诉讼法》第267条规定的8种送达方式的基础上，增加“受送达人所在国法律允许的其他送达方式或当事人自行选择的送达方式送达”。为了防止受送达人不履行人民法院送达的司法文书签收手续，可立法规定以下情形视为送达：（1）受送达人书面向人民法院提及了所送达诉讼文书的内容；（2）受送达人已按照所送达诉讼文书内容履行；（3）其他可视为已经送达的情形。实践证明，在保障外国当事人诉讼权利的前提下，送达方式越是便捷、多样，司法管辖权越能有效行使。

第三，在涉外取证方面，我国法律目前不允许外国当事人及其诉讼代理人在我国领域内自行取证。在民事诉讼中，当事人负有举证责任或享有诉讼证明权，为此，不论内国当事人还是外国当事人在与诉讼证据有关的地方均享有平等收集证据的权利，单纯限制一方当事人收集证据的权利则会导致程序上不公平。因此，我国应在《民事诉讼法》中规定“人民法院可根据互惠原则允许外国当事人及其诉讼代理人在我国领域内自行收集证据，但不得违反我国法律、公共利益且不得采取强制方法”。

第四，在外国法（港澳台法律视为域外法）查明方面，我国法院适用当事人选择法律裁判案件的数量逐年上升，有效地维护了国际民事诉讼主体对适用法律的选择权。但目前仍存在因查明渠道少、专业力量不足导致外国法查明困难等实际问题，致使一些法院最终适用我国法律，有违于当事人的意愿，影响了裁判质量。

第五，在外国法院判决承认与执行方面，现行《民事诉讼法》在“司法协助”一章作出规定，但条款规定简单且比较宽泛，影响了法院判决的国际流动性。为体现大国司法理念，我国应在互惠方面展现更为积极的姿态，对于尚未与我国一道参加相关国际条约、亦未与我国签订司法协助条约的国家法院判决，按照互惠原则办理并可视情况先行给惠。互惠原则的落实总要一方先行一步，往往容易陷入谁先谁后的司法僵局。中国应主动采取逆向调查方式，即，法院可以相关国家无拒绝承认和执行中国法院判决的先例为由，以先行给惠的方式承认和执行该外国法院判决。

第六，应对涉外案件的审限作出合理限定，提高涉外案件审判效率。我国现行《民事诉讼法》对国内民事案件作出审限要求，却对涉外案件未作审限方面的法律规定。可比照国内案件的法定审限适当延长国际民事诉讼的审限，实现国际民事审判和国际民事审判实质上的“国民待遇”，根本上保障法院审理国际民事案件的效率。

三、大力培养具有全球视野法律人才、拓展宣传中国司法制度优势的国际渠道

建立审理国际民事诉讼的专门法院（如国际贸易法院或国际投资法院）应尽早提上司法改革日程，探讨并推动专业法院的法官运用英语等国际通行语言审判国际民事诉讼，增强中国判决的国际化。同时，大国司法同样需要一大批具有全球视野、高水平的律师、法律学者。律师与法官属法律职业共同体，律师的国际法理论和实践水平对于国际民事诉讼亦至关重要。

向国际社会广泛宣传本国司法制度的特点和优势，展现其开放性、中立性和国际性，树立本国司法公正、高效与透明形象，打造良好的投资营商环境，吸引国际民事主体更多地选择该国法院解决争议，这是世界大国的普遍做法。

四、参与并引领国际民事诉讼立法活动、贡献中国法律智慧

“二战”后，随着国际经济交往的大规模开展，国际民事诉讼立法活动十分活跃。海牙国际私法会议是国际民事诉讼领域的专门性机构，目前已达成大量的国际民事诉讼公约。通过内国司法审判积极影响国际规则的制定，通过案件审理对国际条约解释和适用产生影响，从而推动国际习惯以及国际法基本原则的形成和发展，甚至填补国际法领域的法律空白，应该成为中国对国际民事诉讼的国际法治发展贡献中国智慧的重要途径，我国的人民法院尤其是最高人民法院在这一方面任重道远，责无旁贷，但只要我们高度重视并不断努力，在推动国际法发展与完善方面就一定会有所成就。

论文提要

法理学论文提要

“中国问题”及其法学辨析

郑永流（中国政法大学法理学研究所教授）

载《清华法学》2016年第2期，第5—20页

“中国问题”在根本上是中国如何融入世界的难题，主要存在于如何安排社会制度上。它是在实现现代性这个构成性要素的过程中发生的，在偏离、满足方式上的特殊性并非反构成性要素。问题不是既定的自在之物，而是由理论和制度所制造。法律人讨论中国问题的独特方式是用适法性判断其可否变成法律问题，法律问题又不同于以体系化和理论竞争为目标的法学问题，两者并无意义的高下。中国法学家能否得到主流法学界的身份认同，不在于“怒其不争”的烈度，而取决于自身理论原创力的大小。

“法治中国”命题的理论逻辑及其展开

王　旭（中国人民大学法学院副教授）

载《中国法学》2016年第1期，第87—104页

“法治中国”命题是对新中国法治实践集大成的概括。它的理论逻辑以中国法治的实践问题为前提和中心，首先是一种历史与实践统一的逻辑，隐藏着“实现主权结构与治权结构双重法治化”的线索；其次是一种道义与实践统一的逻辑，“法治中国”要实现的治理格局必然具有明确的价值目标，包含着特定的价值意象，是一种经过法律治理而呈现的现代“价值中国”，寄托着国人对正派国家与良序社会的道义期望。同时，法治中国命题在理论上也面临局限与挑战：包括双重代表制下的半契约主权结构内部如何有效实现问责、如何避免例外政治；多元价值带来的法治实用主义诱惑；实践的多元引发法治整合能力的下降。

建立一个以宪法解释为核心的合宪性控制机制是妥善应对挑战的重要思路。

法治评估的实践反思与理论建构

——以中国法治评估指标体系的本土化建设为进路

张德淼（中南财经政法大学法学院教授）

载《法学评论》2016年第1期，第125—132页

中国法治评估的形成建立在相应的理论、技术、制度和现实基础之上。国外法治评估模式的引入不断引发法学理论和实务部门的关注与讨论，中国的法治评估活动方兴未艾。但在中国法治评估实践中，仍然存在制度指向混乱、量化研究方法功能局限、数据样本独立性和有效监控缺失、区域化法治评估的正当性质疑等问题。建设中国本土化的法治评估指标体系，应当明确法治评估的制度指向、综合量化与质性方法、建立法治评估的监督复核程序、保持法治评估的开放性与纠错性。

论严格司法

沈德咏（最高人民法院常务副院长）

载《政法论坛》2016年第4期，第96—111页

严格司法是党的十八届四中全会提出的重要司法政策，体现了全面推进依法治国的内在要求，对深化司法改革、完善司法制度、保证公正司法具有重要指导意义。严格司法的底线标准是切实防范冤假错案，制度标准是宪法法律得到切实贯彻落实，纸面上的法律真正成为实践中的法律。严格司法的核心价值体现为对权力的司法监督，对权利的司法保障。为推进严格司法，应当基于现代法治理念和原则，从统一司法裁判的规范标准、完善公正司法的程序标准和健全严格司法的保障机制等方面入手，建立健全事实认定符合客观真相、办案结果符合实体公正、办案过程符合程序公正的法律制度，努力实现保证公正司法、提高司法公信力的目标。

基于规则与事实的司法哲学范畴

孙笑侠（复旦大学法学院教授）

载《中国社会科学》2016 年第 7 期，第 126—144 页

当代中国的司法活动和司法改革，使法院处于多元司法观碰撞的中心，司法实践要求构建中国自己的司法哲学。根据司法规律的要求，应当从规则与事实的逻辑起点上建立司法哲学，司法形式正义与司法实质正义构成司法哲学的基石范畴。根据司法标准、司法主体与司法行为这三个要素，可以发现三对并存的基本范畴，即规则至上与结果导向、职业主体与民主参与、消极克制与积极能动。当前中国司法中存在的法律效果与社会效果的关系、专业权威与人民本位的关系、司法被动与司法能动的关系、司法中立与服务大局的关系、独立司法与监督司法的关系，都与这三对基本范畴密切相关。通过司法哲学的基本范畴审视当前司法实践，有利于解决司法运行中的具体问题，也可为全面推进司法改革作出贡献。

契约司法：一种可能的基层审判制度塑造

刘　星（中国政法大学法学院教授）

载《法学家》2016 年第 3 期，第 1—15 页

基层法院秉持客观中立的立场解决纠纷当然重要，但通过自愿协商就案件争议焦点达成协议的契约式司法，也可以成为颇有助益的制度调整。契约司法不仅能提高基层司法的效率和认可度，增强社会亲和力，而且能有效地消融争议焦点层面上的当事人“司法战场”扩大化与法官“司法战场”收缩化的“谁对谁错”的棘手难题。契约司法值得展望，这意味着基层审判有时需要容忍甚至发展法官与当事人之间平等互动关系的“相互性”概念，而不是一味地固守法官纯粹理性、威权、管束的“单向性”原则。从具体操作来看，如果契约司法可行，那么其提示着法官需要发挥灵动的修辞技艺和展现友善的法庭态度。就理论角度

而言，契约司法的探索，能使人们反思司法职业人与社会外行人的社会权力关系，深化对司法原理的认识。

反思指导性案例的援引方式

孙光宁（山东大学威海校区法学院副教授）

载《法制与社会发展》2016年第4期，第90—102页

案例指导制度在审判实践中并未产生广泛的预期影响，重要原因之一是，关于如何在裁判文书中援引指导性案例，缺少具体规定。《〈关于案例指导工作的规定〉实施细则》（以下简称《实施细则》）中的相关内容，对此进行了细化和完善，但是仍然存在一些缺陷和不足。在启动程序方面，《实施细则》确定了两种途径：主动参照和被动回应诉讼方引述，前一种途径缺乏有效的激励机制，而后一种方式虽然没有受到普遍重视，但却值得大力提倡。在确定待决案件与指导性案例的相似点方面，《实施细则》确定基本案情和法律适用两个方面都需比较，但是，法律适用并不适宜作为相似性的判断标准。在直接援引对象方面，《实施细则》确定法官只能将裁判要点作为裁判理由被援引；实际上，指导性案例的其他部分（尤其是裁判理由部分）也完全能够成为援引的对象。要推动指导性案例被更加经常地援引，需要针对以上各方面的问题，降低援引的门槛，使得更多主体以更加便捷的方式参与其中。关键的一点则是应当完善《实施细则》中的规定，确定指导性案例的正式效力，即“不得单独作为裁判依据被援引”。

公权与私权共治的法律机制

唐清利（西南财经大学法学院教授）

载《中国社会科学》2016年第11期，第111—128页

传统法学对制度运行层面研究不多，造成对社会治理体系现代化涉及的结构、主体、符号等缺乏认识，甚至简单地将实践中社会治理体系现代化等同于法治化、信息化和技术化。社会治理的核心问题是解决国

家与私人之间监控和惩罚成本问题，但要借助法定化的平台促成公权与私权合作进行社会治理。社会治理体系现代化就是要解决社会开放状态下如何通过立法确定合作的法定平台与技术，并确保公权与私权重叠时的社会治理信息和惩罚成本的合理分担问题。公权与私权合作的社会治理技术是由一组可以观察并具共识的符号或组织作为法定平台，各自为了自身利益最大化和交易成本最小化更多地将责任施加法定平台上，而不用追问其具体构成。

法院对上下位法冲突处理规则的适用及其限度

黄金荣（中国社会科学院法学研究所副研究员）

载《环球法律评论》2016 年第 2 期，第 20—35 页

中国法院适用上下位法冲突处理规则的实践有很多异常现象；这些异常现象与法律界对法院是否具有直接处理上下位法冲突的权力这一问题认识模糊有很大关系，同时也与法律对此规则及其适用机关规定不明确有关。法院适用上下位法冲突处理规则的实践蕴含着法院事实上拥有对法律法规进行司法审查乃至违宪审查的权力的内在逻辑，这也是造成有些人无法接受这一实践的原因。2004 年最高人民法院《关于审理行政案件适用法律规范问题的座谈会纪要》在澄清认识误区以及促进法院对上下位法冲突处理规则的适用等方面发挥了非常积极的作用，但由于法律规定本身仍不明确，并且法院直接适用此规则经常要面临较大的政治和法律压力，这就使得法院要全面实现对此规则适用的正常化并不容易。

所指确定与法律解释
——一种适用于一般法律词项的指称理论

陈　坤（山东大学法学院讲师）

载《法学研究》2016 年第 5 期，第 108—129 页

法律解释的一个重要任务是明确相关法律规则中的一般词项的所指，因此理应能够得到关于所指如何确定的一般理论的指导。然而，语

言哲学中已有的三种指称理论（描述指称理论、直接指称理论与意向性理论）都难以直接运用到法律领域中。这或者是由于它们本身所存在的局限，或者是由于法律实践作为一种独特的交流活动所具有的区别性特征。一般法律词项的所指是由立法意图、客观知识与语言惯习共同决定的。其中，语言惯习的作用是限制性的，立法意图与客观知识的作用是指引性的。在所指确定的过程中，立法意图提供所指识别的标准，客观知识明确所指的范围。

善治须用良法：社会信用立法论略

罗培新（上海市人民政府法制办公室副主任）

载《法学》2016 年第 12 期，第 104—112 页

社会信用立法游走于公私两域，具有相当高的技术难度，必须在立法法确立的权限范围内审慎进行。社会信用可以被界定为信用主体履行法定或者约定义务的客观状态，而对该状态的主观评价，则由运用信用信息的主体自行做出。社会信用立法切忌建成公民道德档案，道德要素在进入信用立法的视野之前，必须满足“以德入法”的路径。立法者在体认个人信息自决权的基础上，还须认识到公共信用信息与市场信用信息在权属、归集与查询、救济、法律责任等方面均旨趣各异。除了诉诸合同法、侵权法等救济之外，为避免公权侵害私益，社会信用立法应当要求行政机关按照合理行政原则，确定与本部门行政管理事项相关联的信用信息范围，作为开展分类管理的依据，并向社会公布，以增强可预期性。在实施联动奖惩时，务须避免衍化成对信息主体的二次处罚。

依规治党与依法治国的关系

王若磊（中共中央党校政法部副教授）

载《法学研究》2016 年第 6 期，第 17—28 页

依规治党与依法治国的关系问题在当前语境下关乎法治中国道路的前途。回答这一问题，重点是要正确认识党在法治中国建设中的地位，

正确理解依规治党缘何成为依法治国的关键，努力探索依规治党和依法治国如何进行对接。现实中存在着不同的法治发展道路，而政党主导下的法治模式本质上由法治的政治性所决定，它要求后发法治国家在法治秩序建构中存在权威作为动力机制和保障装置。在保障权威的前提下实现权威守法，首先需从执政党内部严格依规治党做起，因此依规治党是依法治国的关键。然而，依规治党并不等同于依法治国，实现二者对接，要不断提高依规治党的法治化水平，以及不断提高依规治党与依法治国的系统兼容性和机制协调性。

中国古代国家形态的变迁和成文法律形成的社会基础

李　峰（美国哥伦比亚大学教授）

载《华东政法大学学报》2016 年第 4 期，第 20—32 页

要搞清中国成文法形成的原因，关键在于真正理解西周到战国时期社会变化的性质。基于青铜器铭文的最新研究表明西周是一个“权力代理的亲族邑制国家”，其社会的基本组织单位则是拥有大量人口和土地，并对其成员承担着法律责任的“宗族”。因此，西周时期并没有形成成文法律的需要或条件。但是，公元前 771 年西周灭亡，中国古代社会在列国战争中从“邑制国家”逐渐向“领土国家”转变。特别是作为“领土国家”一级行政组织的“县”的出现，为“核心家庭”的发展提供了机体，也使国家第一次与一家一户的小农家庭发生了直接关系。对“县”里的自由农民以及城市中出现的大量平民管理之需要，促使成文法在中国春秋晚期到战国早期应运而生。换言之，在美索不达米亚成文法律是古代“城市国家”的必需，而在中国它是古代“邑制国家”向“领土国家”转变过程的产物。

西周邦国的法秩序构建：以新出金文为中心

王　沛（华东政法大学法律学院副教授）

载《法学研究》2016 年第 6 期，第 191—206 页

受资料限制，以往学界对西周时代王畿之外的邦国法秩序知之甚少。近期公布的山东、山西、湖北出土之金文资料，为探讨相关问题提供了线索。将这些铭文信息连缀起来可发现，周人在邦国法秩序构建中恪守其“收放界限”，并未将自己的法度全面移植，而是各依其便，甚至主动学习土著部族的制度。与之相应的是，王朝的司法力量会积极参与到邦

国的法秩序构建中。当邦国内部秩序被破坏或出现不稳定迹象时，周王或者体现周王权力的执政大臣会担任审判官的角色，通过审判权力重新恢复其内部秩序。在以法律手段管控异族邦国时，王朝侧重“司法手段”而非“立法手段”，即通过充当裁判者的角色确立王朝的权威，而并不倾向强加周人法度于异族。这是西周邦国法秩序构建的基本特征。

从“违令罪”看唐代律令关系

赵　晶（中国政法大学法律古籍整理研究所副教授）

载《政法论坛》2016 年第 4 期，第 183—191 页

“违令有罪则入律”是贯穿唐代法律体系的一个基本原理，唐律除了设置各种具体罪名与刑罚去处罚“违令”之人，还单辟一条“违令罪”作为兜底条款，应对“令有禁制而律无罪名”的情况。除了“违令”条外，《唐律疏议》言及“违令罪”者还有 7 处。其中，有关当色为婚、阑得禁兵器、不给不理状这三种违法行为，律、令所涉的义务范围大致相同；有关将亲之官、假人姓名的违法行为，律、令所涉法定义务则有所出入。由此可知，违令罪“令有禁制”的指向，并非在严格意义上要求唐令有明示的行为模式，而是允许《疏议》的作者在某条唐令的法意之内，灵活予以扩大解释。

清代刑部官员的法律素养

郑小悠（国家图书馆国家古籍保护中心办公室馆员）

载《史林》2016 年第 3 期，第 103—111 页

虽然清代官方和民间已经拥有一些法律传播途径，但事实上，清代的刑部司官，不论是进士、笔帖式还是捐纳人员，在进入刑部成为“刑官”之前，大部分不具备专业的法律知识，都是在进入刑部以后边工作边学习法律知识的。刑名作为国家行政的一部分，并没有任何区别于其他行政活动的独立性。法司官员没有特殊的培养、考试、铨选、晋升体系，而是与其他行政官僚混合一体。但清代刑部官员对于法律的学习具

有极高的热情，并在读律、用律之余热衷于成为律学知识的传播者。嘉庆、道光年间，就有人将刑部秋审处官员与河工、边材并称“专家学”，可知其虽然囿于政权体制并未走上“职业化”道路，但已在较高程度上实现了“专业化”，而与一般官僚士大夫相区别。

“杀一家多人”例与清代服制立法的扩张

吴　杰（福州大学法学院讲师）

载于喻中主编《政治法学研究》2016 年第 1 卷，法律出版社 2016 年版，第 53—68 页

服制内杀一家多人命案之犯罪细节至为复杂，对法律适用提出了挑战。清代有关服制内杀一家多人立法仅有三条例，且针对性强，各自具有局限性。弥合文本与实践的背离，是司法官吏所必须面对的难题。审判官吏主要通过比附相关条例，加减刑罚，实现案件的处理。服制内杀一家二命案件的处理，常常涉及服制内杀一家二命例与“二罪俱发从重论”律两相选择适用的问题。正确适用服制内杀一家二命例与“二罪俱发从重论”律，服制亲疏以及“所杀之状”是要考虑的主要因素。此外，审判官吏为保障案件的罪刑相当，依犯罪人杀一家二命之所犯二罪轻重，选择罚罪相当的法律适用。

乾坤挪移玄机深

——晚清官制改革中的“改寺为院”

韩　涛（复旦大学法学院副教授）

载《中外法学》2016 年第 1 期，第 53—80 页

晚清中央司法机构改革中，当政者不断剥夺刑部的司法审判权力，将一个位高权重、实际具有最高法院功能的机构，削弱成了无事可办，需要淘汰冗员、裁撤机构的“闲曹”；却不断扩充大理寺的司法审判权力，将一个位卑权轻、实际并无最高审判功能的“闲曹”，塑造成了繁忙不堪，需要补充员缺、添设机构的最高法院。某种程度上，等于在刑

部与大理寺之间实现了单向的权力转移。这对于政治体制和国家机构而言，表面上，不过是一个“闲曹”转变为另一个“闲曹”，但实质上，光绪三十二年至宣统二年，在审判权力的辗转搬运过程中，改革者却遭遇重重阻力，陷入争权夺利、纠葛龃龉的漩涡，浪费了无数的智慧，付出了沉重的代价。

晚清时期梁启超宪法思想中的“人民程度”问题

赖骏楠（上海交通大学凯原法学院讲师）

载《清史研究》2016 年第 1 期，第 106—123 页

从更为重视制度建设的角度出发，梁启超对于“人民程度”问题的第一个直接回应是，政治制度本身对于“国民性”具有明显的反作用力。梁明确指出，立宪政治中的一系列制度及其实践，都能起到促进“人民程度”、培养国民政治能力的作用。首先，在梁看来，国会制度以及相应的选举制度，能够激发国民的政治兴趣与爱国心，长期的选举实践也无疑能够提升国民的政治判断力。其次，与国会制度关系紧密的政党制度，也能够促进国民的政治兴趣、政治判断力和政治行动力。最后，立宪政治中的地方自治制度，对于培养国民政治能力而言，尤为关键：“使人民在小团体中，为政治之练习，能唤起其对于政治之兴味，而养成其行于政治上之良习惯。此其利益之及于国家者，盖益深且大。”

民国时期公务员惩戒委员会体制研究

聂　鑫（清华大学法学院副教授）

载《法学研究》2016 年第 3 期，第 193—207 页

回顾民国历史，在创设现代公务员惩戒制度之初似乎就“取法其上”。将公务员惩戒权赋予相对独立之文官惩戒委员会而非行政长官；而文官惩戒委员会的组织也包含了司法机关的因子。平政院——肃政厅设立后，弹劾与惩戒两种在欧美截然两分的公务员惩处制度开始合一。同时，平政院——肃政厅的架构又与德国惩戒法院——惩戒检察官的

架构非常接近。自 1928 年南京国民政府秉承孙中山宪法思想设立融汇中西的五权宪法架构以来，独立的中央监察机关（监察院）将欧美国会的弹劾权与德国惩戒检察官的权力合二为一，负责审议弹劾（惩戒）案的则为各类公务员惩戒委员会：由司法院下设的中央与地方公务员惩戒委员会负责事务官惩戒，由国民党中央党部纪律监察委员会、国民政府政务官惩戒委员会负责政务官惩戒。

宪法学论文提要

宪法上的尊严理论及其体系化

王　旭（中国人民大学法学院副教授）

载《法学研究》2016 年第 1 期，第 37—55 页

尊严是当代世界各国宪法文本及实践中的核心概念，然而在理论体系上，它也面临实证化程度不一、概念模糊和价值冲突等挑战。完成尊严理论自身的体系化是应对这些挑战的关键。尊严来自人反思、评价进而选择自己生活的基本属性，由此可以发掘尊严概念的最基本含义。尽管由于宪法实践及其环境的差异，各国将尊严实证化的程度不同，仍然可以“宪法保护尊严的方式”为标准将之提炼为尊严理论的形式体系，并从其核心意义出发建构一个融贯的内容体系。这样一个抽象的双重体系，需要通过宪法解释实现保障范围具体化与价值判断理性化两个核心目标。中国宪法上的尊严条款，在形式上体现为“内部统摄与外部相互构成的规范地位”，规范含义上则体现为一种对君子人格的追求与国家伦理的拟人化塑造。

国家所有的法律表达及其解释

谢海定（中国社会科学院法学研究所副研究员）

载《中国法学》2016 年第 1 期，第 86—104 页

我国宪法规定了作为公有制形式之一的国家所有制，却并没有确立其具体的法律实现机制。为满足发展市场经济的现实需要，物权法以国家所有权概念为基础初步建立了国家所有制的物权实现机制。然而，参照私有制—私人所有权模式而从国家所有制导出国家所有权的法学原理并未真正形成。建立在国家所有权概念基础上的物权实现机制，既表现出与国家所有制的疏离，又受宪法国家所有制规范的牵引而犹豫踟蹰，

难以全面满足市场经济的实际需要。物权实现机制的尴尬处境，直接或间接地反映了两组要素之间的张力：旨在消灭剥削的社会主义理论—公有制—宪法规范—国家所有制—历史；重在发展生产力的社会主义理论—市场经济—物权法规范—国家所有权—现实和未来。这些张力所固有及由其所引发的制度矛盾和社会问题，需要通过全面深化改革和全面推进依法治国予以解决，当然也需要学术研究提供相关智识支持。

八二宪法土地条款：一个原旨主义的解释

彭　錞（北京大学法学院博士后）

载《法学研究》2016 年第 3 期，第 36—52 页

在原旨主义视角下，挖掘“八二”宪法第 10 条土地条款的生成背景、内在逻辑和制度意涵，可以发现：出于改革开放以后便利国家建设取得土地、限制农地流失的迫切现实需要，该条款承继和巩固了 20 世纪 50 年代成型的城乡二元土地所有制结构和“农地非农化的国家征地原则”，并试图以合理用地作为证成和规范该制度的价值尺度。三十多年的改革与修宪给宪法土地条款注入了市场、法治和人权，特别是非国有财产平等保护等规范意蕴，但现行制度的种种现实弊病也日益凸显。因此，需要重新思考该条款，清理其遗产。原旨主义立场回顾但不固执历史，要求我们超脱一时一地的具体土地制度安排，去把握宪法条文背后的实践理性、价值平衡等鲜活而深沉的宪法原理，指导并推动中国土地制度进一步改革。

中国宪法委员会制度初论

江国华（武汉大学法学院教授），彭超（武汉大学法学院博士研究生）

载《政法论丛》2016 年第 1 期，第 21—28 页

依宪治国和依宪执政背景下，加强宪法实施、维护法制统一、建设中国特色社会主义法治体系内在地需要有专门的宪法监督机关。宪法监督制度本身构成政治体制改革的重要内容，惟有兼顾政治性和法律性，

宪法监督才能发挥实效。设立宪法委员会，将其作为全国人大的常设机关，专门负责监督宪法实施。这一宪法监督的中国模式，是落实依宪执政和依宪治国方略的理性务实的制度设计方案，能够有效破解全国人大及其常委会“自我监督”的尴尬悖论和“无暇监督”的现实问题。宪法委员会的核心职能是违宪审查和解释宪法。建立宪法委员会制度应当处理好宪法委员会与党的领导、全国人大、改革开放三者的关系，确立党内法规不审查、基本法律不审查、特别授权立法不审查的原则。

论基本权利滥用的认定标准

高慧铭（郑州大学法学院讲师）

载《比较法研究》2016 年第 1 期，第 140—148 页

禁止权利滥用的法律原则，早已见诸民法领域。我国目前正处于急剧的社会转型期，同样存在基本权利滥用的现象。基本权利滥用禁止原理的正确适用，关键在于确立基本权利滥用的认定标准。比较法视野下基本权利滥用的认定标准，已有日本、德国和欧盟三种模式。但基于我国相关的宪法规范、立宪背景、基本权利保障制度的结构与现况、基本权利滥用原因等因素，适合我国国情的应是比已有三种模式更严格的认定标准：其行为表现为明显背离基本权利的本旨或明显超越基本权利的界限，且有主观恶意；后果损害了国家的、社会的和集体的利益或者其他公民的合法自由和权利，严重破坏法治秩序。此标准从前提条件、行为定性、主观要件和行为后果四方面可形成更具操作性的构成要件。

建构以权利救济为核心的宪法实施制度

范进学（上海交通大学凯原法学院教授）

载《法学论坛》2016 年第 2 期，第 5—13 页

新中国成立后的 66 年特别是 1982 年宪法颁行后的 34 年以来，宪法实施问题一直是中国立宪史上的核心与关键问题。人们关于我国现行宪

法实施状况的总体评价，基于以法律是否完备为标准还是以权利救济为标准大致上存在两种截然相反的观点：一是认为宪法实施得好；一是认为宪法实施得不好。目前评价我国宪法实施的标准，主要就是以法律是否完备为标准。但是，宪法实施之好坏其实不应以它有无完备的法律存在为标准，而应以宪法是否具有实效为标准。当公民基本权利受到国家机关立法侵害时，如果缺乏救济渠道，则会加剧社会矛盾或冲突，引发社会失序。因此，应当建构以权利救济为核心的宪法实施制度。

合宪性审查中的立法事实认定

陈　鹏（厦门大学法学院副教授）

载《法学家》2016年第6期，第1—12页

作为代议机关的人民代表大会及其常委会制定的法律及地方性法规虽然有民意的支撑，但此类立法的合宪性取决于其是否有相关的社会经济方面的事实基础。因而，对立法事实加以认定，便成为针对立法实施合宪性审查的重要环节。立法事实包括与立法目的有关的事实、与立法的手段和目的之关联性相关的事实，以及作为法益衡量之前提的事实。在由司法机关针对立法的合宪性实施审查的国家，法院在认定立法事实时通常采取自制的立场。我国虽未采取由法院实施合宪性审查的体制，但考虑到审查的程序、立法机关予以回应的时限，以及审查的目的，作为审查主体的人民代表大会及其常委会亦应在认定立法事实方面保持一定程度的自制。针对立法实施合宪性审查时的自制技术包括将审查基准与不确定性原则相结合，以及程序性审查优先。

对我国《立法法》修改后若干疑难问题的诠释与回应

郑　毅（中央民族大学法学院讲师）

载《法学》2016年第1期，第12—25页

我国《立法法》修改后半年多的实施过程中所反映出的诸多问题，亟须理论回应。《立法法》赋予设区的市以地方立法权并不违背我国

《宪法》第100条，可视作法律对宪法的续造。法律实施中应严格限定设区的市的立法事项范围，除对《立法法》第72条和第82条的“等”作“等内”理解外，“城乡建设与管理”亦存在相对明晰的逻辑边界和规范内涵。按照修订前《立法法》第63条规定所确定的49个较大的市的既有立法，在此次《立法法》修订中限缩立法事项范围后仍可作出修改，无须担心“越位修法”。《立法法》与《行政处罚法》在设区的市政府规章的罚款设定权上并无本质冲突，全国人大常委会在其中扮演了重要角色。

在宪法框架内设定住宅用地使用权续期方案

孙煜华（华东政法大学法治中国研究中心助理研究员，复旦大学政治学博士后）

载《法学评论》2016年第6期，第14—23页

住宅用地使用权免费续期方案有违宪嫌疑，其与宪法上的国家土地所有权条款相悖，违反宪法对合法私有财产的平等保护原则，未能区分宪法上的所有权和使用权。续期原则上应当交费，但是从公民生存权优先于国家财产权的角度看，不交费不会影响其居住权，但会限制其转让权。考虑到国有土地“全民所有”的属性以及“基本经济制度以及财政制度”的法律保留规定，续期方案应当由全国人大及其常委会的立法或解释规定。从宪法和立法上看，国家垄断城市土地所有权和竞价模式结合导致土地使用权流转成本比较高，所以在续期时，不能采取高持有成本模式。合理的续期方案应是改批租制为年租制，年租费率应由全国人大及其常委会确定，其中住宅用地的续期费率应考虑民生需要，区别于工商业用地。对用于获取出租收入的住宅用地，可以收取区别性续期费率。少数使用权即将到期的地方，全国人大及其常委会可以授权地方人大先行先试。

党内法规与国家法律衔接和协调的基准与路径
——兼论备案审查衔接联动机制

秦前红（武汉大学法学院教授），苏绍龙（武汉大学法学院博士研究生）

载《法学科学》2016年第5期，第21—30页

党内法规是管党治党建设党的基本依据和党内治理法治化的制度载体，国家法律是由国家强制力保证实施的具有普遍约束力的行为规则，两个规范体系都是治国理政的规范依据，都是中国特色社会主义法治体系的组成部分。党内法规与国家法律的衔接和协调是依法执政的现实要求，应当以体系共存的相容性、价值追求的同向性、具体规范的无矛盾性和行为指引的连贯性为基准，立足法治一般规律和我国政治现实，多方面积极地探索衔接和协调的实现路径，建构以备案审查衔接联动机制为核心的保障机制，从而达致两个规范体系“内在统一”于中国特色社会主义法治体系的状态，形成相辅相成、相互促进、相互保障的良性格局，推进国家治理体系和治理能力现代化。

行政法学论文提要

行政决策的多元困局及其立法应对

韩春晖（国家行政学院教授）

载《政法论坛》2016 年第 3 期，第 120—130 页

当前我国行政决策实践中存在多元困局，它们既有理性困局，也有利益困局，还有价值困局，我国政府对此已经采取了一种立法应对的治理进路。这一立法应对应当从宏观着眼展现理论追求，从中观建构制度功能，从微观回应具体问题，形成一种整体性的治理策略。在理论层面，应将行政决策过程构建为以“多元化合法性模式”为内核的“法律过程”，以补充行政决策主体的权威。在机制层面，应建立一种由决策机关、党委、人大和政协多元主体相互协调的动态化应对机制，旨在对具体个案中的价值问题予以考量、取舍和平衡；在制度层面，行政决策的规则设计应紧紧围绕影响决策机关对相对方说服效果的诸多要素逐步展开，以提高说服相对方的实效。

公众参与在行政决策生成中的角色重考

骆梅英（浙江工商大学法学院教授），赵高旭（浙江工商大学法学基地助理研究员）

载《行政法学研究》2016 年第 1 期，第 34—45 页

相较学理上和实定法上的“优待”，公众参与在实践中被屡屡虚置，或称为诟病决策的事由。造成这种现象的原因主要是：信息不对称导致参与不能或无效；对参与成本的忌惮；“公民社会”的未完成以及公众影响力需求的未满足；公共政策的“搭便车”效应等。对此，一方面，应当细化公众参与的具体技术：在遴选上注意代表性的强弱问题；在时间节点上，应与决策程序共生共存、并肩同行，且始终交融贯通；在方

案的选定上，应克服结构化带来的弊端。另一方面，应当为有意规避公众参与、违法恣意决策的行为设定责任机制。同时，也应认识到，公众参与并非当然的、最好的制度安排，应注意其适用范围和适用方式，同时也应与其他决策程序相互配合，达成科学决策与民主决策的平衡。

论行政裁量理由的说明

王贵松（中国人民大学法学院副教授）

载《现代法学》2016 年第 5 期，第 37—48 页

理由是将特定事实带入某一法律要件作出决定的原因说明。在行政机关行使裁量权时，不说明裁量理由，就无法让人知晓为何在裁量权的范围内作出该决定。根据行政法治原理，应当将说明裁量理由设定为法定义务，以论证裁量决定合乎法律。公开裁量决定的判断和选择过程，这既有助于抑制行政机关的恣意，也有助于说服行政相对人，也便于私人寻求救济和司法实施审查。裁量理由与裁量决定应当具有同时性和一体性。没有说明或者说明不充分时，因行政机关没有按照要求说明裁量理由，为尊重行政机关的首次判断权起见，法院应撤销裁量决定；如果行政机关在事后以其他理由替换原先已说明的理由，在没有改变主要理由时，法院则可基于诉讼经济原则一并审查，一次性解决纠纷。

论行政合作契约的法律属性及其法制化进路
——在公司合作背景下的展开

张一雄（南京工业大学法学院讲师）

载《法学论坛》2016 年第 4 期，第 30—39 页

在合作国家理念大背景的时代潮流下，行政合作契约形式作为公私合作中最典型的行政行为形式，关于其法律属性在学界争论不一。学理上对“行政合作契约”法律性质的研究，主要分为“行政契约说”“私法契约说”和“公私混合契约说”三种主流学说。但从行政合作契约的参与主体有一方为行政主体；行政合作契约的核心内容便是为了借助民

间资源，执行公共任务；行政合作契约发生的是行政法上的法律效果这三方面来看，应将其界定为行政契约。对公私合作背景下的行政合作契约进行立法规制宜在公法学基本原则的约束下，从公私合作私主体的选任与行政合作契约的签订、行政合作契约的全面履行以及行政合作契约履行障碍时公部门担保责任之保证三个方面为进路进行制度化设计。

法律被“被虚置化”：以行政许可法为分析对象

耿玉基（南京大学法学院博士研究生）

载《法制与社会发展》2016 年第 4 期，第 129—148 页

行政许可法已逾 11 载的实施历程表明：其法律效用不彰，背离了立法预期。正由于该法实施重心的偏差，行政主体采用“规避法律”“选择执法”等策略，加之隐形权力的干涉、“旧体制”的障碍、立法的非完美性等缘故，致使行政许可法在实施过程中遭遇各方面的“顽强”阻抗。这些阻却因素致使规制的对象逃逸、法条休眠、功能失效，从而衍生法律被虚置化的现象。鉴于此，既要改良法律 / 法治的实施体系，克服同属法治问题域的其他掣肘，规范中央和地方行政审批改革，也要修补法律疏漏，针对法律被虚置化的各类问题，通过修正行政许可法，“织密法网”来帮助其摆脱现实困境。如此，方可逐步激活行政许可法，化解其被虚置化之窘境，全面实现立法初衷，借以推进法治中国建设。

功能主义视阈下的行政机关负责人出庭应诉制度

喻少如（西南政法大学行政法学院教授）

载《法学评论》2016 年第 5 期，第 30—39 页

行政机关负责人出庭应诉制度自《行政诉讼法》修改后在全国范围内确立及推广至今已近一年，对其关注重点应从制度史梳理、正当性论证、法治意义解读等角度向制度精细化、功能实现等方面转移。行政机关负责人出庭应诉制度的预期功能包括行政争议的预防与化解、法治政府建设与依法行政能力的提升和行政审判司法环境的改善与优化三方

面。但是，以功能主义为研究进路，通过对相关案例和数据的分析，会发现该制度立法之初的功能预设与实践表达间存在一定的差异。具体表现为规范内预期功能的达成不能、实践中潜功能的显现以及一定程度功能失灵。对此，从系统论的维度，应当通过规则之治的坚守、互动平台的搭建、民本文化的提升等方法，尝试为其功能回归提供一条新路径。

“以罚代管”行政执法方式生成的制度机理研究
——以公路货运“治超”执法领域为基点的社科法学分析

黄　锫（同济大学法学院副教授）

载《政治与法律》2016 年第 5 期，第 13—25 页

在我国行政执法实践中，“以罚代管”的现象普遍存在，其是指行政执法者收取行政违法者的罚款后放任行政违法者继续实施违法行为而不予纠正的特殊行政执法方式。“以罚代管”这种特殊行政执法方式的出现并非主要源于执法者的贪婪与寻租，而是由特殊的制度土壤所孕育。要消除这种行政执法方式，只能从改变其赖以生存的制度环境激励条件入手，调整其存在的制度机理，如改革中央与地方的财政分配制度，充实地方财政基础；设计合理的地方财政分配激励机制，确保执法经费的充沛供应；将执法绩效纳入地方政府官员考核范围，改变地方政府官员的注意力焦点；建立行政技术标准的适时立法调整机制，顺应社会经济环境的快速变化等。可以预见，“以罚代管”的执法方式将在我国的执法过程中长期存在，其与政治、经济、社会等领域有着千丝万缕的联系，需要多领域间知识与制度的协同合作，才有解决的可能性。

行政强制之禁止研究

解志勇（中国政法大学教授）

载《法学杂志》2016 年第 1 期，第 83—91 页

禁止强制原则，是指在某些特殊情形下，行政机关不得强制执行，

已经开始执行的，应视情况立即停止执行。《行政强制法》第43条及其背后所蕴含的禁止强制原则折射出公民权与行政权、个人利益与公共利益的博弈与平衡，体现出我国行政法的进步。但是，这条规定还略显粗陋，存在不周之处有待改善。首先，应明确激烈抵触必须使执法人员确信再不停止执行就已经有可能威胁到被执行的行政相对人、行政执法人员自身或其他任意第三人的生命健康安全的，方可停止执行。其次，对于引起群众围观情形下的禁止执行的判断，应当控制在所引起的群众围观人数众多且围观群众已经对行政行为的合法性以及行政执法人员执行的合法性与合理性产生了怀疑的限度内。此外，还应当完善禁止强制执行程序和禁止强制的法律救济两方面的制度设计。

财产权限制的行政补偿标准

杜仪方（复旦大学法学院副教授）

载《法学家》2016年第2期，第96—108页

随着社会经济发展和行政补偿案件的增多，在国家责任理论体系遭受影响和冲击的时代背景下，行政补偿概念也陆续受到“应予以扩张”的质疑，在此过程中不断有观点提出应放弃或者改变传统行政补偿概念中所包含的“公权力行使”“合法性”和“财产权性损害”这三项要素。尽管这一具有颠覆性的主张本身是否正确仍有待检验，但是如果该主张能够成立，抽离了三要素的行政补偿概念就会被修正为：对由公权力所导致的公民的特别牺牲所给予的财产性补偿。在这一精简的概念定义中，特别牺牲成为变革后的行政补偿概念的唯一亮点所在。而随着现代社会中充分保障公民基本权利被进一步强调，模糊赔偿与补偿的界分、以公平负担为核心统一把握国家责任制度被再次呼吁。在此背景下，将“特别牺牲”置于行政补偿概念之核心地位的做法，确实能够顺应行政补偿范围扩大化的潮流发展，并进而实现社会的公平正义理念。

互联网分享经济对行政规制的挑战与应对

张效羽（国家行政学院法学部副教授）

载《环球法律评论》2016 年第 5 期，第 151—161 页

互联网分享经济的发展对行政法财产用途管制制度、市场准入管制制度和职业资质管制制度构成极大挑战，滋生大量行政法意义上的“非法”活动。互联网分享经济这种新业态，并非完全处于不受法律控制的状态。其大量的“非法”只是不符合传统行政法规制的要求。这种挑战是分享经济创新性和法律滞后性的自然结果。行政法规制的主要目的是维护最广大人民群众的合法权益。因此，对于互联网分享经济并非不要行政法规制，关键是如何规制。法律的制定必须符合法律适用对象的特点，行政法规制必须跟上新经济发展的步伐，必须适应新经济发展。面对互联网分享经济带来的挑战，行政法规制应当坚持消费者优先原则、实施合作规制、创新运用信息规制并通过体制重构努力实现规制机构自身利益与新经济发展激励相容。

“滥诉”之辩：信息公开的制度异化及其矫正

梁　艺（浙江大学光华法学院博士研究生）

载《华东政法大学学报》2016 年第 1 期，第 177—191 页

“滥诉”在行政法学界是一个鲜少被提出的概念，“陆红霞案”中法官对于“滥诉”进行规制的主要依据为民事诉讼法中的诚实信用原则。在承认公法诉权说的理论前提下，行政诉讼法作为民事诉讼法的特别法，具有参照适用民事诉讼法的可能性。然而，该案法院在事实认定与法律适用时均存在处理失当之处，相较于滥用诉权，该案或许亦有滥用审判权之嫌。在权利与权力冲突背后，信息公开制度呈现出某种扭曲的“异化”状态，承受为信访分流压力的同时，囿于“特殊需要”条款的误读，正发生着与卷宗阅览竞合的趋势。对此，为达到制度矫正的效

果，应当构建公文管理规则以强化主动公开；设置依申请公开的专业引导机制；对于主管机构的设置也有必要重新进行检讨。

德国个人信息立法的历史分析及最新发展

李欣倩（中国社会科学院研究生院法学系博士研究生）

载《东方法学》2016 年第 6 期，第 116—123 页

随着大数据时代的到来，个人信息已经突破传统人格权的范畴，成为具有商业价值可供流通的标的。目前，我国个人信息大范围泄露事件时有发生，黑色产业链已经形成。面对如此严峻的形势，立法方面仍然进展缓慢，现存立法的碎片状况加剧了信息保护实施的不确定性。作为大陆法系的典型国家，德国《联邦信息保护法》已经走过了 40 年的历程，先后经历过 3 次大规模改革。在其发展过程中，计算机技术的进步和联邦宪法法院的判决呈现出良性互动，成为推动德国个人信息保护发展的重要力量。德国个人信息立法的发展历程以及在此过程中的 3 次立法改革，为我国个人信息保护立法提供了宝贵的域外经验。

环境规制的反身法路向

谭冰霖（中南财经政法大学社会科学研究院助理研究员）

载《中外法学》2016 年第 6 期，第 1512—1535 页

为应对生态危机，世界各国均围绕企业编织了庞大而细密的环境规制网络，但实践成效不够理想。其中一个重要症结在于传统规制模式对“命令—控制”路径依赖，忽视了法律系统认知能力的有限和其他社会子系统的独特运行逻辑。法社会学上的反身法理论承认法律认知能力的局限，强调受规制的自我规制，为突破当前环境规制的瓶颈提供了一个新路向。这种规制不再止步于传统模式所指向的消极遵从，而是进一步促成企业基于自我反思结构追求高于法律要求的环境表现，并寻求来自其他社会子系统对环境规制更为广泛的支持力量，从而提升环境规制的

制度容量和效果上限。立足反身法框架下的理念更新和规范调整，可综合运用组织型规制、程序型规制、信息型规制、商谈型规制和授权型规制等法律策略形成半自主的社会系统，以弥补传统模式之亏空。

食品安全治理中的声誉异化及其法律规制

吴元元（西南财经大学法学院教授）

载《法律科学》2016年第2期，第127—136页

基于繁重的执法负荷与稀缺的执法资源，我国当前食品安全治理未能取得预期目标绩效，亟待改进治理模式。声誉机制作为社会共治的重要载体之一，有助于促使消费者“用脚投票”，借助抵制交易惩罚违法违规企业，具有较好的威慑效应。然而，如不对声誉机制加以法律规制，其经由消费者的认知—心理基础、扩散—连带机制、社会建构—强化过程，容易导致惩罚过度和惩罚错误之弊。因此，必须对这一食品安全的社会治理形式有足够清醒的全面考量，在充分利用其减轻执法成本、强化执法威慑力的功能的同时，必须注意到其固有的缺陷，以及由此引发的机会成本。在制度设计上应当采取公法规制与私法救济并举、行政法律责任与民事法律责任共存的复合模式，以系统性的规制手段矫正声誉机制过度惩罚、错伤无辜之弊。

民法学论文提要

民法基本原则：理论反思与法典表达

于　飞（中国政法大学民商经济法学院教授）

载《法学研究》2016 年第 3 期，第 89—102 页

我国制定民法总则要不要沿袭《民法通则》体例，将民法基本原则集中规定于法典开篇，这一问题具有重要的立法意义，但却未经真正的讨论。传统民法知识体系中，基本原则指不具裁判功能的“一般法律思想”，并不在民法典中规定；其与作为裁判规范的诚实信用、善良风俗等概括条款迥然不同。《民法通则》“基本原则”章实际上是把“一般法律思想”与“概括条款”混而为一，导致了诸多理论误区与实践弊端。《民法通则》“基本原则”章的产生，有其特定的社会背景和历史原因。民法总则不应再于法典伊始集中规定基本原则，也不应再将一般法律思想明文化。诚实信用、公序良俗这些概括条款应当各归其位，放在各自的适用领域之中。

论遗体在民法教义学中的地位
——兼谈民法总则相关条文的立法建议

申卫星（清华大学法学院教授）

载《法学家》2016 年第 6 期，第 162—180 页

关于遗体的法律属性并未形成一致见解。在法教义学体系中，遗体应当被评价为民法中的“物”，民法总则应在立法上对此予以明确，但不宜采用法律拟制的技术，否则不仅相关条文之间存在矛盾，民法中“物”的概念也将失去其应有的开放性。民法总则中应规定，“遗体亦为物”。进而，作为民法中的“物”，遗体应成为所有权的客体。同时，遗体所蕴含的伦理道德等因素使遗体之上的权益呈现出所有权与人格利益

的双重构造，遗体所有权在内容上应受很大限制。民法总则应在反面通过“死者生前意愿”和“公序良俗”对遗体所有权进行限制的同时，从正面对遗体所有权的管理、祭祀、埋葬和捐献等权能予以明确列举。

体系化视角下意定代理权的来源

尹　飞（中央财经大学法学院教授）

载《法学研究》2016年第6期，第49—69页

就意定代理权的来源，我国学理上和司法实践中存在一元说和二元说的不同认识。一元说认为代理权仅来自于代理权授与行为，二元说则认为代理权的来源还包括代理人的职务。我国民法总则编纂过程中，目前的草案实际上采用了二元说。但二元说无法涵盖实践中代理权的各类来源，而且会造成司法实践中新的困扰。就德国法来看，其代理权来源的抽象原则是指代理权的来源区别于其基础关系而独立存在。代理权的来源包括法律直接规定特定代理人的代理权以及被代理人的代理权授与行为两种情形。结合我国民商合一的立法体制和代理制度复合继受的背景，我国民法典应当承认意定代理权来源的多元论，即除代理权授与行为之外，代理权还可以来自于法律的直接规定、社会一般观念或者交易习惯以及当事人之间的基础关系。

代理部分立法的基本理念和重要制度

谢鸿飞（中国社会科学院法学研究所研究员）

载《华东政法大学学报》2016年第5期，第64—74页

民法总则代理部分立法涉及私法自治与信赖保护两种价值，亦涉及立法者对当下中国社会民商关系的基本判断。民法总则应采代理显名主义，不宜规定商事代理；应承认代理权授予行为的独立性，而否定其无因性；为规范代理权的行使，可专门规定代理权人行使代理权时的信义义务；自己代理与双方代理的效力宜规定为可撤销，并列举例外情形；无权代理制度应详细规定代理人与相对人之间的法律效力，并确认代理

人的无过错责任；表见代理应纳入容忍代理类型，法律文本无须表述“本人与因”要件，但在解释上应予肯定。

《合同法》第52条第5项评注

朱庆育（浙江大学光华法学院教授）

载《法学家》2016年第3期，第153—174页

《合同法》第52条第5项规定，违反法律、行政法规强制性规定的合同无效，《合同法解释一》第4条明确将无效依据限制于全国人大及其常委会制定的法律与国务院制定的行政法规，排除地方性法规与行政规章。《合同法解释二》第14条将“强制性规定”限缩为“效力性强制性规定”。《民商事合同案件指导意见》第15条、第16条则在确定效力性与管理性强制规定二分格局的基础上为之提供基本判准。提高法源位阶之举固然未必值得赞许，二分格局更是从概念、判准与司法适用各方面均制造混乱。《合同法》第52条第5项的准确适用，关键在于探寻规范意旨。

数据的法律属性及其民法定位

梅夏英（对外经济贸易大学法学院教授）

载《中国社会科学》2016年第9期，第164—183页

计算机数据是不是财产以及其与民法客体的关系问题在民法理论上缺乏基础性研究，既有的网络民事纠纷裁判及理论研究倾向于单独将数据进行客体化和财产化的处理。数据没有特定性、独立性，亦不属于无形物，不能归入表彰民事权利的客体；数据无独立经济价值，其交易性受制于信息的内容，且其价值实现依赖于数据安全和自我控制保护，因此也不宜将其独立视作财产。基于数据的非客体性，大数据交易的合同性质宜界定为数据服务合同；基于主体不确定、外部性问题和垄断性的缺乏，数据权利化也难以实现。数据具有工具中立性的本质特征，法律能够对其实现的规制功能有限。网络民事纠纷可以区分为工具性和虚拟

性两类，分别适用一般侵权救济和违反保护他人法律的侵权救济。

承包土地的经营权抵押规则之构建

高圣平（中国人民大学法学院教授）

载《法商研究》2016年第1期，第3—12页

在“三权分置学说”之下，承包土地的权利构造可以表达为“集体的土地所有权+农户的土地承包经营权+农业经营主体的土地经营权”。以土地承包经营权或土地经营权设定抵押均属“承包土地的经营权抵押”，且均超出《物权法》允许抵押的财产范围，在相关试点地方应暂停实施《物权法》的相关禁止性规定。土地经营权抵押权未经登记不得设定，但土地经营权抵押权的登记以土地经营权的登记为前提。土地经营权抵押权的实现可以采取《物权法》规定的协议折价、协议拍卖、协议变卖、强制拍卖、强制变卖等方式，可以选择普通民事诉讼程序或实现担保物权案件特别程序，土地经营权的变价可以借助农村土地产权交易平台。农户以其土地承包经营权设定抵押时，抵押权的实现可以采取强制管理的方式，不宜采用强制拍卖和强制变卖的方式。

民事责任体系与无过错补偿计划的互动
——以我国疫苗接种损害救济体系建设为中心

冯　珏（中国社会科学院法学研究所副编审）

载《中外法学》2016年第6期，第1443—1479页

在疫苗接种损害救济方面，我国目前并存着民事责任与预防接种异常反应无过错补偿计划两个体系。从构成要件层面来看，该双重体系的主要问题是过错、因果关系等核心概念在两个体系下含义并不完全一致，可能导致救济漏洞的存在。从实践运行角度来看，民事责任体系对于行政管理机制表现出了极大的尊重和倚仗，而无过错补偿计划未充分考虑到与民事责任体系的衔接，导致其救济功能发挥不充分，同时两个体系均面临着疫苗接种损害中因果关系难以确定的困境。实证研究表

明，无过错补偿计划对于民事责任的替代作用有限。为实现疫苗损害救济双重体系的良性互动，充分救济因公共卫生事业接种疫苗的受害者，应依“追偿机制”构建无过错补偿计划与民事责任体系的衔接关系，在一定范围内实行因果关系推定技术，并重构补偿经费的来源。就民事责任体系而言，应随着科学技术和社会经济的发展，对于具体个案中的疫苗产品缺陷和接种过失作出具体认定，在充分尊重管制规范的同时，不断调整和形塑良好的行为标准和社会秩序。

论作为法人的商业信托

李　宇（上海财经大学法学院）

载《法学》2016 年第 8 期，第 12—25 页

信托的本质在大陆法系素有重大争议。商业信托是现代信托的主要运用形式，将商业信托明定为法人，有助于在相当程度上解决信托定性难题。商业信托具备法人的特征和要件。商业信托是有独立的财产、有自己的名称与组织机构的组织，能够独立承担民事责任。承认商业信托的法人性质，在信托法上具有澄清理论争议、破除观念误区的理论意义，以及解决信托登记难题、保护当事人与第三人等实务意义；在商业组织法上具有促进商业组织多样化、提升法人市场效率、缓和法人法定主义之僵化效应等意义。

网络虚拟财产物权定位的证立

许　可（中国人民大学法学院教师博士后）

载《政法论坛》2016 年第 5 期，第 47—57 页

囿于传统民法的演绎体系和本质论的法学方法，网络虚拟财产在债权定位和物权定位之间进退失措。在关注事实与结果的后果论进路下，物权定位与债权定位之争被具体化为不同救济方式的选择及其后果的配置效率。纠纷类型化和法经济学的交叉运用最终证明：网络虚拟财产物权定位下的救济在后果上优于债权定位，从而为《民法总则草案》对网

络虚拟财产的物权定位提供了理据。

论信义法的基本范畴及其在我国民法典中的引入

朱　圆（福州大学法学院副教授）

载《环球法律评论》2016年第2期，第81—97页

信义法是普通法国家法律体系中极为重要的组成部分。在普通法系，信义法主要适用于委托人将自己享有重要利益的事务委托给受托人，受托人因此享有对受托事项较为宽泛的自由裁量权的法律关系。信义法律关系广泛存在于监护关系、专家服务以及机构（组织）的管理中。信义义务和信义救济制度的规则设计均充分体现了立法者对信义法律关系中委托人和受托人实力、信息不对称的基本状况的考虑，同时此两类规则的制度设计亦使得信义法从根本上区别于合同法。我国《民法典》总则编中所涉及的监护和代理制度在一定程度上符合信义法律关系的某些特征，在传统理论之上，可适当细化制定相关主体的信义义务规则。

基因技术发展背景下的不知情权研究

袁治杰（北京师范大学法学院副教授）

载《政治与法律》2016年第5期，第71—85页

20世纪80年代以来，由于人体基因检测技术发展迅速，人类已经能够对很多不可治愈的疾病提前做出预测，由此给被检测者造成很大的心理和生理损害。有鉴于此，继患者的知情权之后，西方学术界又提出了不知情权，即基因受测者对于自身基因信息不知情的权利。该权利主要通过受测者本人在测试前明确的意思表示来体现，并以医生进行全面的咨询告知为前提，被称为知情的不知情权。近二十年来，多国立法逐步确认了不知情权，并禁止用人单位和保险公司要求劳动者和被保险人实施基因检测或提供基因信息，也严格禁止对婴幼儿的不可治愈疾病的检测。近年来，我国基因治疗技术发展迅猛，但立法上几近于空白，法律应当有所应对。

信息网络传播行为的认定

刘文杰（中国传媒大学文法学部副教授）

载《法学研究》2016 年第 3 期，第 122—139 页

围绕着作品传播，存在两类性质不同的行为。一类是将作品本身作为最终产品的行为，可以称为“内容提供”，另一类是不过问作品内容，只为他人的“内容提供”援以技术设备辅助的行为，可以称为“技术支持”。区分内容提供与技术支持，其标准不在于支持内容传播的技术特征，而在于将内容向公众开放或传播的意思支配。具体来说，内容提供表现为发起作品的开放或有体 / 无体传输，从而使得行为人处在可就作品本身向用户收取对价的位置上。信息网络传播权的设立是为了因应新技术带来的网络用户在其选定的时间和地点得以接触作品的可能性，自备服务器提供作品只是可能性之一种，将利用他人服务器乃至不依赖服务器而提供“选定时间和地点”服务纳入信息网络传播权的范围，才更符合该项权利之设立宗旨。单就网页传播而言，可以通过观察服务商网页源代码的编写方式来区分内容提供与技术支持。一般来说，如果代码指向的网页呈现只是一个链接标识，属于技术支持，如果代码旨在将内容本身调入网页，则属于内容提供。

职务发明奖酬管制的理论困境与现实出路

蒋 舸（清华大学法学院讲师）

载《中国法学》2016 年第 3 期，第 125—144 页

智力活动难以监督，导致职务发明的代理成本高昂。该问题有时只能通过让发明人参与剩余价值分配予以解决。这是职务发明利益分配不同于其他雇佣劳动成果的原因，它限定了职务发明奖酬制度的适用范围。如果奖酬激发的额外创新尚不足以弥补制度成本，强推奖酬无异于将手段异化为目的并用权利话语取代理性分析。当分离单项发明贡献

的难度增大时，创新机制应更多依赖单位优势，允许以笼统定价取代单次定价、以科层结构替代价格机制。创新社会化趋势正在挑战每项发明奖酬与贡献相符的原则。将该原则强化为系统性管制更是严重缺乏正当性。即使要细化管制，也至少应从主体类别、客体范围和审查模式三方面限定管制范围。

高校科技成果转化法律制度的检视与重构

朱一飞（中国计量大学法学院副教授）

载《法学》2016年第4期，第81—92页

我国法律确立了高校对其科技成果的所有权，同时将技术转让设置为高校科技成果转化的主要路径。但实证研究表明，我国高校科技成果的转让率极低，而通过技术开发合同、技术咨询合同和技术服务合同等形式完成的隐性技术转让则大行其道，其实质是一种法律规避行为。反思和检视我国高校科技成果转化法律制度，可以发现，高校科技成果的权利归属存在逻辑错误，成果转化的路径设计亦有缺陷。未来应当系统性地重构我国高校科技成果转化法律制度，在科技成果的权利配置中采取当事人意思自治的原则，同时拓展高校科技成果的使用范围和使用方式。

绿色发展理念与环境立法创新

竺　效（中国人民大学法学院教授），丁　霖（中国人民大学法学院博士研究生）

载《法制与社会发展》2016年第2期，第179—192页

绿色发展理念以正确处理经济社会发展与环境保护的关系为核心，这正是可持续发展观的当代化、具体化和中国化。绿色发展理念将环境保护优先作为经济社会发展的前提，同时把环境保护作为经济社会发展的内生动力。绿色发展理念在我国环境立法中经历了萌芽、起步、发展和繁荣的探索，最终以新《环境保护法》由立法目的、国家战略、经济

社会发展与环境保护协调策略、基本原则、若干制度和违法责任所构成的新型立法模式为实践。对经济社会发展与环境保护关系进行立法调整的新模式，以绿色发展理念为指导，符合发展中国家环境立法的发展趋势。

我国环境法学研究中的路径依赖及其克服

刘卫先（中国海洋大学海洋环境资源法研究中心副教授）

载《政法论丛》2016 年第 5 期，第 59—68 页

路径依赖在一定程度上阻碍人们进入新的路径，延缓人们对新事物的认识和新问题的解决，进而成为一种误导。这一点在我国环境法学研究中的表现比较明显。我国环境法学研究中的路径依赖主要表现在两个方面：一是权利路径依赖，二是市场路径依赖。这两种路径依赖已经严重阻碍了我国环境法学的发展和成熟，使我国环境法学研究陷入误区。面向未来，要想克服我国环境法学研究中的路径依赖，必须审慎对待权利与市场在环境保护中的作用，使环境法学的研究立场从个体主义走向整体主义，形成环境法学的义务范式。

我国电子签名框架性效力规则的不足与完善

于海防（烟台大学法学院副教授）

载《法学》2016 年第 1 期，第 26—37 页

电子签名框架性效力规则是电子商务法的基础性规则，但我国《电子签名法》中的电子签名定义条款、效力认可条款与效力内容条款等三项电子签名框架性效力规则均有不当，造成电子签名的形态被不当限缩、电子签名的效力被缺省性拒绝、一般电子签名的效力内容不明，从而导致我国《电子签名法》实质上并未实现“确立电子签名的法律效力”的立法目的。在制定我国《电子商务法》的背景下，应基于对目前相关网络交易实践的考察对这三项电子签名框架性效力规则进行修正。我国《电子签名法》第 2 条第 1 款应当修正为：“本法所称电子签名，是指数据电文中以电子形式所含、所附或与数据电文逻辑相连的用于识

别签名人身份并表明签名人意图的数据。”应将我国《电子签名法》第3条第2款修正为补充性的任意性规则：“不得仅因电子签名、数据电文的形式而否定其法律效力，当事人另有约定的除外。”在我国现行《电子签名法》规定的基础上，应当增设一体式的电子签名效力内容规则规定：“电子签名符合下列条件的，满足签名的要求：（一）能够识别签名人身份并表明签名人对数据电文内容的意图；（二）电子签名的使用适合生成或传送数据电文的目的，并且可靠。”

商法经济法学论文提要

公司资本的核心概念疏证

李建伟（中国政法大学民商经济法学院教授）

载《北方法学》2016年第1期，第64—72页

资本三原则在两大法系公司立法上存在形式化的差异，实则只是规制程度上的不同。法定资本制的含义不仅指向资本的形成阶段，而应该适用于资本形成、维持与不变的所有环节。将法定资本制仅定位于资本形成环节，不仅会造成概念体系的混乱，而且会产生制度设计的误导与弊端。在资本三原则与资本制度的联系中，历史的因素远远大于逻辑的推演，资本制度的设计及形成更多由核心利益衡量所决定。我国公司注册资本制度的改革，既未改变法定资本制的制度体系，最低资本制度在法定资本制下一开始就是一个独立选项，亦未废除资本确定原则，只是资本确定的方式在信用体系完备的情况下发生了转变——信用公示制度逐渐取代实缴制，以达确定资本之目的。

公司解散纠纷的司法实践和裁判规则改进

耿利航（山东大学法学院教授）

载《中国法学》2016年第6期，第213—235页

在我国公司解散纠纷的司法实践中，最高人民法院倾向于以公司内部人合性障碍为裁判考量核心因素，实际上给了原告股东无理由退出公司的权利（力），这有悖于有限公司本质内控特征，侵害了公司和其他股东的合法权益。而下级法院倾向于以公司对外经营情况为裁判考量的核心因素，又没有充分考虑给予正常经营的公司里受到严重压制的股东应当的解散救济，法院判决公司解散从不意味着运营正常的公司必定会被强制清算。对于传统上受公司商业判断规则保护的公司内部决策案

件，原则上不应判决公司解散，原告可以通过知情权诉讼、公司盈余分配之诉等请求救济。我国法院应将公司解散救济原则上应用于多数股东存在侵吞、转移公司资产等严重违反忠实义务行为的案件。

股东优先购买权与间接收购的利益衡量
——上海外滩地王案分析

彭　冰（北京大学法学院教授）

载《清华法学》2016 年第 1 期，第 171—189 页

在“上海外滩地王案”中，法院一审判决认定，对公司股东的间接收购触发了其他股东的优先购买权，彰显了法院在面对商业交易时倾向于“刺破”交易形式、关注交易实质的裁判倾向。但立法对股东优先购买权设有诸多限制，其所保护的法益——有限公司的人合性，在《公司法》中并非突出保护对象。一味突出保护股东优先购买权，会增加企业并购的交易成本，损害公司作为一种法人形态本身所具有的便利企业资产转让的特别价值。在股东优先购买权和间接收购的利益衡量中，应当倾向于间接收购而非股东优先购买权。除了基于公共利益的监管要求而有特别立法规定外，对于某些个人化的权益不应通过“刺破”公司转让的交易形式加以特别保护，而应通过设定合同特别条款来实现。

软预算约束视角下破产清算程序之反思及重构

张钦昱（中国政法大学民商经济法学院讲师）

载《法商研究》2016 年第 3 期，第 92—101 页

作为市场机制硬预算约束之法律保障，《企业破产法》在我国的司法实践与立法预期存在较大差距，本质原因在于我国破产清算程序存在软预算约束，主要体现为以国有企业破产之优待和劳动债权之优先受偿为代表的制度性软预算约束，以及以行政力量之越位救助和退出机制之监管无效为代表的政策性软预算约束。因破产清算程序的软预算约束破坏信用经济的良性循环、助长损害信用经济的不良行为、减损信用资本和

社会财富，应对其进行硬化。可以考虑在营造破产法良好实施氛围的契机下，从内部以信用为标准改造破产法系统，剔除、转化制度性软预算约束，同时从外部杜绝政府失灵触发的政策性软预算约束，并设立破产管理局和破产法院，作为硬化破产清算程序的保障机制。

合作社商人化的共生结构

郑景元（扬州大学法学院教授）

载《政法论坛》2016 年第 2 期，第 29—41 页

商法意义上的共生结构，既要满足多元融合的适法性，又要实现多元选择的法效性。合作社商人化进程既是一个从非商人到商人的转化过程，也是一个在商法限度内从消极共生到积极共生的优化过程，更是一个从传统商法到现代商法的进化过程。合作社在商人化过程中，通过内核裂变，呈现出由交易、分配与权力所组成的三元结构，进而实现营利性理论新发展；合作社在完成商人化后，通过与公司关系的横向规制，实现多元融合新范式，并恪守商人类型法定，进行多元商人融合模型设计；通过与政府关系的纵向调整，实现以民主协商为内容的公私合作新常态。另外，合作社商人化还涉及现代性问题、源于协商民主的权利问题以及依托权利塑造商人社会问题。

反不正当竞争法一般条款的司法适用模式

吴　峻（中国社会科学院法学研究所助理研究员）

载《法学研究》2016 年第 2 期，第 134—153 页

我国法院将《反不正当竞争法》第 2 条作为一般条款适用，但对于立足权益保护还是直接适用一般条款所表述的原则来确立相关权益或原则，司法实践并不统一。应回归“海带配额案”确立的三条件，基于权益保护来确定一般条款的适用模式：适用第二章具体条款的，司法机关基于第 2 条对具体条款予以解释的同时，须辅助适用第 2 条，证明“合法权益”受到损害；反不正当竞争法没有具体规定而适用一般条款的，

须借助其他法律的规定，划定具体案件中的“社会经济秩序”，以确定自由竞争的界限；法律并无具体规定且未损害其他法律所明确保护权益的，须结合反不正当竞争法中相关宗旨条款，依据一般条款中的诚信原则及公认的商业道德，判定该行为是否损害了其他市场参与方的利益。

对证监会执法强度的实证分析

张　舫（重庆大学法学院教授），李　响（重庆大学法学院博士研究生）

载《现代法学》2016 年第 1 期，第 173—183 页

通过对 2006 年 1 月 1 日至 2014 年 12 月 31 日证监会《行政处罚决定书》和《市场禁入决定书》，按声誉罚、财产罚、资格罚、市场禁入四类处罚计算出执法强度指数，并对虚假陈述、内幕交易的执法强度指数进行具体的分析，可以看出，证监会的处罚似有避重就轻之嫌。表现比较明显的是，对上市公司董事、独立董事、监事、高级管理人员的处罚强度指数非常低。处罚强度指数较高的是对 IPO 发行人和上市公司虚假陈述的处罚，但因法律规定的财产罚上限金额过低，证监会这些处罚的执行强度指数较高，反而产生避重就轻的嫌疑。如果证券执法部门不提高对违法者的执法强度，即便《证券法》的修订提供了一套更为完善的法律制度，证券市场的秩序仍难得到改善。

财政补助社会保险的法学透析：以二元分立为视角

熊　伟（武汉大学法学院教授），张荣芳（武汉大学法学院教授）

载《法学研究》2016 年第 1 期，第 110—126 页

社会保险与政府财政是两套不同的体系。除支持制度正常运行、防范系统性风险外，财政一般无须介入社会保险。然而，对本应由政府承担的制度转换成本，社会保险基金负担后，应有权要求政府补偿。社会保险基金应政府要求实施社会政策的成本，政府也有义务偿还。《社会保险法》不问缘由，对社会保险基金支付不足的，一律要求政府补助，将政府的财政责任无限放大；《预算法》修改后，社会保险基金被纳入

政府预算，社会保险与政府财政的界限进一步模糊。为推进社会保险的持续发展，厘清和规范政府的财政职能，有必要将社会保险基金从政府预算中剔除，同时明确界定政府补助社会保险的标准和程序，保持社会保险在主体资格、收支标准、财产管理、责任承担方面的独立性。

人寿保险不丧失价值选择制度之构建

梁　鹏（中国青年政治学院法学院教授）

载《法律科学》2016 年第 6 期，第 128—137 页

我国实践中的约定不丧失价值选择制度包括自动垫交条款、减额缴清条款和保单转换条款三种，但均存在缺陷。在投保人未缴到期保费的情况下，为缓减《保险法》规定之解除保险合同、退还现金价值的严苛后果，应在《保险法》修改时，在第 35 条之下增订人寿保险不丧失价值选择制度：分期付款之人寿保险，当事人可以在保险合同中约定现金价值处理之条款，投保人或被保险人有权选择现金价值处理之方式。积存有现金价值之分期付款人寿保险，如投保人或被保险人欠缴次期以后之保险费，且保险合同未约定现金价值处理之方式，或者投保人或被保险人于该合同宽限期结束后未对现金价值处理作出选择时，保险人应以现金价值作为保险费一次性支付，用以购买减额缴清保险。上款规定之减额缴清保险，应以减额缴清保险生效时被保险人之年龄计算保险金额。

用人单位惩戒权的法理基础与法律规制

谢增毅（中国社会科学院法学研究所研究员）

载《比较法研究》2016 年第 1 期，第 1—14 页

雇主惩戒权既是雇主的一种固有权力，又建立在契约基础之上，其来自于劳动合同的本质，并由劳动合同所派生。基于雇主对规章制度以及相应的惩戒规则制定和实施的主动权，以及雇主实力和地位的优势，在法律上有必要对雇主惩戒权实行必要的规制。作为惩戒对象的行为必须与工作有关，且是违反劳动者义务的行为。在法律上应认可警告、扣

薪、调岗、解雇等惩戒措施，不宜认可“赔偿损失”“停职”作为惩戒措施。惩戒还应遵循规则明确、公平合理、程序正当、一事不再罚、及时处理、平等对待等原则。未来我国在《劳动法》修改中应增加有关惩戒制度的条款，规定惩戒制度的一般原则，而将具体惩戒事由和措施规则交由用人单位依法制定和实施，并接受裁判机构的审查。

民事诉讼法学论文提要

诉讼实施权配置的基本范畴研究

黄忠顺（清华大学法学院助理研究员）

载《政法论坛》2016 年第 3 期，第 72—83 页

诉讼实施权配置现象无法完全通过民事权利配置理论得以阐释，亟须从程序法的角度探析诉讼实施权非常态配置的基本原理。诉讼实施权配置的实质内涵在于保障权利主体积极自由、义务主体与不特定主体消极自由以及提高司法资源运用效益。诉讼实施权配置理论的运用有助于实体法与程序法相结合、个别诉讼与集体诉讼相协作、私益诉讼与公益诉讼相融合、正当程序保障与纠纷解决效率相兼顾。诉讼实施权配置存在实体法定赋权、实体意定赋权、程序法定赋权、程序意定赋权四种模式。诉讼实施权非常态配置与传统民事诉讼制度之间的协调机制应当成为诉讼实施权配置理论构建不可或缺的内容。

我国诉前行为保全申请的实践难题：成因与出路

任　重（清华大学法学院副教授）

载《环球法律评论》2016 年第 4 期，第 92—110 页

我国民事诉讼法虽然确立了诉前行为保全制度，但是实践中申请保全却存在一定困难。除了与“起诉难”具有共通的制度背景，“申请难”还存在独特的制度成因，其理论根源可以被归结为对诉权范围的限缩、对程序事项的轻视和对证明标准的误读。通过对《民事诉讼法》第 101 条、《民诉法解释》第 108 条和第 109 条进行体系解释，可以建立证明标准的三层结构，以“说明理由”和“可能”为标志，将诉前行为保全及部分程序事项的证明标准界定为疏明。事实上，只有将解决“申请难”作为立案登记制改革的重要一环，在增加诉讼供给和完善司法救助

的背景下，通过坚持优势盖然性标准，才能从根本上完善我国的诉前行为保全制度。

立案形式审查中的事实主张具体化

曹志勋（上海交通大学凯原法学院博士后）

载《当代法学》2016 年第 1 期，第 130—139 页

在立案形式审查中，需要确定判断事实主张具体程度的标准。大陆法系采取足以与其他同类法律关系区分的识别说，而英美法系则长期以来坚持起诉陈述事实应当满足相应实体救济的条件，美国最高法院更是在近年来将其提升到较高的所谓合理标准。上述不同理解受到不同法域下对诉讼不同阶段的功能预设影响，也与不同的程序分段和提取裁判规则的技术密切相关。根据国情下我国立案和审前程序的功能以及我国的法系传统，我国应当采取标准较低的识别说，并且以生活事实而非法律事实，作为立案形式审查的内容。

论民事诉讼中当事人恒定原则的适用

刘　敏（南京师范大学法学院教授）

载《法商研究》2016 年第 5 期，第 118—124 页

《民诉法解释》第 249 条对诉讼中争议的民事权利义务转移后当事人资格的确定，采纳了当事人恒定原则。诉讼中争议的民事权利义务的转移既包括争议的民事权利发生转移，也包括争议的义务发生转移；如果当事人在诉讼中转让争议标的物，那么在诉讼标的不是债权请求权而是物权请求权的情况下也适用当事人恒定原则，除受让人善意取得之外，生效判决效力及于受让人。发生法律效力的判决及于受让人的根据在于争议权利义务的转让人基于法定诉讼行使诉讼实施权。为加强对受让人的程序保障，受让人有权在诉讼中申请以无独立请求权第三人的身份参加诉讼，也有权在判决生效后提起第三人撤销之诉或者申请再审。

我国民事证明责任分配理论重述

胡学军（南昌大学法学院教授）

载《法学》2016 年第 5 期，第 38—50 页

我国民事证明责任分配理论之所以长期纷争不定，根源在于对证明责任概念的界定模糊不清。具体举证责任与抽象证明责任性质不同，各具分配与承担规则。“谁主张、谁举证”“举证责任转换”“举证责任倒置”及“法官分配举证责任”均更为符合对具体举证责任承担规则的描述；而在抽象证明责任分配层面，则应依据“规范说”理论，从拟适用的实体法规范出发，依“要件事实的一般规定”“法律要件的特别规定”及对规范漏洞的“法律续造”形成不同层面的证明责任分配的规范根据。

既判力相对性原则在我国制度化的现状与障碍

林剑锋（中央财经大学法学院副教授）

载《现代法学》2016 年第 1 期，第 130—142 页

既判力理念在我国分别呈现出相对化与绝对化的悖反特征，进而造成制度解释与司法实务的困境。通过梳理作为民事诉讼法律制度创新主要载体的司法解释，可以发现在裁判文书所确认事实的免证规定、执行异议之诉标的的特定化、禁止重复起诉条件的设定、判决基准时后之新事由等制度的逻辑背后，存在着认可判决效力去绝对化观念的制度端绪。与此同时，绝对不允许矛盾判决存在观念因素、以牺牲程序保障为前提的过于追求诉讼效率的政策因素、第三人撤销之诉等制度因素、有关诉讼标的理解与争议等，在当下构成了既判力相对性原则在我国的制度化障碍因素，故而需要通过适当的解释论限定与规范的程序法教学转型，实现对上述障碍因素的消解与克服。

我国民事诉讼中当事人真实陈述义务之重构

纪格非（中国政法大学民商经济法学院）

载《法律科学》2016年第1期，第162—173页

大陆法系国家的当事人的真实陈述义务以协同主义的诉讼模式为基础，真实义务的实现以当事人的一般化的事案解明义务和法官释明权为支撑，并始终将辩论主义作为真实义务的边界。促进当事人在民事诉讼中的真实陈述必须赋予当事人广泛的调查取证权，强化当事人的出庭义务和陈述义务。我国民事诉讼当事人真实义务的解读应当以辩论主义为背景，以不过分加重当事人负担为底线。在落实当事人真实义务的过程中应强化当事人的出庭义务和陈述义务；合理构建违反真实义务的惩罚机制；对于法官询问当事人的程序和范围加以完善，同时明确当事人真实义务的界限和范围。

司法体制改革背景下的诉讼分流
——以非讼程序的诉讼分流功能为视角

庞小菊（岭南师范学院法学系副教授）

载《清华法学》2016年第5期，第185—199页

非讼案件多为无实质争讼性事件，并可由不具有法官资格的司法人员处理，通过快捷的非讼程序分流诉讼案件不仅可缓解人案矛盾，还可为未能进入员额的现任法官转岗难题提供新的解决思路。按照非讼程序的功能划分，非讼程序的诉讼分流有三种方式：一是纠纷预防，即通过预防纠纷的发生从而减少可能进入诉讼程序的潜在纠纷数量；二是纠纷过滤，即通过非讼程序快速解决不具有真正争议的纠纷，只有在非讼程序中发现真正争议的纠纷，才转由诉讼程序处理；三是纠纷解决，即基于纠纷解决的迅速化要求或者合目的性的要求，通过非讼程序解决部分具有实质权益争议的案件。

“粗疏送达”：透视中国民事司法缺陷的一个样本

陈杭平（清华大学法学院副教授）

载《法制与社会发展》2016 年第 6 期，第 40—51 页

民事送达具有“粗疏”的鲜明特征，并体现在邮寄、直接、公告等各种送达方式之中。“粗疏送达”从外在视角看是由司法资源投入相对不足引起的，从内在视角看送达制度规定的不合理、复审监督的宽纵含糊等则加剧了这一现象。因为送达的粗疏产生程序保障瑕疵，极易引发当事人的不满并经常导致民事裁判被二审或再审撤销，既使民事裁判丧失终局性与公信力，又难以通过程序实现正当化。为了改革“粗疏送达”，除了提升司法在宏观资源分配格局中的位次之外，还应通过对现行制度作合理化改革，提高司法资源的使用效率，并在此基础上加强审判监督，逐渐实现“有限责任—精密司法”的新制度均衡。

刑法学论文提要

法条竞合与想象竞合的区分

张明楷（清华大学法学院教授）

载《法学研究》2016 年第 1 期，第 127—147 页

法条竞合与想象竞合的法律后果明显不同，对二者必须作严格区分。区分二者的形式标准是，不借助具体案件事实的联结，仅通过对构成要件的解释，就能肯定两个法条之间存在包容或交叉关系的，是法条竞合。区分二者的实质标准是法益的同一性与不法的包容性。前者是指，一个行为侵害了两个以上犯罪的保护法益时，就不可能成立法条竞合，而只能认定为想象竞合。后者是指，在一个行为同时触犯两个法条，只适用其中一个法条就能充分、全面评价行为的所有不法内容时，两个法条之间才可能是法条竞合；倘若适用任何一个法条都不能充分、全面评价行为的不法内容，即使符合形式标准与法益的同一性标准，也只能认定为想象竞合。总之，只有当适用一个法条能够充分评价一个行为的所有不法内容时，才可能属于法条竞合。反之，就应当认定为想象竞合。

刑法明确性原则的恪守程度

——刑法明确性原则的衡量指标及其实证考察

黑静洁（北方民族大学法学院副教授）

载《政治与法律》2016 年第 11 期，第 93—105 页

明确性原则是罪刑法定原则的实质侧面，但明确性是一个程度性概念，以定量因素、兜底条款、空白刑法规范和过失犯作为衡量明确性程度的指标。可以通过实证方法，考察刑法对明确性原则的恪守达到了何种程度。与 50 国刑法文本进行横向比较表明，中国刑法的明确性程度是较低的。通过对我国刑法分则内部关系的分析发现：不明确的立法更

多存在于法定犯和经济财产类犯罪中。对334起以危险方法危害公共安全罪的判决书进行实证分析表明：不明确的立法方式对于恪守罪刑法定原则存在较大威胁；同时，期望通过判例制度来弥补刑法在明确性程度方面的缺陷可能是不切实际的；从立法理念和立法模式的角度来看，控制刑法对经济、社会生活的干预范围以及完善附属刑法可能是更佳的选择。

风险社会视野下刑法扩张的宪法态度

崔　磊（天津商业大学法学院副教授）

载《中国刑事法杂志》2016年第6期，第36—54页

风险的全景渗透已经使社会的整体调控呈现出全面提高警惕性的特点，在此背景下，刑法的主动防卫就具有时代性意义，关于围绕风险重置刑法体系的讨论也逐渐形成趋势。但是，刑法的风险扩张必须具有宪法上的依据，其价值衡量不能脱离宪法精神的约束，对社会防卫的侧重应当受到适当约束；其功能发挥不能罔顾宪法意义的指引，在范围的展开和手段的和缓上要进行符合宪法要求的运作。通过总结刑法在风险社会中的价值表现和功能发挥，再行评述刑法体系以风险为依据进行重塑是否具有宪法适应性，才能保证刑法发展的正确方向。

论财产犯的主观目的

徐凌波（南京大学法学院副研究员）

载《中外法学》2016年第3期，第725—743页

财产犯罪的主观目的设置及解释与其保护法益之间存在密切联系。德日刑法理论中，不法领得目的与所有权法益之间是互为表里的关系。而在我国的语境中，作为不成文构成要件要素，非法占有目的的存在根据与内涵也应当结合《刑法》第五章侵犯财产犯罪的保护法益进行探讨。根据《刑法》第91条、第92条的规定，我国《刑法》第五章侵犯财产犯罪所保护的是作为整体的合法财产，占有作为外部公共安宁秩序的表现不属于财产法益。现行法下的非法占有目的宜解释为不法获利目

的，而非德日刑法理论中的不法领得目的。应当通过罪量要素的设定而非主观目的，来排除轻微使用盗窃行为的可罚性。

我国受贿罪量刑地区差异问题实证研究

王剑波（首都经济贸易大学法学院教授）

载《中国法学》2016年第4期，第245—265页

通过回归模型检验我国不同地区在受贿罪量刑结果上的差异程度及其影响因素，得出如下结论：其一，我国部分地区对受贿罪的量刑确实存在显著差异，这种差异的存在不能完全归结于受贿数额和量刑情节的不同，而是与法官在量刑时享有过大的自由裁量权有关，且不能排除是由其他因素所导致。其二，《刑法修正案（九）》和司法解释确立的“数额+情节”的弹性定罪量刑标准能够化解重刑案件集聚的不合理现象，却难以消减受贿罪量刑的地区差异。其三，要实现受贿罪量刑的地区均衡，需要因地而异地确定受贿罪定罪量刑的具体数额标准，依法确立各个量刑情节的处罚功能选择依据及其调节基准刑的具体比例，使“数额+情节”的定罪量刑标准走向“有差别的统一”。

法治语境下极端主义犯罪治理定量研究
——基于概率样本的有序回归分析

赵　军（北京师范大学刑事法律科学研究院副教授）

载《中国法学》2016年第6期，第278—300页

基于概率样本的回归分析表明，极端资讯对伊斯兰极端倾向的生成作用显著，《刑法修正案（九）》对极端主义犯罪的规制具有实质正当性。穆斯林居民对结婚方式的选择、宗教活动的形式合法性与极端倾向的关联不具必然性，对相关行为的刑事规制应限定在利用极端主义破坏法律实施罪、宣扬极端主义罪的构成要件之内。对特定服饰的态度与极端倾向的联系亦非必然，不能将单纯穿戴行为扩大解释为宣扬极端主义罪的行为方式，但对影响识别等威胁公共安全的服饰穿戴加大规制力度

则有坚实的民意基础。在伊斯兰极端倾向促成系统中，新增罪名关联因素的实际作用较为有限，大量作用显著的因素源于犯罪以外的社会问题。宗教极端主义犯罪治理必须超越刑法对犯罪的规制，在更为广阔的视野中展开。

我国反恐刑事立法的检讨与完善
——兼评《刑法修正案（九）》相关涉恐条款

梅传强（西南政法大学法学院教授）

载《现代法学》2016 年第 1 期，第 37—48 页

我国的反恐刑事立法经历了从无到有、从零散到相对系统、从注重实体法到实体法与程序法并重的过程，同时也表现出应急性强但机制性弱，碎片化严重、系统性不足，从严从重明显但缺乏区别性对待等特征。全面检讨反恐刑事立法可以发现，结构体系上缺乏系统性、犯罪界定上缺乏明确性、规制范围上缺乏严密性、刑罚设置上缺乏针对性等问题比较突出。作为对上述检讨的回应，在未来的反恐刑事立法中，应当调整刑法结构体例、完善罪刑设置，通过设置专节对恐怖活动犯罪进行规制；同时，在“涉恐”财产的处置和恐怖组织、人员的认定方面，应当注重反恐刑事立法与行政立法的衔接，综合运用行政性查控与司法性查控、行政认定与司法认定等手段。

从因果支配走向客观归责
——不纯正不作为犯的归因与归责

孙运梁（北京航空航天大学法学院副教授）

载《法学评论》2016 年第 2 期，第 99—108 页

首先，相对于作为犯，不纯正不作为犯的因果关系具有特殊性，但都可以适用条件说来进行判断。其次，按照构成要件类型化的观点，以条件说进行判断的不纯正不作为的因果关系的范围过大，需要进一步限缩；结果原因的支配说是一种有力的解决路径，在行为人实际控制了法

益侵害结果的发生或者事实上处于控制危险源的地位时，不作为与结果之间的因果关系在刑法上才是有意义的。再次，尽管不作为与结果之间存在因果关系、支配关系，不纯正不作为并不当然该当构成要件，还需要进行结果归责的判断，这时要适用客观归责理论作为判断标准。

规范化量刑方法构建基础之检讨

骆　多（西南政法大学法学院博士研究生）

载《法商研究》2016 年第 6 期，第 102—113 页

针对传统“估堆”式量刑方法的弊端，我国进行了备受瞩目的量刑规范化改革，然而改革所构建的规范化量刑方法却始终未能摆脱僵化、机械的理论桎梏以及不断修改的尴尬命运。研究表明，规范化量刑方法的构建既不能以量刑技术为基础，也不能以制度文本为依靠。前者会导致改革进程的失焦和量刑方法的不稳定，后者则会诱发严格规则主义的风险进而更加压缩量刑说理的空间。事实上，规范化量刑方法应当以有别于量刑程序的量刑过程为基础，后者在稳定性、客观性、量刑说理的开展以及量刑目标的整合等方面具有独特优势；在此基础上“分段”构建起来的量刑方法有望做到兼容并蓄、简繁有度、兼顾效率。

加重构成与量刑规则的实质区分
——兼与张明楷教授商榷

柏浪涛（华东师范大学法学院副教授）

载《法律科学》2016 年第 6 期，第 52—61 页

我国刑法中的“量刑规则”与德国刑法中的“量刑规则的通例”并不相同。对我国法定刑升格条件进行分类时，若依定型性标准，会导致划分出来的量刑规则在贯彻责任主义时表现不一致。而依违法性标准，法定刑升格条件可分为真正的不法加重要素与表面的不法加重要素，前者可塑成加重构成要件，后者则属于单纯的量刑规则；二者具有体系上的对立排斥关系，也即前者需要贯彻责任主义，存在未遂、共犯及竞合

问题，而后者不存在这些问题。财产罪的“数额（特别）巨大”应区分为累计数额与单次数额，前者属于单纯的量刑规则；后者属于加重构成要件，具有未遂形态。不过，单次盗窃数额（特别）巨大财物的未遂与单次盗窃数额较大财物的既遂之间，并非法条竞合关系，而是想象竞合关系。

论间接结果的刑罚扩张功能及其限制

黄晓亮（北京师范大学刑事法律科学研究院教授）

载《法商研究》2016 年第 2 期，第 105—113 页

行为人对间接结果不仅有认识的可能性，甚至依其职责或者工作性质，会有一定的抽象性认识。因此，刑法上对间接结果的处罚，具备行为人主观要件上的根据，并未违反责任原则。就作为定罪情节的间接结果来看，行为人之实行行为的刑事违法性，取决于介入因素对特定行为对象的作用，其可罚性则取决于介入因素所造成之行为对象的物质性变化程度和状况。而就作为量刑情节的间接结果来说，其对实行行为之危害性程度也有影响，加强或者提升了实行行为的可罚性程度。以能否依间接结果转处第三人为标准，可以确定是否对实施法定危害行为的行为人追究刑事责任。

善终、凶死与杀人偿命
——中国人死刑观念的文化阐释

尚海明（西南政法大学人权研究院讲师）

载《法学研究》2016 年第 4 期，第 61—78 页

在“进步—落后”“启蒙—野蛮”的讨论框架下，当下中国的死刑废止论者在一定意义上忽视了中国民众死刑认知的道德正当性，缺乏对中国民众死刑认知的深入理解。一个民族的死刑观念与其文化对生死的理解密切相关，中国人的杀人偿命观念建立在中国文化对生命的独特理解之上。祖先崇拜是中国古代的主要宗教形式。在祖先崇拜的影响下，

生活于祖荫之下的传统中国人追求善终，认为遭遇凶死之人将因无法善终而成为冤死之鬼作祟人间。由此，冤魂难眠意识成为中国民众追求杀人偿命的重要动因。在现代中国，善终与凶死观念的弱化让中国人的杀人偿命观念呈现出松弛的趋势，但冤魂难眠意识仍激励着部分被害人亲属在命案中寻求以命抵命。同时，即便在死刑和解中，杀人偿命作为一种基本准则，也仍然是支配性的公正标准。

从宪法视角探讨死刑制度的存废

陈　征（北京师范大学法学院教授）

载《华东政法大学学报》2016 年第 1 期，第 79—86 页

一个国家的刑罚制度不得违背该国的宪法规范，绕开宪法讨论刑罚手段的正当性会对法治国家构成严重威胁。死刑制度本身并不一定涉及人的尊严，但却剥夺了犯罪人的生命。宪法中的比例原则构成对各项刑罚手段的实质性限制，该原则在我国的宪法依据是第 33 条第 3 款和第 51 条。在适用比例原则对立法的合宪性进行审查时，虽然需要给立法者留出决策空间，但对于死刑这一涉及生命权的刑罚手段，应采取严格审查标准。比例原则中的目标正当性原则仅要求考虑死刑的主观目的，死刑的客观功能至多在适用狭义比例原则进行审查时才予以考量。通过适用适合性原则、必要性原则和狭义比例原则这三项子原则进行审查不难发现，死刑制度是否符合比例原则是值得怀疑的。

大数据时代数据犯罪的类型化与制裁思路

于志刚（中国政法大学教授），李源粒（马克斯普朗克外国刑法与国际刑法研究所博士研究生）

载《政治与法律》2016 年第 9 期，第 13—29 页

大数据时代的数据犯罪需要进行法律框架内的具体化与规范层面的类型化。对于数据犯罪危险的类型化方法主要有宏观与微观、主观与客观、静态与动态三种路径，从各种不同侧面综合剖析。数据犯罪的危险

体现为不确定性及复杂性。对于此种危险的规范化需要从以基本权利为基础的法益概念出发。应以信息论这一类型化途径为依托，分析网络数据的技术特征与数据的非物质性本质，从而实现向传统刑法体系的合理嵌入。数据犯罪的制裁思路是建立“基本行为特征类型化模式＋动态链条模式”的纵横双向模式：横向制裁思路是建立以“基本行为特征类型化”为思路的数据犯罪双核心制裁体系；纵向制裁思路是按照数据犯罪链条的步骤分割与过程整合，实现对于数据犯罪链条的全环节刑法规制。

互联网金融平台的刑事风险及责任边界

刘宪权（华东政法大学法律学院教授）

载《环球法律评论》2016 年第 5 期，第 78—91 页

当前，国内的互联网金融平台主要衍化为三种模式：纯平台模式、担保模式和债权转让模式。这三种模式下可能存在的刑事风险为三类：“伪”平台风险、模式风险和中立帮助行为风险。互联网金融平台刑事风险的防范应在顾及行业发展的情况下，基于上述平台模式与风险类型的不同而进行差异化应对：对于以互联网金融之名行资金自融之实的“伪”平台，应依据资金用途限制非法吸收公众存款罪的适用；对于违规提供担保的平台，应给予行政处罚并令其承担连带保证责任；对于违规设立“资金池”的平台，应视具体情形作不同处理；对于提供中立帮助行为的平台，应分别从“投资端”“融资端”两个视角，对帮助信息网络犯罪构成要件中的“明知”作不同的理解和认定。

刑民交错案件的类型判断与程序创新

于改之（华东政法大学法律学院教授）

载《政法论坛》2016 年第 3 期，第 142—153 页

刑民交错案件既包括由同一法律事实引起的刑民交错，也包括由不同法律事实引起的刑民交错。应当建立预审程序，在预审程序中决定是

采取“先民后刑”“先刑后民”，还是“刑民并行”程序。首先，如果案件的刑、民性质待定，应通过预审程序判断其能否进入刑事审判程序。其次，同一法律事实同时引起了刑事、民事法律关系的案件，原则上应“先刑后民”；在特殊情况下为保护被害人的利益，可以允许其单独提起民事诉讼。再次，不同法律事实引起的刑民交错案件，原则上应“刑民并行”；在案件的裁判需要以刑事或民事判决为依据时，可以“先刑后民”或“先民后刑”。最后，民事审理后又发现犯罪事实的，不影响刑事程序的启动，可通过撤销在先民事判决的方式化解既判力之冲突。

刑事诉讼法学论文提要

以审判为中心：当代中国刑事司法改革的基点

陈卫东（中国人民大学法学院教授）

载《法学家》2016年第4期，第1—15页

当前制约我国刑事司法公正的核心问题是侦查、起诉和审判三种职能之间关系的失调，侦查权力过大，法院审判作为把关者的地位无法显现，无法树立司法权威。“以审判为中心”的实质是对侦查、起诉、审判职能之间关系的反思与重构，其核心在于构建一个科学、合理的刑事诉讼构造，以实现法院法官作为居中裁判者，审判作为侦查、起诉审查把关者以及案件最终决定者的功能。需要注意的是，以审判为中心是就刑事公诉案件而言的；强调的是诉讼职能定位，而非机关部门地位；它不意味着刑事诉讼全程统一以审判为标准；也不能将其等同于“以庭审为中心”。总之，以审判为中心的改革不能拘泥于“技术型”的审判中心论，而是要通过诉讼职能调整，确保法院依法独立行使职权，发挥审判对侦查、检察职能的制约作用。

新间接审理主义
——“庭审中心主义改革”的主要障碍

陈瑞华（北京大学法学院教授）

载《中外法学》2016年第4期，第845—864页

我国刑事审判制度保留了一种新间接审理主义的审判方式。刑事法庭将公诉方案卷材料奉为庭前查阅和当庭调查的对象，使证人证言和被告人供述笔录在庭上具有无可争议的证据能力，甚至可以成为法庭认定案件事实的直接根据。其与流水作业的诉讼构造模式、实体真实至上的价值取向、法官倾向于刑事追诉的理念以及在办案期限基础上的效率意

识有直接关系，并带来刑事法官庭前产生先入为主的预断、法庭审判流于形式、法官排斥被告方的辩护观点、法庭审理失去纠错能力等一系列负面影响。我国法院对庭审实质化的改革，没有从根本上摆脱新间接审理主义的困扰。克服新间接审理主义的消极作用，确立真正的直接、言词审理方式，是中国刑事司法改革所要追求的目标之一。

刑事程序比例构造方法论探析

秦　策（南京师范大学法学院教授）

载《法学研究》2016 年第 5 期，第 153—170 页

刑事程序比例构造的要义是以公法上的比例原则为基础，对刑事诉讼中专门机关所行使的各种强制性、干预性的程序性权力进行合乎比例的体系化控制。传统上比例原则主要是一项司法原则，立法视角的确立与强化是刑事程序比例构造的逻辑起点。其基本模型包含着两重基本的比例关系：一是刑事诉讼措施与其所应对的案件情形之间的比例关系；二是刑事程序针对不同强度的诉讼措施加以控制的比例关系。案件情形轻重、诉讼措施强弱、程序控制宽严的立法表述是一个方法论瓶颈，但可以通过类型化技术进行解决。静态的比例性分析有助于对现有制度的诊断与评价，而动态的比例性调节则是在制度改良过程中弥补比例性缺失的有效工具，并切实推进比例原则的刑事诉讼法化。

论印证与心证之融合
——印证模式的漏洞及其弥补

蔡元培（北京大学法学院博士研究生）

载《法律科学》2016 年第 3 期，第 171—181 页

在证据证明力的审查判断上，我国实行的是一种“印证模式”。印证模式的形成与我国的司法传统和司法理念密切相关，其强调证明力的客观性、外部性和可检验性。尽管印证模式在一定程度上规范了法官内心的事实认定活动，但其也存在诸多漏洞：一是将具有或然性的经验法

则普适化，二是重视证立、轻视排伪，三是过于依赖直接证据。这些漏洞会导致事实查明的僵化，从而背离实体真实。随着以审判为中心的刑事诉讼制度改革的推进和“排除合理怀疑”的落实，我国应当在印证中融合自由心证。只有在印证的过程中融合心证，使主观判断和客观判断相结合，使外部性审查和内部性审查相结合，才有可能弥补印证模式的证明漏洞，避免走上“准法定证据”的道路。

“疑罪从无”判决的再审

顾永忠（中国政法大学诉讼法学研究院教授），胡婧（中国政法大学刑事司法学院博士研究生）

载《法学》2016 年第 9 期，第 131—136 页

在司法机关依法判决无罪或者纠正的错案中，有一部分案件是由于“事实不清，证据不足”，被法院根据“疑罪从无”原则判决被告人无罪的。此种无罪判决是基于有罪证据不足，对“疑罪”案件作“从无”处理，其实质上是推定无罪的判决，并不是宣告被告人彻底无罪的判决。在我国未确立禁止双重危险原则的现行诉讼制度下，受到此种无罪判决的被告人可能会面临如下不利的消极法律后果：一旦发现新事实、新证据，可以重新追究被告人的刑事责任；有关机关可以限制涉案人出境。为了贯彻“实事求是，有错必纠”的方针，实现司法的公平正义，对于依据“疑罪从无”原则判决无罪的被告人，一旦发现新证据彻底排除其作案嫌疑的，即使之前已判决无罪，也应当启动再审程序彻底改判无罪，以真正还其清白。

何以“内卷化”：我国警察权控制格局的审视

蒋　勇（西南政法大学法学院讲师）

载《东方法学》2016 年第 5 期，第 97—106 页

解读警察权控制的反常现象，需要立足于中国特有国情，探究其背后的权力运行环境和运作策略。我国警察权控制呈现出控制主体单一化、控制对象个体化、控制目标宽泛化以及控制手段指标化的特征，这

些特征预示着警察权控制内卷化的趋势。从本质上说，警察权控制内卷化是警察权旧有控制模式的不断复制和深化。警察权控制的异常正是由于警察权本身的异常，这种异常已经超越了法律规则的技术性范畴，而迈入一个更为广阔的政治社会领域。压力型体制的过分彰显、警察功能的维稳化以及涉警话语中的“霸权独白”，是警察权控制内卷化形成的政治社会动因。唯有使警察权逐步走向公共性，即回归公共性的警察功能、走向互补的警察与媒体关系以及具备公共性的警察法体系，方能遏制警察权控制的内卷化趋势。

腐败犯罪缺席审判制度之构建

彭新林（北京师范大学刑事法律科学研究院副教授）

载《法学》2016 年第 12 期，第 58—65 页

长期以来，我国对刑事缺席审判包括腐败犯罪缺席审判持否定态度，这既有诉讼文化、价值理念方面的原因，也有刑事诉讼模式和构造等方面的原因，但主要考虑的是对被告人诉讼权利的保障和诉讼公正的问题。2012 年《刑事诉讼法》确立的“违法所得没收程序”不属于严格意义上的刑事缺席审判制度。腐败犯罪缺席审判在我国制度层面的缺失，引发了实践中的一系列问题。确立腐败犯罪缺席审判制度具有现实必要性和可行性。应在积极借鉴域外刑事缺席审判制度合理因素的基础上，聚焦腐败犯罪司法实践中的突出问题，从严格适用范围、明确适用条件、规范适用程序、健全救济措施等方面着手，构建能实现公正与效益价值兼顾的中国特色腐败犯罪缺席审判制度。

调查性反恐拘留比较研究与 ICCPR 分析及对我国之启示

简基松（中南财经政法大学法学院教授），熊亮（中南财经政法大学法学院博士研究生）

载《法学杂志》2016 年第 9 期，第 33—45 页

如何在现行法律框架下先发制敌地进行反恐拘留是我国现行《反恐

怖主义法》仍未解决的问题。法治发达国家通过降低对恐怖主义犯罪嫌犯的调查性拦截与调查性逮捕的标准并延长其拘留期限，来修正根植于刑事法律框架内的调查性拘留体制，从而发展出了调查性反恐拘留这种修正体制，该体制具有较强的先发制敌的反恐功能。令人欣慰的是，该体制并不违反《公民权利与政治权利国际公约》（简称 ICCPR）关于任意拘留的禁止性规定。并且，它对我国具有重要启示：通过降低对恐怖活动人员的盘查、先行拘留和逮捕的启动标准，并延长对其先行拘留、侦查羁押和审查起诉期间的羁押期，打造适合我国的调查性反恐拘留体制。

审查逮捕社会危险性评估量化模型的原理与建构

王贞会（中国政法大学诉讼法学研究院副教授）

载《政法论坛》2016 年第 2 期，第 70—80 页

社会危险性是审查逮捕的核心问题。风险评估理论和数学建模理论为构建一种社会危险性量化评估模型提供了方法，评估模型主要包括指标、权重、方程式和风险结果等要素。评估模型将影响逮捕的各项因素及其作用力大小加以量化，运用数学建模构建起各因素之间的内在逻辑，并进行概率计算，参考风险位阶表，从而得出应否逮捕的意见。评估模型并非简单机械的数学运算，其在一定程度上仍要依赖办案人员的经验和逻辑，是一种定性和定量的结合。构建一种量化评估模型，可以降低逮捕率，避免逮捕后刑讯逼供、非法取证等现象，防范冤错案件的发生，加强人权的司法保障。在诉讼法学研究中引入风险评估、数学建模理论等其他学科成果，具有重要的方法论意义。

死因调查制度的问题与重构

——以普通法系的死因裁判制度为借鉴

吴啟铮（上海师范大学哲学与法政学院讲师）

载《比较法研究》2016 年第 3 期，第 127—147 页

当今世界的死因调查制度大致可以分为独立式模式与附属式模式两大

类。我国的死因调查制度完全附属于刑事诉讼，且由侦查机关完全主导，存在“鉴定化”的倾向，导致了程序逻辑上的悖论和结构上的失衡，容易损害调查的中立性，且缺乏有效的社会参与，在部分案件的实践中造成了司法公信力的弱化。普通法系的死因裁判制度属于独立调查型模式，具有独立性强、程序公正、社会参与度高、司法公信力强的优点。为克服现有死因调查制度的弊端，我国可借鉴死因裁判制度且结合自身司法体制的特点，确立独立式的死因调查模式，建立检察机关序列下的死因调查委员会，完善调查程序，丰富调查方式，增强社会参与，使调查结论更具社会公信力。

刑事隐蔽性证据规则研究

秦宗文（南京大学法学院教授）

载《法学研究》2016年第3期，第174—192页

隐蔽性证据规则以定罪为导向，获得了经验层面的强力支持，但也潜存着隐蔽性证据虚假补强口供，导致错案的风险。形成这种虚假补强的直接原因是口供污染，司法实务中口供污染难以有效识别的主要原因包括人类认知中对隐蔽性细节的信赖、公安司法人员的证实性偏差心理、印证证明对细节的渴求、讯问录音录像供给与需求双重动力不足等。隐蔽性证据规则的实施需要配合以完善的讯问录音录像制度，并在不同类型案件中进行区分对待。在重罪案件中，规则的实施应重点关注虚假补强风险，对录音录像和其他补强证据应有高要求；对轻罪案件，应更多肯定规则的效率价值；在未成年人、智力障碍者及精神病患者等特殊类型案件中，则应慎用隐蔽性证据规则。

证据概念否定论

——从证据概念到证据法基本概念体系

孙　远（中国青年政治学院法学院副教授）

载《中国刑事法杂志》2016年第2期，第42—60页

在规范法学上，证据概念并无存在的必要。国内各种有关证据概念

的学说均未能认识到法律概念的规范价值，试图创设一个统辖不同语境下之证据含义的描述性概念。此种努力既无价值，也极大地阻碍了证据法学理论和规范体系的发展完善。证据法所需要的是与不同证据规则之解释适用相关的一系列“有关证据的概念”，或曰“证据法基本概念”，正是这些概念构成了证据法的基本概念体系。因审判模式的不同，证据法基本概念体系也存在着以排除证据为核心和以证据调查为核心的不同设计，我国证据法学应以后者为基础构建相应的概念体系。

刑事电子搜查程序规范之研究

周　新（中国人民大学法学院博士后研究人员）

载《政治与法律》2016 年第 7 期，第 142—150 页

电子搜查程序规范需要有独立于非电子证据搜查程序的法律规则。应当建立正当性程序的权力控制机制，坚持搜查申请与审批主体分离是一种较理想的选择，由法院负责对电子搜查证进行审批。根据二阶段电子搜查的法律特征，分别授权，再根据案件所涉个人电子数据隐私程度的不同，来划分不同类型的电子搜查方式，构造不同层级的法院审批程序；同时，建立违反审批程序的惩罚机制，即否定非法电子搜查所得证据的证据能力。此外，实施电子搜查应恪守“特别需要原则”。

公共场所监控视频的刑事证据能力问题

纵　博（安徽财经大学法学院讲师）

载《环球法律评论》2016 年第 6 期，第 75—92 页

公共场所监控视频的刑事证据能力问题，主要集中于取证手段的合法性和证据的可靠性这两个方面。公民即便身处公共场所，也仍然享有一定的隐私权，因此公共场所视频监控在特定情形下仍会因侵害公民隐私权而构成技术侦查行为，对由此获得的监控视频要根据技术侦查规则及非法证据排除规则来判断是否因取证手段非法而应当被排除。在判断监控视频的合法性时，要根据监控对公民隐私权的侵害程度来判断其必

要性；监控中如果收集到其他属于技术侦查适用案件范围的证据信息，必须补办批准手续后方可作为证据使用；若收集到不属于技术侦查适用案件范围的证据信息，则只能作为侦查线索使用。对于公共场所监控视频的可靠性，主要从视频的生成、收集及流转过程中是否存在影响其客观真实性的因素进行判断，可以采取推定、书面笔录及取证录像、证人证言、专家鉴定意见等方式，对监控视频的可靠性进行证明，不具有可靠性的监控视频原则上应当予以排除。

建设人类命运共同体的国际法原理与路径

李　赞（中国社会科学院国际法研究所副研究员）

载《国际法研究》2016 年第 6 期，第 48—70 页

建设人类命运共同体作为新时期中国外交事务的重要指导思想，蕴含着深刻的国际法思想与内涵。全球化发展进程中，不断加强的国际社会共同利益，是人类命运共同体建设的物质基础。基于主权又超越主权的国际社会本位理念，是人类命运共同体建设的思想基础。实现国际社会正义，达成形式正义与实质正义的平衡，是人类命运共同体建设的道德基础。为了减少世界各国交往的法律障碍，各国法律趋同化发展，是人类命运共同体建设的国内法路径。国际法律制度的建立和国际组织的发展，有力地促进和维护了世界和平，但未能实现永久和平。国际法应更加重视人的内心和平的建设，从而实现世界的永久和平，这是人类命运共同体建设的国际法新途径。

国际司法的中国立场

何志鹏（吉林大学法学院教授）

载《法商研究》2016 年第 2 期，第 45—55 页

国家是否采用司法的手段解决国际争端，是国家在国际法下的权利和自由，只受自身允诺的约束，而不受任何强迫。因而国家面对国际司法的立场和对策更多需要考量其在具体争端形成的国际社会结构中的位置与其政治诉求。就中国而言，虽然在历史上长期未能受益于国际法，但是与国际组织与国际法律体制并不抵触。鉴于一国对国际司法体系所应采取的态度不仅要研判该国在当前所具有的参与国际司法的能力，还要考虑该国追求的目标与战略重点，因而在“中国威胁论”甚嚣尘上的

背景中，我们应当确立谨慎而积极参与国际司法的立场，通过能力建设增加国际司法的参与度，提升中国的国际声誉和话语权。

“南海仲裁案”后续法律应对的关键问题研究

管建强（华东政法大学国际法学院教授）

载《中国法学》2016年第5期，第51—71页

南海仲裁庭先后作出的“管辖权裁决”和“最终裁决”均反映出仲裁庭滥用职权，肆意扩大自身管辖范围。仲裁庭的裁决严重违背《联合国海洋法公约》有关强制仲裁的前置程序和排除性例外的规定，并歪曲解释该公约的受案范围。如此严重背离《联合国海洋法公约》程序性规则的裁决当属无效。作为法律外交的主要后续对策，我国需要加大力度，持续性地推动反制仲裁裁决，捍卫《公约》框架下争端解决机制的公正性和权威性；为维护中国南海海域的合法权益，以法理说服为基础，通过多种途径，特别是以外交活动为桥梁，积极推动《公约》缔约国公开支持中国立场。同时，掌握主动权，在国际层面加大力度追索被菲律宾非法占据的中国领土，为维护我国领土主权和海洋权益，也为国际法治做出贡献。

论国际刑法对后冷战国际法律秩序的影响

盛红生（上海政法学院国际法学院教授）

载《法学评论》2016年第2期，第91—98页

国际刑法的复苏与勃兴在减少“有罪不罚”现象和促进保护人权等方面确实发挥了重要的积极作用。但是，在国际社会中一般都是由“强势力量”主导引领着国际秩序发展和变化的方向，而国际政治力量对比中存在的“非对称性”又导致国际刑法中存在严重的“国际司法干涉”和“选择性司法”现象，从实质上妨碍了构建公正、平等和合理的后冷战时期国际法律秩序的努力。因此，为实现维护国家主权和促进国际法治等价值，我国应在“普遍管辖权”问题上持谨慎的保留态度；避免过

分夸大国际刑法的功能；妥善解决国际刑法与现行国际法其他部门法之间的冲突和龃龉；提出切实措施，尽力减少国际刑事司法中的“选择性司法”现象，以增强国际法律秩序的正当性。

国家在经济、社会和文化权利方面的域外义务

于　亮（马斯特里赫特大学法学院博士研究生）

载《法制与社会发展》2016 年第 1 期，第 81—95 页

传统观念认为国家的人权义务以其领土范围为限。然而，人权域外义务这个议题对国际人权法的自我定位提出挑战。从条约解释和人权监督实践的视角来看，国家在经济、社会和文化权利领域具有域外义务。与公民权利和政治权利领域不同，在经济、社会和文化权利领域，国家义务所针对的权利主体并不以在国家管辖下的人为限。尊重和保护的义务具有域外性，实现的义务没有域外性。国家应当尊重一切人的人权，无论这些人是否在其领土内或是否在其管辖下。保护的义务属于程序性积极义务，国家应当为声称权利受到侵害的人提供程序上的救济，无论受害人受到侵害时是否在该国领土内或在其管辖下，只要国家与相关案件有充分联系并在国际法上有权处理此案。

后金融危机时代的国际经济治理体系与二十国集团

沈　伟（山东大学法学院教授）

载《中外法学》2016 年第 4 期，第 1014—1037 页

二十国集团机制的建立标志着发达国家主导全球经济治理的时代已经结束，全球治理经济进入多元时代。后金融危机时代的二十国集团是一种有别于布雷顿森林体系的新兴体系，这个体系的特点是非正式性、软法性、弱官僚性和次多边性。这个体系也是第一个发达国家和发展中国家平等参与和决策的国际经济合作机制，是一个全球经济基础上的共享机制。然而，二十国集团的代表性、合法性、有效性、法律性和强制性都面临着诸多问题，有待调整、充实、扩展和升级。从短期来看，提

升二十国集团内部透明度有利于二十国集团的进一步发展，长期而言，二十国集团仍需要完善扩展策略或建立咨询机制等，以实现成为全球经济治理主要平台的目的。作为二十国集团成员方，我国应积极在重塑国际经济治理体系过程中提出中国方案。

论《中国加入WTO议定书》第15条“自动终止条款”的法律效应

张　内（南京大学法学院博士生），肖冰（东南大学法学院教授）

载《现代法学》2016年第5期，第141—148页

《中国加入WTO议定书》第15条d项“自动终止条款”所规定的终止日期（2016年12月11日）已届至。全面解读WTO相关反倾销规则可知，“自动终止条款”之终止效力及于第15条a项（ii）目适用于中国的“特殊替代国法”。但与此同时，第15条a项（i）目并不当然终止，中国生产者可在中国未被整体承认为市场经济体的情况下通过证明具体产业或者产品满足市场经济条件，使“中国价格或成本”可比价格在反倾销中得以适用。因此，中国应当充分研讨并挖掘规则本身，力图在现有规则范围内争取最大的有利空间，并积极通过外交手段解决分歧。同时，应更加重视自身市场经济条件的建设，为中国未来经济发展创造更加坚实的基础和良好环境。

贸易区域化中知识产权边境执法措施新问题及其应对

杨　鸿（上海对外经贸大学法学院副教授）

载《环球法律评论》2016年第1期，第172—184页

在多哈僵局中，发达国家推动的《跨太平洋伙伴关系协定》等自由贸易协定大都包含“超TRIPS”标准的知识产权边境措施，赋予海关更大的自主职权且配以更模糊而灵活的判断标准，将更大范围的客体纳入边境措施适用对象，尤其是对过境货物也无条件适用。相关措施的不确定性及滥用的更大可能性给自由贸易及贸易便利化带来新的挑战。为应对这些挑战，中国应联合发展中国家抵制此类措施的发展，运用世界贸

易组织争端解决机制否定过境货物的边境措施等相关措施在《与贸易有关的知识产权协定》和《贸易便利化协定》下的合法性，并通过自由贸易试验区试行有别于“超 TRIPS”措施且符合我国利益的新的知识产权边境规则，以形成示范效应，支撑我国在贸易谈判中形成具体立场。

可持续发展视角下国际投资争端解决机制的革新

黄世席（山东大学法学院教授）

载《当代法学》2016 年第 2 期，第 24—35 页

目前绝大多数国际投资协定都规定了投资者与国家间争端解决机制。然而，实践表明投资者与国家间争端解决制度已经对国家管理公共利益政策和法治的主权构成挑战。因此，现有的投资者与国家间争端解决机制亟待改革，需要更多地考虑发展中国家的需要，更好地从可持续发展的角度平衡投资者利益与东道国的权益。具体而言，在实体规则上，各国应在协定中规定可持续发展原则，明确投资和投资者的定义以避免扩大解释，并把环境、劳工和健康保护措施明确列为一般例外；在程序规则层面，应确保东道国在解决投资争端中的优先地位，明确仲裁员的选拔和道德标准，并大力提升仲裁程序的透明度，以此打造维护东道国权益和保护投资者利益之间的平衡机制。

国际私法之准据法性质认识的发展

——以法方法为视角的展开

梁开银（杭州师范大学沈钧儒法学院教授）

载《清华法学》2016 年第 3 期，第 123—137 页

准据法性质的认识直接关涉国际私法性质、目的和范围。关于准据法性质是“法律体系”抑或“实体法规则”的争议，实质是认识静态化产生的分歧。深入准据法寻“法”过程，运用发展的眼光，将会发现：准据法指向法律体系但不等同于法律体系，依据实体法规则也不等同于实体法规则，二者本质上只是准据法性质的阶段性认识，蕴含或统一于

终极意义的准据法概念或性质之中。因此，从法方法来看，准据法是受冲突规范指引，通过对所选择的法律体系中的相关实体法规则，结合法律原则、国际国内政策等诸多因素进行整合而形成或发现的法律规范。这种经法律思维整合的法律规范不同于静态的法律体系或法律规则，而是伴随着法官认识活动所发现的新规范。

再论海牙《民商事管辖权和外国判决的承认与执行公约》草案及中国的考量

沈　涓（中国社会科学院国际法研究所研究员）

载《国际法研究》2016 年第 6 期，第 83—103 页

海牙《民商事管辖权和外国判决的承认与执行公约》的谈判已近 20 年，各国对诸多问题的争执使公约的制定至今未能完成。公约多个草案虽将公约的适用对象定位于民事和商事关系，但又不断扩大被公约排除适用的民商事项范围，将这些事项交由其他相关公约调整，这无疑会破坏公约的完整性和全面性，增加各国加入海牙程序性公约的困难，严重影响公约的适用效力。新近的公约草案舍弃了直接管辖权的设置，不仅又一次破坏了公约的完整性，而且未能消除各国管辖权的冲突，也使公约缺失了在承认和执行外国判决时判断管辖权正当性的明确标准。在拒绝承认和执行外国判决的理由方面，公约草案有必要重视并修正审查管辖权正当性与判决终局性和可执行力的依据的不一致，这种不一致将导致管辖权效力和判决效力之间的不和谐。

国际性仲裁协议的准据法确定
——以仲裁协议的有效性为中心

陈卫佐（清华大学法学院教授）

载《比较法研究》2016 年第 2 期，第 156—170 页

国际性仲裁协议的准据法确定关系到仲裁协议的有效性，因而在国际商事仲裁实践中具有重要意义。确定国际性仲裁协议准据法的方法主

要有二：其一是适用双方当事人所明示或默示地选择的、适用于仲裁协议本身的法律体系；其二是在无法律选择的情形下适用仲裁地国家的法律体系。此外，主合同的准据法、申请执行仲裁协议所在地国家的法律体系、与仲裁协议有最密切联系的国家的法律体系或仲裁程序本身的准据法也可能成为仲裁协议准据法。近几十年来，在国际性仲裁协议准据法的确定问题上还出现一个尽可能使仲裁协议有效的发展趋势，具体表现在辅助性地适用“有利于有效性”原则和辅助性地适用能够使仲裁协议有效的国际法原则或规则，借以实现国际性仲裁协议的可执行性的最大化。